Leben nach dem Tod
– und davor?

Johanna Singer

© 2016 Johanna Singer

c/o
Papyrus Autoren-Club,
R.O.M. Logicware GmbH
Pettenkoferstr. 16-18
10247 Berlin

Website:
lebennachdemtodunddavor.wordpress.com/
leben-nach-dem-tod-und-davor.de
oder Suchbegriff:
"Leben nach dem Tod und davor"

ISBN 978-3-929771-18-3

Inhaltsverzeichnis

1	**Vorwort**	**7**
1.1	Vom Diesseits zum Jenseits	7
2	**Was ist ein gutes Leben?**	**12**
2.1	Sind unsere Lebensstrukturen bewusst gewählt?	12
2.2	Die Talente geben Halt.	19
2.3	Astrologische Symbole	25
2.4	Die Meditation	31
2.5	Eine weise hellsichtige Dame	37
3	**Was ist das Ziel in diesem Leben**	**45**
3.1	Der Beschützer	45
3.2	Jeder Mensch ist ein Zweifacher.	53
3.3	Der Geistige Helfer	60
3.4	Die Innere Stimme	64
4	**Das Paradies**	**72**
4.1	Gutes und Schlechtes	72
4.2	Alles in der Natur ist beseelt.	80
4.3	Ein erster Schritt in die mediale Ausbildung.	91
5	**Wie gelangt die Seele in den Körper, wie verläßt sie ihn?**	**98**
5.1	Eine ungeborene Seele	98
5.2	Eine Reise ins Ungewisse	105
5.3	Die Herausforderung	115
5.4	Befreiung aus einer alten Schutzhülle	117
5.5	Intuition und Seelenkräfte	121
5.6	Traumgesichte zeigen die Zukunft und Träume die Gegenwart.	129
5.7	Die Freude der Geistigen Helfer	136
6	**Ein College zur Entwicklung medialer Fähigkeiten**	**142**
6.1	Ungewöhnliche Begegnungen	142
6.2	Mit Träumen hellsehen	151
6.3	Die Seele antwortet aus der Geistigen Welt.	161

6.4	Die Geistige Führung nach dem Tod	165
6.5	Wie lebe ich meine Medialität.	169

7 Erfahrungen verarbeiten 173

7.1	Durch Herausforderungen werden die Seelenkräfte geweckt.	173
7.2	Wer ist schuld am Bösen?	185
7.3	Nach dem Übergang lösen sich Seelenanteile voneinander.	192
7.4	Der freie Wille	195
7.5	Ich werde, was ich bin.	203
7.6	Mit den Füßen auf dem Boden bleiben.	214
7.7	Die Tugend hilft uns das geeignete Lebensmuster zu wählen.	222
7.8	Der goldene Weg der Weisheit geht durch das Herz.	232
7.9	Unterschiedliche Lebenswege	238

8 Die Zauberflöte 247

8.1	Gutes und Böses gehört zu dieser Welt.	247
8.2	Das erste Versprechen der Geistigen Welt wird eingelöst.	255
8.3	Der Seelenpartner	267
8.4	Die Tür in diese Welt steht für alle offen.	279
8.5	Spiritualität im Alltag	289
8.6	Hier sein bedeutet, unsere Seele zu leben.	294

9 Sterben und Werden 307

9.1	Göttliche Ordnung	307
9.2	Das Böse begehrt man, weil man es für gut hält.	318
9.3	Weil es Gutes in der Welt gibt muss es auch Schlechtes geben.	330
9.4	Die Verwirklichung	341

10 Mediale Durchgaben 354

10.1	(Pfingsten 1998) Fische weiter in deinen Büchern.	357
10.2	(Pfingsten 1998) Du kamst auf dem Strahl von Meister Kuthumi.	359

10.3	(Juli 1998) Verstorbene aus dem Umfeld	361
10.4	(August 1998) Verwandlungen	362
10.5	(August 1998) Er würde dich ganz anders anziehen.	364
10.6	(August 1998) Die Kindheit war hat, aber auf gesundem Boden.	366
10.7	(August 1998) Der Philosoph im Hintergrund	367
10.8	(August 1998) Die Großmutter war eine starke Frau.	368
10.9	(August 1998) Wir haben getanzt. (Website)	370
10.10	(August 1998) Ich sehe dein Buch.	372
10.11	(November 1998) Deiner Mutter geht es nicht gut.	374
10.12	(Februar 1999) Der Weg der Weisheit geht durch das Herz.	375
10.13	(Februar 1999) Öffne die Tür.	377
10.14	(Pfingsten 1999) Du gehst auf ein erfülltes Leben zu.	378
10.15	(Pfingsten 1999) Seine Eltern begrüßen mich.	380
10.16	(Pfingsten 1999) Der Schutzengel	381
10.17	(März 2000) Assessment	382
10.18	(Februar 2000) Astrologie verfeinert deine Prognosen.	384
10.19	(März 2000) Reading für Gunnar: Dein Vater ist sehr stolz auf dich.	385
10.20	(Herbst 2000) Die Charakteristik des Buchs wird beschrieben.	386
10.21	(Ostern 2004) Gunnar, Johanna hilft bei der Übersetzung.	387
10.22	(August 2005) Ein gut aussehender Mann	388
10.23	(Herbst 2005) Neues Wissen	391

11 Spiritualistische Begriffe und mediale Fähigkeiten   393

12 Glossar   395

13 Zitierte Bücher   405

14 Namen im Roman   406

15 Dank an die Medien   407

1 Vorwort

1.1 Vom Diesseits zum Jenseits

Wie geht Johanna mit ihrer persönlichen Katastrophe um? Gelingt ihr der Neubeginn in ein erfülltes Dasein? Mit kritischem Blick kann der Leser die medialen Wege und die Suche nach Antworten begleiten: Ist Hellsehen möglich? Aus welcher Quelle schöpft ein Medium sein Wissen? Kommen Sie mit auf diesen Weg der Seltsamkeiten, lesen Sie selbst in den authentischen Mitschnitten nach, die dem Buch beigefügt sind.

Ich möchte Ihnen das Buch geben wie ein Kissen, das Ihre Tränen aufnimmt. Lassen Sie sich in die Geschichte hineinfallen. Die Hauptfigur heißt Johanna. Sie ist durch ein traumatisches Ereignis tief gestürzt. Wie andere erlebte auch sie nach dem Tode eines geliebten Menschen Eigentümliches, Zufälle und Gespräche in Gedanken. Wenn Sie solche Wahrnehmungen kennen, finden Sie sich in diesem Buch wieder. Viele Leute antworten auf die Frage: »Gibt es ein Weiterleben nach dem Tod?«; »Ja, ich glaube, dass es irgendetwas gibt.«

Jedes Buchkapitel beginnt mit einem philosophischen Dialog. Die Gesprächspartner Jaune und Violette sprechen leicht verständlich über Philosophie, ihre Quellen sind jeweils an den Textenden angeführt. Der Leser wird neugierig, das großartige Wissen in den zitierten Schriften selbst zu entdecken, er bekommt Lust, der Spur der Altphilologen zu folgen. Johanna entdeckt, die ersehnte Philosophie war bereits in der Antike für bestimmte Bildungsschichten zugänglich. Von den zitierten Gelehrten ist bekannt, dass sie sich der Zukunftsschau nicht entzogen. Die Hauptfigur erfährt jedoch erst im Alter eine Bestätigung durch die philosophische Tradition. Sie reifte unbeirrt von traditionellen Einschätzungen heran, um eigene Erfahrungen mit Astrologie und Weissagung nachvollziehen zu können. Johanna erlebt eine spannende Suche, sie findet Bücher eines antiken Philosophen, dessen Texte ihre Fragen beantworten. Er entwickelte Positionen, die transzendente Wirklichkeit mit dem Leben verbinden: der freie Wille, das Schicksal, die Existenz der Seele. Er bezieht sich auf das antike Dreigestirn Sokrates, Platon, Aristoteles und nimmt zu allen wichtigen Themen Stellung. Die Philosophie führt die Tradition des Pythagoras fort und findet nachhaltigen Einfluss auf das Denken der Kirchenväter.

Da ihr das philosophische Wissen erst im Laufe des Studiums zufiel, stützte sich Johanna in ihrem Leben auf ihre intuitive Seite, die von Geburt an stark ausgebildet war. Ihre Geistige Führung hielt sie auf dem langen Lebensweg, der tragisch und schön, wie im Märchen von Hänsel und Gretel durch ›leuchtende Kieselsteine‹ geführt wird. War das ein Zufall? Der Leser mag sich manchmal fragen, ob das wahr sein kann. Begleitet wird die Biografie von Träumen, Durchgaben von Medien, die möglichst unverfälscht integriert werden, so dass die Bestätigungen authentisch einfließen. Sie bezeugen, wie gute Medien Übereinstimmendes mitteilen können zu den gleichen ihnen unbekannten Sachverhalten. In den Konsultationen bestärkt, bewahrte Johanna ihre Schriften und Tonaufzeichnungen auf, um zur richtigen Zeit eine Buchform auszuarbeiten. Für den Leser sind die Readings, die übersetzt geistiges Lesen heißen, einsehbar. Biografie und Aussagen der englischen Medien sind vergleichbar.

Zusammengefasst: Die Hauptfigur erlebte zuerst eine persönliche Katastrophe, um sich dann in ihrem Leben erneut zurechtzufinden. Wie jeder gesunde bodenständige Mensch durchliefen sie Zweifel an den eigenen Erlebnissen. Deshalb verglich sie empirisch die eigene Erfahrung mit den gesammelten Aussagen von Hellsichtigen. Um die Schuldgefühle zu heilen, blieb ihr nichts anderes übrig, als auf ihr sicheres Gespür zu vertrauen und das anzuwenden, was sie in ihrem Leben bis dahin gelernt hatte: Meditieren und bei guten Medien um Rat fragen, die sie in schwierigen Lebenslagen schon immer konsultiert hatte. Sie fing an, die ›Scherben‹ wie in einem Puzzle zusammenzusetzen. Daraus ist für sie eine Neubewertung der Lebensumstände erwachsen, die sie mit verblüffenden Aussagen konfrontierten: Ist Hellsehen möglich? Wie kommt ein Medium zu seinem Wissen? Was ist Allgemeines, was sind ungewöhnliche Zusammenhänge, besonders wenn an unterschiedlichen Orten von verschiedenen Menschen Ähnliches übermittelt wird. Ein großes Geschenk für die Wegfindung boten ihre Träume. Diese deutete sie intuitiv, fand zu einer Quelle, auf die sich auch Freud beruft.

Die Biografie überschaut Johannas Leben. Das eigenwillige, aber selbständige Mädchen war immer eine Suchende. Was wurde aus ihr? Sie entwickelte sich zu einer Persönlichkeit, die stets auf Wanderschaft war, weil sie sich nirgends so recht zugehörig fühlte. Die anfänglich quälende Lebenseigenschaft der mangelnden Zugehörigkeit bewahrte ihren Weg. So konnten bestehende Glaubenssätze aus Religion, Philosophie und Psychologie auf Distanz bleiben. Ihre Richtung war erleben, erfahren und darauf aufbauend zu Wissen zu gelangen. Sie war in der Lage sich anzupassen und fand Förderer, die der intelligenten, lebenspraktischen Jugendlichen und später Erwachsenen weiterhalfen. Sie durfte erfahren, dass sie gut beraten ihre grundlegende Lebensfrage bis zum vorangeschrittenen Alter verfolgen konnte. Am Ende befindet sie sich auf dem Weg, den seelischen Reichtum zu genießen.

Die Biografie ist durchzogen von Beratungen durch Psychologen, Medien, Chiromanten und Astrologen. Im Text werden die Aussagen der medialen Vermittler durch Datum und Ort herausgestellt. Sie beziehen sich auf die Vergangenheit, Gegenwart und Zukunft. Bei existenziellen Fragen holte sie sich mehrere Auskünfte ein auf dem Kontinent und in England. Sie fand zu einem College, dort waren ihre Konsultationen meistens Readings. Hier wird ein Kontakt mit der Geistigen Welt hergestellt, möglichst ohne Beeinflussung durch den Klienten. Er sollte nur mit ja und nein antworten. In diesem College entdeckte sie zweierlei: Ihren Zugang zur Hellsichtigkeit zu verbessern, aber auch zu erfahren, welche hohe Qualität die Durchgaben eines guten Mediums haben. Als Folge wuchs sie in die Frage hinein: »Gibt es ein unabhängiges Betrachten in der Transzendenz?« So war der Beweggrund für manche zusätzliche Beratung Johannas forschendem Denken geschuldet. Durch wiederholte Besuche schärfte sich ihr Blick für die Aussagen, die nicht auf physikalisch beschreibbarem Weg ins Bewusstsein der Medien gelangt sein konnten. Sie erfuhr von den Kommunikatoren auch Unterstützung für ihre verschiedenen Fähigkeiten und Hinweise auf ihre ganz persönliche Medialität. Der empirische Ansatz sollte für den Leser herausgestellt erkennbar werden. Woher nimmt ein Medium den Mut, etwas zu sagen, das sehr persönlich oder verletzend gesehen werden kann? Woher weiß ein Medium etwas, das keiner der Anwesenden weiß, das sich erst Tage oder Jahre später aufdeckt? So hält auch dieser Roman zum Schluss noch eine Überraschung für Johanna bereit, die ihre Sicht verfeinert und festigt.

Während der Entwicklung verlor Johanna weitere Personen aus ihrem Leben, auch solche, die ihre Sehweise ablehnten. Deren

Geschichte führt ebenfalls über den Tod hinaus. Am Beispiel der Kapitel zu ihren Eltern zeigt sich ganz deutlich die veränderte Einstellung der Verhältnisse vor und nach dem Tode. Nicht psychologisch gewandelt, sondern Fehleinschätzungen korrigierend. Schuldgefühle und Ablehnung sorgten auf beiden Seiten für eine Beziehung des Nichtverstehens. Absolut wichtig für Menschen, die durch schwierige Lebensumstände keine Gelegenheit hatten, die Familienbeziehung zu Lebzeiten in Ordnung zu bringen. Johanna erfuhr, wie man sich in der Familie aneinander vorbei entwickelt. Trotzdem, diese Kontakte leben nach dem Tod auf beiden Seiten neu auf. Hier im Buch zeigen sich sogar die Wünsche der Verstorbenen in Träumen, um die Einstellungen vor ihrem Ableben zu korrigieren.

Zum Verständnis der Trauernden:

Der plötzliche Verlust, ob Tod oder Scheidung reißt uns aus allem Alltäglichen heraus. Wir müssen uns neu orientieren. Der Umstand macht uns für unsere Umgebung sogar unverständlich, besonders wenn der Trauerprozess länger anhält. Es ist ein standardisierbarer Prozess, wie er auch den Leuten des ›Weißen Rings‹ bekannt ist. Im Leid aktivieren wir unerwartet schlummernde Fähigkeiten, die wir ohne Leid nicht mit dieser Ausdauer verfolgt hätten. Kommt es schlimm, verliert man seine bisherigen Freunde oder die Mitmenschen distanzieren sich. Die Autorin rät zur Vorsicht vor den Nächsten, die ihr eigenes Leid nicht tief durchlebt haben. Manche wollen damit nur ihre Neugierde befriedigen und rauben dem Trauernden seine verbliebene Restenergie. Solche aus dem Umfeld, die uns nicht verstehen können, weisen mit ihrem ›pädagogischen Zeigefinger‹ darauf hin, jetzt endlich den richtigen Weg einzuschlagen: »Johanna, du wolltest immer hoch hinaus, immer etwas Besonderes sein.« Das hört sich an, als wäre unsere Eigenartigkeit selbstverschuldet. Aber der Lebensbericht ermutigt. Sofern wir anderen nicht schaden, sollen wir gerade den individuellen Weg annehmen. Wir können für diejenigen keine Verantwortung übernehmen, die sich in ihrem Weltbild angegriffen fühlen.

Johanna begegnet Mitmenschen, die in der Lage waren, ihr Leid zu durchleben. Durch die gewonnene Tiefe sind sie in der Lage, Stütze zu geben. Sie werden zu kostbaren Begegnungen für die Mitmenschen. Ihr Mitgefühl tut einfach gut, sie geben Mut den persönlichen Wachstumsprozess anzunehmen.

Die Biografie steuert auf eine Position hin, die Verstorbenen neu zu betrachten und das Gespräch auf beiden Seiten als heilsam zu pflegen, sofern es gewünscht wird. Was können wir dafür tun? Gibt es ein Wiedersehen? Was hilft meiner Psyche oder der Seele? Welche Chancen für unser Leben ergeben sich hieraus?

Jaune und Violette

2 Was ist ein gutes Leben?

2.1 Sind unsere Lebensstrukturen bewusst gewählt?

»Die Griechen nannten uns Daimonion, die Römer Genius. Wir waren populär, man baute uns Tempel und legte Kultplätze an. Heute entdecken die Menschen uns neu. Wir werden als ›Geistige Führung‹ oder ›Helfer‹ bezeichnet. Geben wir uns nach den vielen Existenzen einen Namen und nennen uns nach unseren Farben ›Jaune‹ und ›Violette‹.«

Die Genien durchschweben die Luft und betrachten das Leben eines jungen Mädchens.

Violette: »Ich wünsche Johanna, dass sie die Neugierde zur Philosophie antreibt. Sie kann Platon entdecken und nachlesen, wer wir sind.«

Jaune: »Sie wird zunächst etwas Künstlerisches studieren, Ungewissheit ist ein guter Motor. Ihr Problem ist, dass sie nicht geboren werden wollte. Die Umstände, die dazu führen, lassen sich in Glaukons Geschichte nachlesen. Der göttliche Platon lässt am Ende seines Werks ›Der Staat‹ den Sokrates-Schüler Glaukon auftreten. Er hatte ein erstaunliches Erlebnis zu berichten: Ein toter Soldat, der auf dem Kampfplatz für gefallen galt, sollte nach ein paar Tagen verbrannt werden. Er wachte gerade noch rechtzeitig auf.«

Violette: »Schade, diese Geschichte ist auf der Erde leider nur wenigen bekannt.«

Jaune: »Für viele wäre sie ein Trost, denn der Scheintote berichtete von einem Körperaustritt. Hör ruhig zu, wie ich die Geschichte erzähle. Bei dieser ungewöhnlichen Begebenheit fand er zu anderen, die bereits tot waren. Ihnen schloss er sich an, zusammen bewegten sie sich weiter, hin zu einem schönen Platz. Dort nahm ihn sein Helfer zur Seite, erklärte ihm, wenn er alles kennengelernt hätte, müsse er wieder zurück auf die Erde.«

Violette fragt nach: »Hat er sich erinnern können?«

Jaune erzählt weiter: »Ja, erstaunlich gut. Er konnte ein Gericht schildern, aber das kennst du ja bereits. Er bezeugte ein Treffen von solchen, die einander vertraut waren und Unbekannten. Sie unterhielten sich miteinander. Einer der Neuankömmlinge sollte beschreiben, wie es inzwischen in der materiellen Welt zugehe. Die schon länger in der Transzendenz Lebenden erzählten von ihrer Existenz. Anschließend brachte ihn sein Geistiger Führer an einen neuen Ort. Er sah eine Göttin, sie war ein Kind dessen, was in der göttlichen Ordnung getan werden muss, der Notwendigkeit. Auf ihrem Schoß ruhte eine leuchtende Gestalt. Diese forderte die Seelen vor ihr auf, ein Schicksalsbild zu wählen. Allen wurde Tugend versprochen. Leider weiß nicht jeder, welch großes Geschenk das ist, aus diesem Grund bekäme jeder so viel, wie er sich seiner Würde gemäß verhält. Die Karten wurden geworfen, so dass jedes der versammelten Wesen eine auswählen konnte. Alle Lebensformen wurden von der Lichtgestalt zuvor erklärt: die verschiedensten Lebewesen, alle Charaktere, alle gesellschaftlichen Schichten, auch die unterschiedlichsten körperlichen Verfassungen und die Mischformen aus allen. Dann durfte der Soldat zusehen, wie gewählt wurde. Je nach Entwicklungsstand der Seele taten sie das mit Gier oder Vernunft. Wer entscheidet sich schon für die Lebensform eines Tyrannen? Was nützt der Reichtum, wenn das Leid anderer dazugehört? Er begann sich zu fragen, wer sich so ein Schauspiel ausdenken konnte? Ein früherer Schoßhund wollte lieber ein humanes tätiges Leben, eine frühere Berühmtheit suchte die Existenz im Verborgenen, ein Armer wollte endlich die Vorteile des Wohlstandes genießen. Nach der Wahl kam eine weitere Herausforderung. Eine Wüste musste durchquert werden, der Weg führte die Gruppe um den Soldaten nach Tagen zur Vision eines hellen, reinen, farbigen Lichtstroms. Das Licht strahlte an den Enden der Spindel der Notwendigkeit, durch welche alle möglichen Sphären bewegt würden. Sie trafen dort auf Lachesis, die jedem zur Kontrolle seines Schicksals einen Genius zusprach. Danach erreichten sie eine weitere Ebene, die ihren Durst noch verstärkte. Endlich kamen sie an das Ufer des Flusses, mit dem Namen Sorglos, dort konnten sie ihren Durst löschen. Der Vernünftige hielt sich zurück, damit er nicht alles vergesse, ... von da an wurden sie wie Sternschnuppen an ihre Lebensorte verteilt. Er wachte gerade noch rechtzeitig auf.«

Platon, der Staat 614B, 615 ff, Sämtliche Werke in drei Bänden, Hrsg. Erich Loewenthal, Lambert Schneider, Darmstadt 2010

Es war Donnerstag. Johanna betrat eine Altbauwohnung, die als Arztpraxis eingerichtet war. Im Empfangsraum stand der Schreibtisch der Sekretärin, die die Gemeinschaftspraxis für die Psychologen verwaltete. Die junge Frau hatte heute ihren Termin. Sie nannte ihren Namen, dann ging sie über das knarrende Parkett zu den Sesseln an einem kleinen Beistelltisch, um Platz zu nehmen.

Heute hatte sie die letzten Schulstunden nicht besucht. Das Abitur, das bald anstand, würde sie wohl bewältigen, da kam es auf ein paar Fehlstunden nicht an. Sie mochte die Gemeinschaft mit ihren Mitschülern und ging sehr gerne zur Schule. Obwohl sie vom strengen Englischlehrer wenig hielt, liebte sie diese Sprache. Sie hatte immer wieder versucht, sich von der Meinung der Lehrer freizuschwimmen. Einmal erschreckte sie der Geschichtslehrer, als er ihr bei einer Party sagte, sie könne ihr Geld sicherlich auch im Liegen verdienen. Sie durchschaute ihn, seine Ehe machte ihm Probleme, er war politisch aktiv und wenig zu Hause. Er mochte sie, genauso wie der Kunstlehrer. Dieser lud sie zu Extrasitzungen ein, um ihr beim Zeichnen ihrer menschlichen Figuren zu helfen. An einem solchen Nachmittag legte er den Arm um sie, da bekam sie es mit der Angst zu tun.

Mit einem Mal wurde neben ihr eine Tür schwungvoll geöffnet. Ein Mann trat an sie heran: »Johanna, grüß Gott! Ohlsen ist mein Name. Schön, Sie zu sehen, kommen Sie doch bitte mit in das Therapiezimmer.« Sie folgte ihm in einen hellen Raum, dessen geschmackvolle Einrichtung zu der hohen Decke passte. Links stand eine Designerliege, über der ein orientalischer Teppich mit kleinen eingenähten Spiegelchen hing. Durch die großen dunklen Holzfenster, die sich rechts davon anschlossen, konnte man in zwei Richtungen auf die Stadt schauen. Der Therapeut bot ihr einen der zwei schwarzen Ledersessel an. An der Wand dahinter hingen großformatige Gemälde, die intuitiv gemalt zu sein schienen. Johanna war so beschäftigt damit, den Raum zu betrachten, dass sie ihre Gefühle in diesem Moment überhaupt nicht wahrnahm. Zögernd setzte sie sich auf den angebotenen Sessel, während Herr Ohlsen ihr gegenüber Platz nahm. Vor ihm auf dem Tisch lagen Papiertaschentücher bereit. Das registrierte sie sofort und sie dachte mit einem Mal an die vielen Tränen, die hier schon vergossen worden waren. Das würde ihr bestimmt nicht passieren. Sie musterte den Mann und fragte sich, wie sie ihn einschätzen sollte. Sein Aussehen war schlicht. Wie ein Buchhalter in einem amerikanischen Krimi, ging ihr durch den Kopf. Sie stellte sich vor, dass die Kamera bald weiterschwenken würde, um den schönen Raum aus einer anderen Perspektive zu zeigen.

»Johanna, erzählen Sie mir bitte, was Sie herführt.« Die sachliche Aufforderung des Therapeuten riss die junge Frau aus ihren Gedanken. Wo sollte sie beginnen? Sie suchte nach etwas Griffigem, bis ihr die passende selbstinszenierte Metapher einfiel: »In meiner Vorstellung sehe ich lauter Straßenbahnen, doch keine kann mich mitnehmen. Um das nachvollziehen zu können, setzte ich mich tatsächlich einmal an eine Haltestelle, um diese Situation in ihrer Sinnlosigkeit zur persönlichen Erfahrung werden zu lassen. Da wurde mir klar: Hier komme ich alleine nicht weiter.«

»Können Sie mir ein wenig von sich und Ihrer Kindheit erzählen?« Sofort entstand in Johanna eine Bilderflut aus Erinnerungen. Sie schwieg einen Moment, dann begann sie mit dem eindringlichsten Bild: »Als kleines Kind lag ich oft im Bett, hatte Angst vor dem Alleinsein und dem Tod. Vielleicht hatte mich das früh erlebte, plötzliche Verschwinden des Großvaters und der Großmutter, die gestorben waren, berührt. Besonders erinnere ich mich an die Mutter meiner Mutter. Sie freute sich, wenn ich morgens an ihr Bett kam, doch plötzlich war sie nicht mehr da. Damals war ich ein Vorschulkind, nichts half mir diese Angst zu verdrängen. ›Mama‹, fragte ich vorsichtig bei Spaziergängen, es kostete mich viel Überwindung, ›wie ist das mit dem Sterben?‹ Die Frage, spürte ich, war ihr unangenehm, ausweichend sagte sie, das wisse niemand. Ich verstand, solche Fragen sollte man besser unterlassen. Einmal war ich mit meinem Vater und meiner Schwester alleine. Die Unbegreiflichkeit des Todes stieg in mir hoch, dann weitete sich das Gefühl zu einer Art körperlichen Unruhe aus. Heute weiß ich, das war eine Angstattacke. In meiner Erinnerung hat sich eingeprägt, dass es nirgends auszuhalten war, weder bei meinem Vater noch bei der acht Jahre älteren Schwester. Unruhe trieb mich den Flur auf und ab, zurück in das Kinderzimmer, um mich aufs Bett zu legen, dann wieder zurück zu den anderen. Es war eine entsetzliche Angst, für die ich mich schämte. Niemand erkannte meine Panik.« Der Psychologe schrieb immer wieder Stichworte auf und schaute Johanna dabei an. Inzwischen spürte sie, wie gut seine Aufmerksamkeit tat. »Ich besaß sehr viele Spielsachen, vom Puppenhaus bis zu einem Kaufladen und alles, was man an

Zubehör benötigte. Das Kinderzimmer war ein Reich, in dem ich gerne allein spielte. Hier in diesem Zimmer kann ich mich an gute Begegnungen mit Mutter und Vater erinnern.« »Haben Sie weitere Erinnerungen an Ihre Angst?« »Ich bereute, in dieses Leben gekommen zu sein. Es gab damals Phasen, da lag ich oft nachts im Bett, versuchte in Gedanken, rückwärts zum frühesten Zeitpunkt meiner Wahrnehmung zu gelangen. Mit meiner kindlichen Vorstellung stellte ich mir immer wieder die Frage: Wann hat mein Denken begonnen? Wie war das vor meiner Geburt? Wie fing dieses Leben an? Es wollte mir einfach nicht gelingen, den Beginn des eigenen Denkens wahrzunehmen. Entweder schlief ich irgendwann ein oder gelangte zu Erlebnissen im Alter von ungefähr drei Jahren.« Johanna zögerte kurz, dann fuhr sie fort: »Es gab dann später etwas Erlösendes, das muss noch vor meinem achten Lebensjahr gewesen sein. Nachts, wenn die Todesangst zu groß wurde, wiederholte ich in mir die Worte Jesu: ›Noch heute wirst du mit mir im Paradiese sein!‹ Das sagte er ja angeblich zu dem Bereuenden neben ihm am Kreuz. Durch ständige Wiederholungen bereitete das meinen eigenen Qualen ein Ende. Obwohl dieser Mann im Leben ein Dieb war, sprach Jesus nicht vom Fegefeuer, ihm wurde sogar eine sofortige Existenz im Paradies versprochen! In diesem Glauben war der Religionsstifter für mich die höchste Instanz, er musste schließlich wissen, wovon er sprach!« »Sind Ihre Eltern sehr religiös?« »Ich bin diejenige in der Familie, die am häufigsten zur Kirche ging.« »Möchten Sie mir noch eines Ihrer frühesten Erlebnisse nennen?« »Es muss im Alter von Drei bis Vier gewesen sein. Auf Ausflügen war ich glücklich, wenn meine Tante Elisabeth mitfahren durfte. Wir besuchten einmal einen Schlosspark, in dem sich ein Teich befand. Im Wasser schwamm ein Plastikfisch, er gefiel mir, man konnte schön damit spielen. Wir verließen den Teich, aber meine Tante bestand darauf, dass ich den Fisch mitnahm. Widerwillig tat ich das, im Glauben im Schlossteich einen Fisch gestohlen zu haben. Die Beschwichtigungen der Erwachsenen halfen mir nicht. Die Oma väterlicherseits war eine gute Orientierung für mein Gewissen. Sie schaute mit mir kleine vergilbte Heftchen an, die schon ganz weich waren vom vielen Blättern. Mit schematischen Abbildungen, Schwarz-Weiß-Zeichnungen der Seele und des Herzens, zeigten sie den Schutz der Dreifaltigkeit, genauso wie die Gefahren des Teufels. Dieses für mich symbolisch und witzig gezeichnete groteske

Männchen auf Tierbeinen war mir eher schleierhaft, als dass es Angst machte. Oft kam der Pfarrer zu Besuch, das gefiel mir besonders. Er blieb in unserer Gemeinde bis zu meinem fünfzehnten Lebensjahr. An ihn und eine Gemeindeschwester, die schöne Nachmittage organisierte, habe ich sehr gute Erinnerungen.« »Haben Sie sich bei der Großmutter wohlgefühlt?« »Ja! Die Großmutter hatte einen schönen Garten, in dem eine Schaukel für mich hing. In der Wohnstube gab es eine graue alte Ritterburg, in der ich Geschichten meines Kinderzimmers weiterspielen konnte. Sie ging mit mir oft in die Bücherei, suchte passende Bilderbücher für mich aus. Eines musste sie immer wieder für mich reservieren: Es zeigte den Alltag eines Mädchens in Japan. So schön fotografiert, dass ich fast in der Illusion lebte, bei ihr zu Besuch gewesen zu sein. Sie trug zu Festtagen einen Kimono und am Tag des Puppenfestes wurden die besonderen Figuren aus dem Schrein geholt. Diese Religion, die Lebensweise, die Fotos der schönen Gärten blieben für mich damals ein unergründliches Geheimnis. Noch heute ist die Kultur für mich anziehend. Allerdings überfielen mich auch bei der Großmutter die schlimmen Ängste. Eine Vision holte mich dort oft ein. Mir kam es vor, als würde mein Körper lebendig begraben an einem See liegen. Bei meiner Tante Elisabeth gab es mehr Ablenkung, dort hatte ich Spaß mit meinem Cousin, er brachte mir das Tanzen bei.« Unwillkürlich erschien ein kleines Lächeln in Johannas Augen. »Sie wohnte zehn Minuten entfernt. Ihr Mann war aus dem Krieg nicht zurückgekehrt. Merkwürdig fand ich, dass eine Seite ihres Doppelbetts immer zugedeckt war. Auf die Frage: ›Tante, warum kann ich darin nicht schlafen?‹ erhielt ich die Antwort: ›Nein, darin wird dein Onkel Martin schlafen, wenn er zurückkommt.‹ Sie verdiente ihr Geld mit Buchhaltung für ein Paar, das mit Zeitungen und Süßigkeiten handelte. Sie malte mit mir Hexen, nähte für meinen Teddy Kleidung oder wir beide backten zusammen Kuchen. Diese Tante nahm mich im Rahmen ihrer Tätigkeit regelmäßig auf Jahrmärkte mit. Dort gab man mir einen Packen Billetts zum Karussellfahren. Ab und zu saßen wir auch in einem der Holzwagen, wie sie das fahrende Volk bewohnte. Edel, verspielt, mit Spitzengardinen vor Holzfenstern und gemütlich möbliert. Mit so einem Wagen zu verreisen, kann ich mir noch heute gut erträumen. Waren alle Erwachsenen beschäftigt, saß ich im Kiosk des Paares, bei Fräulein Antonia. Dort stand ein geheiztes Bänkchen, wo ich in Ruhe Comichefte las. Der Kiosk befand sich genau gegenüber der Kirche.« »Warum hatte Ihre Mutter so wenig Zeit für Sie?« »Mir wurde einmal erzählt, dass durch meine Geburt der Platz bei der Großmutter zu eng wurde. Daraufhin bauten die Eltern ein Haus. Eine Erbauseinandersetzung mit ihrer Schwester führte wohl dazu, dass ihr Anteil geringer ausfiel als anfänglich berechnet. So viel weniger, dass ihr nichts anderes übrig blieb, als in den Beruf zurückzukehren. Von da an beaufsichtigte mich meine Tante. Für meine Mutter war das eine große Belastung. Meine Schwester Ulrike ging bereits ins Gymnasium, mit ihr hatte sie es wohl leichter. Bei Streitigkeiten kam es mir auch oft vor, als würde sie lieber Partei für die große Schwester nehmen. Unter diesem gravierenden Einschnitt hat unsere Beziehung insgesamt wohl sehr gelitten. Später erinnere ich mich an mehr Gemeinsamkeiten, einkaufen gehen, es sich gut gehen lassen. Ab dem vierzehnten Lebensjahr war ich meistens bei einer Freundin, wo es mir so gefiel, als hätte ich eine gleichaltrige Schwester.« »Was hat Ihnen denn in Ihrer Familie gut gefallen?« »Urlaub war immer schön. Die Zusammengehörigkeit in unserer Familie lebte wieder auf. Typisch für die damalige Zeit bereisten wir alle Mittelmeerländer. Die Eltern holten ihren Bildungshunger auf die kunstgeschichtlich bedeutenden Orte nach, Klöster, Kirchen, Burgen, Schlösser und so weiter. Ich liebe meine Mutter sehr, aber sie schien mir oft unglücklich. Möglicherweise lag es am häufigen Streit mit dem Vater. Diese Atmosphäre war einfach belastend.« »Wie haben Sie darauf reagiert?« »Hilflos, ich hätte ihr gerne geholfen, was natürlich nicht ging. Deshalb verzog ich mich in mein Zimmer oder besuchte Freunde außerhalb der Familie. Eigentlich war es mir zu Hause schnell langweilig oder ich versuchte, der bedrückenden Stimmung zu entfliehen.« »Gut, Johanna unsere Besprechung müssen wir ein andermal fortsetzen. Ich kann Ihnen einen Therapieplatz in einer Gesprächsgruppe anbieten. Können Sie es sich am Dienstagabend um siebzehn Uhr einrichten?« »Ja, gerne, ich freue mich!«

Das Mädchen verließ den Therapieraum, während der Psychologe seine Notizen vervollständigte. Dies war eine typische Jugend, die so ähnlich in den fünfziger Jahren auch andernorts ablief. Es gab gute und dunkle Zeiten. Wiederaufbau, Arbeit, um den wiedergewonnen Wohlstand zu sichern. Was war das für eine Mutter? Sie ließ der Tochter zwar viel Freiraum, aber dafür muss diese Frau ja Qualen gelitten haben.

Sie arbeitete halbtags, wodurch sich die Tochter zur betreuenden Tante näher hingezogen fühlte. Überlastet, vielbeschäftigt übernahm sie wohl für alles Verantwortung. Der Vater wurde kaum erwähnt. Das Kind hatte unkonventionelle Gedanken und Wünsche mit einem Hang zur Rebellion. Das bedeutete natürlich Stress für die Mutter. Es war naheliegend, dass ihr die Fürsorge für die ältere Schwester leichter fiel. Die Familie war ein eingespieltes Dreierteam gewesen, bis acht Jahren später die Nachzüglerin kam. Sie passte nicht mehr in das bestehende System. Mancher Konflikt wäre für diese Nachkriegseltern durch die Diagnose der modernen Psychologie vermeidbar gewesen. Sie verstanden die Veranlagung der jüngeren Tochter nicht. In ihrer Not organisierte sich das Mädchen die nötige Hilfe selbst. Er seufzte und dachte für sich: »Leider erreicht die Psychologie erst jetzt größere Gesellschaftsschichten, sie fängt gerade erst an, sich zu verbreiten. Schon jetzt ist absehbar, die Therapieplätze reichen nicht aus.« Herr Ohlsen war sich sicher, dass seine Entscheidung, Johanna in seine bestehende Gruppe aufzunehmen, die richtige sei, die Gruppe als Spiegel ihres Familiensystems.

2.2   Die Talente geben Halt.

»Kennst du den Dialog, den Sokrates mit Kerbes und Simmias vor seinem Tod führte?«, fragt Violette.

»Ja, sicherlich, sie bekunden die ungewisse weltliche Vorstellung vom Leben nach dem Tod,« antwortet Jaune. »Sokrates war in dieser Hinsicht sehr gelassen! Er erklärt seinen Schülern, lernen führe zu dem, was sie schon einmal gekannt haben. Es müsse ihnen doch auffallen, dass sie manches leichter, manches schwerer verarbeiten. Gerade große Talente ließen das vermuten, wenn sie bei ihren Fähigkeiten ansetzen können, ohne vorheriges Studium oder ausreichende Vorbereitung. Manchmal habe er den Eindruck, diese unsterbliche seelische Verbindung muss schon einmal auf der Erde gewesen sein. Angesichts seines Todes erwarten die Schüler eine Begründung, was mit der Seele geschieht, nachdem der Körper leblos wird. Es folgt eine langwierige Argumentation für die Schüler, auf die ich später eingehen werde.«

»Jaune, erklärte er seinen Schülern wirklich, was sie bei uns erwartet?«

»Nein, Violette, Sokrates war ein Philosoph und hielt sich an das Spiel von Erkenntnis und Logik. Er zieht die geistige Ebene in Betracht, aus der neues Leben entsteht. Man nehme die Fähigkeiten mit und mit diesen Talenten komme der neu Geborene zurück.«

Violette:»Schön, dann wissen die Menschen, dass Talente heranwachsen müssen? Ein Musikwissenschaftler hat die Begabung von Mozart auf diese Weise begründet.«

»Leider wird das nur Musiker überzeugen,« antwortete Jaune. »Vergiss nicht Michelangelo, auch das kann nur ein Künstler ermessen.«

Platon, Phaidon 73A, 77B

Am nachfolgenden Dienstag saß eine gemischte Gruppe aus Mädchen und Jungen in einem Kreis. Herr Ohlsen sprach sehr selbstverständlich: »Ihr wisst, dass ich gesagt habe, dass eine neue Teilnehmerin hinzukommen wird. Hier ist sie. Johanna, bitte erzählen Sie den anderen etwas über sich.« Die junge Frau sprach so, wie sie es in der Schule getan hätte. Doch erschienen ihr die Sätze, die sie an die Jungen und Mädchen richtete, leer und ohne Aussage. Die Worte, die sie hörte, die damit verbundenen Erzählungen, erreichten sie ebensowenig. Sie wusste nicht, wie verschlossen sie innerlich war. Vage nahm sie die verborgenen Traumata in den anderen Jugendlichen wahr. Sie, die Verfechterin der antiautoritären Erziehung, verstand diese jungen Leute nicht, wie sie die Abhängigkeiten zu ihren Familien einschränkten. Ihre eigenen Lebensfragen löste sie meist durch ihre Gedanken. Zum ersten Mal registrierte sie deutlich ihr eigenes Problem: In einer der folgenden Sitzungen empfand sie zum ersten Mal den Zusammenhang von gesprochenen Worten mit Gefühlen. War das der Grund, warum sie so oft als verletzend und schwierig angesehen wurde? Ein Sinnbild vor dem inneren Auge veranschaulichte die Erziehung der frühen Jahre. Sie saß auf einem Stuhl, dessen Sitzfläche sie trug, aber die Lehne taugte nichts. Sie konnte sich nicht an die Erziehung in ihrem Elternhaus anlehnen, obwohl ihre Mutter viel mit ihr darüber sprach. Erst später im Leben würde sie diese beiden Aspekte des Lebens bewältigen können: Gefühle zulassen und Anlehnung finden. In einer erneuten psychologischen Einzelsitzung erhielt sie weitere Antworten auf ihre Verständnisfragen.

»Ich verstehe die Abhängigkeiten der Gruppenmitglieder nicht wirklich. Sie haben doch gute Elternhäuser.« Herr Ohlsen nickte und sah sie nachdenklich an: »Ja, so gesehen ist das richtig, das sieht aber nur danach aus. Einfach gesagt, in der einen Familie werden die Gefühle nur bei der Musik ausgetauscht, bei der anderen streiten die Eltern durch das Kind hindurch. Beide können sich so schlecht wahrnehmen und von zu Hause ablösen.« »Ist das bei mir auch so?« »Ja, bei Ihnen gibt es auch Streit Zuhause, aber die Schwierigkeit Ihrer Jugend ist eine andere. Sie sind in die Familie nicht mehr so recht hineingekommen, Sie haben daraus die Fähigkeit gebildet, unabhängig zu sein. Sie verschaffen sich schnell und überall neue Kontakte, das zeigt Ihre Kindheit mit vielen Bezugspersonen. Spüren Sie einmal in sich hinein, Johanna, wenn ich von Erziehern spreche, wen sehen Sie vor sich?«

»Mir fällt Thea ein. Damals mit dem Tod der Großmutter waren der schöne Garten, die alten Spielsachen plötzlich alle verschwunden. Keiner dachte daran, dass ich damit gespielt hatte. Auf diese Trauer um die fehlende Oma und das geliebte Umfeld kam bald jemand Neues zur Verwandtschaft hinzu. Sie ist im Ausland aufgewachsen.« Johanna erinnerte sich an die Traumhochzeit ihres Cousins, dem Sohn einer weiteren Tante. Der Psychologe hatte die Erinnerung an einen schlimmen Familienkrach geweckt. Theas wohlhabende Eltern hielten die Beziehung für eine gute Partie. Nach der Hochzeit zog das Mädchen weit weg vom Elternhaus. Der kulturelle Gegensatz bereitete ihr zwar Angst, aber in ihrer Einsamkeit konnte sie sich an ihren Traumprinzen anlehnen. Bald lernte Johanna die Jungverheiratete näher kennen. Sie stand mit ihrer ungewöhnlichen Mentalität der Verwandtschaft gegenüber. Um sich in der neuen Umgebung wohlzufühlen, brachte sie vieles aus ihrer Heimat mit. Die Verwandtschaft begrüßte das etwas Exotische. Die zunächst begeisterten Familienmitglieder erkannten auch bald, was diese Ehefrau alles nicht konnte. Einsam, mit dem Glauben an ihren Prinzen, blieb sie und er genoss ihre Nähe. Endlich wurde ihr Baby geboren, die Ambivalenz der Familie brach über die junge Mutter herein. Johanna stand oft verunsichert, voller Sorge, im Hintergrund. Zu dieser Fee aus dem anderen Land fühlte sie sich sofort hingezogen. Ihre ältere Schwester und Thea waren Altersgenossen, aber so weit entfernt wie Nüchternheit und Fantasie nur sein konnten. Die Neue traf sie zunächst bei allen Festen. Thea hörte gerne neugierig zu, wenn Johannas Schwester von Partys und Studium erzählte, eine Lebensphase, die diese junge Mutter übersprungen hatte. Sie zog kurze Zeit später mit Mann und Baby in die Großstadt. Johanna brauchte nur den Bus zu nehmen, um sie zu besuchen. Sie bestaunte das neue Zuhause, die Vorhänge, die Möbel, die Antiquitäten, alles beflügelte die Fantasie der Zehnjährigen. Dieser liebevolle Wohnstil strahlte Gemütlichkeit aus, das war der reine Gegensatz zur Sachlichkeit der Sechzigerjahre bei ihr zu Hause.

Langsam tauchte Johanna aus ihren Gedanken wieder auf: »Sie haben recht, es gab jemanden, der mir immer wieder mit großem Verständnis zuhörte, das war Thea, die Frau meines Cousins. Mit ihr teilte ich die Fürsorglichkeit für ihre kleinen Kinder, bei ihr konnte ich über alles reden. Sie war eine Bereicherung für die Verwandtschaft. Aber auch meine viel älteren Cousins und Cousinen vermittelten mir Nachzüglerin die äußere Studienwelt. Sie berichteten davon, was man an den fernen Orten alles unternahm: Tanzen gehen, Streiche ausführen, Musik machen und hören, Motoren von Autos reparieren, mit Motorrollern in den Urlaub zum Zelten fahren. Irgendwie gehörte das dazu, daraus bildete sich eine feste Vorstellung, wie einmal für mich der Platz in der bunten Studentenwelt aussehen wird.« »Sie wollen an eine Uni zum Studium?« »Zuerst möchte ich mit etwas Künstlerischem beginnen, eine Lehre, dann einen Studiengang an der Kunstakademie wählen. Der Gedanke begleitet mich schon lange. Leute, die durch Gestaltung ihren Unterhalt bestreiten können, sind mein Vorbild. Die Jugendzeit zwischen zwölf und sechzehn verbrachte ich in einem nahen Jugendhaus. Dort fuhr ich allein mit der Straßenbahn hin. Das Haus zog viele Jugendliche an. Die angestellten Werklehrer zeigten in ihren Ateliers einfühlsam den Umgang mit Handarbeiten, Batik, Keramik und Schmuckherstellung. Später nahm ich Malkurse an der Volkshochschule, für plastische Objekte zog ich mich zu Hause in unseren Werkraum zurück.« »Was können Sie sich für die Zeit nach dem Abitur noch vorstellen? Was interessiert Sie?« »Außer Kunst sind es die Architektur, Religion und Psychologie!« »Warum wollen Sie dann mit einer Lehre beginnen?« »Ich will unabhängig sein, mit solch einer Lehre verbessere ich später auf der Akademie meine Chancen. Finanziell tue ich alles dafür, um baldmöglichst zu Hause ausziehen zu können. Mit Bürojobs verdiene ich jetzt schon recht gut.« »Wissen Sie, ich kenne einen emeritierten Professor, zeigen Sie ihm Ihre Arbeiten. Er kann beurteilen, ob das Talent ausreicht. Rufen Sie ihn an, er nimmt sich bestimmt Zeit für Sie. Dann sehen wir uns wieder zur nächsten Gruppenstunde.«

Sie hatte keine andere Wahl, sie nahm den Rat des Psychologen an und verabredete einen Termin. Dieser mutige Schritt, sich von einem fremden Professor beurteilen zu lassen, bereitete ihr große Qualen. Eine Menge Werkstücke und Zeichnungen mussten verpackt werden. War genügend Talent für das gewünschte Fach vorhanden? Als sie vor ihm stand, befreite er sie von den ersten Befürchtungen. Der ältere Herr wohnte in einem fantasievoll bestückten Haus, umrankt von Garten und Kunstgegenständen. Nach der Begrüßung führte er das Mädchen ins Wohnzimmer. Er besah sorgfältig ihre Arbeiten, die sie vor ihm auf dem Boden ausgelegt hatte. Sie sprachen über die Entstehung, dann lobte er besonders die verinnerlichten Umsetzungen. Er sah sie an: »Sie können sich ruhig bewerben und studieren! Ich habe einen sehr guten Schüler, zu dem würde ich Sie gerne schicken, er kann Ihnen helfen, Ihr Talent weiterzuentwickeln.« Ein Stein fiel ihr vom Herzen. Er hatte ihr ein Feedback zu ihrem künstlerischen Potential gegeben. Diese Aufmerksamkeit ihren Fähigkeiten gegenüber tat ihr gut. Dieser Besuch bildete für spätere Infragestellungen eine Art Schutzschild. In Künstlerkreisen ging man nicht sehr behutsam mit den Resultaten der Kommilitonen um. Seine Anerkennung half ihr, spätere Verletzungen an sich abperlen zu lassen. Sie freute sich, dass sie bei diesem kurzen Besuch einen Schritt aus sich herausgewagt hatte. Das war der wichtige Schritt weg von der Vorstellungswelt ihrer Mutter. Während Johanna innerlich nach Halt suchte, war auch ihre Mutter aktiv geworden. Sie wollte für die Tochter das, was sie unter einem guten Beruf verstand, ein pädagogisches Studium. Ein zwiespältiges Gefühl in der Tochter war das Resultat. Der Mutter war sie für ihre Anstrengungen dankbar und trotzdem spürte sie, dass diese Ziele nicht das Richtige waren. Die junge Rebellin durchschaute die Motivation der Mutter, sie selbst hatte versäumt, Lehrerin zu werden wie ihre Großtanten. Mit all ihrer Stärke lehnte Johanna diese Sackgasse ab und zog von zu Hause aus. Weiterhin besuchte sie ihre Therapiesitzungen, nur leider würde der Psychologe die Gruppe bald auflösen müssen. So richtig verstand sie den

Therapieprozess nicht. Aber ihr Selbstbewusstsein entwickelte sich weiter, auch durch ihren Job, der ihr selbstverdientes Geld einbrachte. Sie betreute das Kind einer Jugendpsychologin. Diese Aufgabe hatte etwas Lehrreiches für sie. Es war Verdienen und Lernen gleichzeitig, sie fing an, die Psychologie von C.G. Jung zu entdecken. Selbstbewusstes Auftreten nach außen gelang, nur innerlich fühlte sie weiterhin Unsicherheit. Es war eine Leere in ihr oder war das ihre Angst vor Ablehnung, wenn sie sich gab, wie sie war? Mit großen inneren Selbstzweifeln reiste sie nicht nach Indien, wollte nicht in den USA mit Hippies leben, so wie es einige der Freunde und viele Altersgenossen taten. Auch der Anschluss an fremdes Denken durch Religion, einen Guru oder einer politischen Bewegung kam nicht infrage. Sie hatte nur ein Ziel: so schnell wie möglich einen Studienplatz an der Akademie für Kunst zu bekommen.

*

Natürlich - sein, sich so zu geben wie sie war, erlaubte sie sich nicht. Gut Gemeintes erfuhr des Öfteren eine vehemente Absage. Das bedeutete, Verletzung und Ablehnung einstecken zu müssen. Sie verursachte wohl in anderen ebenfalls Stress. So war das leider, sie konnte austeilen und musste dafür einstecken. Unglückliche Missverständnisse führten zu Schuldgefühlen, die plagenden Gedanken waren die Folge. Das Gefühl, jemanden zu verletzen, war ihr unerträglich. Nur wie sollte sie das verhindern, wenn sie nicht spürte, was ihre Worte mit anderen machten? Bei einigen galt sie als unsensibel und beim Psychologen als hypersensibel. Zog sie sich zurück, um weiteren Konflikten im Zwischenmenschlichen aus dem Weg zu gehen, hörte sie Vorwürfe über ihren Egoismus. Viele Unsicherheiten begleiteten sie auf der Suche, einen Weg zu finden, wie sich Gespräche kontrollieren ließen. Sehnsüchtig hoffte sie darauf, ihr möge es gelingen, Wortwechsel besser zu beobachten. Stand sie vor einer starken Persönlichkeit, fiel es ihr nicht leicht, das auszudrücken, womit sie unter normalen Umständen vertraut war. Sie spürte eine Verunsicherung, als ginge von dem Gegenüber etwas aus, was sie durcheinanderbringen konnte. Der psychische Konflikt wurde ihr unsichtbares Korsett, das sie in eine bestimmte Richtung lenkte. Ein langer Leidensweg der Selbstbeobachtung, der irgendwann zum Ziel führt, für das es sich zu leben lohnt. Johannas erster befreiender Schritt bestand darin, die Energie des Sprechenden bewusster wahrzunehmen und zu dieser Erkenntnis zu stehen. Strahlte jemand Ablehnung oder Ungeduld aus, konnte sie sich nicht mehr auf ihre Gedanken konzentrieren und vernünftig reden. Das teilte die Mitmenschen sehr schnell in diejenigen, die ihr Wohlwollen entgegenbrachten und solche, mit denen sie nicht sprechen konnte. Ganz anders erlebte sie sich mit Freunden und Thea, da sprach sie frei. Ohne Vorüberlegung ergab das Ausgesprochene automatisch Sinn. Nach einem langen Entwicklungsweg würde sie später in Gesprächen die Haltung ihrer Gegenüber spüren und gleichzeitig auch ihrer Empfindung vertrauen.

2.3 Astrologische Symbole

»Die Astrologie ist ein gutes Instrument das Schicksal zu verstehen,« sagt Violette. »In der römischen Antike, bei Plotin, wird sie zu den mantischen Systemen gezählt. Mantik war damals der Überbegriff für natürliche und künstliche Weissagung. Der natürlichen Weissagung entspricht die Innere Stimme. Der künstlichen Vorhersage mit Hilfe eines Orakels dienten z.B. die Schau in die Wolken oder die Techniken der Sterndeuter.«

Jaune: »Plotin versteht die Astrologie wie eine Symbolsprache. Die Prinzipien der Sinnbilder werden durch die Mythologie der Griechen verständlich, ganz ähnlich den Lettern, die in immer neue Zusammenhänge treten. Die Sterngötter offenbaren darin ihre Eigenschaften. Im Horoskop des Geborenen liest der Kundige das Schicksal, leitet daraus die Bestimmung einer Seele ab. Wenn ein Mensch dann seine Schicksalstendenz als gewollt akzeptiert, kann er einen Schritt weitergehen. Kann fragen, was führt mich in diese gewollte Existenz? Muss der Fragende dann nicht auch ein ihm verborgenes Sein vermuten! Plotin weist auf die Transzendenz hin, er nennt sie: ›Ein Sein, das Eine‹.« Jaune fährt demütig fort: »Es ist ›das Eine und Viele zugleich, oder das Viele und das Eine‹. Aus Sicht der dualen Welt bleibt das unverständlich, nur die Beobachtung von Licht und Sonne weist Vergleichbares auf. Dieser Stern besitzt eine Quelle, gleichzeitig verströmt er seine Strahlen. Manchmal spürt der eine oder andere Suchende diese Alleinheit. Im Zusammenhang mit dem angetretenen Schicksal spricht der Philosoph von der einzelnen Seele, die in diesem Kosmos ihren Aufgaben nachzugehen hat.«

»Jaune, dahinter verbirgt sich ein ganzes philosophisches Gebiet!«

»Ja, Violette«, Jaune betrachtet Violette liebevoll. »Wenn es nach dem Tod ein Aufgehen im Sein gibt, was wird dann aus der Sühne für das Unrecht, das aus Unkenntnis begangen wird? Wie findet das seinen Ausgleich im Schicksal? Verstehe es so: Die Menschen streben suchend und irrend zur Erlösung hin. Das All untersteht der göttlichen Ordnung.«

Plotin, Wirken der Sterne, Bd. Va (34) (37) (40) (41); Enneade III,7; Karl Reinhardt, Poseidonios, S. 422ff

Das war ein überwältigendes Erfolgsgefühl. Ihr war die Aufnahmeprüfung zur Kunstakademie gelungen! Der Wunsch nach Unabhängigkeit passte zum Kunststudium. Mit jedem künstlerischen Werk, für das sie Anerkennung erhielt, blühte in ihr die Hoffnung auf, das angestrebte Examen zu bewältigen. Um den Studienplatz wurde sie manchmal beneidet, das führte ihr den bereits bewältigten Weg, die glücklichen Umstände vor Augen. Langsam keimte in ihr eine Ahnung, wie sie in der Gesellschaft ihre Fähigkeiten einsetzen konnte, um auch finanziell selbstständig zu werden.

Der Freundeskreis Johannas war größer geworden. Ihre erste eigene Wohnung hatte sie ja schon vor dem Abitur bezogen. An einem sonnigen Tag war ihr nach einem Spaziergang zumute, sie ging auf den nächstgelegenen Friedhof. Anderntags hatte sie einen Termin beim Psychologen: »Was haben Sie gestern an dem schönen Sonntag unternommen?« »Ich war auf einem Friedhof im Süden der Stadt: Ich wollte so mit mir besser in Kontakt kommen.« Herr Ohlsen: »Können Sie sich denn nicht einfach leben lassen?« »Da gibt es einen Film, in dem ich mich wiederfinde. Die Helden trafen sich auf Beerdigungen, weil es ein Ort ist, an dem man die wahren Gefühle findet.« Er: »Haben Sie es schon einmal mit Meditation versucht?« »Oh ja, mit einem Freund bin ich mit siebzehn Jahren in ein christliches Institut gegangen, um Zen-Meditation zu lernen. Danach bin ich auf die Biografie von Yogananda gestoßen, mich hat diese Biografie sehr überzeugt. Kennen Sie dieses Buch?« »Nein, erzählen Sie bitte mal, was Sie daran berührt hat.« »Er berichtet darin von seinem Lehrer Sri Yugteschwar. Obwohl dieser

gestorben war, konnte er trotzdem eines Nachts seinen Schüler besuchen. Yogananda sah ihn in überirdischem Glanz, der Lehrer sagte zu ihm: ›Ich bin wahrhaftig auferstanden, doch nicht irdisch, sondern in einer Astralwelt.‹ Er kündigte ihm an, dass er ebenfalls dorthin gelangen würde. ›Dort bestehen die Körper aus Biophotonen und leben in Bewusstsein und Empfindung. In Lichtgeschwindigkeit gelingt es uns, an einen anderen Ort zu reisen. Die astrale Welt besteht aus feinen Licht- und Farbschwingungen. Astrale Sonnen und Monde sind prächtiger, als man sich das hier vorstellen kann. Die guten und bösen Daimonen leben in getrennten Ebenen. Dort gibt es auch pflanzliche und tierische Wesen. Ein Wandel von einem Zustand in den anderen ist für alle Lebewesen möglich.‹ Können Sie sich vorstellen, wie das mein Denken beflügelte? Deshalb war Meditation schon früh ein Weg für mich. Nur ist jetzt mein Alltag so unregelmäßig, dass ich gar nicht mehr zur Ruhe komme.«
»Beginnen Sie ganz einfach, fünfzehn Minuten zu einer festgesetzten Zeit und das regelmäßig, das reicht für den Anfang. Überlassen Sie das denen da oben, was dann passiert. Aber vergessen Sie nicht, danach Ihre Aura zu schließen, besonders wenn Sie zur Erholung auf Friedhöfe gehen. Sie haben die Fähigkeit, Ihre Energie nach dem Prinzip einer Gießkanne zu verströmen.« »Das kann ich annehmen. Nur was führt mich dazu?« »Die Leere, die Sie früh empfunden haben, bewog Sie, diese auszufüllen, sobald sie in einem Gespräch spürbar wird. Sie sorgen dann für eine Art Vermittlung und beginnen sich dann zu verlieren. Für Sie wäre gut, langsam ›Haut‹ zu bilden. Es nützt Ihnen aber nichts, wenn diese zu dick wird, deshalb möchte ich Ihnen von einer längeren Therapie zurzeit abraten. Besser, Sie fassen erst in Ihrem neuen Lebensbereich Fuß. Das Aufdecken schmerzhafter Empfindungen muss vielleicht gar nicht sein. Hier liegt ein Buch zur Selbstanalyse durch Schreiben. Lesen Sie es bitte und bringen Sie es mir nächstes Mal wieder mit.« Johanna empfand ihren Psychologen stützend zur Orientierung, sie übertrug zunehmend positive Gefühle auf ihn. ›Ist das so gewollt?‹ fragte sie sich. Von dieser Stunde an vereinbarten sie, dass Johanna alles Bewegende in einem Tagebuch niederschreiben sollte. So wäre es vielleicht besser, die Zusammenarbeit fortzusetzen. Hin und wieder konnte sie dann vorbeischauen und ihre Aufzeichnungen mit ihm besprechen. Traute sie sich das zu?

*

Die Frau ihres Cousins hatte keine gute Ehe gefunden. Die Streitigkeiten mit ihrem Noch-Ehemann nahmen oft dramatische Züge an. Thea war eine feingliedrige und doch große, dunkelhaarige Frau. Nach jedem Ehekrach fuhr sie in die Stadt, um sich schöne Kleider zu gönnen, während ihre zwei Kinder in der Schule aufgehoben waren. War das Verschwendung? Nein, sie befolgte nur den Rat ihrer Mutter, die die Tochter ermahnte, weiterhin für ihren Mann attraktiv zu bleiben. Johanna sah, dass die Auseinandersetzungen der Freundin alle Kraft raubten, der Zusammenhang war offensichtlich. Sie sah Theas Feinfühligkeit, spürte die Unzulänglichkeiten ihres Alltags, aber irgendwie fehlte etwas, um anpacken zu können. Oft lag sie im Bett, um sich beim Lesen ihrer Bücher zu erholen. Sie wollte es ihren Mitmenschen am liebsten Recht machen, leider wurde daraus eine Einladung für diejenigen, von denen sie sich zu viel gefallen ließ. An so einem Nachmittag saß sie bei ihrer Verwandten: »Du, Thea, Herr Ohlsen hat mir ein Buch gegeben und mir geraten, meine Erlebnisse und Wahrnehmungen aufzuschreiben.« »Ist deine Therapie beendet?« »Nein, die Gruppentherapie ist zu Ende, weil drei von uns Abitur gemacht haben, der Psychologe meint, diese Zäsur sei jetzt nötig.« »Aber was machst du weiterhin, zu wem gehst du jetzt?« »Er hat für mich Einzelstunden geplant. Wann immer mein Schreiben mich zu Problemen führt, kann ich mit ihm einen Beratungstermin vereinbaren, dann besprechen wir das Belastende.« Thea: »Ich habe durch eine Freundin eine Heilpraktikerin kennengelernt, die sich mit Astrologie auskennt. Mich hat in meinem Fall verblüfft, was sie daraus entnehmen konnte. Möchtest du da mal hinfahren?« »Ist das teuer?« »Nein, sie macht das für ihre Patienten, um deren Krankheiten leichter zu erkennen. Ich rufe für dich an und mache einen Termin.«

Zwei Wochen später betrat Johanna das Behandlungszimmer. Es sah nach Arztpraxis aus. »Sie sind die Verwandte von Thea! Ihr Horoskop habe ich hier liegen. Es ist nicht exakt gezeichnet, weil ich Ihre Geburtszeit nicht richtig verstanden habe.« »Die genaue Zeit ist fünf Uhr dreißig.« »Oh, das ist gut, das freut mich.« Die Heilpraktikerin zeichnete mit einem Stift deutlich Dreiecke von einem Planetenpunkt zum nächsten. »Ich bin froh, das sieht so besser aus, jetzt ergeben sich geschlossene Figuren. Zuerst beginne ich mit der Gesundheit, dann komme ich zu den frühen Jahren und worauf Sie zukünftig achten müssen.« Sie erhielt günstige Prognosen zu ihrer Konstitution, aus der sich auch keine Schwierigkeiten ergeben würden, sofern sie auf gewisse Regeln achten würde. »Ihre Kindheit machte Sie etwas schwermütig, achten Sie darauf, dass Sie das nicht zu tief hinunterzieht.« »Meine Depression hat mich bereits in eine Psychotherapie geführt.« »Das haben Sie gut gemacht, das war nötig. Sie haben auch eine joviale Seite, leben Sie die ab und zu aus, das hilft Ihnen das Leben zu genießen. Sie können Dinge erahnen, das kann jedoch auch eine gewaltige Täuschung sein, ziehen Sie beides in Betracht.« Die Heilpraktikerin gab ihr auch Tipps für die Zukunft und bot ihr an, jederzeit nach Terminabsprache das Gespräch für das Horoskop zu vertiefen. Da das junge Mädchen aber kein Auto hatte, blieb es bei dem einmaligen Besuch auf dem Lande. Johanna verließ mit dem handgezeichneten Geburtsbild die Praxis. Dies war ein Moment in ihrem Leben, der alles in ihr zu einer Neubewertung brachte. Zuerst einmal war sie froh, denn sie hatte eine erneute Unterstützung erhalten. Nicht nur sie war ein schwieriges Kind, sondern auch ihr Umfeld gehörte zum schwierigen Start ins Leben. Neu war der damit verbundene Ansatz, was zur irdischen Existenz führt und warum das deutbar war. Damit wurde gesagt, dass durch ihre Geburtszeit bereits etwas vorentschieden wurde. Es tat sehr gut, eine Art Bestätigung für ihre schwierige Jugend zu erhalten. Immer noch plagten die Studentin Schuldgefühle wegen der Dinge, die ihr bisher nicht gelungen waren. Welche Folgerung ergab sich aus dem astrologischen Gespräch? Das hieße, dass das Schicksal sich mit der Geburtszeit bereits entscheidet? Wieder stiegen ihre Erinnerungen an die Kindheit in ihr auf, an ihr verzweifeltes Bereuen, in dieses Leben gekommen zu sein. In der Jugend gab sie die Schuld ihren Eltern, die sie durch Zeugung hier in dieses Schicksal hineingezogen hatten. Yoganandas Position bekräftigte sie, durch die Empfängnis übernehmen die Eltern Verantwortung für Kindheit und Jugend. Zum Dank schenkte sie das Buch des indischen Lehrers ihrer Verwandten. Vielleicht halfen ihr diese Erkenntnisse weiter. Sie selbst beschloss für sich, ein Lehrbuch der Astrologie zu suchen, die Symbolik hinter den Zeichen machte sie neugierig. Auf alle Fälle wollte sie beim nächsten Besuch die Meinung des Psychologen hören!

»Herr Ohlsen, warum haben Sie mir damals sofort einen Platz in Ihrer Gruppe gegeben?« »Es war Ihre Stimme am Telefon, da war mir sofort klar, dass Sie dringend Hilfe benötigen.« »Inzwischen habe ich mir mein Radix zeichnen lassen.« »Gut, wann zeigen Sie es mir?« Der Psychologe verstand sich wohl auch auf astrologische Zeichnung und Deutung? Sie zog das Papier aus der Tasche. Er fing nach einer Weile an, seine Eindrücke zu vermitteln. »Diese Bilderwelt, zu der Sie Zugang haben, muss auf künstlerischem Weg oder auf einem anderen der Gesellschaft zugutekommen. Das war bereits zuvor mein Eindruck, dass Ihnen eine Analyse nicht wirklich hilft. Das ist ein Horoskop, an dem man zerbrechen oder Großes leisten kann.« Sie war hin- und hergerissen und nahm ihn ernst. Er hatte es gesagt, das durfte sie nicht vergessen, besonders in schweren Zeiten. Nie würde sie mit jemand darüber sprechen. »Wissen Sie, es tut mir gut, in Ihrem Umfeld alles zu finden, was mich interessiert: Kunst, Meditation und sogar Astrologie! Mir könnte es inzwischen so gut gehen. Mich bedrückt nur, dass meine Mutter sehr unglücklich ist, weil ich das Elternhaus verlassen habe.« »Johanna, das war eine riesige Leistung für Sie, von zu Hause auszuziehen. Ihre Eltern haben ihre Probleme und Sie haben Ihre eigenen. Deren Aufgaben können Sie nicht lösen, wenn sie einmal alt werden, haben Sie immer noch Zeit sich um die beiden zu kümmern.« Verstand sie ihn richtig? War das eine Bestätigung? Sie hatte wirklich nicht den Eindruck, dass der eigene Weg in die Selbstständigkeit ein Problem war, sondern die gekränkte Mutter zurückzulassen. Immer mehr verfolgte sie die Spur ihrer eigenen Ziele. Distanz zum Elternhaus trat ein. Aber gegen den Widerstand ihrer Mutter auszuziehen, das hatte Konsequenzen. Von nun an hörte sie den Vorwurf, kalt und egoistisch nur an sich zu denken. Welche traumwandlerische Sicherheit hatte Johanna zu diesem Psychologen geführt? Seine Orientierung und das Horoskop gaben ihr Rückhalt, mit seiner Hilfe konnte sie zu ihren Entscheidungen stehen, auch wenn sie dafür die Rolle der Hartherzigen bekam. Für ihre Leistung erhielt sie Anerkennung beim Psychologen. Insgesamt musste sie jedoch einsehen, dass ihr Leben nicht reibungslos verlief, es gab jede Menge Hindernisse. Später erinnerte sie sich an den Zusammenhang zum geißfüßigen Männchen ihrer Kindheit, das in Großmutters Schriften wohnte. In der Sicht der jüdischen Tradition wurde dieses Männchen mit ›der Hinderer‹ übersetzt. In der hellenistischen Tradition, bei Plotin, wurde das Böse in der Welt mit Mangel gleichgesetzt. Herrscht ein Zusammenhang? Das war Goethes große Leistung, ein mutiger Schritt gleich zu Beginn des ›Faust‹, dort lässt er das Männchen, den Mephisto, dem studierten Faust begegnen. Er stellt sich dem verdutzten Gelehrten vor: »Ich bin ein Teil von jener Kraft, die stets das Böse will und stets das Gute schafft ... so ist denn alles ... was ihr ... das Böse nennt, mein eigentliches Element.« Anschließend erklärt er dem Doktor, dass er durch das schlecht gezeichnete Pentagramm in die Studierstube eindringen konnte. Unbekannt ist meist, welch altes Wissen hierin verborgen ist: das Zeichen der Pythagoreer, die Proportion des Goldenen Schnitts in der Kunst, es findet sich auch in der Astrologie.

Über zwanzig Jahre später sollte ein englisches Medium Johannas Start in der Kindheit folgendermaßen resümieren: »Geradlinige Eltern, von denen man sich leichter abheben kann. Du hattest immer einen starken Willen, sogar als Kind.« »Oh ja, meine Mutter hat sehr darunter gelitten.« »Aber das war verständlich, du warst die alte Seele und deine Mutter sollte in diesem Leben stark werden. Du warst das unabhängige Wesen. Du wolltest nicht, dass andere dir sagten, was du zu tun hast. Das bedeutet natürlich für die Eltern Stress, aber jetzt kannst du das Verhältnis entspannen.« (August, Pfingsten 1998).

2.4 Die Meditation

Violette lächelt: »In der westlichen Welt herrscht vielfach die Meinung, die Meditation stamme aus dem Osten.«

Jaune: »Dabei beschreibt Plotin den geistigen Vorgang sehr verständlich, wie mit dem Denken verfahren werden muss. Der Wunsch der Seele nach ›dem Einen‹ ist das Grundlegende, ob im Osten oder im Westen. Er spricht von einem spirituellen Weg, auf dem man die sinnliche, körperliche Wahrnehmung zurücklässt. Es sei auch kein Weg der Wissenschaft und schon gar nicht ein Weg des Denkens. Ziel der Seele sei es, so im Geist aufzugehen, aufzusteigen und so die Möglichkeiten des Geistes zu erfahren. Diese Wahrnehmung wird in der Philosophiegeschichte unter der ›Wolke des Nichterkennens‹ bekannt. Plotin vermeidet aus Respekt, wo immer es geht, den Gottesbegriff, denn das Ziel ist die Erfahrung der eigenen Mitte, in der die Areté wirkt.«

»Das bedeutet doch, auch der Westen hat seine eigene Tradition?«, fragt Violette.

»Folgen wir dem Denken von Thomas von Aquin. In seinem Werk ›De Anima‹ stützt er sich auf Aristoteles und schreibt darüber, dass die Seele den Geist als Kraft besitzt. Sie erscheine in Leibform und nach der Trennung vom Körper im Tod setze sie ihr Denken und Wollen fort,« antwortet Jaune.

Violette: »Das hört sich nach dem an, was die Griechen unter Areté verstehen.«

Jaune fährt fort: »Bekannter ist heute Meister Eckhart. Mutig für die Zeit um 1300 gelang ihm zu sagen: ›Denn wer kommen will in Gottes Grund, der muss zuvor in seinen Grund, sein Innerstes kommen.‹ Er ist für den an Mystik Interessierten eine besondere Quelle. Das Prinzip der Meditation wird von ihm formuliert, um frei von der Sinnenwelt und jeder Vorstellung zu werden. Das setzt sich fort in der geheimnisvollen theologischen Schrift aus dem 14. Jh der ›Wolke des Nichtwissens‹. Bereits der Titel spricht das Wesentliche an. In der Meditation sollen die Suchenden das Weltliche hinter sich lassen um Gedankenstille zu erreichen, wie in einem Nebelmeer. Der Text wurde aus Furcht vor Zensur in einer englischen Klosterbibliothek versteckt, um später anonym aufgefunden zu werden, der Autor wollte nicht genannt werden. Diese Ansätze, sowohl der antike wie die spätmittelalterliche, entsprechen in ihrer kontemplativen Auffassung der Zen-Meditation des Ostens: ›Die Kunst, ohne dem Denken zu folgen in das eigene Sein zu blicken.‹«

»Eine heilsame Kunst für die Seele,« schließt Violette.

Plotin, Das Gute – das Eine, Bd. Ia, (17) (18) (19) (24) (28) (30) (31) (35); Enneade VI, 9; vielfach zitierter Satz des Meister Eckhart.

Johanna saß gemütlich an ihrem Schreibtisch. Sie dachte an das Auf und Ab ihrer Kindheit. Warum nicht schriftstellerisch festhalten, welche Krisen junge Menschen durchleben, bis es ihnen gelingt, das Leben zu meistern? Im Tagebuch, das ihr der Psychologe ans Herz legte, hielt sie vieles fest, was sich sonst mit den Jahren verflüchtigt hätte. Aus innerer Sicht blickte sie auf Ängste, Unkonzentriertheit, ungestillte Bedürfnisse, auf viel Ungeordnetes. Las sie später die Tagebuchseiten, verblüffte sie die Klarheit ihrer Beobachtungen. Bisher war ihr Weg anstrengend, sie hatte viel bewältigt, um hierher zu kommen. Das Elternhaus war nahe, aber es lag ihr fern, sich in ihrem Unwohlsein dorthin zu flüchten. Nur Schuldgefühle trieben sie zu ihrer Familie, um den Angehörigen die Sorgen zu nehmen. Was Johanna beschäftigte, behielt sie bei den Besuchen für sich. Die ständig besorgte Mutter wäre kein guter Ratgeber gewesen. Nur zu gut spürte die verantwortungsvolle Frau, dass das Leben der Tochter schwierig verlief. Zugleich nahm sie wahr, dass sich deren Lebenseinstellung vom Elternhaus immer mehr entfernte, während die Mitstudenten im Heim am Wochenende üblicherweise nach Hause fuhren. Vermutlich waren sie glücklich, so unbeschwert irgendwo im Umland bei Freunden, Geschwistern im Elternhaus zu sein.

Wusste Johanna, dass sie im Vergleich zu anderen einen großen Durchhaltewillen hatte? Für Freunde strahlte sie Stärke aus, die anziehend wirkte, obwohl ihr selbst manchmal das Aufgeben näher lag. Das allerdings kam nicht mehr infrage, denn wer beim Durchqueren der Wüste aufgibt, verdurstet mittendrin. Die Studentin wollte den Glauben an ein gutes Leben verwirklichen. Trotz schwer auszuhaltender Stunden und Tage hielt sie durch, begann langsam die innere Kapitulation aus der Zeit vor der Reifeprüfung zu überwinden. Ein Gefühl für den persönlichen Werdegang wuchs in ihr heran, sie sagte zu sich: ›Ich will meinen Lebensweg bewältigen.‹ Das schöne Zimmer, in dem sie ihren Gedanken nachhing, gab ihr die nötige Geborgenheit. Es war ein guter Ort, der etwas Befreiendes vor dunklen Befürchtungen hatte. Von hier aus gestaltete sie in Gedanken die Zukunft, wie sie später wohnen und leben wollte. Nur den Weg der inneren Sicherheit hatte sie noch nicht gefunden. Sie war oft bedrückt. Seit sie durch das Verlassen der Familie die Rolle der Undankbaren übernommen hatte, lebte sie mit dem Gefühl, ein Schmarotzer ohne Lebensberechtigung zu sein, der sich von den anderen nur holt, was er benötigt. Sie hatte auch etwas Widerborstiges an sich. Wie an einem Messer mit zwei Schneidekanten konnte sich jeder verletzen, der ihr zu nahe kam. Grund dafür war ihre wenig entwickelte Beziehungsfähigkeit. Für sie bedeuteten Freundschaften immer noch keine Sicherheit, auch wenn ihr der Psychologe Herr Ohlsen dazu geraten hatte, Freunde zu suchen, mit denen sie ihre Entwicklung teilen könnte. Er gab ihr auch eine Erklärung für diese psychologische Verfassung: »Es war Ihre Angst, die Sie als Kind nicht mehr aushielten, da haben Sie sich verschlossen!« Der Satz half ihr oft, um Beziehungssituationen besser zu verstehen. Dem Rat zu meditieren war sie gefolgt. Gleich in der frühen Studentenzeit schloss sich Johanna einer Zen-Meditationsgruppe an. Einen der Pfarrer kannte sie bereits aus der Begegnung mit siebzehn Jahren. Die Gruppe wurde also sehr gut begleitet durch Korrekturen während der Übungen. Die Leitung teilten sich zwei Frauen, eine Ärztin und eine Sozialarbeiterin, und zwei Pfarrer. Die Lehrer hatten gerade ein Seminar bei Enomiya Lassalle in Japan beendet. Yogaübungen vor der Meditation verstärkten die Konzentrationsfähigkeit. Die Studenten erhielten grundlegendes Wissen von ihren Vorbildern, dabei machten sie einprägsame Körper- und Bewusstseinserfahrungen. Johanna hatte keine Vorstellung, welch stabiles Fundament sie sich für später erarbeitete. Dieser Ort war zunächst zum Aufblühen und Experimentieren, auch für das Tanzen in versenktem Zustand geeignet. Regelmäßig besuchte sie die Abende. Einmal wurde sie von der Ärztin zum Abendessen eingeladen. Diese hatte von einer Begegnung mit Johanna in Jerusalem geträumt und ihr ein Buch über die Stadt geschenkt. »Meine Träume nehme ich immer ernst. Leider muss ich meine Arbeit mit euch Studenten beenden. Mit meinem Rücken tut mir der strenge Zen-Sitz nicht mehr gut. Dafür liege ich jetzt mit Knierolle am Boden, das erlaube ich mir, weil es körperlich guttut.« Beim Essen sprachen die beiden über Vergangenheit und Zukunft. Einen Satz aus der Abendunterhaltung prägte sich Johanna für immer ein. Er vermittelte ihr, wie sehr diese reife Frau sie zu verstehen suchte: »Du bist für mich der Inbegriff von Schutzlosigkeit.« Dazu gab es auch bald ein passendes Ereignis. Bei einem späteren Meditationsabend musste einer ihrer etwas wichtigtuerischen Beiträge einem Mitstudenten einfach zu viel geworden sein. Er beschuldigte sie, sie wolle sich immer in den Vordergrund spielen. Sie hatte sich zu weit vorgewagt und ihre Deckung verloren. Dieser Hieb war zur schmerzhaften Erinnerung geworden. Typisch für solche Situationen, sie konnte sich danach nicht mehr erinnern, über was hinterher gesprochen wurde, denn sie zog sich sofort innerlich zurück. Die Außenwelt konnte sie in solchen Momenten nicht mehr wahrnehmen und darauf reagieren. Erst spät in ihrem Leben verfolgte sie die Spur der lähmenden Verletzung zum Elternhaus. War es die Eifersucht ihrer Schwester Ulrike, die sie beschuldigte, ihr die Schau als Einzelkind gestohlen zu haben? Oder war das die Angst vor dem Vater und seinen cholerischen Ausbrüchen?

Zu Beginn des Studiums fand ein treuer Freund Zugang zu ihr. Beim Auszug aus dem Elternhaus war ihr Harry bereits behilflich gewesen, auch er wollte zunächst einmal alleine wohnen. Intuitiv war sie dem passenden Partner begegnet, nach einem Jahr zogen die beiden zusammen und heirateten. Machte das ihr Leben erträglicher? Harry und seine Familie gaben ihr neue Geborgenheit, sein Verständnis für sie war geradezu verlockend, denn er hielt ihre depressive Lebensweise aus. Er und sie schufen sich einen gemeinsamen Lebensstil und sie lehnte sich bereitwillig an, um weniger einsam zu sein. Auch er war auf der Suche, seinen Lebenssinn zu entdecken, hatte aber zu wenig Mut seiner neuen Freundin zu widersprechen. Eigentlich waren die beiden noch sehr unreif. Sie ahnten zwar die in ihnen schlummernden Lebensziele, aber das nützte nichts. Sie kannten ihre Schwächen noch viel zu wenig. Um sich selbst besser wahrzunehmen, schlitterten sie in manchen Krach. Johanna verlor sich, die Todesangst ihrer Kindheit lebte wieder in ihr auf. Sie wurde immer depressiver, während ihr Mann von Kindern träumte. Für Johanna war das keine Lösung. Was das mit ihr machte, kannte sie aus ihrem Nebenjob, der Kinderbetreuung. Sie liebte zwar Kinder über alles, jedoch nach nur drei Nachmittagen im Haus der Psychologin kam ihr das Kunststudium wie eine Erholung vor. Ihre psychische Verfassung warnte sie vor mehr Verantwortung. Das wäre nicht gut gegangen, die zeitraubende künstlerische Ausbildung zu bewältigen und gleichzeitig eine Familie zu gründen. Die Vorstellung trieb sie in die Enge, sie musste ausbrechen. Harry fand eine Frau, mit der er Kinder haben konnte. Das war das Aus dieser Ehe.

Das Zwischenexamen stand an. Jetzt musste sie ernsthaft zu einem Thema finden, das sie mit ihrer kreativen Ader zum Ziel führte. Das Kunststudium hatte keine vorgefertigten Muster zu bieten. Kein Student konnte sich hier an Vorbilder anlehnen, er wäre sofort als Epigone beschimpft worden. Die Kommilitonen suchten persönlich nach ihren Themen, für die ihr Professor nur Beratung gab. Der Satz ›Du kannst dich beim Arbeiten entspannen, Kunst hilft doch der Entfaltung‹ war zwar landläufige Meinung, aber Johanna geriet darüber höchstens in

Wut! Später erst konnte sie das Wahre in dem Satz verstehen und selbst vertreten.

Sie begann zwei Kunstauffassungen zu unterscheiden: die für das Publikum geeignete und die für sie später wichtige Kunst zur kreativen Entfaltung. Sie kämpfte sich durch, sie gab nicht auf und fand zu einer Thematik, die bei den Professoren Beifall fand. Ihr Themenbereich ›Selbstbeobachtung‹ entwickelte sich in Richtung sterbliche Hülle, die wir zurücklassen. Das war bereits der Inhalt, den sie auch im Alter verfolgte, nur die Reifeprozesse sollten noch dazukommen.

Der Kunstbegriff begann sich damals in der Gesellschaft neu zu entwickeln. Es herrschte auf allen Seiten Unsicherheit. Zwei Richtungen waren möglich, entweder Kunst diente der Selbsterfahrung oder jemand spiegelte ein gesellschaftliches Phänomen, das für die Anhänger dieses Künstlers fast religiöse Züge annahm. Mit ihrer Ausbildung steckte sie mitten in der Orientierungslosigkeit und konnte den Prozess weder artikulieren, noch überschauen. Ihr Weg der Innerlichkeit, Tun und Denken zusammenzubringen, hielt sie vollständig gefangen. Intuitiv ahnte sie zwar, welchen Weg es zu verfolgen galt, aber davon würde sie nie leben können. Der Kunstmarkt verlangte nach jungen Genies, die Galeristen hielten Ausschau nach dem wiedererkennbaren Produkt eines Künstlers, der seinen Weg gefunden hatte. An diesen Mechanismen des Galeriemarktes wäre sie gescheitert, für das Sichselbstbehaupten fehlte ihr die Philosophie. Manchmal fühlte sie sich durch die vielen Ideen dem Ertrinken nahe, aber diese zu entwickeln, das benötigte Raum. Sie sah ein, dass ihr Bedürfnis nach ständiger Veränderung sie auf dem Kunstmarkt behindern würde.

Ihr Professor suchte einmal das Gespräch mit ihr: »Ich weiß, wohin Sie wollen, aber das ist es noch nicht.« Er sprach damit an, dass sie erst später die nötige Sicherheit erlangen könne, damit war der Weg zur Veränderung ihres Ausbildungsgangs angelegt. Sie suchte nach einer tragfähigen Lösung für die Zukunft. Sie fand neue Geborgenheit in einer geeigneten Fachklasse.

*

Sehnsüchtig dachte sie an Thea. Die Freundin arbeitete inzwischen mit bekannten Puppenspielern zusammen. Liebend gerne wäre sie diesem Weg gefolgt. Johanna konnte sich nur keine Verbindung von der

Faszination an Märchen und Puppenspiel mit ihrem Thema der ›Selbstbeobachtung‹ vorstellen. In der Kunst jener Zeit war sogar die Emotionalität umstritten.

2.5   Eine weise hellsichtige Dame

Jaune: »Alle Kulturen pflegen mantische Systeme. Sie geben Orientierung in dieser Welt, aber nur besonders gereifte Seher können die Zusammenhänge erkennen. Plotin verkörpert beide Fähigkeiten, die des Philosophen und die des Sehers. Von ihm ist bezeugt, dass er die Entwicklung seiner Schützlinge voraussah. Für die Denker der Platonischen Akademie in Rom gehörte die geistige Verbindung beider Welten dazu. Plotin bekennt sich zum Orakel und zur Hellsichtigkeit, für ihn ist das Erkennen der Zukunft eine ganz natürliche Fähigkeit. Denn der Fragende kann durch die Sicht auf das Zukünftige eine nötige Orientierung erhalten, auch wenn der Hellsichtige die Gründe dafür nicht nennen kann. Bei der künstlichen Mantik, wozu die Astrologie gezählt wird, soll der Gelehrte die Zeichen des Kosmos am Himmel deuten. In dieser Zeit war es üblich, die charakterlichen Eigentümlichkeiten des Geborenen durch Sterndeutung oder Orakel zu erfassen, bevor sich das Kind entwickelt hat. Plotin begründet diese Möglichkeit mit den Worten: ›Sein und Bild sind verschieden in der Erscheinung, trotzdem entsprechen sie sich.‹ Er zitiert die Traditionen des Pythagoras und Platon, die die Gestirne sogar in Beziehung zur Musik setzen. Plotin hält weiter am Gemeinsamen von materieller und Geistiger Welt fest. In diesem Sinne fährt der philosophische Lehrer fort: ›Wenn die Annahme der Entsprechungen aus dem zitierten Satz zutrifft, leitet sich hieraus die Vorhersagbarkeit ab.‹«

Violette fügt bedauernd hinzu: »Man beklagte damals die Qualität der Orakel in der späthellenistischen Zeit. Selbst Fachkundige hatten keine Erklärung für deren Niedergang. Heute weiß man, eine Kultur kann nur das weiter entwickeln, was sie würdigt.«

Plotin, Von der Vorsehung II, Bd. Va, (52) (53) (55) (56); Enneade III,3.

Johanna schaute aus dem Fenster, es füllte den ganzen Giebel aus. Sie genoss noch immer die vornehme Gegend, von hier aus überblickte sie die Stadt. Es war Frühling, die Sonne schien, Blüten an den Bäumen tauchten alles in ein weißes Farbenmeer. Diese Jahreszeit tat gut, um Belastendes hinter sich zu lassen. Mit jedem Atemzug sog sie die frische und klare Luft ein. In Gedanken: »Es wäre jetzt gut loszufliegen, wenn mich mein Körper nicht so belasten würde. Die Wärme hier oben, die zarte Brise, die zum Fenster hereinzieht, könnte mich davontragen.« Die Ehe war bereits geschieden. In diesem Schleudergang gelang ihr zu Jahresbeginn trotz widriger Umstände das erste Examen. Es war eine schwierige Phase, die hinter ihr lag, in der sie Tag und Nacht daran arbeitete, eine künstlerische Serie zu gestalten. Ihre freie Zeit durchlebte sie zur Erholung in Fantasien und Tagträumen. Sie vertiefte sich in Märchen, die im Winter spielten, oder sie erfand Geschichten, die sie, ohne nachzudenken, aufschrieb. Sie dachte an den Onkel, der gerne eine Tochter wie sie gehabt hätte. In seinem Haus ging sie in der Vorstellung spazieren. Sie stieg die Treppe mit dem schmiedeeisernen Geländer hinauf. In der großen Halle bildete oben ein buntleuchtendes Jugendstilfenster den Abschluss. Im Geist besuchte Johanna die Verwandten. Es war Februar, ihre Familie saß am festlichen Tisch bei Ananastorte, sie roch den Kaffee und das alte Haus. Sie ließ in Gedanken den Geschmack der Torte auf der Zunge zergehen. Sie hörte die gebohnerten Holzdielen beim Gang durch die hohen Räume knarren, dann ging sie durch das Wohnzimmer zu einem altmodischen Kastenfenster. Ihr Blick fiel auf den nahegelegenen Park. Der verschmitzt dreinschauende Onkel, etwas eitel, hatte das Bad lange besetzt und kam jetzt seine Gäste begrüßen. Die Tante nahm sie in den Arm, sie war ihr früh ans Herz gewachsen. Johanna saß gerne bei der zierlichen Tante auf dem Schoß. Ihr vornehmer Verwandter trug gerne Hut und betonte, dass er das nur ihretwegen mache. Eine Leidenschaft zu Hüten in dieser Generation, die sie beibehalten wird. Nun lag dieser Onkel in der Prüfungszeit schwer erkrankt im Hospital, auf das ihr großes Fenster des Studentenzimmers gerichtet war. Oben vom Berg konnte sie auf das Krankenzimmer hinunterschauen. Dort besuchte sie ihn zweimal, brachte ihm gemalte Bilder, die ihn an die ländliche Heimat erinnern sollten, bis sie eines Nachts einen Traum hatte:

»Er, meine Tante und ich saßen an einer Brücke zu einem Tor, ähnlich dem Tübinger Schloss, gebaut mit rotbraunem Sandstein. Er stand langsam auf, verabschiedete sich von seiner Frau und

sagte zu mir: ›Ich gehe jetzt dorthin, wo mich niemand erwartet‹. Er ging auf das Tor zu. Er war gestorben.«

Über zwanzig Jahre später sprach ein englisches Medium die Zeit der Fantasien und die Verabschiedung im Tod an. »Bereits im Alter von ungefähr dreiundzwanzig hast du eine traumatische Veränderung erfahren. Du bist in den Kontakt mit der Geistigen Welt gekommen. Diese Zeit hast du mit deren Hilfe und deiner Intuition überstanden.«

*

Thea rief an: »Johanna, ich muss dir etwas Tolles erzählen. Weißt du, in der Straßenbahn bin ich einer älteren Dame gegenüber gesessen, sie war so zierlich und gebrechlich, so um die Siebzig. Wir haben intensiv miteinander gesprochen, dann gab sie mir ihre Telefonnummer. Inzwischen habe ich sie besucht. Bei der Beratung hat sie mir von meinem Leben erzählt, das ihr doch gar nicht bekannt war. Was sie alles sehen konnte? Das ist unbegreiflich, woher sie nur ihr Wissen bezieht.« »Meinst du, ich könne sie aufsuchen?« »Ja, das wird dir bestimmt helfen, das Gespräch kostet nicht viel. Probiere es doch aus.« Johanna kritzelte die Nummer auf ein Stück Papier und dann eine Wegskizze. »So bald wie möglich werde ich einen Termin ausmachen.« Johanna suchte schnell den Kontakt herzustellen. Die alte Dame meldete sich: »Hagen.« Der Name, die Stimme blieben in Erinnerung. »Meine Freundin Thea hat mir von Ihnen berichtet. Kann ich auch für eine Beratung zu Ihnen kommen?« »Ja, sagen Sie mir nochmals Ihren Namen, ... kommen Sie am ...«, dann erklärte sie den Weg zu ihrer Wohnung. Die erwartungsvolle Studentin stand Tage darauf an der Tür. Sie betrat ein vornehmes Appartement. Die gepflegte, grauhaarige Frau bat sie ins Wohnzimmer, die Einrichtung war passend in Stilmöbeln gehalten. Sie ging mit ihrer zerbrechlich wirkenden Gestalt an einen kleinen Tisch voraus. Dort am hellen Fenster saßen sie sich gegenüber. »Zeigen Sie mir Ihre Hände.« Die Dame betrachtete sie und sprach etwas Typisierendes, dann bat sie um eine kleine Schriftprobe. Nach solchem eingespieltem Ritual würde von nun an jede Sitzung in Zukunft beginnen. Johanna schilderte kurz den Grund des Besuchs. Frau Hagen wendete sich sehr freundlich und zugleich professionell distanziert an sie: »Wissen Sie, die Psychologie deckt auf ... und dann? Das Leben ist harte Arbeit, das Glück kommt ab und zu hinzu, damit Sie durchhalten. Nehmen Sie die Dinge nicht zu schwer. Manchmal denken Sie daran aufzugeben, die dunklen Gedanken ziehen nur herunter. Lassen Sie ihre leichtlebige Seite ab und zu zum Zug kommen. Sie müssen auf alle Fälle Ihre Ausbildung, vor allem das Examen, bestehen. Sie sind nicht für den Lebenskampf einer Selbstständigkeit geschaffen. Sie haben hohe idealistische Ziele und müssen unabhängig bleiben, der Alltag darf Sie nicht aufreiben.« Das Medium gab zweifelsfrei die Botschaft einen sicheren Beruf einzuschlagen. Sie war wie vom Himmel geschickt. In ihrer überzeugenden Art strahlte die Dame Autorität aus. Johanna erhielt durch die Begegnung eine Art Handwerkszeug, um ihren Alltag zu bewältigen. Sie wurde von ihr geradezu ermutigt, die eigenen Talente bewusster wahrzunehmen, um durchzuhalten. Ihre fehlende ›Haut‹, die ihr keinen Schutz gab, wurde eine Zeit lang wie durch Anästhesie betäubt, danach fühlte sie sich geradezu schmerzfrei an. Sie konnte wieder durch die Stadt gehen, ohne ausgelaugt von den vielen Eindrücken den Rückzug in ihre vier Wände suchen zu müssen. Bei dem Besuch sagte Frau Hagen: »Es war gut, dass Sie sich getrennt haben, der Alltag hätte Sie überfordert. Ausbildung und Familie beanspruchen Sie so, da wäre keine Kraft für das Studium übrig. Erst wenn Sie das bewältigt haben, können Sie über Kinder nachdenken. Möglich sind drei, aber bedenken Sie, Kinder werden nicht, wie man sich das erhofft. Sie entwickeln eventuell eigene Interessen, die Ihnen zuwiderlaufen. Eigentlich möchten Sie in Ihren Entscheidungen und im Finanziellen unabhängig bleiben. Bitte geben Sie das auch nie für einen Mann auf, ihren Partnern wird der Idealismus fehlen. Sie wollen Ihre hohen geistigen Ziele in diesem Leben nicht aufschieben.« Woher nahm dieses Medium seine Vision, ihre Scheidung als Umweg zu bekräftigen? Frau Hagen gab ihr sogar weitere Orientierungshilfe auf ihre fernen Ziele.

Wie war das möglich, die Astrologin, der Psychologe und das Medium kamen zu ähnlichen Aussagen. Erstaunt stellte sie Parallelen fest, trotz aller Varianten, die das Leben normalerweise bietet. Es hörte sich fast nach einer Absprache an. Ihre Jovialität auf der einen Seite, andererseits die hinabziehenden Grübeleien, dann wieder die geistigen Ziele ... woher die Übereinstimmung? Das war ihr nicht auf die Stirn geschrieben, doch bei Frau Hagen hörte sie weiteres: Kinder gehören nicht zu ihrem Glück. Was andere erschrecken würde, befreite sie von einer unsichtbaren Last. Sie war kein Egoist, aber sie fühlte so viele Unzulänglichkeiten in sich, die nach Entwicklung drängten. Sie hörte die Bestärkung gerne. Zunehmend fasziniert von der Begegnung mit der Hellsichtigkeit, wollte sie die Fähigkeit bis ins Tiefste selbst kennenlernen. Sie empfand, dass es hinter der biologischen Existenz mehr geben musste und ihr Ziel bestand ab jetzt darin, dieses Leben zu ergründen.

Das Selbstbewusstsein wuchs, neue Freunde kamen hinzu. Plötzlich kamen Bekanntschaften mit Kommilitonen aus verschiedenen Fachklassen in Gang. Sie arbeiteten gerne mit ihr zusammen. Sie entdeckte Geborgenheit in einer lustigen Truppe, mit der sie die restlichen Studienjahre verbrachte. Sie experimentierten gemeinsam mit Techniken aus dem Surrealismus oder diskutierten über Wittgensteins Auswirkungen auf die moderne Kunst. Eine beliebte Methode war manchmal, sich abends in ein gemütliches Café zu setzen und ›Romane‹ nach surrealistischen Vorbildern entstehen zu lassen. Nacheinander schrieb man einen Satz auf ein Papier, ohne zu lesen, was der Vorgänger geschrieben hatte. Sie staunten, wenn die zusammenhangslosen Sätze im Nachhinein einen sinnvollen Tenor vermittelten. Miteinander teilten sie den Zugang zum persönlichen Verständnis der neuzeitlichen Kunst. Die junge Studentin begann sich zwischen den Ideen des Kunstbereichs und der Philosophie wohl zu fühlen. Sie hatte angetroffen, worauf der Rat des Psychologen hindeutete: Finden Sie neue, helfende Freunde am Studienort. Der Kreis der ›Spinner‹ akzeptierte einander, der Weg das zweite Examen zu bewältigen, fand sich wie von selbst. Nur waren die Freundschaften unter Künstlern in Liebesdingen nicht unproblematisch, auch hier gab es Ratlosigkeit ihrerseits, was diese oder jene Beziehung mit sich brachte. Hatte die Hilflosigkeit zu sehr überhandgenommen, suchte Johanna Beistand. Sie ging zu Frau Hagen und wartete, was sie einmal zu Bildern, dann zu den Handschriften sagen konnte: »Verzichten Sie auf den ›italienischen Salat‹, er braucht noch Zeit, sich zu finden.« Damit tröstete sie Johanna, die gerade Liebeskummer hatte. Oder: »Der junge Mann schwebt über den Dingen, er bekommt mit seinem Idealismus keinen Fuß auf den Boden.« Wahrscheinlich übertrieb sie bewusst, damit Johanna der Abschied weniger schmerzte. Doch einen Rat wiederholte Frau Hagen immer: »Sie müssen finanziell unabhängig bleiben, auch in einer Partnerschaft. Die Männer teilen nicht unbedingt

Ihre hohen Ziele und einen Partner, der Sie am Wachsen hindert, können Sie auf die Dauer gar nicht ertragen. Es wird eine Zeit kommen, da möchten Sie ihren Beruf aufgeben ... aber dann lassen Sie sich höchstens im Rahmen Ihrer Möglichkeiten beurlauben. Sie sind ungeeignet für den harten Existenzkampf, und trotzdem sind Sie praktisch veranlagt, was Sie anpacken, gelingt.« Die Qualität einer solchen hellsichtigen Frau kann vielleicht nur einschätzen, wer das erlebt hat, die richtige Botschaft im richtigen Moment zu hören! Warum war Frau Hagen nicht berühmt geworden? Einmal traf Johanna dort Klientinnen, die von weit her angereist waren. Thea hatte glücklicherweise bald eine Freundschaft zu der reifen Dame entwickelt und wusste Bescheid über den Standpunkt der Hellseherin: »Ein Journalist vom Fernsehen wollte eine Reportage zu ihrer Arbeit machen, das hat sie ausgeschlagen. Sie will keine Öffentlichkeit. Sie lebt lieber mit ihrer Katze in Freiheit und ist zufrieden.« Viele ihrer Aussagen wurden für Thea und Johanna zu einem Leitmotiv. In ihrer genialen Art brachte sie in einer Beratung Sätze zum Ausdruck, die man ein Leben lang nicht vergaß.

*

Eine ganz andere Jugend erlebte hundert Kilometer entfernt ein junger Mann namens Peter. Er hatte das Glück, dass seine Eltern Wünsche nach einem Auto, Studium und Reisen finanzierten. Er sollte den Betrieb weiterführen und genauso erfolgreich handeln wie sein Vater. Er hatte Freunde, er konnte mit ihnen jederzeit nach Hause kommen, die Familie gab sich sehr großzügig. An Schwierigkeiten zu wachsen war ihm irgendwie gar nicht möglich. Für die Arbeit gab es Bedienstete, das treue Dienstmädchen hatte ein Ohr für Nöte und Liebeskummer. Er musste keine demütigenden Hilfsjobs annehmen, wenn das Geld knapp wurde. Kam er an einer Stelle ins Stocken, wurde die Umgebung verändert. Der Erziehung fehlten die kleinen Erfolgserlebnisse, das Gefühl unabhängig für sich zu handeln, um Selbstwertgefühl zu entwickeln. Der geniale Vater wusste, wie man im Nachkriegsdeutschland ein Vermögen aufbauen konnte. Ihm musste niemand sagen, was richtig und was falsch war. Der Sohn war in eine Situation hineingewachsen, die die ›richtigen Lösungen‹ schon anbot. Die nötige Selbsterfahrung, materielle Probleme selbst in die Hand nehmen zu können, blieb auf der Strecke. Er entwickelte nie sein eigenes Lebensgefühl, Schwierigkeiten selbst zu erforschen und zu bewältigen. Der liebgemeinte Schutz seiner Familie, die in diesem Alter Konflikte vom Sohn abhielt, hätte auch Johanna gefallen, aber wäre sie der Bequemlichkeit nicht erlegen?

*

Johanna besaß ein Gespür für die Behinderung, die jedem Menschen mitgegeben wurde, durch ihre unsichtbare Störung war sie im Begriff ihre Lektion zu lernen, eine neue Sicht zu vertreten. Oft während ihrer künstlerischen Ausbildung dachte sie an die Frau mit Down Syndrom, die im Handarbeitssaal des damaligen Jugendhauses wunderbare Batiken zauberte. Man konnte sie um technischen Rat fragen, dann kommentierte sie mit sehr gesunder Einstellung die Arbeit der anderen. Sie hatte einfach Erfahrung auf ihrem Gebiet. Hier hatte diese Frau einen Platz gefunden. Die für andere vielleicht unbequeme Einschränkung passte nicht zu einer erfolgsorientierten Lebenseinstellung, angeblich würde diese den Lernprozess der anderen verlangsamen. Vergessen wird dabei, dass diese Menschen uns in eine tiefere Auseinandersetzung mit dem Leben bringen. In einem Urlaub an der Nordseeküste entdeckte sie am Strand bei stürmischem Wind ein großes Stück Treibholz. Sie erinnerte sich an die Künstlerin des Batiksaals. Endlich konnte eine alte Fehleinschätzung von ihr abfallen: In der richtigen Umgebung kann man das Unperfekte als Schönheit erkennen. Jede Einschränkung würde sich hier genauso wenig abheben wie ein Stück Strandgut, das vom Meer seine Patina erhalten hatte. Hier in der Natur ließ sich alles unter einem neuen Schönheitsbegriff betrachten. Ähnlich diesem Stück Holz, das durch das Meer geschliffen wurde, war es auch um ihre Entwicklung bestellt. Die Schwierigkeiten behielt sie bei! Dieser Zeit entsprach der Ausschnitt aus einer Zeitung. Unter dem Bild eines Segelbootes, das von oben auf dem Meer fotografiert wurde, las sie den Satz:

»Das Gleichgewicht der Therapierten bleibt störanfällig. Sie sind wie Reisende, ohne Kompass. Das Reiseziel ist verborgen, die Orientierung erschwert. Die Reise zu sich selbst – eine Fahrt ins Blaue der Seele. Ein Abenteuer. Viele sind überrascht über den Ankunftsort.« *(Verfasser unbekannt)*

Am Ende ihres Studiums hatte Johanna einen besonderen Traum. Es fühlte sich an, als hätte sie ihn wirklich erlebt:

»Ich wurde mit mir unbekannten Leuten in einen rechtwinkligen Andachtsraum gebeten. An der einen Schmalseite hatte er eine Art Bühne. Überall an den Wänden hingen gelbe, leuchtende Vorhänge. Vor den Wänden standen einfache, aber schöne helle Steinbänke, auf denen man sitzen konnte. Wir genossen und betrachteten den schönen Raum. Ein paar unspektakulär aussehende Ältere betraten eine Art Bühne und sprachen mit uns. Hinter dem erhobenen Bühnenraum war ein weiterer gelber Vorhang. Hinter diesen wurden wir einzeln gerufen. Dort wurde ich gefragt: ›Hast du noch Fragen zum Verlauf deines bisherigen Lebens?‹ Ich sagte nein. Ich wusste in dem Moment, dass ich mit meinen Fähigkeiten auf dem richtigen Weg war. Meine Kreativität war für mich der Motor in meiner Entwicklung.«

3 Was ist das Ziel in diesem Leben?

3.1 Der Beschützer

»Jaune, ich möchte deine Auffassung von Tugend hören! Im Glaukon wird gesagt, wer sie in Ehren hält, bekommt auch viel, wenn er sein erneutes Schicksalslos wählen muss. Das würde doch heißen, dass sie anstrebenswert ist. Dass durch sie das Leben leichter zu bewältigen ist.«

Jaune lächelt: »Darin sehe ich die erste Schwierigkeit, denn wer wählen darf, geht von dem aus, was er kennt. Du weißt, Violette, die Seelen sind in Resonanz mit dem, was in ihnen schwingt, das heißt: was sich in ihnen entwickelt hat. Aristoteles, der mehr weltlich ausgerichtete Schüler von Platon, erklärt das so: Jeder will gut handeln, der Dieb, der Handwerker und der Künstler. Das bedeutet, jeder will sein Werk gut lösen. So als folge jeder seinem verinnerlichten Wunsch nach dem Guten. Ist das, was alle anstreben dann das Glück? Die meisten verstehen darunter, es sich gut gehen zu lassen. Selbst die Feinsinnigen erwarten vom guten Leben, dass sich so ihr seelisches Glück erfülle. Bei der Erklärung des Glücksbegriffs entzweit sich die Allgemeinheit mit den Weisen. Betrachte das Wort, Violette. Bei den alten Griechen bedeutet Eudaimonia die ›Gutgeistigkeit‹. Die Mehrheit erklärt das Glück anders, denn sie strebt nach Reichtum. Leider vergessen die meisten dabei, dass das ein Zwischenschritt ist. Der angestrebte Geldsegen ist nur ein Mittel zum Zweck dessen, was glücklich macht. Dagegen entspricht die Eudaimonia, die Glückseligkeit in der Antike eher dem Wunsch nach dem Guten in der Seele. Das bedeutet, dass das höchste Gut nicht durch Wohlstand erworben werden kann. Es ist ein sich selbst genügender Zustand der Seele. Damit vergleicht Aristoteles die Eudaimonia mit einem vollkommenen Zustand, einem, der keinen Durst nach mehr macht.«

»Jaune, das spüren sie auf der Erde viel zu wenig. Der innere Funke wird schwer wahrnehmbar sein.«

»Aristoteles argumentierte deshalb sehr irdisch. Das Verständnis für die Eudaimonia muss sich aus dem ausgewogenen Handeln entwickeln, um die Seele an diesen Zustand heranzuführen.«

»Wie gelangt man dorthin?«, fragt Violette.

»Der Mensch handelt so, wie es zu ihm passt. Er sollte sich zunehmend seiner Psyche bewusst werden, um vernünftiges Tun anzustreben, etwas das ihn überzeugt. Macht er Fehler, dann wird er zukünftig besser handeln wollen. Das affektgesteuerte Handeln, das ihn in die Irre führt, will er je nach Fähigkeit seiner Seele überwinden lernen. So strebt er immer weiter nach gutem oder besonnenem Tun. Dies ist geradezu der Motor für die Psyche, optimale Lösungen für sich zu finden. Daraus zieht der Philosoph den Schluss: Das Typische für das Menschsein, ist die auf den Logos ausgerichtete Tätigkeit der Seele, die aus dem Menschen einen Menschen werden läßt. Ausführlicher gesagt: Er sollte den seelischen Antrieb, die Areté verspüren, um ein Gefühl für die Tüchtigkeit seiner Seele, seiner Tugend zu bekommen. Diese Erkenntnis bleibt ihm aber nicht, denn er muss immer wieder erneut im alltäglichen Handeln das Gute verwirklichen. Aristoteles fügt ein Bild hinzu: Eine Schwalbe macht noch keinen Sommer.«

»Jaune, das möchte ich nochmals zusammenfassen: Du führst deine Argumentation zu dem, was die Griechen Areté nennen, die Tüchtigkeit und Tauglichkeit der Seele. Ein von innen heraus nach dem Guten Strebendes. Im Gegensatz dazu befriedigt der Glücksbegriff der Menge nur die Leidenschaften. Diese so genährten Affekte führen den Unkundigen von dem Weg ab, wozu ihn seine höchste Seelenstufe und die Tugend führen können. Nur durch diese Fähigkeit der Areté wird das Individuum frei. Das Vorbild für gelungene Affektfreiheit ist Sokrates.«

Aristoteles, Nikomachische Ethik, Hrsg. Günther Bien, Buch I, S. 1–4, 10–12. Auszüge. (1094a) (1095a) (1097a,b) (1098a)

Die Chancen auf eine Anstellung im Anschluss an das Studium sahen nicht gut aus. Sie holte sich nach ihrem Examen Rat bei Frau Hagen: »Sie schaffen das und Sie haben Glück, Sie haben einen Beschützer in diesem Leben, haben Sie ihn schon getroffen?« »Nein!« »Dann werden Sie ihn bald treffen.« Johanna traute sich nicht zu fragen, wer das sein konnte. Sie wollte sich über die Zuversicht freuen, hoffte insgeheim, dass sie jemanden finden würde, der ihr hilfreich im Alltag zur Seite stand. Wer sollte sie beschützen? War das einer, der wie in der Kindheit plötzlich auf dem Pausenhof auftauchte und bereit war, sich für sie zu prügeln? Damals fiel sie wegen der Ausstattung für die Schule und der unterschiedlichen Kleidung bei den Mitschülerinnen auf, weil ihre Mutter lieber im Zentrum der Großstadt in vornehmen Geschäften einkaufte. Sie wurde dann zu gerne bedrängt, wenn ihre Schulsachen von der Norm abwichen. Eigentlich hatte sie diesen Jungen nicht gekannt. Er ging in die angrenzende Nachbarschule, aber er hatte trotzdem ein Auge auf sie gehabt, so dass ihr nichts passieren konnte. Er schaute sie immer grinsend an, eine Hand mit dem Finger im Mund, war er immer da, wenn es für sie eng wurde. Nach der Grundschule verlor sie ihn aus den Augen.

Wenige Tage später rief Johanna ihre Freundin Thea an. Es platzte sofort aus ihr heraus, als Thea den Hörer abhob: »Weißt du, dass Frau Hagen schon wieder recht hatte! Ich habe es geschafft und eine Arbeitsstelle auf Probe erhalten!« »Wo bist du jetzt?« »Ich wohne eine Autostunde weit entfernt auf dem Land in Neuburg. Der Vertrag ist auf ein halbes Jahr befristet. Zunächst bin ich in eine WG gezogen.« »Vielleicht stimmt die Vorhersage und du bekommst die Stelle?« »Die Arbeit gibt mir einen gewissen Halt, aber dafür bin ich hier sehr allein, das Privatleben macht mir größere Probleme. Hier ist niemand, den ich kenne, den ich spontan besuchen kann. Alles geht vorerst über förmliche Einladungen. Das ist mir zu steif, deshalb lebe ich nach der Regel, jeden Abend ausgehen, in mindestens zwei Lokale und nicht vor vierundzwanzig Uhr zu Bett zu gehen.« »Das würde ich mir nicht zutrauen, auf diesem Wege jemand Vertrauensvolles zu finden. Fremde Leute einfach ansprechen, wie machst du das?« »Es bleibt mir nichts anderes übrig, es ist mein ›Training‹. Meine Studienfreunde fehlen mir. Mir kommt es vor, als hätte man mich aufs Land verbannt. Manche Kneipe spielt abends Musik, die hätte ich früher nie freiwillig angehört. Damit will ich vermeiden, dass mir die Decke auf den Kopf fällt. Wenn sonst nichts anliegt, gehe ich Schwimmen und Saunieren.« »Hast du denn schon jemanden kennengelernt?« »Das fängt langsam an, den einen oder anderen kenne ich vom Sehen her. In so einer Kleinstadt lernt man Menschen aus fast allen Bevölkerungsschichten kennen. Die Vertrautheit mit dir, spontan einfach vorbeizukommen und mit dir zu reden, fehlt mir hier sehr. Ich komme dich bald besuchen.« »Ja, tu das. Seit der Scheidung bin ich viel allein, die Kinder haben ihre Schulfreunde, aber Frau Hagen besuche ich regelmäßig. Die Hoffnung auf einen neuen

Mann habe ich noch nicht aufgegeben, sie sagt auch, dass jemand kommt.«

Johanna lebte schon drei Monate in der Kleinstadt. An diesem Abend saß sie an der Bar ihrer Lieblingskneipe und plauderte mit einem Bekannten. Es war auch eine Anlaufstelle für die Drachenflieger des Ortes. Ein Mann löste sich aus einer Gruppe heraus, stellte sich zu ihr. Sie vermutete hinter seiner lockeren Ausdrucksweise, dass er wohl schon ein paar Gläser Wein getrunken hatte. »Was macht ein Mädchen wie du hier? Was hat dich an diesen Ort gebracht?« »Mein Beruf!« »Da haben wir ja etwas gemeinsam: Mein Chef hat mich hergebeten um seine Firma zu retten! Aber heute mussten wir gemeinsam unsere Geschäftspartner betreuen. Sie sind persönlich angereist, aber die Moral dieser Leute geht mir so gegen den Strich, so etwas hält man nur mit gutem Wein aus. Sollen wir gemeinsam irgendwohin gehen, zum Tanzen?« »Auf der anderen Straßenseite liegt ein Lokal, das du bestimmt noch nicht kennst!« In der oberen Galerie eines hohen Geschäftshauses waren nur wenige Gäste. Aus den gut verteilten Lautsprechern klang gerade sein Lieblingslied: ›Up where we belong, the eagles cry on a mountain high‹. Sie tanzten nach dieser ruhigen Musik, sie genoss seine gefühlvolle Umarmung, das gedämpfte Licht war ihr gerade recht. An der Bar setzten sie ihre Unterhaltung fort. Er verstand sich ausgezeichnet darauf, andere mit seinen Geschichten zu amüsieren. Sie purzelten aus ihm heraus, reife Drehbücher mit wilden Abenteuergeschichten. Welche Welt tat sich hier vor ihr auf? Als er sie zum Auto zurückbrachte, ließ er den Satz fallen: »Auf jemanden wie dich muss man aufpassen!« »Weiß er überhaupt, was er da sagt?«, dachte Johanna. Die Bemerkung von Frau Hagen kam ihr sofort zu Bewusstsein: »Sie haben Glück, einen Beschützer in diesem Leben zu haben.« Unwillkürlich stellte sie sich die Frage: »Ist das der Beginn einer neuen Beziehung?«

Für sie war es sehr verwunderlich, dass ihr Temperament bei anderen ankam. Die Folge waren wieder einmal hilfsbereite Bekannte, die ihre Energie für sie investierten, auch bei anfänglichen Schwierigkeiten im Beruf. Schließlich wurde sie dauerhaft in einem großen Architekturbüro angestellt. Das Leben in Neuburg, weit weg von allen bisherigen Beziehungen, blieb eine große Herausforderung. Manchmal hatte sie ein Bild von sich, als wäre sie aus dem Nest gefallen. In dieser

Phase lebten zwei parallel verlaufende Seiten in ihr nebeneinander her. Sie ging tatkräftig ihrem Beruf nach, der sie finanziell unabhängig machte. Das Privatleben sah weniger rosig aus. Wem in ihrer Umgebung durfte sie sich anvertrauen? Zu Hause bei ihren Eltern sprach sie über die neue Arbeitsstelle, das war griffig, das hörte sich nach Erfolg an, darüber konnte man mit den Verwandten sprechen. An ihren wahren Gefühlen ließ sie nur Freundin Thea teilhaben. Sie ging abends in Kneipen, um freundlich Konversation zu pflegen, so etwas wollte geübt sein. Ihr Innenleben war ungeeignet für oberflächliche Mitteilungen, deshalb blieb es in ihr verschlossen. Sie ging weitgehend davon aus, dass auch niemand daran interessiert war. So fesselnd zu erzählen wie der Fremde, mit dem sie an dem einen Abend getanzt hatte, war für sie unvorstellbar. Ihre Erlebnisse fesselten nicht, die Zuhörer verloren schnell die Aufmerksamkeit, kaum hatte sie angefangen, sich anzuvertrauen. Das sollte in ihrem Leben in Neuburg auch so bleiben. An diesem Abend war sie schon zu einem weiteren ›Übungsabend‹ unterwegs, als ihre Bekanntschaft aus der unkonventionellen Kneipe bei ihr vorbeischaute. Katrin, ihre Mitbewohnerin, hatte ihm geöffnet. Sie nahm die Grüße entgegen und richtete sie Johanna später aus. »Du, da war ein Herr hier, sehr traurig dich nicht anzutreffen, das ist wohl etwas Tieferes? Er hat dir eine Visitenkarte hinterlassen, vielleicht möchtest du ihn anrufen?« Die Begegnungen wurden bald ernsthafter und Johanna zeigte Arnold die Schönheit der neuen Umgebung auf kunstgeschichtliche Weise. Er brachte ihr die ersten Surftechniken bei, sie war bereit, sich sportlich durchzukämpfen. Johanna war verliebt! Ihr neuer Freund war zwölf Jahre älter, liebte Extremsport, aber den Ort, an dem sie hier lebten, überhaupt nicht. Es dauerte, bis daraus eine stabile Beziehung wurde. Von Anfang an kannte sie seine Verhältnisse. Arnold war verheiratet und hatte zwei Kinder. Was war an der Beziehung wirklich verlässlich? Er konnte ihr viel erzählen. Hatte sie Schuldgefühle? Natürlich, es fühlte sich alles an wie Neuland. Dieser Mann hatte so gar nichts an sich, was ihr aus der Studienzeit vertraut war und das war wohltuend. Sie wollte so schnell wie möglich wissen, worauf sie sich hier einließ. Sie vereinbarte einen Termin mit Frau Hagen. Dafür sammelte sie Bilder und die Probe einer Handschrift für die Beratung: »Ich habe einen Mann kennengelernt, er ist gebunden und hat zwei Kinder.« Die weise Frau fing an, aus Text und Fotos zu lesen: »Er kann mit seiner Frau nicht lange zusammen sein. Da ist einiges, das ihn aufregt. Aber er wird erst einmal bei ihr bleiben, der guten Zeiten und der Kinder zuliebe, bloß hier kontrolliert das Schwache das Starke. Wenn er mit Ihnen zusammen ist, genießt er, das zu leben, wofür es zu Hause keinen Platz gibt. Er möchte seine Kinder versorgt wissen und sie ist eine gute Mutter. Ohne die Kinder hätte er sie bereits verlassen. Dennoch, Sie beide passen zusammen, diese Beziehung ist für Sie beide wie Erholung. Genießen Sie Ihre besten Jahre. Diesen Mann kann niemand halten, seine Ehefrau nicht und Sie auch nicht, er wird noch hoch aufsteigen.« Arnold war sehr intuitiv. Sie beschlossen zusammenzuziehen und machten Spaziergänge in der Umgebung, um die passende Wohnung zu finden. Einmal schaute er an einem Haus nach oben und sagte: »Dort will ich wohnen, da werden wir einen wunderbaren Ausblick haben. Lass uns schauen, wem das Haus gehört. Morgen rufe ich dort an.« Am anderen Tag meldete er sich am Telefon: »Hör zu, du wirst es nicht fassen, wir bekommen die Wohnung, auch der Preis ist moderat.« Sie zogen gemeinsam in dieses schöne großzügige Zuhause. Nach allen Seiten fiel der Blick durch große Fenster in die Ferne. Mit Johannas Geschick war sie schnell mit Stoffen und antikisierenden Möbeln dekoriert. Wenn er abends nach Hause kam, machten sie einen Rundgang durch die riesigen Zimmer von Fenster zu Fenster und bestaunten die Aussicht. Das war typisch für ihn, einfach zu Blödelei aufgelegt zu sein, wenn er die Arbeit hinter sich ließ. Ein abenteuerlicher junger Mann kam dabei zum Vorschein. Eine Zeit der Regeneration begann. Erst jetzt spürte sie, welche Kraft die Vergangenheit gekostet hatte. Sie schlief viel. Überhaupt verlor sie durch diese Begegnung ihre Schlafprobleme und Essstörungen, die sie seit der Kindheit begleiteten. Arnold war irgendwie aus ähnlichem Holz geschnitzt wie Johanna. Seit seiner frühen Kindheit hatte auch er sich gegen Autoritäten gewehrt, die versuchten ihn zu behindern. Ihm machte es gerade nichts aus, die Erwartungen anderer abzulehnen. Wenn er gesellschaftliche Rollenzwänge durchschaute, fielen ihm höchstens witzige Kommentare dazu ein. Nur zwei Sorten von Menschen konnten ihn in die Flucht schlagen, komplizierte und träge. Man übergab ihm die Geschäftsführung. Das war ein Feld zum Aufblühen, nicht wegen des Geldes, sondern weil er etwas bewegen wollte. Wenn er aus betrieblichen Gründen mit einer Behörde zu tun bekam, saß er grinsend mit verschränkten Armen und voller

Vorfreude am Schreibtisch. Er genoss seine Rollen, einmal die eines Naiven oder wenn nötig eines Kompetenten auszuspielen. Solche Herausforderungen liebte er besonders, denn sie dienten hinterher als Gesprächsstoff, den er geistreich bei einem lustigen Abend zum Besten gab. Dieses kühne herausfordernde Auftreten tat Johanna sehr gut. Es war seine Autorität, die Probleme im Umfeld auflösten. Im Stillen übernahm sie seine Haltung für eine persönliche Affirmation. Sie wiederholte immer wieder, wenn sie jemandem gegenüber saß, dem sie etwas vermitteln musste: ›Bitte Beifall oder ruhig sein.‹ Das souveräne Auftreten bestärkte sie, dann lobte er ihre Selbstständigkeit und lachte herzlich, wenn es zu ungewöhnlich wurde. Langsam verinnerlichte sie den Satz: »Du machst das schon richtig.« Endlich, Johannas Leben wurde so, wie sie es sich wünschte. Jedes zweite Wochenende verbrachte er zwar zuhause, trotzdem fühlte sie sich verwöhnt. Eine sportliche Welt tat sich auf, in der sie Starkwindsurfen, Motorfliegen, Klettern, Mountainbike fahren und Reiten lernte. Arnold war passionierter Drachenflieger, im Winter wechselten sie mit Skifahren ab. Er lernte von ihr den Umgang mit Kunst und Architektur. Sie standen kurz davor, ein Haus zu bauen, als sie von Frau Hagens Vorhersage eingeholt wurde. Nach zwei Jahren Zusammenleben erhielt Arnold die Chance zum Aufstieg in einem anderen Land. War es das Aus für ihr Verhältnis? Kein gemeinsamer Hausbau? Das Modell dafür schaute aus dem Regal ihres Arbeitszimmers auf sie herab. Es hätte nach neuesten Standards mit Solaranlage und umlaufender Belüftung verwirklicht werden sollen. Ihr Leben pendelte sich nach dem Umzug in eine kleinere Wohnung wieder ein, sie hatte ja zumindest die vertraute Arbeitsstelle behalten, ihre geplante Unabhängigkeit. Er dachte vielleicht, diese Freundschaft verliert sich, aber sie könnten es versuchen, sich regelmäßig zu sehen. Aber über diese Entfernung? Um ihre Beziehung nicht zu verlieren, wechselten sie sich ab, einmal nahm er die weite Reise auf sich, dann war sie an der Reihe. Manchmal reisten sie zu einem gemeinsamen fernen Ziel. Elf Tage zwischen ihren Wochenenden gab es nur telefonische Kontakte. Keiner konnte loslassen.

Um ihr Alleinsein an den einsamen Abenden auszugleichen, begann sie ernsthaft mit einem Studium. Sie wollte ihre weltanschaulichen Kenntnisse erweitern. Zwei Richtungen boten sich an, einmal die praktische Philosophie an der Universität und der Arbeitskreis bei einem Lehrer für Astrologie. Diese Studien hatten auch den Vorteil, dass sie mehr Zeit in der Nähe ihrer Verwandtschaft verbringen konnte.

Er litt zunehmend an der beruflichen Einsamkeit und holte sich bei ihr Trost und Rückhalt, um weitere berufliche Konflikte zu meistern. Dann erzählte sie ihm, wie sie ihre Kontakte durch Besuche bei Medien zu erweitern suchte. Dankbar akzeptierte er die Aussagen, die auch sein Leben in Beziehung zu Kindern und Beruf betrafen. Einmal fuhren sie an einem Wochenende zu einer Handleserin. Diese nette Frau nahm sich einen ganzen Nachmittag Zeit für die beiden. Sie fertigte Handabdrücke, las auch direkt von der Hand ab. Für Johanna hatte sie auch Neues mitzuteilen: »Sie haben zwei unterschiedliche Ausgangssituationen in der rechten und linken Hand. Mitgebracht haben Sie eine sehr schöne Intuitionslinie, die Sie aus der unbewussten Bildwelt versorgt. In dieser Existenz werden Sie aufgefordert, mit viel Disziplin Ihren Lebensweg zu meistern, um mitfühlender zu werden. Es wird einen Bruch in Ihrem Lebenslauf geben, aber sie verfügen über die Fähigkeit, Energie anzusammeln, um nach solchen Lebensschwierigkeiten immer wieder Fuß zu fassen. Es wird einen Lebenspartner geben, der erst in Ihr Leben tritt, wenn Sie Mitte vierzig sind, die vorherigen Beziehungen gehen noch nicht übers Herz. Es ist eine Entwicklung, die Sie in diesem Dasein leisten müssen. Sie sind eine alte Seele.« Da hatte sie eine ganz schöne Weglänge beschrieben bekommen. Die junge Frau stellte sich entsetzt vor, wie sie, in ihren Augen als alte Frau, um die Jahrtausendwende eine wirkliche Liebesbeziehung leben sollte, so lange dauerte das noch? Diese Sicht war schwer zu akzeptieren. Zweierlei musste sie hören, eine Hausaufgabe: Liebe und Mitgefühl zu entwickeln! War das nicht ernüchternd? »So lange soll das dauern, bis ich in einem gemeinsamen Zuhause mit einem Partner leben kann?« »Nein, damit ist gemeint, dass Sie Ihre Liebesfähigkeit bis dahin erarbeiten werden, um zu erfahren, was es heißt, von Herzen zu lieben.« Johanna war das nicht so unbekannt. Frau Hagen hatte sie ebenfalls vor einer frühen Heirat gewarnt, da diese nicht von Dauer sein würde. Was sie aber jetzt hörte, war ein gehöriges Stück in die Zukunft verschoben!

Arnold hatte wohl ebenfalls eine gute Orientierung für sich erhalten. Er sprach aber nur in Andeutungen darüber: »Wir werden wohl nicht so schnell wieder zusammenleben. Wir müssen abwarten, was die Zukunft bringt«, antwortete er ausweichend. Insgeheim waren sie sich bewusst, dass ihre Beziehung zeitlich limitiert war, deshalb beschlossen sie, ihre gemeinsame Zeit so intensiv wie möglich weiter zu genießen. Er war sehr offen für die mediale Welt zu diesem Treffen gefahren. Er hatte Respekt davor, er wusste nur zu gut, dass er ohne seine Intuition nie dorthin gekommen wäre, wo er jetzt stand.

Die Meinung des Astrologielehrers interessierte sie. Sie buchte bei ihm einen Beratungstermin, um Auskunft über ihren Partnerschaftsvergleich zu bekommen. »Johanna, er verwöhnt dich! Wie ein König verteilt er seine Geschenke, aber es fehlt eine Partnerin, die ihn in seinem tiefgründigen Lebensziel unterstützt. Sein Lebensziel passt nicht mit deinem zusammen. Wenn er auf die passende Frau trifft, wird er dich, möglicherweise auch seine Familie, verlassen, um die Verantwortung für sich selbst zu übernehmen.« »Ich werde darüber nachdenken und mit ihm besprechen, was das für uns bedeutet.« Damals wollte weder Arnold noch sie eine Veränderung akzeptieren. Aber es sollten noch weitere Hinweise in diese Richtung kommen. Thea hatte sich inzwischen so mit Frau Hagen angefreundet, dass diese Dame fast erzieherisch auf ihre Verwandte einwirkte. Die beiden trafen sich einmal pro Woche zum Einkaufen, sie gingen immer in das gleiche Café, oder die Jüngere las der gebrechlichen Frau Texte aus einer Weisheitsliteratur vor. Oft diskutierten sie über die Erkenntnisse Krishnamurtis, der sich 1930 von der Theosophischen Gesellschaft trennte. Der geistige Einfluss der hellsichtigen Dame begann Thea und ihre Töchter zu stabilisieren. Bei Besuchen tankte Johanna wieder den Einfluss dieser magischen Welt. Es war ein Ankerplatz für ihr störanfälliges Segelboot. Bei ihrer älteren Freundin hatte all das seinen Platz, was es in der normalen Welt nicht zu geben hatte. Manche abendliche Heimfahrt aus der Universitätsstadt nach Neuburg kam ihr vor, als lebe sie in der Diaspora.

3.2 Jeder Mensch ist ein Zweifacher.

»Jaune, Plotin ist schwer zu verstehen. Nur die, die es erleben, können das Zweifache ihrer Seele beschreiben. Plotin, Porphyrios und Mani, der Gründer des Manichäismus, sprechen das kurze Vereintsein dieser

Seelenteile an. Denn wie ein Zweites bleibt während des irdischen Daseins ein Teil in der Geistigen Welt zurück. Diese Erfahrung würde einen Menschen das seelische Sein vollkommen erfassen lassen.«

Jaune: »Der Geborene hält meist seinen Körper für das Einzige. Betrachten wir die Tugend, die wir zuletzt versucht haben darzustellen. Plotin nennt sie die Kraft, die sich nicht dem Irdischen unterwirft. Sie hilft bei der Bewältigung des Schicksals, wenn uns Schlimmes herausfordert, damit die Menschen nicht Opfer ihrer Affekte werden. Betrachte die Areté wie den Gegenpol zu den Affekten. Man darf sich nicht von der Weltsicht mitreißen lassen, diese Existenz sei das einzig Erhaltenswerte. Die Menschen dort erkennen nicht das Gefangensein des irdischen Seelenanteils. Aber wir wissen, zart miteinander verbunden erlebt der transzendente Anteil die Geistige Welt gleichzeitig. Dort untersteht er der reinen Ordnung des Guten. In der Dunkelheit der Welt, oder wie Platon sagt, in der Höhle, verfolgt man sein Schicksal. Hat man es bewältigt, darf man zurückkehren und den zusammengesetzten Zustand aufgeben, bei dem der Körper die Oberhand hat.«

Plotin ›Wirken der Sterne‹, Bd. Va (47) (48) (49) (50); Enneade II,3; Platon, Phaidon 117; http://www.forum-freier-christen.de/informationstexte/in-den-waldorfschulen/index.html

Der Leidensdruck, ohne Arnold an diesem ländlichen Ort zurechtzukommen, wurde immer größer, so dass sie eine zweite Meinung bei einem neuen Medium einholen wollte. Sie schaute sich um, bis ihr über Umwege eine ihr unbekannte, hellsichtige Frau empfohlen wurde. Diese Begegnung führte sie in die Schweiz. Sie vereinbarte einen Termin, an dem Zeit für die weite Autofahrt war. Schon die Fahrt über die sanften Hügel, an Weiden mit Kühen vorbei, hatte etwas Paradiesisches an sich. Im Zielort angekommen, stand sie vor einem grünlichen Haus mit Garten, nicht unweit eines schönen Sees. Alles hier strahlte eine Welt aus, in die sie gerne eingetreten wäre. So wie Johanna aber bereits erfahren hatte, würde das noch dauern.

Das Medium Frau Brunner begrüßte sie, fragte nach der Fahrt, dann wurde die junge Klientin in einen leeren Raum mit zwei Stühlen gebeten. Sie setzten sich eineinhalb Meter auseinander. Auf die Frage, ob sie eine Aufzeichnung haben wolle, bejahte die Jüngere. Die Hellsichtige versenkte sich zuerst und begann dann zu sprechen. Die zartgliedrige Frau bewegte sich sehr ruhig. Sie war zwar älter als Johanna, aber schwer einzuschätzen. Im Gespräch schauten ihre Augen freundlich und eindringlich zugleich, sie war sehr präsent. »Hier ist eine Frau aus der Geistigen Welt, nicht sehr groß, schmal, graue Haare, viele Linien im Gesicht, ein großmütterliches Gefühl geht von ihr aus. Sie ist aufgeregt, aber freut sich über den Kontakt auf diesem Weg. Eine Krankheit hielt sie im Bett, bevor sie starb. Sie saß abends am Tisch, dann ging es zu Ende, ein Schlaganfall? Sie kam sofort in eine sehr schöne Welt. Sie zeigt mir einen Wohnort am Fluss, sie will ihre Verbundenheit mit Ihnen zeigen.« Erst durch späteres Nachdenken machte sich die junge Klientin bewusst, dass ihre Wohnung wirklich keinen Kilometer von einem Fluss entfernt war. Die ältere Frau und die geschilderte Todesart, passte das zur Großmutter väterlicherseits? Sie war auf Glatteis gestürzt. Nach der Genesung besuchte sie ihre Kinder. Sie starb abends bei der Tochter am Tisch sitzend. »Sie waren in letzter Zeit nicht sehr glücklich und weinten viele Tränen. Sie will Ihnen aus der Geistigen Welt weiterhelfen. Mein Helfer zeigt mir die Veränderungen in Ihrem Leben. Wie soll es weitergehen? Am liebsten wäre es Ihnen, aus der Situation auszubrechen.« »Ich würde gerne in ein Schloss umziehen, es wäre zwar ein weiter Weg zur Arbeit, aber dort stünden mir große Räume zum Malen zur Verfügung.« »Durch den Umzug weit weg gelingt es Ihnen nicht, Ihr Leben neu zu gestalten. Sie sollen wohl am Ort bleiben. Der Beruf, den Sie ausüben, ist das Richtige für Sie. In der jetzigen Wohnung herrscht Unfreiheit, bei einem Wechsel achten Sie darauf, dass der Weg zur Arbeit keine große Entfernung hat. Das Schloss würde isolierend wirken. Anscheinend gibt es am Rande der Stadt eine Möglichkeit, um sich besser zu entfalten. Dann sind Sie auch in der Lage den Freundeskreis auszusieben und zu denjenigen Kontakt zu halten, bei denen Sie ankommen.« »Ja, in meiner Umgebung fühle ich mich immer leicht infrage gestellt.« »Sie sind, wie Sie sind, nur so kommen Sie zur Erfüllung Ihres Lebens. Wenn es Freude macht, ist das der richtige Weg. Haben Sie noch eine Frage?« »Können Sie mir etwas zum Verhältnis zu meinem Freund sagen? Gibt es für uns in Zukunft irgendeine Chance für ein gemeinsames Zuhause?« »Er lebt an einem anderen Ort? Er ist größer als Sie und hat dunkle Haare, er mag Sie sehr. Das ist eine alte Beziehung zwischen Ihnen, damals standen Sie oben und er war Ihr Begleiter.

Heute ist es andersherum, er steht oben. Im Privaten wird er zunächst nichts verändern wollen. Sozusagen die Kirche im Dorf lassen, solange seine Kinder jung sind. Sie sind im Begriff, sich noch mehr kennenzulernen. Wie sieht Ihr Partner der Zukunft aus, den können Sie noch gar nicht erkennen. Sie müssen zuerst sich selbst erfahren lernen. Was ist das, ein Partner? Ihrer muss zwar engagiert sein, aber sich mit Ihnen auf gleicher Ebene befinden. Jetzt nehme ich eine Tendenz zur Überaktivität wahr.« »Ich studiere nebenher Philosophie und befasse mich mit Astrologie. Mit meinen Kenntnissen bin ich mir oft sehr unsicher.« »Die Eingaben kommen aus der spirituellen Welt. Das höhere Wissen wächst, das kleine Ich muss still werden. Es sagt leicht, woher willst du das wissen? Zunehmend übernimmt das Höhere Selbst die Führung. Bei einer geistigen Entwicklung geraten Sie unwillkürlich in einen inneren Kampf. Der Prozess dauert eine beträchtliche Zeit. Akzeptieren Sie, was sie bekommen.«

Auf der Heimfahrt hörte Johanna die Kassette des medialen Gesprächs mit Frau Brunner nochmals an. Was hatte sie hier Überwältigendes erfahren? Die verstorbene Großmutter war um sie besorgt. Das Sterben wurde so beschrieben, dass es der Erinnerung in der Jugend im Alter von neun Jahren entsprach. Dann wurde der Schmerz des Auseinanderziehens mit Arnold beobachtet. Die junge Frau wehrte sich gegen die Vorstellung einer früheren Existenz mit Auswirkungen auf die Gegenwart. Das musste erst noch verdaut werden. Nur woher nahm Frau Brunner die Beschreibung von Arnold und ihrer Wohnsituation? Der Hinweis, am Ort zu bleiben, tat irgendwie gut, es würde allerdings ein erneuter Umzug bevorstehen. Konnte nicht alles bleiben, wie es jetzt war? In sich entdeckte sie Erleichterung, Beruf und Ort beibehalten zu können. Nach der fünfstündigen Fahrt zu Hause angekommen, fand sie einen Brief im Postkasten, gesendet von der Wohnungsgesellschaft, der das Appartement gehörte. Sehr verärgert las sie: »Wir bieten Ihnen die Wohnung zum Kauf an oder eine Mieterhöhung ist unumgänglich. Ein Vertreter wird sich mit Ihnen in Verbindung setzen.« Das war der richtige Augenblick, besser konnte die Bestätigung der medialen Beratung nicht ausfallen. Sie freute sich darauf, eine noch unbekannte Immobilie am Ortsrand mit genügend Platz zu finden, das hieß Ausschau halten und sich neu einrichten. Dieses

Medium hatte es ihr nun angetan, das Gespräch gab ihr Geborgenheit. Sie wurde auf die gegenwärtige Lebensphase aufmerksam gemacht, die ausreichende Möglichkeiten bot. Durch die erneute Wegleitung bestand auch keine Gefahr, sich zu verzetteln, im Gegenteil, gerade hier am Ort sollte sie sich entfalten. Die Erklärung zu Arnold behielt sie skeptisch im Hinterkopf, denn jeder normale Mensch würde das für Wunschdenken einer ›Zurückgebliebenen‹ halten. In der Öffentlichkeit galt das bestimmt als lächerlich. Sie war wieder einmal ihrem Gespür nachgegangen, fand jemanden, der ihre Lebenssituation betrachtete und erhielt Sicherheit. Nicht lange danach ging es ihr gesundheitlich nicht gut. Eine Bronchitis zwang sie zwei Wochen zur Ruhe. Sie spürte endlich, wie gut es war, ohne Ablenkung auf sich gestellt zu sein. Ihre Zeit verbrachte sie mit Lesen. Dann kam es eines Nachts zu einem ungewöhnlichen Ereignis. Sie verließ ihren Körper. Wer konnte das verstehen? Wer sonst, außer ihrem Freund, wäre bereit, sie ernst zu nehmen? »Arnold, hast du Zeit? Ich muss dir erzählen, was mir vor ein paar Tagen nachts passiert ist:

Es war am Ende der Krankheitsphase, in jener Nacht schwebte ich plötzlich über mir. Mein Bewusstsein war in dem Körper, mit dem ich auf mich herabschaute. Ich sah mich im Bett liegen mir zugewandt und schaute von oben auf meinen unter mir liegenden Körper. Ich umarmte mich, als würde ich meinen Körper hochheben. Während ich so über mir schwebte, fühlte ich mich von einer Liebe umgeben, die mir hier auf der Erde noch nie begegnet ist. Es war das Gefühl, bei dem alles bejaht und verziehen wird. Dies war ein ›himmlisches Liebesgefühl‹, in dem ich mich badete und gleichzeitig umarmte ich mich. Das war nicht irdisch, das war ein vollkommen neues Erleben. Es muss eine Zeit lang gedauert haben, danach lag ich wieder in meinem Bett. Der Zustand war so erholsam, dass er mehrere Tage anhielt. Seither begleitet mich das Wissen, dass dies eine Art zweite Existenz ist, meine eigene seelische Begleitung. Sie ist bei mir, auch wenn sie im Alltag nicht zu sehen ist, aber im Tod werden wir uns wieder begegnen und vereinen, sie ist mein geistiger Zwilling.«

Geistiger Zwilling

»Ist das nicht merkwürdig, ich kenne das auch, wenn man in der Vorstellung etwas wie real erlebt. Mich begleiten aus der Jugend genauso schwer beschreibbare Fantasien. Damals war ich noch keine zwölf Jahre, ich habe den Körper verlassen und bin unvorstellbaren Gestalten begegnet. Eine lebensbedrohliche Krankheit hatte mich damals ans Bett gefesselt, seither habe ich das nicht mehr erlebt.« Was Arnold beschrieb, auch seine weiteren Visionen, unterschied sich von Johannas spirituellem Erlebnis. Sie hielt einen Moment inne, bevor sie antwortete: »Du, das sind geistige Prozesse, die sich nach Stadien aus dem tibetanischen Totenbuch anhören, vielleicht liest du das einmal.« Beim nächsten Besuch studierte er mit Ausdauer diese Weisheitsliteratur und wurde später zu einem begeisterten Anhänger von C.G. Jung. Johanna konnte lange nichts finden, das helfen würde, das Geschehen einzuordnen. So blieb es gespeichertes ›Erlebniswissen‹. Für sie war wichtig, dass dies eine unerschütterliche Erfahrung war. Fern aller Einordnung schlummerte sie in ihr. Sie durfte eine Dimension erleben, an die sie sich jederzeit erinnern konnte. Ein dem Alltag verborgenes Sein.

*

Ihr Alltag war für die Bekannten wunderlich genug. Es gab neugierige Fragen von Außenstehenden, denen das Verständnis fehlte. Warum man in einer Beziehung leben konnte, die kein ›Happy End‹ hat. Mit Distanz wurde ebenfalls betrachtet, dass sie schöne Reisen mit einem Mann unternahm, der sie sehr verehrte. Verständnisvolle Freundinnen beneideten den exklusiven Lebensstil. Sie war ein bunter Vogel. Manch einer glaubte, die Kleidung, die sie selbst entwarf, und ihr Benehmen wirkten hier im Ort zu extravagant. Man gab ihr sogar den Tipp, sie bräuchte sich nur ›normal‹ zu geben, um sich besser integrieren zu können. Arnold reagierte trocken: »Wir leben von außen gesehen einen kitschigen Roman, dabei vergessen die Leute deine umfassende Bildung und Sportlichkeit, wo anders soll ich das finden?« Über zehn Jahre später nahm ein englisches Medium mit der Durchgabe ihrer Großmutter mütterlicherseits Bezug auf diese Zeit. »Die Oma genießt es, um dich zu sein, sie freute sich über deine Möglichkeiten, die sie nicht hatte. Das ist deine Chance, die sie dir von Herzen wünscht. Hast du einmal Kleider geschneidert? Diese auch präsentiert? Das hat ihr gefallen, da war sie mit dabei, das konnte sie durch dich erleben. Damals hast du etwas erreicht.« (Juli 1998)

*

An Johannas Arbeitsplatz wurden ihre Fähigkeiten infrage gestellt. Sollte sie etwas Neues wagen? Sie kannte aus dem Studium den Leitsatz: ›Die Natur macht keine Sprünge.‹ Die Veränderung musste also im Rahmen ihrer Möglichkeiten bleiben. Sie vermutete, in einem zweiten Job würde ihre Arbeit mehr Wertschätzung bekommen. Sie entdeckte die Chance einer zweiten Arbeitsstelle. Ihr Chef reagierte verärgert, als ihm Johanna offerierte, sie wolle ihre Arbeit reduzieren. Es war wie in einem Schachspiel. Sie war froh, denn mit diesem Zug konnte sie ihre Unabhängigkeit bewahren. Wenn ihr alter Arbeitsvertrag auslaufen sollte, hätte sie trotzdem ein sicheres Standbein am Ort. Wie sollte sie die weitere Anstrengung verkraften? Darüber verunsichert suchte sie eine erneute Beratung. Zu wem konnte sie gehen? Frau Hagen war krank. Der Astrologe konzentrierte sich lieber auf die psychologische Seite! Bei der netten Handleserin hatte sie viel zu ihrer Persönlichkeit, aber wenig zu ihrem Umfeld erfahren. Sich über den Stand zu ihrer Lebenssituation erkundigen, dabei Auskunft über Mitmenschen erfragen, das gelang am besten beim Schweizer Medium. Sie könnte Bilder ihrer Arbeitsstellen mitbringen und dann abwarten, was kommt. Sie fuhr wieder in die Schweiz, zu Frau Brunner.

3.3 Der Geistige Helfer

»Es ist für mich eine große Freude, Violette, unser Schützling macht einen Anfang uns zu entdecken. Sie versteht noch nicht bewusst, wie lange wir bereits zusammenarbeiten. Ich wirke in ihr, gebe ihr Gedanken ein, wirke durch Geistige Führung, vor dem Eintritt in das ungewisse Leben bis zu ihrer Rückkehr. Durch mich wirken auch die nächst höheren Ebenen. Es ist kein Handeln, kein Beherrschen, es ist die Wirkkraft. Sie beginnt über Wahrnehmung nachzudenken und das damit verbundene Denken. Sie kann die Affekte noch nicht bewältigen, aber sie orientiert sich bereits an der Vernunft. Wenn sie die nächste Stufe bewältigt und es gelingen wird, die vernünftige Mitte zu wählen, kann sich mein Geist in ihr entfalten.«

»Welche Freude! Wir haben sie bisher beschützt, um sie in dieser Existenz nicht ohne Erkenntnis zu lassen. Sie wird irgendwann entdecken, warum sie unsere geistige Begleitung erwählt hat. Wenn der Plan gelingt, wird die Philosophie aus ungewöhnlicher Sicht einen lebendigen Impuls erhalten. Sie hat den Satz gehört: ›Alles hat Geistige Führung‹. Das Unbewusste, das Unbeseelte, alles Beseelte, die Daimonen oder Genien bis hinauf zu den Heroen oder Engeln, alle wirken aus einer hierarchischen Ordnung heraus.«

»Weißt du, Violette, Sokrates hat mit dem Begriff ›Innere Stimme‹ ein Zeichen gesetzt. Sein Schüler Platon läßt Sokrates durch Dialoge wirken. Er erklärte den Mitmenschen, das Daimonion sei sein Schutzgeist, der in das Leben eingreift, indem er vor abträglichen Handlungen warnt. Weil er das Daimonion höher einstuft, als das geistige Vermögen, den Logos, klagt man ihn an. Er verführe die Jugend, das führt zu Prozess und Hinrichtung. Vor dieser Vollstreckung verweigert er die arrangierte Fluchthilfe. Er will die Gesetze des Staates befolgen, auch wenn ihm dadurch Unrecht geschieht. Er vertritt sein philosophisches Leben so konsequent, dass er sein Schicksal zu Ende führen will. Vom Weiterleben der Seele nach dem Tod überzeugt geht er nach dem Gebet angstfrei in den Tod.«

»Dieser Trost sollte bekannter werden. Jeder Mensch hat eine spirituelle Führung, die ihn unterstützt sein Schicksal zu verwirklichen. Die Stärke dieser Verbindung hängt vom Lebenden selbst ab,« schließt Violette.

Plotin, Der Daimon der uns erloste, Bd. Ia, (9); Enneade III,4; Platons Phaidon

Johanna war inzwischen zweiunddreißig Jahre alt, als sie sich zu einem erneuten Besuch bei Frau Brunner aufmachte. Wieder versenkte sich das Medium zuerst in ihre Innensicht: »Zur Zeit sind Sie sehr unruhig, Sie suchen Halt. Ich sehe einen Plan, auf dem radiert und verbessert wird. Was beschäftigt Sie?« »War das eine richtige Entscheidung, mich auf zwei Arbeitsverträge einzulassen?« »Hinter Ihnen steht Ihr Geistiger Helfer. Er sagt mir, Sie kennen die Antwort, denn Sie wurden dazu gedrängt. Sie sind spontan, sehr direkt, Sie spielen mit offenen Karten. Diese spontane Art strahlt für andere etwas Unstetes aus. Das interpretieren die Leute gerne falsch. Achten Sie bei Freunden mehr auf Harmonie, dass Sie mit denen Kontakt halten, bei denen Sie ankommen. Wenn Sie sich geben, wie Sie sind, ziehen Sie die Leute an, die zu Ihrer Energie passen. Die Leute, die Sie ablehnen, müssen sich selbst dieser Herausforderung stellen, das ist deren Problem. Sie können ruhig weiterhin so spontan bleiben. Mehr und mehr sollten Sie aber auch ein Gespür für Ihre innere Führung bekommen, Vertrauen lernen, dass Sie geführt werden.« Das war wohltuend, nicht die junge Frau sollte sich verbiegen, um besser in ihr Umfeld zu passen! Ganz im Gegenteil – sie sollte sogar ihre Individualität leben. »Sie wollen mit Ihrem höheren Selbst zusammenarbeiten.« Johanna schaute überrascht auf. Sie hatte dieser Dame doch nichts von ihrem mystischen Erlebnis berichtet. Unsicher, ob das Medium ihre nächtliche Erfahrung meinte, ging sie erst gar nicht darauf ein. Seele, höheres Selbst, Psyche waren weiterhin unklare Begriffe. Sie misstraute auch denen, die sie im Mund führten. Sie wollte abwarten, bis sie mit den Bezeichnungen selbstständig umgehen konnte. »Letztes Mal haben Sie mir von meiner Großmutter erzählt, ist sie meine Geistige Führung?« »Nein, die Verwandten sind nur manchmal da, sie haben ihr Leben in der Geistigen Welt, aber sie sind da, wenn Sie Hilfe benötigen. Die Geistigen Helfer sind immer für Sie da, sind jedoch nicht immer um Sie herum.« »Können Sie mir etwas über das Verhältnis zu meinem Geistigen Helfer sagen?« »Ja! Aber zuerst müssen Sie Allgemeines darüber verstehen. Wenn sich ein Mensch der spirituellen Welt öffnet, wenn das jemand wie Sie ganz alleine durchläuft, dann kommen spirituelle Helfer, um Sie zu schützen. In einer Zeit, in der Sie Ihr Licht aussenden, ziehen Sie auch Seelen an, denen es nur darum geht, an irdisches Leben heranzukommen und Spaß zu haben. Das könnte auch viel Schädliches für Sie bedeuten. Durch den Geistigen Helfer, um den Sie bitten, wird Ihr Licht in eine höhere Ebene geführt. Ich sehe Ihren Helfer als einen schlanken Mann, er trägt eine Robe, das bezieht sich auf die Zeit, in der er hier auf der Erde war. Er lebte in einer aufblühenden Zeit, er konnte damals seine reichen spirituellen Erkenntnisse pflegen.« Johanna ahnte, dass ihr Respekt vor einer bestimmten Geisteshaltung mit ihm zusammenhängen musste, denn das tolerante Umfeld, das das Medium ansprach, deutete auf ein Verarbeiten des Geistes der Antike hin. Das Medium fuhr mit seinen Angaben fort: »Er hatte durch den Handel viele Kenntnisse gesammelt, wie Astrologie, philosophische Lehren. Daraus sind ihm viele Einsichten zugeflossen, die er dann mit Freunden in einem Buch niedergeschrieben hat. Seine grundlegende Offenbarung bestand darin, dass in allem, bis ins Kleinste hinein, Leben existiert, alles ›durchseelt‹ ist. Sein Schlüsselerlebnis war die Seide. Der Stoff wurde zu seiner Offenbarung, denn er symbolisiert Verwandlung!«

Wie sollte sie diese eher fantasievolle Beratung in ihr bisheriges Leben einordnen? So eine Geschichte könnte das Medium auch anderen Klienten erzählen. Johanna war hin- und hergerissen. Das war absolutes Neuland.

(August 1998) »Kennst du jemanden, der wie ein Richter in eine Robe gekleidet ist? Bist du auch an Philosophie interessiert?«

Was hatte der Geistige Helfer mit der Inneren Stimme gemeinsam? Johanna kannte aus ihrem Studium die Aussage von Sokrates. Der Begriff Daimonion wird auch von seinem Schüler Platon mit der in sich hörbaren Stimme gleichgesetzt. Auch in weiteren antiken Quellen wird die Stimme als Schutzgeist benannt. Hier an diesem Wissen konnte sie verlässlich anknüpfen, aber im Philosophiestudium wurde die Innere Stimme des Sokrates als Gewissen interpretiert.

Sie war überglücklich über die geistige Rückendeckung. Ihr Geistiger Helfer begann mit ihr zu arbeiten, aber gleichzeitig fraßen Selbstzweifel an ihr. Sie wollte nur akzeptieren, was sie selbst erfahren konnte. Ihrer Vertrauten Thea erzählte sie nichts aus der Beratung. Sie hatte Sorge, dass ein Verstehen von außen etwas mit ihr machte, was sie nicht kontrollieren konnte. Ihrer fantasiebegabten Seite tat die Vorstellung der Geistigen Führung gut. Diese Aussagen sollten von keinem Kommentar zerredet werden, sie ließ sie einfach in sich wirken. Ihr war gesagt worden, um sie bestehe ein Schutz, die Fürsorge eines Geistigen Helfers, der wie sie Humor und Abenteuer liebte.

*

Inzwischen hatte auch Arnolds Frau ihre Spuren entdeckt. Sie saß in seinem Geschäftswagen, weil ihr Auto nicht zur Verfügung stand. Die Tochter hatte einen Termin, zu dem sie gefahren werden musste. Als ihr beim Warten langweilig geworden war, stöberte sie in der Mittelkonsole, dabei fiel ihr Blick auf seinen Terminkalender. Sie fand mehrfach die Initiale J und im Telefonverzeichnis auch die Nummer. Sie wusste, dass ihr Mann diese Frau schon seit längerem kannte. Endlich fasste sie Mut, um sie zur Rede zu stellen. Wütend wählte sie die Nummer: »Sagen Sie, was denken sich Frauen wie Sie eigentlich? Sie nehmen mir meinen Mann weg!« Der Schreck nahm Johanna kurz den Atem, dann holte sie tief Luft und begann: »Schön, dass Sie anrufen. Es freut mich, endlich mit Ihnen sprechen zu können. Es sieht vielleicht oberflächlich danach aus …« »Oberflächlich!? Sie zerstören eine Ehe! Eine langjährige Partnerschaft! Er benötigt diese Beziehung für seine berufliche Zukunft!« Plötzlich erkannte Johanna, dass ihre Gesprächspartnerin nicht von Liebe sprach, die herrische Stimme der Frau verbarg die Angst, ihren Ehemann zu verlieren. »Mich beschäftigt diese Frage genauso wie Sie: Was wird aus unserer Partnerschaft?« Johanna freute sich über die Chance, etwas klären zu können, sie sprach leise weiter: »Auf vielfältige Weise habe ich mich medial beraten lassen. Ich kann Ihnen versichern, er schätzt an Ihnen die gute Mutter.« Aus dem Hörer verriet ihr die Stille, dass seine Frau ihr zuhörte. »Er gibt Ihnen, was er Ihnen geben kann, genießen Sie das. Aber es sieht auch so aus, dass wir uns irgendwann trennen werden. Er wird dann die Frau finden, die ihm hilft, zur Ruhe zu kommen, um bei sich bleiben zu können. Das sind wir beide nicht. Ich glaube, er will sie auch noch nicht finden.« Es wurde ein langes Gespräch, in dem die junge Frau helfen wollte. »Er hält mit Ihnen die Familienbeziehung aufrecht, er liebt seine Kinder und will sie aufwachsen sehen. So, wie es jetzt aussieht, stabilisieren wir uns alle gegenseitig. Genießen Sie seine Art, wie er für Sie und die Kinder da ist. Wenn ich ihn verlasse, gerät alles in Ungleichgewicht, dann wird er der neuen Partnerin begegnen.« Als Arnold nach Hause kam, fand er seine Frau wie verwandelt vor. Sie berichtete ihm, dass sie mit seiner Freundin gesprochen und dieses Gespräch ihr gutgetan hatte. Sie sehe dadurch klarer. Er war gespannt, was würde jetzt passieren? Es passierte nichts. Er rief später Johanna an: »Was hast du mit meiner Frau gemacht? Sie ist wie verwandelt, sie war sehr angetan von der Unterhaltung mit dir.« Johanna war froh, ihr Wissen, das sie über die Medien gesammelt hatte, dieser Frau weitergegeben zu haben, unter anderen Bedingungen hätte sie sie mehr in ihr Herz geschlossen.

3.4 Die Innere Stimme

»Jaune, höre zu, ich habe hier den Text aus dem Phaidros. Sokrates sagt:« »Unten am Fluss, bei der schönen schattigen Stelle, hörte ich in mir die Innere Stimme, mein Daimonion. Deutlich höre ich auch diesmal seine Warnung, wie immer, wenn ich im Begriff bin, etwas zu tun, das mir schaden könnte. Wie ein Zeichen rät es mir, mich von den Eitelkeiten zu hüten, die der Beifall der Menge bewirkt. Mit einem Sühnegedanken läutere ich mich vor der verführerischen Einstellung. Es schützt mich, bevor ich erneut mit den anderen in einen Dialog eintrete, denn das soll ich nicht des Ruhmes wegen tun. Ich bin zwar nur soweit Wahrsager, wie einer, der eine Tätigkeit nur für sich ausübt, aber das hat mir wieder gezeigt, welche seherische Kraft die Seele hat.«

»Danke, Violette, beschreibt das nicht sehr gut, was Auftrag der Geistigen Welt ist? Plutarch wird das Beschriebene später als natürliche Weissagung einordnen.«

Platon, Phaidros 242C

Eines Tages traf Johanna Frau Hagen und Thea bei einem Cafébesuch und musste noch lange über deren Worte nachdenken: »Sie brauchen einen Partner, der Sie sehr liebt, der Ihre Unabhängigkeit mag, aber Sie benötigen auch Zeiten, in denen Sie allein sind. Sie brauchen das, um mit Ihrem Geist in Kontakt zu kommen.« Würde das heißen, dass Arnold der Partner war, den sie benötigte? Er trug sie auf Händen und gleichzeitig hatte sie den nötigen Freiraum für Beruf und Studium. Diese Dame machte ihre Vorhersagen so liebevoll, wäre das nicht auch ihr Thema? Es war ihre feine Art zu beraten, dann saß sie manchmal versunken vor ihr und trat mit ihrer geistigen Seite in ein inspiriertes Gespräch. Für sich überlegte sie, ob die astrologischen Studien nicht dazu gehörten, eine neue Existenz aufzubauen. Sie hatte verschiedene Vorbilder, aber Frau Hagen entsprach am ehesten dieser Vorstellung. Jeder neue Schritt in Johannas Studienzeit bis zur Gegenwart war von ihrer »höhergestellten Ebene« begleitet worden. Am nächsten Wochenende traf sie mit der Frau eines Drachenfliegers zusammen. Diese arbeitete als Astrologin, und wie sie später erfuhr, wurde sie von mancher Berühmtheit aufgesucht. Eines Tages trafen die beiden Astrologinnen aufeinander. Kleidung, Stil im Auftreten, alles strahlte Persönlichkeit aus. Die Frau kam auf sie zu. »Hallo, Johanna, schön dich kennenzulernen. Mein Mann hat mir schon viel von dir erzählt. Komm, wir setzen uns hier in die Sonne und plaudern, solange die Männer unterwegs sind.« Sie hatten sich viel zu erzählen. »Kannst du mir sagen, welche Planetentransite dich bewogen, deinem Mann vor ein paar Wochen das Fliegen zu verbieten?« Johanna wusste es, weil er sich daran hielt. »Ich zeichne dir die Konstellation kurz auf.« Dies war ein Gegensatz zu ihrer entwicklungspsychologischen Auffassung. Hier traf sie mit ereignisorientierter Astrologie zusammen. »Gut, da muss Arnold vielleicht auch bald aufpassen, aber ob er sich daran hält?« »Und wie sieht dein Horoskop aus?« Johanna zeichnete es auf. »Aha, da hast du ja eine große Herausforderung zu meistern. Aber die Konstellation im Bereich von Familie und Tradition muss zuerst bewältigt werden. Du benötigst in deinem Zuhause mehr Ruhe. Erst wenn die eingekehrt ist, kannst du deine hohen Ziele im Bereich des Berufes und der Berufung verwirklichen.« Innerlich wie vom Donner gerührt, versuchte sie, Gelassenheit auszustrahlen, als wäre ihr das Problem nicht neu. Sie wollte noch nicht wissen, wann dieser Zeitpunkt der Veränderung kommen sollte. Johanna führte weiterhin ein extremes Leben. Sie liebte die Abwechslung, Flugreisen in ein anderes europäisches Land oder eine weite Autofahrt in eine Metropole. Es waren schöne Orte und Museen, die ihr aus dem

Studium der Kunstgeschichte bekannt waren. Sie lebte weiter in der Beziehung zu ihrem Freund, der sich immer riesig freute, wenn sie sich endlich wiedersahen. Es waren wunderbare Zeiten. Waren sie unterwegs in Hotels, hatte sie sich bereits daran gewöhnt, das Nötige beim Zimmerservice zu bestellen. Die kulturellen Tagesabläufe von Besichtigungen bis zu Oper oder Schauspiel wurden über die Rezeption organisiert. Wo immer sie waren, sie ließen es sich gutgehen. Er war ihr für die Ablenkung von seinem Arbeitsleben sehr dankbar. Sie begann sogar darüber nachzudenken, ob sie Kinder wollte oder nicht. Eine Freundin, es war die zweite Frau ihres früheren Mannes, fragte sie bei einem Besuch: »Willst du keine eigenen Kinder? Du musst dir das überlegen, vielleicht ist es irgendwann zu spät dazu.« »Mit Kinderbetreuung habe ich drei Jahre mein Geld verdient. Es war für mich wie eingeschlossen sein. Dafür erlebe ich jetzt etwas, um das mich die mir bekannten Frauen mit Kindern beneiden.« Es lag ihr auf der Zunge, von ihrer medialen Beratung bei Frau Hagen zu sprechen, aber es blieb ein Satz, den sie nur im Geiste zu sich sprach: »Kinder haben ihre ganz eigene Entwicklung, dazu muss man sie loslassen und diese ihnen auch zutrauen. Kinder werden nicht immer das, was man sich erhofft. Für Ihre Entwicklung, Johanna, ist diese Erfahrung nicht notwendig.« Es gab nochmals eine kurze Zeit des Nachdenkens mit Arnold, aber sie hielt sich an den Rat ihres vertrauten Mediums.

Zu Hause in ihrem Arbeitsleben wurde es immer unruhiger. Wegen ihres ursprünglichen Lebensgefühls, sich nie dazugehörig zu fühlen und ihrer großen Empfindlichkeit versuchte sie oft Streitigkeiten auszugleichen. Sie ließ sich in Probleme hineinziehen, die sie gar nicht überschauen konnte. Zudem machte ihr an der ersten Arbeitsstelle ein Berufskollege das Leben schwer. An der zweiten Stelle war alles in Ordnung. Sie war der neue Besen, der gut kehrte. Alle waren begeistert, nur die Mehrarbeit belastete weiterhin sehr. Dies ging sehr zu Lasten ihrer Erholungsphasen. Dann nahm die zweite Arbeit an zeitlichem Anspruch übermäßig zu, während ihre Regeneration abnahm. Wie sollte sie sich entscheiden? Sie vereinbarte einen Termin mit Frau Brunner: »Das Bild, das ich für Sie empfange, zeigt Sie vor einer Kirche. Sie gehen auf und ab und wissen nicht, ob Sie hineingehen sollen. Was ist Ihre Frage?« »Zurzeit habe ich zwei Jobs, die mich beanspruchen. Für mich gibt es zu wenig Erholungsphasen und ich habe einen schwierigen Kollegen, der versucht, mir viel in die Schuhe zu schieben.« »Da sehe ich zwei, einen großen und einen kleineren Mann. Der Große mag Sie, er bewundert Ihre Ideen. Den kleinen schwierigen Kollegen behandeln Sie am besten freundlich. Gehen Sie nicht auf seine Auseinandersetzungen ein. Er will nur beachtet werden. Wenn Sie ihm den Gefallen nicht tun, wird er mit anderen kämpfen. Warten Sie ab, was in der Arbeit passiert. Jetzt zu dem Bild der Kirche. Sie wollen ihre seelischen Anlagen immer mehr verwirklichen, das ist ihr innerer Drang. Sie stehen noch vor einer grundlegenden Veränderung Ihrer Persönlichkeit, denn sie werden eine ganz andere. Es ist so, dass das, was Sie um sich wahrnehmen, nicht einfach einzuordnen ist. Sie benötigen eigentlich Ruhe, um Ihr Innenleben zu verarbeiten, nur so kommen Sie mit Ihrer geistigen Seite in Kontakt. Sie müssen diesem spirituellen Wesenszug mehr Raum geben. Reduzieren Sie, was zur Wiederholung wird, worin keine Weiterentwicklung besteht. Das geschieht natürlich nicht von heute auf morgen. Nur, wie ich schon sagte, Sie werden in einen Veränderungsprozess hineingezogen. Den Rahmen der Tätigkeit, der Ihrem seelischen Potential entspricht, entscheiden Sie selbst. Wählen Sie die Bereiche selbst aus, für die Sie tätig sein wollen. Ich muss Ihnen das mit einem Naturbild erklären. Eine Veränderung kann ein natürlicher Wachstumsprozess sein. Nach diesem Sinnbild verändert man sich in einfachen Schritten. Hat sich etwas aber lange aufgestaut, kann es auch zu einem gewaltigen Durchbruch kommen, der sich bis zur Katastrophe steigert.« Johanna meinte zu verstehen, dass es hier um die Verbindung zu Arnold ging. »Es ist Ihr Lebensziel, diesen inneren Reichtum, zu dem man seinen Zugang finden kann, zu verwirklichen. Manches, was jetzt für Sie die Welt ausmacht, wird zerfallen.« Sie dankte für die erneute Orientierung für Beruf und Privates. Sie beschloss, ab jetzt den streitsüchtigen Kollegen ins Leere laufen zu lassen und ihren Alltag mehr zu ordnen. In Bezug auf die Arbeit musste sie zunächst abwarten.

*

Ein Unglück sollte nach sieben Jahren Freundschaft alles verändern. Eine Woche Italienurlaub war geplant. Arnold absolvierte noch einen Flug mit seinem Drachen, um ein neues technisches Bauteil auszuprobieren. Er startete, sein Fluggerät verlor hoch über dem Abgrund die Stabilität, ein falsch montierter Verschluss hatte sich gelöst. Das Fluggerät geriet ins Trudeln und er flog in der dafür typischen Kreiselbewegung vierhundert Meter nach unten. Johanna stand am Abgrund, um sie herum hörte sie die Stimmen: »Das überlebt er nicht.« Jemand alarmierte sofort den Rettungshubschrauber. Sie zog sich ins nahegelegene Gasthaus ganz still in einen leeren Raum zurück. Sie versuchte zu visualisieren, wie es ihm ging. Nach circa zwanzig Minuten öffnete jemand die Tür. »Komm schnell, er lebt, wir fahren zu ihm.« Sie fuhren zur Aufschlagstelle, er stand da mit einem Pflaster auf der Stirn. Keiner konnte sich erklären, was den Sturz abgebremst hatte, war es die beschädigte, fünf Meter hohe Tanne, oder sein Flügel, der seitlich aufkam? »Arnold!« Er umarmte sie, drückte sie an sich. »Ich habe den Boden wie ein Teleskop auf mich zukommen sehen. Dann griff ich nach dem Fallschirm, warf ihn immer wieder heraus, er drehte sich ein, ich zog ihn herein und warf ihn erneut hinaus. Da war keine Zeit für Angst. Ich lebe!« Alle standen fassungslos um ihn herum. Er zitterte, während der Helikopter ohne ihn abflog. Er sagte ihr nochmal, dass er während des Absturzes, der eigentlich fast seinen Tod herbeigeführt hatte, keine Todesangst wahrnahm. Zunächst ruhte er ein paar Stunden für sich im Bett, um den Schock zu verarbeiten. »Bei diesem Unfall war es knapp. Wirst du wieder fliegen?« »Wir werden sehen. Mein Drachen ist jetzt erst einmal kaputt.« Er war nachdenklich geworden. Am Abend kam das wundersame Unglück im Fernsehen, ein Spaziergänger hatte es gefilmt. Er betrachtete diesen spektakulären Absturz, als wäre er einem Fremden passiert. Die Bilder des abwärts trudelnden Drachens erschienen ihm seltsam unwirklich, fast surreal. Nur sein Körper erinnerte ihn an die Wirklichkeit der Geschehnisse. Er hatte große Schmerzen durch die Prellungen, der ganze Körper war voller blauer Flecken und Schürfwunden. Nach einer Woche voll innig gelebter Gemeinsamkeit fuhr Johanna wieder nach Hause an ihren Wohnort, weit weg von den Freunden, die den Unfall mit ihr angesehen hatten. An den Arbeitsplätzen fand sich niemand, der das mit ihr besprechen konnte, was sie gesehen hatte. Das Ereignis blieb in ihr, sobald sie ihre Augen schloss, sah sie den Film des Absturzes. Der Film hielt mehrere Wochen an. Sie war oft müde, ohne sich ausruhen zu können. Ihre Nerven waren am Ende, der Magen krampfte sich nur noch zusammen. Doch es gab keinen medizinisch feststellbaren Befund. Sie wusste nicht, was ein Schock ist, dass man das eventuell behandeln könnte. Der Sommer kam. Dinge, die ihr früher mit Arnold Spaß bereitet hatten, wurden jetzt zunehmend bedrohlich. Es folgten zwei weitere glimpflich verlaufende Flugunfälle und sie musste sich eingestehen, dass dieser Mann nah am Limit und in der ständigen Suche nach Herausforderungen leben wollte. Sie konnte seine Flüge nicht mehr entspannt betrachten. Es war früh an einem Sonntagmorgen, sie saß am Startplatz, die Sonne schien, als in ihr eine mental hörbare männliche Stimme sagte: »Wenn du mit ihm zusammenbleibst, wirst du mit Dreiundvierzig Witwe.« Hatte ihr das vergangene Vierteljahr nicht deutlich gemacht, dass die Zukunft mit ihrem Freund bedroht war? Wer wollte sie auffangen, wenn ihm etwas zustoßen würde? Es war für sie wichtig, zu erkennen, dass tragfähige Strukturen um sie herum fehlten. Überall gab es Bekannte und Freunde, nur wo war sie wirklich zu Hause? Er hatte den Absturz äußerlich erlebt, sie innerlich, auch so kann man abstürzen. Sie sprach das Problem an. »Arnold,…bitte schließe eine Lebensversicherung auf mich ab. Wenn dir etwas passiert, möchte ich eine Zeit lang abgesichert sein, um mich wieder zu stabilisieren.« Ihm war unwohl dabei. Er wusste nur zu gut, dass er sich eingestehen müsste, wie riskant er unterwegs war. Die Versicherung wurde auf die lange Bank geschoben. Er schien zu glauben, er wäre eine Katze mit sieben Leben. Doch sie hatte in dieser letzten Episode begriffen, dass man zum Trauern Zeit brauchte und eventuell gute Behandlung. In dieser Zeit malte sie ein großes Bild für das Wohnzimmer, sie bemalte diese Flächen mit Farbstrukturen in Gelbvariationen. Es war eine vibrierende Fläche von circa viereinhalb Metern auf zweieinhalb Meter geworden. Sie wollte sich täglich an den Traum erinnern, den sie damals zum Ende ihres Studiums gehabt hatte. Die Erinnerung an den gelben Saal bewirkte für sie ein Wohlgefühl in ihrem Wohnzimmer. Zehn Jahre später würde ein englisches Medium zu ihr sagen: »Du kamst in dieses Leben auf dem Strahl des Meisters Kuthumi. Ihm ist die gelbe Farbe zugeordnet. Das bedeutet Erleuchtung und Weisheit vom Standpunkt einer höheren Wahrheit heraus, um göttliches Gesetz zu verstehen.«

»Mit 43 Jahren Witwe«. Diese durch ihre Innere Stimme gegebene Einsicht konnte sie nicht vergessen. Sie schaute darauf sein Radix an. Da gab es wirklich einen kritischen Transit, wenn sie dieses Alter erreicht haben würde, der bei ihm zu einem Unfall führen könnte. Nach dieser beängstigenden Erkenntnis wünschte sie sich mehr Distanz zu ihrem Partner. Sie begann sich mehr auf ihre eigenen Interessen zu besinnen. Besonderen Eindruck machte auf sie die Ganzheitlichkeit von Philosophie und Kunst in der Antike. Der Zeitgeist füllt ähnliche Abbildungen mit immer neuen Inhalten. Jede Epoche hat ihre Lebenseinstellung, die sich in den Menschendarstellungen spiegelt. Aus der Mutter-Kind-Beziehung, die in der Zeit der Ägypter Isis und den Horusknaben darstellt, werden später Venus und Amor, dann werden daraus Maria und das Jesuskind. Christophorus, der das Jesuskind trägt, ist in der Antike Hermes, der das Dionysoskind trägt, und auch diese Figurenkombination hat noch weitere Vorläufer. Früher brachte im orientalischen Raum die Schlange durch ihre Fähigkeit zur Häutung die Erkenntnis, im Christentum wurde sie zum Symbol der Versuchung. Der ikonografische Wandel spiegelt sich sichtbar in den Abbildungen und bezeugt die Veränderung der Zeiten.

Fasziniert zog sie sich in ihre Welt der Bildung zurück. Zu Beginn der Neuzeit im sechzehnten Jahrhundert wurde sie ein wahres Gut, das sich nur wenige leisten konnten. Die Menschen konnten sich glücklich schätzen, wenn sie durch den Kontakt mit Gebildeten Anschluss an einen Kreis von Humanisten fanden. Wie eigenartig, dachte sie, je mehr Möglichkeiten die Menschen haben qualitativ gutes Wissen zu erkennen, umso schwerer ist es sich zu beschränken. Leider war die Würdigung humanistischer Bildung im zwanzigsten Jahrhundert im Abklingen. Ihre akribische Suche durch die Philosophien und Weisheitsliteratur dieser Welt gab ihr zunehmend Rückhalt im Denken. Sie wusste um den Luxus ihrer Zeit, die diese Gesellschaft gerade erlebte, und sie lebte diese Freiheit im Denken und Sprechen aus. Heute können die meisten im Westen ihren Glauben frei wählen. Denkdiktate halten sich in Grenzen. Texte der verschiedensten Zeiten sind zugänglich. Wer kann sich heute vorstellen, wie der gebildete Luther weniges von Platon und Aristoteles zur Verfügung hatte. Wenn es überhaupt antike Schriften gab, waren die Abschriften auf die verschiedenen Klosterbibliotheken Europas verteilt. Heute muss man nicht mehr, wie vor fünfhundert Jahren, in eine katholische Klosterbibliothek gehen, um zu studieren, sondern sitzt bequem zu Hause und lässt sich Bücher liefern. Wo war der Bildungshunger geblieben? Die philosophischen Ansätze sind für jeden Interessierten zugänglich. Es herrscht Denkfreiheit, aber spielt das noch eine Rolle? Sie hatte einen Beruf, der ihr den Lebensstandard sicherte und sie konnte ihr Studium verfolgen. Diese Zugänge waren heute nicht mehr tagesfüllend. Für diese Bildung benötigte man nur Interesse und Zeit.

4 Das Paradies

4.1 Gutes und Schlechtes

»Das ist ein provokanter Ausspruch, den Plotin anführt: ›Ohne das Böse gäbe es das Gute nicht.‹« Jaune studiert gerade einen Text.

Violette kommt hinzu: »Wie begründet er das?«

»Er spricht über den gesamten Kosmos, der der göttlichen Ordnung unterliegt, das Gute und das Böse ist nicht Folge dieser Ordnung. Jetzt folgt ein schwieriger Satz: ›Denn der Logos, die Weltvernunft, durchzieht das All und spiegelt die Allseele oder Alleinheit, genauso deren Teile, die Einzelseelen.‹ Das ist nötig, um die Überleitung zu verstehen, ›dass jede Seele darin einzig ist und demzufolge auch die von ihr ausgelösten Handlungen.‹ Das heißt, das Tun entspricht der jeweiligen Seele, ohne dass sie den Zusammenhalt zur Allseele verliert. Der nächste Gedankenschritt ist noch verwegener. Für den jeweiligen Menschen bedeutet das, er verfällt leicht der Illusion, er würde die Entscheidungen in seinem Leben größtenteils selbst treffen... Nochmals zurück zum Beginn meiner Erklärung: Die Seele unterliegt der göttlichen Ordnung und tut das, was ihrem Wesen entspricht, als Folge eines höheren Planes.«

»Jaune, der kühne Gedanke stellt die Willensfreiheit infrage. Damit müsste auch das Schuldsein überdacht werden?«

»Plotin spricht vom Zusammenhang von Schuld und Fähigkeit. Es ist das Prinzip der höheren Verantwortung: Je höher das Wissen eines Wesens, desto höher ist seine Schuld. Es gibt Unterschiede, aber daraus bemisst sich nicht der Wert eines Wesens. Daraus ergibt sich vielmehr die Verpflichtung eines jeden Wesens, seine individuellen und schönen Eigenschaften in diese Welt einzubringen. Der kosmische Plan ist am Höheren orientiert.«

Plotin, Von der Vorsehung II, Bd. Va (1–2) (7) (12) (14–17); Enneade III,3.

Für Johanna gab es seit sie zurückdenken konnte zwei Seiten in dieser Welt. Die erste fand im normalen Alltagsleben statt, hier wurde die Furcht vor dem Tod entweder verdrängt oder mit Antworten im Konjunktiv belegt. Die Zweite hatte sie in ihrer Angst vor dem Tod und der damit einhergehenden Orientierungslosigkeit erfahren. Durch ihre

Suche kam sie mit Meditation, Psychologie, Astrologie, Handlesen und Hellsichtigkeit in Kontakt. Sie erhielt immer wieder übereinstimmende Aussagen und Wegweiser für ihr langes Leben. Ihre Berater mussten Zugang zu übergeordnetem Wissen im Verborgenen haben und von dieser Einwirkung auf ihre Existenz wurde sie zunehmend überzeugt. Sie suchte nach Sicherheit in der Erkenntnis, verbunden mit einem tragfähigen Standpunkt, dieses Wissen anderen Menschen glaubhaft machen zu können. Im Frühjahr war sie Zeuge geworden, wie schnell von einem Augenblick zum nächsten Arnolds Leben beinahe beendet gewesen wäre. Jetzt im Herbst, nach ihrem fünfunddreißigsten Geburtstag, sollte sich einiges verändern. An ihrer ersten Arbeitsstelle wechselte der Vorgesetzte. Der schwierige Mitarbeiter fiel durch Krankheit langfristig aus, so dass man Johanna bat, ihre Arbeitszeit aufzustocken. Darüber freute sie sich, das bedeutete, sie konnte die zweite Stelle aufgeben. Eine neue Kollegin wurde ebenfalls in die Arbeitsgemeinschaft aufgenommen, langsam entstand Vertrauen. Marion war verheiratet, Mutter von zwei Söhnen, sie hatte viel Familiensinn. In ihrer umtriebigen Art hatte sie trotzdem jede Zeit, herzliche einfühlsame Worte mit ihren Mitmenschen zu wechseln. Mit ihren wachen Augen erkannte sie in Johanna eine Kollegin, die sie auch intellektuell herausforderte. Vielseitig, wie die beiden Frauen waren, regten sie sich gegenseitig zu neuen Erkenntnissen an. Sie wohnten nicht weit voneinander und fuhren an diesem Herbsttag zusammen nach Hause. Marion betrachtete die Freundin und sagte zu sich: »Sie sieht aus, als würde sie sich heute neu verlieben.« In diesem Moment sagte Johanna: »Heute Abend werde ich ausgehen. Es wird Zeit, dass ich mich hier wieder heimischer fühle. Die Angst vor der unklaren Zukunft mit Arnold nagt an mir. Wenn ich mir nur vorstelle, dass sich so ein Absturz wiederholt, verliere ich alle Kraft. Es ist, als nehme mir das Erlebnis die Geborgenheit.« Nach dem Abendessen zog sie sich ihrem Stil entsprechend gut an und setzte sich in das neu eröffnete spektakuläre Café, das von einem Künstler betrieben wurde. Schnell suchte sie mit jemandem das Gespräch, bis ein Freund aus dem Kreis der Drachenflieger hereinkam. Armin begrüßte sie: »Ich muss kurz mit einem Bekannten etwas abklären. Nachher treffen wir uns noch in der Weinstube, zwei Freunde kommen dazu. Gehst du mit?« Jeder fuhr für sich mit dem Auto zu dem verabredeten Lokal. Neugierig trat sie durch die Tür. Der Ort war ihr nur vom Hörensagen bekannt, eine Treppe führte in das Untergeschoss. Dort erwartete sie ein Raum, rustikal mit Holz verkleidet, mit Weinblättern und Lichtern dekoriert. Es sah nach Weinlaube aus. An den Wänden standen Bänke, Tische und Stühle. Sie setzte sich an einen Platz nahe der Tür, es war ihr unklar, wer die neuen Bekannten sein sollten. Ein sehr freundlicher Mann begrüßte sie. Er empfahl ihr einen Wein aus seinem Repertoire. Nach einer Weile kam jemand herein, einsachtzig groß, Jeans, mit einem handgestrickten Pullover und einer Sportjacke darüber. War er einer der Bekannten? Er setzte sich an einen Tisch und wartete ab. Der Besitzer brachte ihm ein Viertel Roten, er musste hier bereits bekannt sein. Der junge Mann hatte die Frau noch nie hier gesehen. Insgeheim studierte er das Aussehen und dachte für sich: »Sie wirkt irgendwie unsicher, sie ist zudem unmöglich angezogen. Den Rock aus Leder würde ich ihr ausreden, es müsste alles leichter wirken, was sie tragen sollte.« Johanna fragte ihn einfach: »Wartest du auf Armin?« »Ja, aha, ein neues Madel! Ich bin der Peter. Setz dich her.«

Zehn Jahre später, im Frühjahr 1999, würde eine mediale Frau Johanna an diese Szene erinnern. Sie saß bei einem englischen Medium, um eine Durchgabe anzuhören und es war der verstorbene Peter, der aus der Geistigen Welt eine Botschaft brachte: »Nun ist es Zeit, die Tür zur Außenwelt wieder zu öffnen, so wie damals, als wir uns spontan begegneten. Das unsichere Mädchen, das ich kennenlernte, darf sich ruhig zeigen.« Er hatte diesen Abend in Erinnerung behalten. Was das ›innerlich unsichere Mädchen‹ damals in der Weinstube nicht wusste: Sie wurde beinahe magisch angelockt. Wie von einem Duft, der auch in einem botanischen Garten schwer zu lokalisieren wäre. Ohne es bewusst wahrzunehmen, trat sie hier in einen Lebensabschnitt ein, über den man in der Geistigen Welt geteilter Meinung war. Armin kam mit einem weiteren Freund, sie sah zu, wie die Jungs, alle unter Vierzig, ihre Geschichten so erzählten, dass möglichst viel gelacht werden konnte. Nach dreiundzwanzig Uhr machten sie sich zu dritt auf, um in der Villa von Peters Eltern den Abend zu beenden. Die Nacht war lustig und lang. Sie hörten Opern, sangen dazu und blödelten herum. Peter verriet ihr: »Weißt du, hier übernachte ich nicht gerne, meine Wohnung ist weiter weg. Wenn meine Eltern verreist sind, muss ich das Haus hüten, weil in dieser Straße immer mal eingebrochen wird.« Er behielt für sich, dass er in der letzten Nacht, die er in diesem Hause verbrachte, von unangenehmen Geistwesen geweckt wurde, die er um sein Bett stehen sah. Seit dem Vorfall schützte er sich durch christliche Symbole. Vieles an dieser ersten Begegnung sah für beide hoffnungsvoll aus: »Willst du morgen Abend vorbeikommen?« Sie sagte ja. Der zweite Abend war nett, er hatte gekocht, Reis mit Scampi und selbst angebauten Zucchini. Sie ahnte nach der kleinen Kostprobe, dass er viel vom Kochen verstand. Der Gesprächsstoff reichte für weitere Unterhaltungen. Er: »Bis vor Kurzem habe ich mit meiner Freundin in der Oberpfalz gelebt. Ich hatte die Hoffnung, das würde halten. Bis sie mir eines Tages das Ende erklärte. Die Enttäuschung über das Aus habe ich fast nicht überwunden. Überhaupt, ohne meine Eltern hätte ich vielleicht gar nicht überlebt. Jetzt wird es Zeit, dass ich in eine kleine Aufgabe hineinfinde, ein alter Studienfreund hat mir etwas in Aussicht gestellt.« Dann begann Johanna ihre Situation zu schildern, auch dass sie die Ruhelosigkeit des ewigen Reisens beenden wollte. Er: »Bewahre die Beziehung zu deinem Freund, auf mich ist wenig Verlass.« Peter war sich nicht sicher, ob ihn diese Begegnung weiterbringen konnte. Eigentlich hatte er die berechtigte Angst, dass in einer neuen Partnerschaft das Gleiche geschehen könnte wie in der vergangenen.

Am Arbeitsplatz konnte Johanna kaum erwarten, Marion von der Begegnung zu erzählen. »Du, ich glaube, ich habe jemanden gefunden«, sprudelte es aus ihr heraus. »Erzähl!« »Ich habe ihn durch einen Bekannten kennengelernt, er hat mich bereits zum Essen eingeladen, er kann kochen! Wir haben viel miteinander geredet, er versteht einiges von meinen Interessen.« »Was macht er beruflich?« »Er hat studiert, nur seinen Beruf Diplomkaufmann übt er zur Zeit nicht aus. Es ist möglich, dass er Wortanlagen verkaufen wird. Aber seine Lebensvorstellungen hörten sich sehr vage an. Solange er hier im Ort lebt, werden wir zusammen weitere Dinge unternehmen. Vielleicht zieht er bald weg, hier möchte er nicht bleiben. Zurzeit leidet er noch am unglücklichen Ausgang seiner letzten Partnerschaft.« »Arbeitet er nichts?« »Nein, er hat entzündliches Rheuma, das schmerzvolle Reaktionen in seinen Gelenken verursacht, wenn es zur Überanstrengung kommt.« Johanna geriet in ein Dilemma. Sie sah die neue spaßorientierte Lebensweise von Peter, der sehr sensibel und genießerisch veranlagt war. Er liebte das Ausgehen, Gespräche mit seinen Mitmenschen. Auf der anderen Seite gab es die Liebe zu Arnold, der sie auf Händen trug. Er wollte sie nicht verlieren, tat aber wenig für ihre und seine Sicherheit. Sein Draufgängertum beunruhigte sie. In Johanna arbeiteten auch die Warnungen aus den Konsultationen. Beim Astrologen hatte sie gehört, dass ihr Freund noch eine weitere Partnerin finden würde. Frau Brunner ermahnte sie, für mehr Ruhe in ihrem Leben zu sorgen. Die Innere Stimme sprach von der Witwe mit dreiundvierzig Jahren. Einige Hinweise deuteten darauf hin, dass sie über die Zukunft mit Arnold nachdenken müsse. Inzwischen wollte sie liebend gern die Zeit häufiger zu Hause verbringen, ohne dabei allein sein zu müssen. Sollte sie sich wieder beraten lassen? Dieses Mal wollte sie die Meinung von zwei Medien einholen. Es kam einem Test nahe, das Potential der neuen Bekanntschaft in Erfahrung zu bringen und eine Erklärung zu Peters Gesundheit einzuholen.

»Frau Hagen, ich habe einen Mann kennengelernt, können Sie mir zu ihm etwas sagen?« Die alte Dame war schon sehr gebrechlich geworden, doch das schmälerte nicht ihre Fähigkeiten. Sie nahm den Zettel, auf den Peter seinen Namen und seine Telefonnummer geschrieben hatte, in ihre Hand. Nach Aussage von Thea konnte sie kein Buch mehr lesen, aber es genügte, dass sie Johanna mit kurzen Worten eindringlich sagte, was sie von diesem Mann hielt: »Er ist sehr von sich eingenommen, aber das ist nur zum Schutz. Das gute Leben hat ihn verführt. Er muss seinen vermeintlich hohen Status hinter sich lassen. Nicht immer nur das Beste für sich beanspruchen, hier ist Hausmannskost angesagt, das wäre auch gut für seine Gesundheit. Arbeit täte ihm gut, aber will er das? Er neigt sehr zu Bequemlichkeit, das hat er mit seiner Mutter gemeinsam. Der Vater ist genial, er verstand sein Geld zu machen. Aber sagen Sie, wollen Sie sich wirklich auf diese Familie einlassen? Die passen nicht zu Ihnen. Sie werden hier noch böse Überraschungen erleben. Wenn Sie das tun, sollte jeder seine Wohnung behalten. Sie benötigen Zeit für sich, um mit Ihrem Geist in Kontakt zu kommen.« Hoppla, das hörte sich nicht gut an. Spannung breitete sich aus, bis zum Termin bei Frau Brunner. Johanna brachte ein Foto mit. Das schaute sich das Medium nicht an, sondern legte es vor sich umgekehrt auf ihre Knie, dann hielt sie ihre Hand auf die Rückseite: »Sie müssen vorsichtig sein, er ist sehr labil. Ich sehe Gutes und Schlechtes in dieser Partnerschaft. Geben Sie nicht zu viel von sich in die Freundschaft hinein, bevor er das nicht auch tut. Er ist ein Gefangener im goldenen Käfig, er ist ein Gefangener, den Sie höchstens besuchen können, aber nicht befreien. Seine Eltern haben ihn auf den Thron gesetzt und die Stufen dazu weggenommen. Er muss sich zunächst fragen, was sein Selbstvertrauen so zerstört hat.«

In der enthusiastischen Johanna tobten daraufhin die Gedanken. Solche pessimistischen Aussagen bedrohten die Luftschlösser. Das durfte nicht wahr sein. Sie sollte keine Chance mit ihm haben? Die Beratungen musste man nicht beherzigen! Aber wozu Auskünfte einholen, wenn man dem weisen Rat der Frauen nicht folgte? Nachdenklich fuhr sie nach Hause. An einem der nächsten Abende saß sie bei ihrer neuen Freundin im Wohnzimmer gemütlich auf der Couch: »Marion, was soll ich tun? Peter ist aufgeschlossen für meine Interessen, aber die Medien sind skeptisch. Er weiß, dass ich mir Rat holen wollte, was sage ich ihm nur?« »Wenn du dich auf ihn einlässt, hast du einen Mann, der zwar kochen kann, aber in seinem Beruf nicht zurechtkommt.« »Ich habe meinen eigenen Beruf, was hältst du vom Rollentausch? Mir ist der Haushalt, Freundschaften pflegen und Studieren oft zu viel. Entlastung täte mir gut.« »Will er wirklich arbeiten, um etwas für dich zu tun? Auf mich macht das mehr den Eindruck, als liebe er das gute Leben und den Alkohol zu sehr.« »Im Grunde fühlt es sich an, als müsste ich mich zwischen Arnold und Peter entscheiden.« »Ich würde Arnold vorziehen, denke an die schönen Reisen, den Sport, die Kultur, Dinge, die euch verbinden, das kannst du doch weiterhin genießen.« »Es ist aber nicht der verlockende Reichtum! Natürlich, das hieße seine Großzügigkeit, seinen Weitblick hinter mir zu lassen. Weißt du, zu Hause fehlt mir jemand, der ganz einfach mit mir lebt. Es geht mir wirklich um mein Leben hinter dem Beruf. Die Arbeit ist ja nicht alles, es ist so schwer für mich, Gleichgesinnte zu finden. Eigentlich, Marion, suche ich etwas, das du jeden Tag hinter deinen Verpflichtungen erlebst, wenn du nach Hause kommst.« »Ach! Du stellst dir eine Beziehung vor mit gemeinsamem Leben?« »Vielleicht, er hat schon einmal für seine frühere Partnerin den Haushalt geführt, sie hat ihn dann wegen eines anderen verlassen. Sie war Lehrerin bei den Anthroposophen. Es stehen sogar noch Bücher von Rudolph Steiner in seinem Buchregal. Glaubst du nicht, wenn er Vertrauen in die Sache hat, dass er sich noch einmal aufrafft? Zurzeit

lebt er unter den Fittichen seiner Mutter und lässt sich versorgen.«
Marion schwieg, dann sagte sie: »Da wirst du wohl eine sehr dominante ›Schwiegermutter‹ bekommen.«

Johanna betrachtete nochmals im Stillen, welche Möglichkeiten sich ihr boten. Wohin tendierte die Entwicklung? Das Gespräch mit Marion weckte geradezu den Wunsch nach einem lebendigen Zuhause. Peter hatte viel Gemeinsames mit ihr, das sie miteinander teilten, schon ein Gespräch mit ihm war eine Wohltat. Warum sollte sich ihre Chance nicht entwickeln? Wenn sie es sich recht überlegte, hatte sie nichts zu verlieren. Vielleicht bestand die Erfolgsaussicht, durch eigenes Handeln den Lebensweg ins Positive zu wenden? Trat die Prognose der vorausschauenden Medien ein, dann hätte sie endlich Gewissheit. Zwei skeptische Aussagen von zwei Frauen, die unabhängig voneinander die grundlegenden Probleme erkannt hatten. Trifft die Hellsichtigkeit zu, muss es auch eine Dimension hinter der wahrnehmbaren Welt geben. Woher sonst sollten die Erkenntnisse von Frau Brunner kommen, die die Fotos nicht einmal anschaute? Oder die Aussage von Frau Hagen, die den Zettel zwar in der Hand hielt, deren Augenlicht aber so schlecht war, dass sie nicht mehr zum Lesen fähig war. Thea las der alten Dame regelmäßig bei Besuchen vor. Die Astrologie betrieb sie bisher als Quelle zur Orientierung, daraus ließ sich kein Beweis für eine Existenz nach dem Tod ableiten. Das System beruhte auf der mindestens viertausend Jahre alten Erfahrung. Kenner wenden die Abbildung des Tierkreises und der Planeten an, weil es viel differenzierter ist als Kaffeesatz lesen. Die Auslegung der Symbolik ist erlernbar, wie Stilmittel in einem Gedicht, die man anschließend zu einer Interpretation zusammentragen muss. Das heißt man erkennt vielleicht nur, was man in sich trägt. Auch das wäre eine These, warum es überhaupt zur Entsprechung von Leben und Geburtshoroskop kommt. Das komplexe Regelwerk Astrologie war ein Studium von Jahren, weit entfernt von den Annahmen der Vulgärastrologie. Nach Yogananda kann es nur von wenigen beherrscht werden. Handlesen geht auf die Handlinien zurück. Die Nerven in Kombination mit den Lebenserfahrungen verändern diese Linien im Laufe des Lebens etwas, allerdings nur im Rahmen der Anlagen. Trotzdem, die Hände sind ererbt, darin zeigen sich auch körperliche, genetische und charakterliche Dispositionen. Was sie bisher auf ihrer

Suche nach Gründen für Hellsichtigkeit erfahren hatte, konnte alles unter diesseitsbezogenen Aspekten gesehen werden. Der Zusammenhang mit der Transzendenz war für sie noch nicht überzeugend. Selbst ihre außergewöhnlichen Erlebnisse könnte man irgendwann durch die Hirnforschung erklären. Sie wollte sich keine Besonderheiten einreden. Esoterische Gruppen waren nicht ihre Richtung, obwohl sie dort bereits beeindruckende Persönlichkeiten angetroffen hatte. Johanna wollte alles hinterfragen, es war ihre Leidenschaft selbstständig zu denken. Warum interessierte die sie motivierende Grundfrage so wenige? Der Normale sieht, was sich hier im Leben abspielt. Der Hellsichtige sieht etwas von der Vergangenheit und der Zukunft. Woher stammen die Informationen? Eventuell bedeutet die Lesbarkeit, dass die Menschen einem grob gestrickten Plan folgen? Aber wo hat dann der freie Wille seinen Platz, auf dem die Rechtsprechung beruht? Von diesem Thema war Johanna nicht abzubringen, und was sie bisher erlebt hatte, war zu ungewiss. In der griechischen Philosophie gibt es ein beeindruckendes Beispiel, das das menschliche Unvermögen beschreibt, die Wirklichkeit hinter der Normalität zu erkennen: das Höhlengleichnis von Platon!

Modernisiert, da dem heutigen Menschen die Höhlenerfahrungen mit Feuer fehlen, stelle man sich Folgendes vor: Wir sitzen in einem Kino, das noch 16 mm-Filme zeigt. Wir sitzen alle mit Blick zur Leinwand, der Film muss zuvor eingelegt werden, die Projektorlampe wirft ihr Licht aus dem Vorführraum durch ein kleines Fenster auf die Projektionsfläche. Selbst wenn sich die Zuschauer umdrehen, ist ihr Blick zum Filmvorführer durch die Rückwand verwehrt, die nur die quadratische Öffnung freigibt. Sie können so nichts erkennen, sie würden von dem Licht der Lampe höchstens geblendet. Um die Zuschauer in der Pause beim Wechseln der nächsten Filmrolle zu unterhalten, werden Figuren zwischen dieser Rückwand und der Projektorlampe vorbeigetragen. Die Zuschauer können nur die Schattenformen auf der Projektionsfläche erkennen, nicht die Originalformen. So will Platon verständlich machen, dass die Menschen die Ur-Formen aus der Welt des Logos, auch mit ›rationalen Plänen‹ übersetzt, nicht sehen können. Dieses Gleichnis hat zweitausenddreihundert Jahre überdauert.

Mit ihrer neuen Bekanntschaft sah sie eine Gemeinsamkeit. Sie selbst hatte ein Problem, ihr fehlte bisher der eigene Standpunkt, um überzeugend Vertrauen für ihr Denken auszustrahlen. Er war ebenso einsam und wurde vom Vater verkannt. Ihre eigenen Eltern taten sich ebenfalls schwer, den Lebensweg der Tochter zu akzeptieren. Sie war aber bereits in der frühen Kindheit dem Zwang ihrer bürgerlichen Schicht entkommen. Aussehen, Ausbildung, Statussymbole und die richtigen Freunde haben, diese Konventionen hatten sie nie einengen können. Thea sagte immer: »Der Weg von oben nach unten ist schwerer zu gehen, als der Weg von unten nach oben. Durch die Geburt im reichen Elternhaus wird das Selbstbewusstsein im Allgemeinen an den Status gekoppelt. Einer ihrer Freunde aus der Studentenzeit formulierte es so, als ich Kind war hieß es:« »Geh zum Metzger und sage es ist für Dr..., dann bekommst du besseres Fleisch. Das Thema verfolgt mich. Ich erlebe einen Einkauf, als gebe es berechtigten Grund zum Misstrauen.« Das Problem spürt derjenige erst, wenn er nicht mehr dazugehört. Nur wenn es einem solchen Spross gelingt, die alten Werte zu überwinden, findet er zu sich. Er muss zunächst seinem eigenen Erleben vertrauen lernen. Er begegnet dann einem Umfeld, das er unter dem Aspekt des Wohlstandes nicht erkannt hätte. Herkunft, finanzielle Mittel dürfen deine seelische Entwicklung nicht behindern, sondern sollen sie ermöglichen.« Johanna beschloss, die Begegnung mit Peter zu wagen. Er benötigte ihre Unterstützung. Entweder es gelänge ihr eine Partnerschaft oder sie scheiterte, dann wären die Medien bestätigt. Sie war überzeugt, dass sie nichts zu verlieren hatte. Dann gab sie sich selbst das Gelübde: »Ich will den Sinn meines Lebens hier finden und Transzendenz beweisen.«

Neun Jahre später erfuhr sie von englischen Medien: »Du musst eine bedeutungsvolle Zusage zu deinem Leben gegeben haben.« – »Deine Großmutter war eine kleine Frau, kleiner als du. Sie konnte allein sein. Ihr Partner starb früh. Sie hat eine starke Verbindung zu dir und du hast von ihr viel Liebe erhalten. Es gibt eine Verbindung zu einem sehr smarten Mann, der jetzt im Ausland lebt. Deine Großmutter sagt, sie hätte es besser gefunden, wenn du mit ihm zusammengeblieben wärst.« (August 1998)

4.2 Alles in der Natur ist beseelt.

»Jaune, wie können wir die Achtung für die Natur wieder stärken? Die Pflanzen- und Tierwelt leidet entsetzlich.«

»Violette, das werden die Geborenen auf ihrem Entwicklungsweg selbst lösen müssen. Plotin spricht von den Wirkkräften, die zeugen, wahrnehmen und wachsen. Nach dem Tod des Geborenen geht sein Anteil in diese Welt zurück, nur der vernünftige Seelenanteil kann zu uns zurückkommen.«

»Erkläre das bitte ausführlicher, Jaune!«

»Wir haben bereits festgestellt, dass die Menschen mehrere Möglichkeiten haben. Der niedere Seelenanteil von dem Aristoteles spricht, der vegetative ist dem empfindenden und dieser wiederum ist dem vernunftorientierten Seelenanteil untergeordnet. Das heißt zunächst für die inkarnierte Seele, das was überwiegt, das wirkt. Was sich nun auf der Erde kaum einer vorstellen kann, ist der Vorgang des Sterbens. Der Sterbende wird zu dem hingezogen, für das er lebt. Lebt er nach der geistigen Orientierung, dann wird er dort auch empfangen. Lebt er überwiegend für das Leibliche, zieht es ihn dorthin. Später erklären wir das deutlicher.«

»Jaune, ich möchte aber erinnern, dass wir hier bei uns Pflanzen und Tiere haben, nicht dass der Eindruck entsteht, in der Geistigen Welt wird nach Existenzen sortiert. Unser Bewusst-Sein dehnt sich zu allen Erscheinungsformen hin.«

»Danke, Violette, dass du die Einheit vergegenwärtigst. Plotins Wissen gründet sich auf althergebrachtes Wissen. Seit Pythagoras bauen die Philosophen aufeinander auf, auch wenn sich die Werke von Platon und Aristoteles unterscheiden. Pythagoras bittet aus zuvor erwähntem Grund auf alle blutigen Opfer zu verzichten, seinen Schülern empfiehlt er, die Tiere und Pflanzen respektvoll zu behandeln.«

Plotin, Der Daimon der uns erloste, Bd. Ia, (4–6) (11); Enneade III,4.1.

Es war einer dieser warmen Novembertage, den die Föhnluft zustande brachte. Peter rief an: »Johanna, kommst du mit? Lass uns einen Ausflug machen.« Überrascht und froh zugleich wollte sie wissen: »Wohin geht es?« »Ich möchte dir unser Biotop zeigen. Wir nehmen etwas zum Grillen und zum Trinken mit.« Sie holte ihn ab, verstaute alles in ihrem Auto, dann fuhren sie zusammen aufs Land. Der Weg führte in eine Gegend, die ihr bereits aus Sicht der Archäologie bekannt war. Dort gab es einen restaurierten antiken Schlaftempel, nicht unweit befand sich der Geburtsort eines von ihr verehrten Kirchenlehrers. Peter in seiner Welt kannte solche kulturellen Wurzeln noch nicht. Sie bogen von der Hauptstraße ab und fuhren an einem abgeernteten Feld vorbei bis zu einer hohen Hecke. Sie wartete auf dem Weg vor einem Tor. Er öffnete das Schloss, sie fuhr hinein, er verriegelte das Tor. Diese Prozedur gehörte auch in der Zukunft immer wieder dazu. Johanna sah vor ihren Augen eine parkähnliche Landschaft mit Wiesen, Kiefern, Tannen, Weiden, Koniferen und dazwischen das glitzernde Wasser eines Sees. In der Mitte der Wasserfläche lag eine Insel. Ein Paradies? Abgeschirmt, keine ungebetenen Gäste konnten hierher gelangen. Das ganze Gelände war eingewachsen, umringt von einer hohen Weißdornhecke, verstärkt durch einen Zaun. Zum Seeufer hin standen überall Nadelgehölze. Es war ein zur Idylle gewordenes Stück Natur. Neugierig ging sie ein paar Schritte zwischen Hecke und Kiefern den See entlang. Vom Ufer sah sie hinüber zur gefällig angelegten Insel, die den Blick in ihr Inneres verbarg, umringt von Nadelbäumen, die auf einer Wiese standen, die sanft ins Wasser auslief. Peter ging inzwischen den Weg zu einem Bootshaus. Er holte den alten Kahn heraus und ruderte zur Anlegestelle. Er hielt ihre Hand beim Einsteigen, der Kahn glitt langsam zur Insel. »So viel Schönheit hätte ich mir nie träumen lassen,« sagte sie leise zu ihm. »Ja, manche Menschen fahren weit in den Urlaub, um so etwas genießen zu können,« antwortete er stolz.

Insel im See

In den vergangenen Jahren hatte Arnold immer hinter ihr gestanden. Er schätzte an ihr das ausdauernde Suchen. Die Einflüsse, die dieses Denken auch für ihn hatte, respektierte er ebenfalls. Von ihm wollte sie sich nun trennen? Das war schwer. Frau Brunner, die Schweizerin, hatte mit dem Naturbeispiel der vermeidbaren Katastrophe wohl auf sie beide hingedeutet. Über seine Zukunft machte sie sich keine großen Sorgen, er würde sich endlich auf die Suche machen, um die Frau zu finden, die ihm Ruhe und innere Harmonie geben würde. Aber bis dahin war es ein schwerer Schritt. Sie sprachen und weinten, sahen ein, dass es besser wäre, wenn jeder seine eigenen Wege ging. Es sollte nicht lange dauern, ein paar Monate, dann rief er sie an. »Stelle dir vor, ich habe mich verliebt! Ich – habe – mich – verliebt! So etwas passiert mir!« Er zog sehr schnell mit ihr zusammen.

Johanna wurde langsam mit Peters Welt vertraut. Es war eine lose Bindung zwischen ihnen geworden, auch Zusammenleben war noch kein Thema. Sie lernte die Eltern kennen und die Eifersucht des Vaters: »Hat er schon wieder eine Frau gefunden?« Die Mutter war aufgeschlossener: »Vielleicht bleibt er durch eure Beziehung wieder hier.« Sie spürte, dass sich etwas verändern musste. »Unser Sohn hat die letzten Jahre im Ausland gelebt, dann weit entfernt von uns. Das war mir nie recht, wir brauchen ihn, wenn wir alt werden.« Die drei Familienmitglieder handelten als eingespieltes Team. Der Vater forderte seinen Sohn heraus, die Mutter beschützte ihn, sie waren mit sich beschäftigt. Nun war auch noch der Hund gestorben, Peter kontaktierte so schnell wie möglich einen Züchter, um die Trauer der Eltern in der Adventszeit zu besänftigen. Diesen Neuankömmling, den schwarzbraunen Königspudel, schlossen alle in ihr Herz. Von jetzt an bewegte er das Leben dieser Familie.

Der Reiz des Neuen begann bald zu bröckeln, die Realität zeigte erste Risse. Um etwas Abstand zu gewinnen, schlug Johanna Peter einen Ausflug vor. »Sollen wir ein paar Tage wegfahren? Du könntest mir deine Studienorte zeigen.« Für sie war ungewohnt, so lange am Ort zu bleiben. »Ich werde mit keiner Frau irgendwohin reisen.« »Aber du warst doch im Ausland, hast du da nicht gelernt, mit fremden Situationen umzugehen?« »Ja, allein kann ich reisen, ohne dich.« Das hatte gesessen, in welcher psychedelischen Situation war sie angelangt? Sie vermutete, dass die enge Bindung an seine Mutter damit zu tun hatte. Eines Tages gingen sie freitags ins nahe gelegene Mineralbad zum Schwimmen. Auf dem Rückweg hielten sie an einer Kreuzung, eigentlich führte die Richtung nach Hause zurück. Johanna bog in die entgegengesetzte Richtung: »Ich werde jetzt fahren, bis wir an deinem ersten Studienort angelangt sind, gebadet hast du ja schon.« »Das willst du alles heute Abend machen?« »Wir werden sehen.« Je größer die Entfernung zu seiner Heimatstadt wurde, umso mehr blühte er auf. Es wurde ein lustiger Ausflug, er hatte sehr viel aus seiner Studienzeit zu berichten. Die Tour dauerte das ganze Wochenende. Bei der Rückkehr war das Eis geschmolzen. Er erhielt eine Vorstellung von ihrer Zielstrebigkeit. Bald darauf kam Peter freudig auf sie zu: »Mein alter Studienfreund Siegfried hat sich gemeldet. Ich glaube, er ist ein sehr erfolgreicher Geschäftsmann geworden. Er bietet mir zweierlei an, seine Geldanlagen zu vermitteln oder auf den Kanarischen Inseln die Ferienimmobilien seiner Klienten an Mieter zu übergeben. Dort wird jemand gebraucht mit Spanischkenntnissen, der das in der Wintersaison für sie erledigt.« »Die Unabhängigkeit, die Distanz von zu Hause wird dir guttun,« antwortete sie mit schwerem Herzen. »Ich glaube auch. Die Vermittlung der Ferienwohnungen hört sich für mich ideal an. Falls ich zusage, beginnt der Job noch vor den Weihnachtsferien.« »Dann sollte ich schnell ein Flugticket buchen, um dort ein paar Wochen Urlaub zu planen.« Peter schätzte ihre zusätzliche Unterstützung. Beim Abschied stand die Mutter unglücklich in der Tür. Sah mit an, wie die jungen Leute die Koffer füllten. Alles war gepackt, die Mutter weinte unverhohlen. Johanna sah Peters hilflose Versuche, die Mutter zu trösten. »Bleib hier,« schluchzte sie und umarmte ihn so fest, als wollte sie ihn tatsächlich nicht fortlassen. »Überlege Dir das noch einmal.« Peter schaffte es, sich aus ihrer Umklammerung zu lösen, er ging zum Auto und winkte lächelnd zurück. Johanna brachte ihn zum Flughafen. Sie war erleichtert. In der Distanz zum Elternhaus konnte er sicherlich aufleben. Schon bald nach seiner Ankunft sprach eine begeisterte Stimme durchs Telefon: »Es ist wunderbares Wetter hier, das Leben ist zwar sehr verschieden zu unserem, aber ich habe bereits nette Kontakte geschlossen. Du wirst das alles selbst sehen, wenn du kommst.« Johanna erhielt bald den ersten handgeschriebenen Brief von ihrem neuen Freund.

War es der Stress vor Weihnachten? Oder hatte sie sich so sehr verändert? Sie rief Thea an: »Es ist so merkwürdig, mich überfallen seltsame Ängste. Mir ist, als sollte ich das Flugzeug verpassen, lauter unerfindliche Behinderungen kommen in mein Bewusstsein. Das passt überhaupt nicht zu meinen bisherigen Lebenserfahrungen.« Thea versetzte sich in Peters Mutter hinein und teilte ihr die Erkenntnisse mit: »Du, da spüre ich Neid auf dich. Seine Mutter möchte deine Stelle einnehmen. Falls es etwas wie eine geistige Übertragung gibt, dann erlebst du das jetzt. Die Frau ist auf deine Reisemöglichkeit eifersüchtig! Sie möchte gerne selbst reisen!« »Heißt das, in mir spielen sich ihre Ängste oder Gefühle ab, weil sie den Wunsch, zu ihm zu fliegen, nicht ausleben kann?« »Ja! Du kannst ihr höchstens in Gedanken heilsame Kräfte senden, dass sie ihn loslassen kann.« Peter dagegen blühte durch die Distanz richtig auf. Er war dort, weit weg von zu Hause, in seinem Element. Er konnte endlich wieder Spanisch sprechen, begegnete unprätentiösen Menschen und hatte eine Anlaufstelle in der Kneipe seines Namensvetters Pedro. Dieser achtete darauf, dass er regelmäßig auf eine Gemüsesuppe oder zu einem Abendessen vorbeikam. Er hatte bald eine nette Clique um sich, Personal aus den umliegenden Hotels. Sie stammten in der Regel aus England oder vom spanischen Festland. Als Johanna nach Wochen am Flugplatz ankam, wurde sie von einem lächelnden braungebrannten Mann empfangen. Mit seinem kleinen Mietwagen fuhren sie kreuz und quer über die Insel. Sie kamen sich vor wie Jim Knopf und Lukas und der Lokomotivführer. Seit Langem konnte er wieder stolz auf sich sein, was er durch sein Verhandlungsgeschick zuwege brachte. Immobilien benötigten Strom und Wasser, das nicht immer floss, und die Touristen funktionierende Mietwagen. Sie fand ihn in einer fröhlichen Gemeinschaft wieder. Ihre Zeit dort wurde ein wunderbarer Urlaub. Sie malte, ihr Freund saß geduldig daneben, um Störungen zu verhindern. Das war es! Seit Langem spürte sie wieder die ersehnte Ruhe, um sich ihren Talenten zu widmen. Die beiden hatten jeder für sich etwas Neues erreicht. Die Medien mussten sich getäuscht haben. Das hier reichte vorerst als Partnerschaft, er gab ihr die nötige Ruhe zurück. Diese Wintermonate für ihn und ihre Urlaube dort wurden ein Bestandteil der kommenden Jahre. Sollten sie auf die Kanarischen Inseln auswandern? Nach der ersten Wintersaison kam er Johanna selbstbewusster vor. Im Frühling kam er zurück, ab jetzt wollten sie den See für ihren Alltag mehr nutzen. In seinem Überschwang gab er sein Appartment auf, um sich das Geld für die zweite Wohnung zu sparen. Er zog bei ihr ein und übernahm das Kochen, den Einkauf und pflegte mit Anrufen den Freundeskreis, so dass die Abende lebendig blieben. Jede berufstätige Frau würde ihr zustimmen, welche Anforderungen das Alleinleben an sie stellte. Männer heiraten und gehen davon aus, dass ihnen die Frau den Rücken freihält. Umgekehrt? Eine erwerbstätige Frau sorgt für sich, keine Arbeitsteilung, niemand, der den Einkauf, den Haushalt und die sozialen Kontakte übernimmt. Vielleicht bäckt sie in der Freizeit noch Kuchen für die Kollegen? Während zu Hause Stille herrscht, wird man zum ständigen Auf-Achse-Sein getrieben. Kommunikation findet in der Wohnung am Telefon statt oder außerhalb durch Besuche. Selbst eine Einladung wird zum Aufwand, bei der man nicht einfach sagen kann: »Schatz, biete den Gästen schon mal etwas zu trinken an, ich muss mich um die Soße kümmern, die gleich anbrennt«. Alleinstehende Menschen wurden hierin immer unterschätzt, so erlebte es auch Johanna mit ihren Verwandten, denen sie aus gutem Grund diese Partnerschaft verheimlichte. Im Rückblick auf diese Monate war das Zusammenziehen keine gute Idee. Hier entstanden die Fehler, auf die sie in den medialen Beratungen hingewiesen wurde. Sie versuchten beide etwas, das ihrem Lebensbedürfnis entgegenstand. Frau Hagen hatte sie gewarnt: »Sie benötigen dringend Ihre stillen Zeiten, jeder für sich.« Es wäre besser, wenn Sie abwarten würden,« empfahl Frau Brunner, »was er für die Beziehung zu leisten bereit ist. Halten Sie mehr Abstand.«

Es klingt vielleicht verwegen, aber dieses Stück Natur am See erinnerte Johanna an C.G. Jung und seinen Turm bei Bollingen am Zürichsee. Der Psychoanalytiker geriet im Laufe seiner beruflichen Existenz in eine tiefe Depression, er versuchte, seinen Lebenssinn wiederzufinden. Er sagte über sich: »Dort saß ich wie ein spielendes Kind, baute an meinem Turm, lebte dort wie im vorherigen Jahrhundert.« (Gerhard Wehr, C.G.Jung). Was dem Psychologen guttat, könnte auch Peter in seiner Entwicklung erneuern, hoffte sie. Auf ihrer Insel fanden sie tatsächlich beide in ein gesundes Leben zurück. Sie lebten dort einen Alltag, ähnlich der Zeit vor der Elektrizität, ein Dasein in der Seelandschaft, abgeschieden, ohne Strom, mit viel Holz und Wasser. Der Freund wuchs immer mehr in eine Fischer- und Gärtnerrolle hinein. Ihn freute, wenn ihm gelang, das Wachstum zu bändigen. Er pflanzte auch Gemüse, das durch die ausgeglichene Wassertemperatur sehr gut gedieh. Nach einem Jahr pendelte es sich ein, dass sie dreimal in der Woche auf das Gelände fuhren. Nachdem Peter das Ruderboot aus dem Bootshaus geholt hatte, lenkte er den Kahn zur Einstiegsstelle. Hier stieg sie zu, mit dem Picknickkorb und den Malutensilien. Er ließ es sich nie nehmen selbst auf die Insel zu rudern. Dort fand der Rollenwechsel statt. Sie malte, während es seine Aufgabe war, innerhalb des Grundstückes die Bäume zu schneiden, die Fischzucht zu pflegen, Forellen und Zander zu fischen. In der Gesellschaft stellte sie die selbstständige Frau dar. Am See übernahm er die Männerrolle. In dieser Wildnis wurde an einer Feuerstelle mit Kohle und Holz gekocht, die Handgriffe waren zwischen den beiden eingespielt. Die Zeit war hier stehen geblieben. Sie genossen ihre Insel, deren Mitte mit Bodenplatten ausgelegt war, mit einem Fundament, auf dem eine Holzhütte stand. Hier fanden ihre Utensilien, Gartenmöbel, Angelzeug und auch sie selbst Unterschlupf. Meist saßen sie unter freiem Himmel, umringt von den großen Bäumen, die ihre Insel begrenzten, es war ein Wohnzimmer im Grünen. Nach Monets Vorbild gehörten auch Seerosen hierher, allerdings so üppig wie beim Vorbild gediehen sie nicht, denn die chinesischen Karpfen liebten die jungen Blätter. Es war ein Biotop mit Fischen, seltenen Insekten, Schmetterlingen, Fröschen, Vögeln und Enten. Am liebsten waren sie hier allein, um die Tierlaute zu genießen. Keiner sollte hier durch Gespräche seine mangelnde Naturverbundenheit übertönen. Jedes einzigartige Tier, ein Frosch oder Vögel wie Bachstelze, Milan oder Eule, erinnert Johanna noch heute an diese intensive Zeit in der Natur. Auch Peters Eltern fuhren dorthin, aber den Kahn herauszuziehen, dann auf die Insel zu rudern, war ihnen zu schwierig. Deshalb blieb ihnen das Leben der jungen Leute verborgen. Kam sie von der Arbeit nach Hause, hatte er den Picknickkorb gerichtet, dazu einen großen Topf Spaghetti für ihre Karpfenlieblinge gekocht. So fuhren sie gleich los und sie legte sich auf den Steg, um die liebgewonnenen Fische zu füttern. Durch deren Aussehen und ihre Charaktere ließen sich die Größten auseinanderhalten. Sie waren wie drollige Affen, die je nach Schuppung verschiedene Namen bekamen, den Frechsten nannte sie Arnold. Manche von ihnen lebten bereits seit vierzig Jahren. Am Ende einer jeden Saison waren die Karpfen so zutraulich, dass ihr manch einer aus der Hand fraß. Mit einem getrockneten Brötchen konnten sie eine Art Ballspiel ausführen. Das schwamm auf dem See, die Münder der Karpfen konnten es zwar anstupsen, aber erst essen, sobald es im Wasser aufgeweicht war. Johanna und Peter tranken Kaffee, sie arbeiteten und aßen auf der Insel zu Abend an der Grillstelle. Das Lagerfeuer, das Johanna bei jedem Besuch anfachte, wärmte. Es waren manchmal magische Momente, Mond und Feuer spiegelten sich im stillen Wasser, heilsam für Peter und Johanna.

Der Karpfen

Karpfen

Nur außerhalb des Seelebens stellte der Alltag sie vor Probleme. Sein Freundeskreis nahm sie freundlich auf. Kam sein Leben ohne regelmäßigen Beruf zur Sprache, stand sie hinter ihm. Sein Leben barg viele Probleme, die sie mit ihm angreifen wollte. Ihm mangelte es an Antrieb für Veränderungen, den Kern seiner Schwierigkeiten wollte er nicht berühren, er lehnte sogar jegliche psychologische Hilfe ab. Ein extremer Gegensatz zu ihrer Meinung, Johanna hatte sich auf diesem Weg aus der Umklammerung ihrer Familie befreien können. Ein weiterer Vorschlag, das Schweizer Medium zu befragen, stieß auf wenig Resonanz, also fuhr sie allein zu einer Beratung. Er ließ sie machen.

Frau Brunner: »Ich sehe einen Garten, in dem sie sich eingerichtet haben. Dort malen Sie, und hinter ihnen sind Wesen der Geistigen Welt, die daran Freude haben. Das Leben ist für Sie freier geworden, aber Ihr Partner ist nicht frei. Er ist eine beladene Seele. Die Hilfe im Haushalt, die er Ihnen gibt, tut ihm zunehmend gut. Er ist immer noch ein Gefangener, er kann sich kaum richtig zeigen. Er beginnt zwar die Grenzen auszudehnen, denn alles Körperliche, das er leistet, kurbelt etwas in ihm an. Er beginnt seine Lebenskräfte kennenzulernen. Nur die Welt der Eltern ist vor fünfhundert Jahren stehen geblieben, das sind unveränderbare Einstellungen. Besonders die Mutter hat tief sitzende Ängste, die der Sohn auslebt. Allerdings im Vergleich zu früher möchte sie ihr Kind mehr loslassen. Wahrscheinlich ist das der Einfluss des Vaters, aber glauben Sie bloß nicht, mit den Leuten kommunizieren zu können. Diese Menschen verstehen gar nicht, wovon Sie reden.« »Ich würde gerne heiraten, denn wenn mir etwas zustößt, erhält er durch mich eine Absicherung. Für ihn wäre das eine weitere Möglichkeit, sich von zu Hause zu lösen.« »Das sollten Sie nicht tun, denn das stört das Dreierverhältnis, in dem die Familie lebt. Das verstehen Sie jetzt nicht, der Vater benötigt den Sohn als Aufgabe. Wenn Sie das tun, wird er das Vermögen in eine Stiftung geben. Achten Sie lieber auf sich, denn einen Wagen schieben und gleichzeitig lenken geht nicht. Halten Sie sich aus den Verstrickungen heraus.« Das symbolische Bild traf den Nagel auf den Kopf. Bald sollte sich zeigen, wie wahr gute Vorhersagen sein konnten.

Noch einmal bäumte sie sich dagegen auf, wollte sich beweisen, dass Veränderungen möglich sind. Flogen gemeinsam nach Malta, sie konnten doch miteinander reisen! Ein lang gehegter Wunsch Johannas hatte sich erfüllt. Dort wollte sie die Megalithkultur kennen lernen. Fasziniert von den über fünftausend Jahre alten Tempeln saß sie verträumt in einer Nische auf einer Schlafbank. Hier wurden dicke Frauen verehrt und um Rat gefragt. Johanna lächelte in sich hinein: »Wie viele Menschen kennen Stonehenge und wie wenige wissen um die abgeschiedenen Kulturschätze dieser Insel? Hatte die Schlafende, die man hier fand, das gleiche Bedürfnis, wie die Römer, die in der Nähe von Neuburg den Schlaftempel aufsuchten?«

Schlafende Frau aus dem Hypogeum in Malta

Zurückgekehrt musste sie in den nächsten Jahren weiter zusehen, dass sich Peter von den familiären Einschränkungen blockieren ließ, während sie weiter drängte. Mit einundvierzig war sie der Überforderung und Verzweiflung nahe. Ihr berufliches Leben konnte der Partner wenig verstehen, letztendlich wurde sie wieder zur Einzelkämpferin. Einsam sann sie über ihre Entwicklung nach, bis das Gemeinschaftsleben mit Peter weitere Risse erhielt. Nach fünf Jahren Partnerschaft war auch Johanna eine Gefangene, nur eine, die ausbrechen wollte. Die Freundin Marion ging in ihrer Ehe ebenfalls durch eine Krise, von ihr kam schließlich der Impuls für lustige und gesellige Abende. Die Idee, eine regelmäßige Kartenrunde ins Leben zu rufen, wurde von ein paar Bekannten aufgenommen. Das Spiel wurde zu viert gespielt, sie waren zu fünft, deswegen musste immer einer aussetzen. Die Gruppe gab Johanna einen neuen gesellschaftlichen Rückhalt, sorgte für Abwechslung und viel Gelächter. Reihum wurde wöchentlich bei einem der Freunde zu Hause gespielt. Es gab etwas zu essen, zu trinken und eine Menge Tratsch, der hilfreich dazu beitrug, die alltäglichen Stolpersteine gelassener zu sehen. Johanna freute sich sehr auf die Abende, denn bei diesen Freunden bekam sie Einsicht in ein Leben mit Kindern, Großeltern und Alltagsproblemen. Peter waren diese Freunde zu bürgerlich, sie erinnerten ihn irgendwie an das, was ihm in der Gesellschaft schwerfiel, deshalb ging er ihnen einfach aus dem Weg.

Eine andere Anlaufstelle, an der sie sich immer willkommen fühlte, war die Weinstube, in der sie Peter zum ersten Mal gesehen hatte. Auch hier fühlte sie sich wohl. Hier traf sie Mitmenschen, die so originell erzählten, dass andere deswegen ins Theater gehen mussten, um solche Fröhlichkeit zu erleben. Das Lokal war wie ein zweites ›Wohnzimmer‹. Peter ging am Abend seiner Wege und manchmal trafen sie sich dort. Sie wollte aber auch seine Freunde nicht missen. Es waren Ausblicke in finanziell erfolgreiche Leben, die mit viel Witz im Alltag agierten. Johanna nannte diese Geschäftsmänner Schlitzohren, sie waren zwar das Gegenteil von Johannas Bestrebungen, aber sie genoss diese Bekanntschaften, sie kauften von ihr Bilder und man akzeptierte einander. Peter fand in dieser lustigen Welt Ablenkung von seinen gesundheitlichen Problemen. Hier fühlte er sich zugehörig.

4.3 Ein erster Schritt in die mediale Ausbildung.

»Violette, Plotin achtet die Astrologie als Instrument zur Vorhersage. Vielleicht tragen seine Schriften auch die Prägung des Schülers Porphyrios, der seine Schriften herausbrachte. Von ihm stammt übrigens ein stimmiges Häusersystem zur Einteilung der Lebensbereiche im Horoskop. Sein Lehrer Plotin hat aber niemandem seinen Geburtstag verraten, damit kein Festtagskult um ihn herum entstünde. Der Gelehrte Porphyrios hätte sicherlich gern ein Horoskop erstellt.«

»Was bringst du Neues zu Plotins Ausführungen über die Astrologie mit?«

»Er stellt die Sterndeutung in den Zusammenhang mit der höheren Ordnung. Den Gedankengang, den er dazu voraussetzt, wird im Text des Glaukon bereits nachvollziehbar dargestellt: Bei der Schicksalswahl sehen wir, wohin es eine entwickelte und weniger entwickelte Seele hinzieht. Das Horoskop der Geburtsstunde, das Radix, zeigt die Möglichkeiten an. Die Vorhersage ist seiner Meinung nach aber eingeschränkt. Was für den einen ein guter Aspekt ist, kann für den anderen schlechter ausfallen. Grund dafür ist, dass die schwache Seele mit den

Herausforderungen anders umgeht als die starke. Letztere kann die Schwierigkeiten leichter meistern, weil sie auf mehr Entwicklung zurückschaut. Weiter erkennt man daraus den passenden Körper zum jeweiligen Schicksal. Talente machen das Leben leichter, Extreme führen zu Auseinandersetzungen. Je nach Veranlagung wird der Mensch mit allerhand konfrontiert: Begehrenswertes, das zu Extremen verlockt, Reichtum, Armut, Gesundheit, Machtdenken und Temperament. Wie geht die Psyche mit den Herausforderungen um? Gibt sie Zorn, Ungeduld und Trägheit nach oder ist sie fähig diese zu verwandeln? Plotin vertritt die Position, dass man dem Horoskop nicht ansieht, wie eine Seele die Anlage meistert. Weil nicht die Stärke der Seele abgebildet wird, sondern das Schicksal, das sie annimmt. Im Radix zeigt sich Körper, Elternhaus und Lebenstendenz, aber das Potential der Seele, die Areté, bleibt verborgen. Zuletzt soll sich die Problematik von guten und schlechten Taten ausgleichen, das wird in der derselben Existenz oder in einer späteren geklärt. Das Böse kommt allein durch die irdische Welt, die aus dualen Prinzipien besteht. Damit gibt Plotin seine Antwort auf das Theodizee-Problem, dem Ursprung für das Leid.«

»Jaune, das verleiht der Ethik des Aristoteles ein großes Gewicht. Das bedeutet doch, bei aller Unkenntnis ist die Orientierung am vernünftigen Leben kein Fehler. Strebe nach der ›Eudaimonia‹, so dass dein Geistiger Helfer wirken kann.«

»Gut, Violette! Aber bevor ich schließe, möchte ich noch Plotins Gedanken anfügen: ›Bei aller Eigenverantwortung darf man aber nicht vergessen, gut handeln zu dürfen ist eine Gnade! Für diese kurze Zeit darf man aus der beschränkten Sicht des Höhlendaseins aufsehen, darf frei sein und den freien Willen auf das Geistige, Gute ausrichten.‹«

Plotin, Das Schicksal, Bd. Ia, (20–21) (36) (39); Enneade III,1.

Johanna spürte, dass sie mit der Astrologie weiterkam. Sie wollte die Fähigkeit einsetzen, Peters Kontakte brachten Menschen zu ihr, die sie um Rat fragten. Zwar hatte ihr das Schweizer Medium empfohlen, diese Arbeit nicht zu persönlich zu nehmen, aber sie fühlte sich trotzdem unsicher. Einmal kam ein Mann zu ihr. Bei der telefonischen Anmeldung sagte er den Grund: »Es geht um Erbstreitigkeiten mit meinem Bruder.« Als sie das überprüfte, zeigte sein Horoskop, dass es sich höchstens um eine harmonische Lösung handeln konnte, die vielleicht noch kommen sollte. Sie wartete auf die Begegnung. In der Nacht davor träumte sie über diesen Klienten etwas ganz anderes.

»Dieser Mann hat Schuldgefühle wegen seiner Freundin, von der die kranke Partnerin zu Hause nichts weiß.«

Am anderen Tag begrüßte sie ihn und sprach das Problem frei an, das öffnete sein Herz: »Meine Frau ist behindert, für ihre Pflege fühle ich mich verantwortlich. Alle paar Wochen fahre ich in die nächste Großstadt zu einer Freundin ...« Er war über ihre Antwort zu dem Problem sehr überrascht. Dieses Erlebnis zeigte ihr, dass hinter der Beratung die Geistige Welt stand. Erschrocken über ihre nächtlichen Bilder, die sich bestätigten, wie sich am nächsten Tag herausstellte, beschloss sie mehr an sich zu arbeiten. Denn der hellsichtige Traum zeigte ihr unmissverständlich, dass jemand aus der Transzendenz mit ihr zusammenarbeiten wollte und das ging über das Wissen ihrer astrologischen Sehweise hinaus. Nur soweit fühlte sie sich noch lange nicht. Sie wünschte sich ein verlässlicheres Wahrnehmen der Geistigen Führung.

Ihr Lösungsweg bestand in regelmäßiger Meditation, unterstützt durch thematisch ausgewählte Kassetten. Auf der Insel übte sie schamanistische Rituale nach einem Handbuch von Michael Harner. Sie war sogar auf ein Musiktape gestoßen, das seine passenden Trommelschläge abspielte. Sie tanzte, wie bei den meditativen Übungen in der Studentenzeit. Sie bewegte sich in der Natur und hoffte sehnsüchtig, diese Form der Energetisierung möge ihr weiterhelfen. Peter war das Verhalten suspekt.

(August 1998) »Ich muss nun drei Jahre zurückgehen, zu einer Zeit, da gab es große familiäre Schwierigkeiten. Diese waren nicht leicht zu lösen, da hast du sehr unabhängig gehandelt, du hast deine Gedanken gen Himmel geschickt, sie sollten dir helfen, dich inspirieren. Das war der richtige Weg.«

Beruflich standen größere Reisen für Johanna an, deshalb schlug sie vor zu heiraten. Sollte ihr etwas passieren, wünschte sie die Absicherung für ihren Partner. Falls es ihm gesundheitlich schlecht ginge, wollte sie den Umweg über seine Eltern vermeiden. Sie dachte, eine Ehe mache sie rechtlich und finanziell in ihren Entscheidungen freier. Es wurde ein kleines Fest. Peters Mutter wollte dabei sein, sie schenkte ihr einen Diamantring. Der Vater war über die Heirat entsetzt und gründete eine Stiftung. Anschließend kam für Johanna das Thema Lebensversicherung zur Sprache. Jetzt hatte sie es selbst in der Hand, die Erfahrung mit Arnolds Unfall konnte ihr niemand nehmen. Armin, der sich mit Versicherungen auskannte, war das etwas unheimlich: »Willst du ein Geschäft mit dem Tod machen?« »Nein, aber du weißt doch, was ich vor ein paar Jahren erlebt habe?« »Hat dich das so tief getroffen?« »Ja, das war eine Lektion für mich! Wenn einem von uns etwas passieren sollte, dann muss für jeden ein Zeitraum der Regeneration möglich sein, ganz ohne existenzielle Sorgen.«

Arnold hielt weiterhin Kontakt zu ihr. Führte ihn eine Reise in ihre Nähe, trafen sie sich. Er erzählte von der neuen Freundin und den beruflichen Erfolgen. »Es war gut, dass wir uns getrennt haben, es wäre auf die Dauer nicht gegangen.« »Ich bin froh, dass du die passende Partnerin gefunden hast. Bei mir entwickelt sich der Umgang mit der Astrologie weiter.« Ihr Freund bestätigte: »Damit beschäftigst du dich schon lange genug. Meine Frau war damals begeistert über das Horoskop für unseren Sohn.« »Weißt du Arnold, irgendwie will ich zukünftig mehr unterwegs sein. Mich zieht es wieder in die Großstadt. Jedes Mal, wenn ich hierher zurückkomme, vermisse ich die Kreativität, die Anregungen, die an anderen Orten aufleben.« Er fragte sofort: »Wie kann ich dir helfen?« »Ein schnelleres Auto für mich wäre gut, anstelle des Campingmobils.« »Gut, ich organisiere etwas für dich über eine Firma.«

Ab Frühjahr 1995 wurde Johannas Distanz zu Peters Lebenseinstellung immer größer. Es war wie ein innerer Aufbruch, den sie an den neuen Gedanken erkannte: »So kannst du dein Leben nicht weiterführen, du verbrauchst deine finanziellen Mittel und deine Energie für Menschen, die deine Lebensziele zu wenig verstehen können.« Es erinnerte an die Zeit nach Arnolds Unfall, damals hörte sie von der ›Witwe mit dreiundvierzig Jahren‹. Sie konnte sich gut an den Ort und die Begebenheiten erinnern, als diese Gedanken zu Bewusstsein kamen. Die Phase der Zweifel wurde Jahre später durch ein englisches Medium beantwortet:

(Pfingsten 1998) »Ich weiß nicht, aus welchem Land du kommst? Es werden mir Bilder von Industrie gezeigt, dort hat ein Mann gearbeitet, der um dich ist und dich unterstützen möchte. Jetzt vor zwei Jahren hat sich dein Leben verändert, damit es dir deutlich ist, das musste sein, da es bereits in eine Art Selbstzerstörung überging. In deiner Familie herrscht ein großes Pflichtgefühl.«

Ein wichtiges Kapitel dieser Zeit wurde durch Thea in Gang gesetzt. Es war der letzte gemeinsame Spätsommer. Die Freundin rief eines Tages begeistert an: »Du, Johanna, das ist etwas für dich! Ich komme gerade von einem Kurs im Schwarzwald. In dem Seminar haben wir mit Aura arbeiten, in Chakren einfühlen und Licht visualisieren geübt, es ging in Richtung Hellsehtraining. Das war überaus lustig, auch weil es nette Leute in der Gruppe gab. Die Kursleiterin hat das ganz ansprechend mit uns erarbeitet.« Solchen Vokabeln misstraute Johanna zu diesem Zeitpunkt noch sehr. Das klang wie Esoterikmarkt. Sie dagegen hatte sich für die Astrologie entschieden. Sie wollte eigentlich keine Aussagen übernehmen, die auf Umwegen aus Indien nach Europa kamen, um hier vermarktet zu werden. Sie zögerte: »Du, bei mir ist das Budget gerade sehr schmal, ich weiß nicht, ob ich mir so einen teuren Kurs mit Hotelaufenthalt leisten kann.« »Überlege es dir, ich möchte dir zeigen, was sie mit uns geübt hat.« Darauf, in einer der folgenden Nächte, erschien ihr das seit zwei Jahren verstorbene Medium Frau Hagen im Traum. Sie stand erhöht neben ihr und sprach aus einiger Distanz, als wäre sie selbst anwesend, um Johanna zu wecken: »Machen Sie diesen Kurs, Sie brauchen ihn.« Das Traumerlebnis rüttelte die Schlafende auf. Noch nie hatte sich ihr die Hellseherin gezeigt. Die Freude war riesig, welche Erfahrung! Über den Tod hinaus war das beeindruckende Medium für die ›Zurückgebliebenen‹ erreichbar.

Am Morgen dachte die verdutzte Johanna nach: »Will sie vielleicht meine Unterstützung für Thea anregen! Wir könnten gemeinsam üben, um unsere Arbeitsweise zu verbessern.« Die Verwandte hatte inzwischen enorme Fähigkeiten entwickelt, ganz besonders, seit die weise Lehrerin gestorben war. Nannte man der Freundin einen Namen und die Adresse, dann spürte sie im Inneren den Seelenanteil der Person, egal ob der Mensch lebte oder bereits verstorben war. Aus Sicht dieses Wesens schaute sie in die Welt, um auszumalen, was derjenige dachte, fühlte oder wahrnahm. Sie erwähnte die Vorlieben, entscheidende Lebensumstände und ›Körpergefühle‹.

Johanna rief gleich ihre Verwandte an: »Frau Hagen hat mir im Traum gesagt, ich müsste diesen Kurs belegen, gibst du mir die Kontaktdaten? Ich werde die Kursleiterin anrufen.« Die Seminare erteilte eine junge Dame namens Anna. Ihre Fähigkeiten hatte sie im Westen der USA gelernt. Glücklicherweise plante die Lehrerin eine neue Ausbildungsstaffel. Gerade veränderte sie das Programm von Wochenkursen zu Wochenendseminaren, damit mehr berufstätige Teilnehmer einsteigen konnten. Johanna kam das gelegen, es ging auf den Winter zu, so gestattete sie sich, den vielen langweiligen Wochenenden zu entfliehen. Sie meldete sich an.

Gespannt fuhr sie zum ersten Seminartag. Schrittweise lernten die Gleichgesinnten Aura lesen, reinigen und energetisieren, Chakren differenziert wahrnehmen, darin Informationen erkennen. Ebenfalls erfuhren die Schüler aus Gegenständen Persönliches des Besitzers zu lesen, Räume durch Lichtvisualisierung zu verändern oder dieses Licht für Heilung einzusetzen. War das eine neue Möglichkeit, mit Geistesverwandten üben zu können? Johanna stellte bereits am ersten gemeinsamen Wochenende fest, in welch ungewohnte Betrachtungen sie hineingezogen wurde. Sie erhielt Bestätigung für ihre Intuition, blühte sichtlich auf. Man riet ihr, sich nicht weiter in Kämpfe hineinziehen zu lassen. Ihre bisherige Abgeschiedenheit löste sich auf, denn die Kurse zogen interessante Schüler an. Die Seminarleiterin Anna sagte ihr bei einer Übung: »Etwas hält Sie in Ihrem Leben zurück.« Johanna schwieg.

Zu Hause übte sie fleißig weiter, parallel dazu pflegte sie ihre regelmäßigen Meditationen. Sie wurde wieder vitaler und unabhängiger. Sollte es doch auf eine eigene selbständige Praxis hinauslaufen? In ihrer Vorstellung malte sie sich einem Ort aus, wo sie in Anonymität Astrologie und mediale Beratung den Ratsuchenden zukommen lassen wollte. Die Medien hatten sie immer darin bestärkt, aber sie zögerte, obwohl das zu ihr passte. Das wirkte sich auch auf ihren Alltag aus. Einmal suchte ein Kollege seine Autoschlüssel. Das ganze Arbeitszimmer stellte er auf den Kopf, mit der nötigen Stille für die Anwesenden war es vorbei. Nicht, um zu helfen, sondern um wieder Ruhe zu haben, vollzog Johanna aus der Distanz das nötige Ritual mit ihren Händen. Sie bat den Mitarbeiter, erneut in seiner Aktentasche nachzusehen. Erschrocken, überrascht und wütend wegen dieses in seinen Augen unnötigen ›Hokuspokus‹ zog er das verlegte Etui heraus.

Damals war sie weit entfernt zu ahnen, welchen Weg sie achtzehn Monate später in England beginnen würde. Annas Training ermöglichte ihr den Zugang zu Angeboten im College, dort nannte man das eine ›Achtsamkeitsgruppe‹. Zu Hause blieb Peter skeptisch, er warnte seine Frau davor, der spirituellen Seite allzu sehr zu vertrauen: »Meiner Meinung nach machst du etwas falsch. Woher willst du wissen, dass die Geistwesen Gutes mit dir vorhaben? Ich habe nun einmal diese schlechte Erfahrung damit gemacht, ich möchte dich doch nur vor erdgebundenen Geistern warnen.« »Die Schweizerin hat mir vor Jahren erzählt, dass mich ein Geistiger Helfer begleitet, und als ich Hilfe nötig hatte, war meine Großmutter um mich. Sie geben auf mich Acht, besonders, während der Meditation, wenn ich mich öffne. Sie halten eine enge Verbindung zu mir.« Peter sollte zwei Jahre später eine veränderte Position durch ein englisches Medium durchgeben:

(Frühjahr 1999) »Er ist sehr aufgeregt, er möchte dir nun auch sagen, dass er sich vergewissert hat, wer die Geistigen Helfer sind, die mit dir arbeiten. Nur gute Wesen kommen zu dir und solche, die dich positiv herausfordern werden.«

Thea stieß nach zwei Monaten auf eine neue Entdeckung, ein englischer Heiler gab im Schwarzwald Seminare. Sie hatte ein Video besorgt und die beiden Frauen sahen sich den Film an. Anschließend reisten sie gemeinsam zu einem Wochenendseminar, bei dem er vortrug. In den Tagen vermittelte er seine Entwicklung und man diskutierte miteinander. Johanna fand ihn interessant, aber die Faszination, die Thea erlebte, sprang nicht über. Irgendwie war das nicht ihr Zugang. Aber von diesem Seminar brachte sie ein Buch mit, merkwürdigerweise schien es das Richtige für Peter zu sein. Er arbeitete sich mit Ausdauer hindurch. Fasziniert, welche Möglichkeiten sich für ihn damit auftaten, entdeckte er sein Thema: Heilen. Er konnte dadurch auch seine Neigung zu Alkohol besser einschätzen, er glaubte, nun zu wissen, wie er mit dem Problem bis zu seinem Tode umzugehen hätte. Er dachte, mit seinen fünfundvierzig Jahren liege noch viel Zeit vor ihm.

5 Wie gelangt die Seele in den Körper, wie verläßt sie ihn?

5.1 Eine ungeborene Seele

Violette genießt das Sein in der Geistigen Welt. Sie kann sich noch nicht herbeiwünschen diese Ebene zu verlassen. Jaune sitzt neben ihr, sie schauen selig dem Farbenspiel der untergehenden Sonne zu.

»Irgendwann, Jaune, kommt mein Abschied in die Erdenwelt. Vielleicht bekomme ich liebende Eltern, die mich für das Leben stark machen können.«

Jaune: »Das stärkt unsere Lebensgrundlage. Aber du weißt, erst wenn wir in die irdische Welt eintreten, können wir zeigen, ob wir den Leidenschaften gewachsen sind. Weil unsere Ebene hier uns von den Affekten fernhält, müssen wir uns in der irdischen Welt beweisen. Dort können wir zeigen, wie wir mit Wachstum und Verfall in Würde umgehen können. Vielleicht kommst du früh mit Meditation in Kontakt und erfährst dadurch das Gespür für besonnenes Handeln. Lernst Denken, ohne von den Bedürfnissen des Körpers beunruhigt zu werden. Gib diesen Wunsch nach der höheren Welt nicht auf, damit du in der Stille den Alltag loslassen lernst, um die Geisteswelt zu ahnen.«

Violette betrachtet eine entfernte Gruppe: »Für manches Gemüt ist es eine Abenteuerlust, das seelische Wachstum unter Beweis zu stellen. Für andere Seelen etwas Beängstigendes. Sie kündigen sich an und kehren vor der Zeit wieder zu uns zurück. Der Grund ist, dass sie sich nicht stark genug fühlen, den Abschied in die ungewisse Erdenwelt auf sich zu nehmen. Sie ziehen es vor, ihre Entwicklung bei uns weiter zu verfestigen. Sie schieben die Loslösung aus der uns umgebenden Liebe auf. Irgendwann fühlen sie sich gewachsen, in das Irdische einzutauchen, wo Schönheit und Hässlichkeit, Angst und Unvollkommenheit, Hass und Liebe herrschen.«

Jaune: »Die starke Seele wird solche Herausforderungen lösen, indem sie den Körper führt und nicht der Körper die Seele.«

Plotin, Der Abstieg der Seele in die Leibeswelt, Bd. Ia, (15–16); Enneade IV,8.

Dieser Sommer sollte Johannas Schicksal bewegen, sie wollte wieder einmal in die USA reisen. Es gab noch ein paar Bundesstaaten im Westen, die ihr unbekannt waren. Innerlich war es ihr irgendwie bewusst, dass die Unternehmung eine weitere Auswirkung auf ihr Leben haben würde. Da Peter diese Art zu reisen überhaupt nicht mochte, kam er als Begleiter nicht infrage. Sie besuchten vor der Abreise ein letztes Mal gemeinsam den See, sie wollte den Aufbruch bewusst gestalten. Sie beobachteten zusammen eine Entenfamilie, die Brutpflege betrieb. Mit dem Kanu pirschten sie sich lautlos heran, zählten die Jungen und freuten sich, dass sie seit dem letzten Besuch überlebt hatten. Sie sagten zueinander: »Das ist die schönste Saison, die wir hier je gemeinsam erleben durften.« Sie packten zusammen, um nach Hause zu fahren, zuletzt bat sie ihren Mann: »Peter, rudere mich noch einmal um die Insel.« Sie genoss es, mit ihm so über den See zu gleiten, warum wollte sie die Schönheit des sanften Wassers verlassen? Der Abschied für vier Wochen USA fiel ihr sehr schwer. Leider war die Organisation seit Frühjahr in Gang gesetzt, also fühlte sie sich genötigt, die Reise auch durchzuführen. Über diese Erlebnisse würde sie von anderer Seite ein Dreivierteljahr später in England erfahren. Sehr überrascht, welche Erinnerungen aus der Fülle der Vergangenheit für wichtig erachtet wurden:

(Ostern 1998) »Hier ist jemand, er spricht von Erinnerungen an eine Obstwiese, dann von einer Entenfamilie auf dem Wasser. Ein liebenswerter Mann ist hier. Er war nicht gerne zu Hause. Er fühlte sich sein Leben lang einsam, besonders zu Hause.«

(Pfingsten 1998) »Jemand spricht übers Fischen zu mir. Es herrscht eine angenehme Ruhe, vor mir ist Wasser, es sind Erinnerungen eines Mannes, er hat ein liebenswertes Lächeln. Er strahlt Glücklichsein und Zufriedenheit aus, ich habe das Gefühl, dieser Mann war nicht alt.«

(August 1998) »Er zeigt mir Wasser, er zeigt eine Erinnerung, eine Menge grüne Vegetation und wieder Wasser, es prickelt richtig auf meinem Gesicht. Dieser Ort muss wunderschön gewesen sein. Dieses klare Gewässer, es muss kalt gewesen sein, es sieht aus wie Gebirgswasser. Drumherum sehe ich Büsche und Bäume, diese Erinnerung kann euch niemand nehmen, es war Vergnügtsein und Liebe, das wird nie vergessen, es war eine magische Zeit.«

*

Sie hatte bereits im Juni kein gutes Gefühl, ihn im Sommer so lange alleine zu lassen. Waren erst alle verreist, gab es auch für ihn keine gewohnte Routine mehr ohne sie. Hatte er überhaupt eine Ahnung, auf welche Einsamkeit er sich da einließ? Er wusste wohl, dass seine Gesundheit nicht in Ordnung war, deshalb besuchte er Ärzte. Johanna schlug ihm den Aufenthalt in einer Kurklinik vor, die er selbst für gut hielt. Es wäre ihr dann leichter gefallen zu verreisen, wenn sie ihn dort sicher versorgt wüsste. Sie ließ nichts unversucht, vom Arzt über das Gesundheitsamt alle Anträge zu stellen, bis alles bewilligt war, der Aufenthalt war arrangiert. Aber Peter lehnte den Kuraufenthalt aus verschiedenen Gründen ab. Was sie nicht wissen konnte: Das Ganze erinnerte ihn zu sehr an das Ableben eines Freundes, der dort verstorben war. Er wollte keine Veränderung mehr und weigerte sich die Kur anzutreten. Er sagte ihr: »Das schaffe ich schon, ich bleibe hier und komme ganz allein wieder auf die Beine.« Jetzt benötigte sie dringend ein klärendes Gespräch mit jemand Außenstehendem. Kaum war sie allein, griff sie zum Telefon: »Marion, sage mir, wie soll ich die Belastung aushalten? Die Bewilligung für seine Kur ist gekommen. Jetzt will er ganz plötzlich diese Art der Erholung nicht mehr. Er findet lauter Ausreden. Vielleicht, weil seine Eltern das Geld nicht vorstrecken würden? Er will einfach nicht! Mir graut davor, die Reise mit Katrin in die USA abzusagen. Das wäre ihr gegenüber doch unfair. Sie freut sich so sehr auf unsere große Erkundungstour. Ich weiß nicht, wie ich die Zeit bis zu meinem Abflug überstehen soll!« »Was sagt denn dein Gefühl, Johanna?« Sie überlegte kurz und versuchte in sich hineinzuhören. »Pflichtbewusst handeln, aber das ist jetzt ein Dilemma. Ich kann doch nicht mein Versprechen gegenüber Katrin rückgängig machen! Weißt du, vor vier Wochen träumte ich, dass ich am Rande einer alten Stadt ein älteres Ehepaar treffe. Sie saßen dort auf einer Bank und teilten mir mit, dass sie sich von nun an um Peter kümmern würden. Sie sahen aus wie seine Großeltern, aber für mich war es rätselhaft, denn sie sind aus dieser Generation bereits alle verstorben und ich kenne keine Bilder von ihnen.« »Aber dieser Traum sagt dir doch, was du tun willst. Er ist versorgt, du darfst jetzt verreisen!« »Ok, du möchtest mich also ermutigen, auch an mich zu denken.« »Wann gibst du die Verantwortung für ihn auf? Begreife doch, er muss seine Entscheidungen selbst treffen und durchführen. Nur, wenn er für sich selbstverantwortlich entscheidet, kann er aus seiner Lage herauskommen. Es liegt an ihm, ob er zu Hause bleibt oder in die Kurklinik geht«, erklärte die Freundin, ihre Stimme klang einfühlsam. »Ja, für mich ist es einfach schwer, ihn loszulassen, ich habe kein gutes Gefühl.« Johanna verspürte auch nach dem Telefonat eine aufgeregte Unruhe und das Dilemma, in dem sie sich befand. »Bilde ich mir das nur ein, dass es nicht gut wäre ihn alleinzulassen, wieweit habe ich die Mutterrolle übernommen?«, fragte sie sich.

Die ziemlich überarbeitete Johanna sollte noch eine Überraschung vor ihrer Abreise erleben. Die Freundin Thea war gerade in die Schweiz zu einem Seminar gereist. Zwei Tage vor der vierwöchigen Reise rief Thea an. »Du glaubst nicht, wer hier ist. Hier im Seminar ist auch die Engländerin, die wir bei dem Privatsender im Fernsehen gesehen haben. Man gibt ihr die Hände, sie schließt die Augen, dann malt sie dir eine Person, die sie sieht.« »Schade, in zwei Tagen fliege ich in die USA, hast du schon so eine Zeichnung bekommen?« »Nein, sie hat ihre Arbeit zuerst vorgestellt, Einzelsitzungen vergibt sie noch. Weißt du, hier geht es sehr entspannt zu, es ist ein gepflegtes Hotel, jedes Zimmer ist in einer anderen Farbe liebevoll gestaltet. Für den morgigen Tag gibt es noch Termine. Komm doch einfach, soll ich versuchen, für dich am Nachmittag etwas zu buchen?« Nach ein paar aufregenden Stunden klingelte das Telefon: »Du, Johanna, es hat geklappt mit deinem Termin. Morgen ab vierzehn Uhr.« »Danke, du bist ein Engel! Bis morgen um zwei, ich werde da sein.«

Sehr überraschend wollte Peter mitfahren. Es wurde ein Ausflug, der wie immer begann: Er richtete für sie und sich einen Picknickkorb. Solange sie in der Beratung saß, wollte er spazieren gehen. Das Paar fuhr zu diesem Kurzbesuch in die Schweiz. Sie zweifelte so sehr an dieser USA-Reise! Hier in dem Seminar, dazu in einem so schönen Hotel, hätte sie sich doch viel besser erholen können. Aber es war nun einmal alles anders arrangiert. Jetzt musste sie dazu stehen. Gespannt auf die mediale Begegnung wollte sie nach Jahren meditativer Erfahrung wissen, wer sich hinter ihrer Geistigen Führung verbarg. Bisher war ihr nur die Meinung von Frau Brunner bekannt. Johanna sah ihren Geistigen Führer nie. Seit längerer Zeit meditierte sie wieder zweimal am Tag. Das wollte sie auch während der Reise beibehalten. Sie hoffte auch auf eine Antwort, ob sie diese Reise schlussendlich antreten sollte. Pünktlich um vierzehn Uhr saßen die beiden Freundinnen im kleinen Seminarraum. Die ältere Dame sollte für die beiden Ratsuchenden Gesichter aus der Geistigen Welt malen, die Lebende auf ihrem Werdegang begleiten. Johanna legte dem Medium die Handflächen auf die ihrigen. So blieben sie eine Minute sitzen. Die Dame hatte ihre Augen nach innen gerichtet, dann wurde die Ratsuchende aufgefordert, sich neben das Medium zu setzen.

Die mediale Dame nahm ihre Pastellkreiden und begann einen Jugendlichen zu zeichnen, nebenher sprach sie: »Hier zeigt sich mir ein junger Mann, er müsste jetzt um die zweiundzwanzig Jahre alt sein. Er ist damals als ein Embryo von dieser Welt gegangen, er wurde in der Geistigen Welt erzogen. Er sagt mir, dass du viel malst, dadurch fühlt er sich von dir angezogen.« So ein Gefühl eines jungen Mannes war ihr nicht fremd, sie hatte diese Nähe bereits in den Meditationen gespürt, war sich aber in der Wahrnehmung unsicher. Beim Zeichnen sprach die Engländerin über mehr Details zum Portrait. Johanna antwortete: »Ja, mir wurde von einem Medium schon einmal gesagt, dass mich beim Malen Wesen aus der Transzendenz begleiten.« Aber jetzt rüttelte sie eine Ahnung wach. »Kann es sich um das erste Kind in der Familie meiner älteren Schwester Ulrike handeln? Aus gesundheitlichen Gründen wurde die Schwangerschaft damals beendet. Ist er meine Geistige Führung?« »Nein, dieser Jugendliche gehört nicht zur Ebene der Helfer«, antwortete die Zeichnerin. »Er stammt aus dem Familienverband. Er liebt es, manchmal um dich zu sein. Er spricht davon, dass du öfters hellsichtige Momente erlebst. Wir haben dafür ein College in England, gehe dorthin, sie werden dir dort weiterhelfen, deine Fähigkeiten zu entwickeln.«

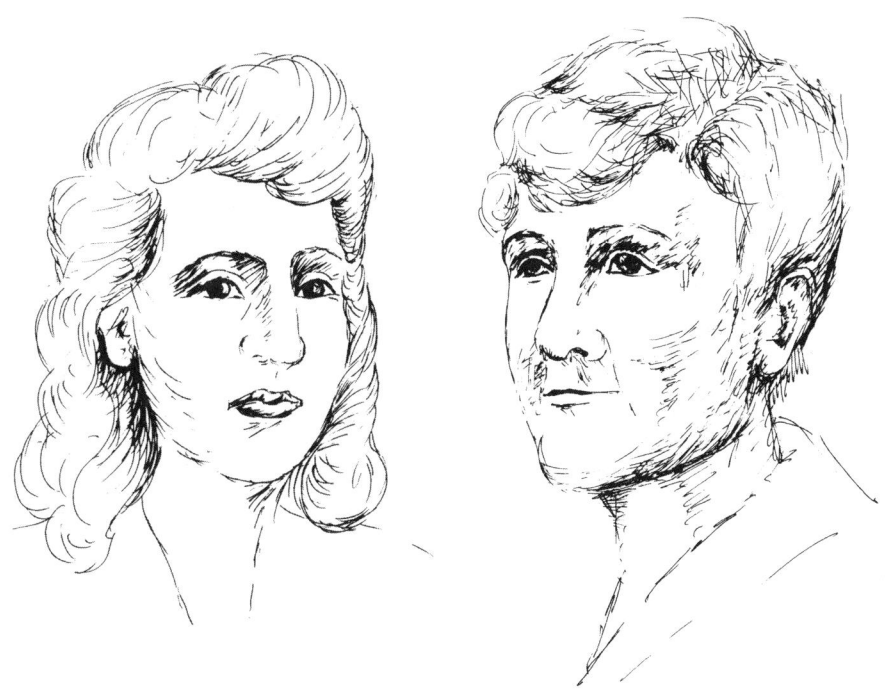

Peters Großmutter und Michael Benjamin

Thea kam an die Reihe, das gab Johanna Zeit ihre eigenen Gedanken zu beobachten. Ein Kind, dessen Leben in der Schwangerschaft beendet wurde, das dann in der Geistigen Welt eine Erziehung erhielt? Das war absolutes Neuland für unsere Suchende. Wie sollte sie sich das vorstellen, eine Jugend in der Transzendenz zu verbringen? Da das Gesicht des Jungen verblüffende Ähnlichkeit mit seiner nach ihm geborenen Schwester hatte, ihrer Nichte Melanie, war die Beratung nicht von der Hand zu wischen. Blonde Haare, die Augenpartie, nur der Mund war anders. Sie hatte aber noch weiteres gehört, die Dame riet ihr, in ein bestimmtes College zu gehen, um Hellsichtigkeit zu lernen. In England hätte sie Kontaktmöglichkeit, nicht in den USA, wo Anna gelernt hatte? Sie fragte die Dame: »Soll ich in die USA reisen?« »Ja, mit dir ist alles in Ordnung, dennoch musst du auf alle Fälle zurückkommen. Mehr kann ich nicht sagen. Da das Medium durch seine Geistigen Helfer Bilder und Worte erhielt, war diese Botschaft kurz gehalten.«

Peter und seine Frau hatten beschlossen, dass sich nach ihrer Reise etwas grundlegend ändern musste. Hatte es damit zu tun? Durfte Johanna kurz hinter die Oberfläche schauen, bevor das materialistische Leben eine neue Dimension erfuhr? Nach der Beratung suchte sie Peter. Er hatte zwar keinen Termin, aber das Medium stimmte einer Extrasitzung zu. Johanna sollte übersetzen. Sah das Medium nicht, wie gut Peter Englisch sprach? Alles begann wie zuvor, dann begann das Medium eine Frau zu zeichnen, im Alter von Anfang Vierzig. Mit braunen Pastellstiften zeichnete sie die Haare und die typische Nase ihres Enkels. »Da ist eine Dame, die zu Kriegsende durch eine plötzliche Explosion ihr Leben verloren hat. Deine Großmutter war mittleren Alters, als sie starb, sie möchte aber etwas jünger gezeichnet werden.« Ihre Botschaft an Peter lautete: »Ich mache mir große Sorgen um deine Gesundheit, du musst nach dir sehen. Mir tut es weh, das Verhalten deines Vaters mitanzusehen, das bedaure ich zutiefst.« Peter war fassungslos, er bekam das Bild seiner Verwandten skizziert, es war nicht die mütterliche Linie, die er noch erlebt hatte.

Für ihren Mann wartete noch eine Überraschung. Der Autor des Buches, das er seit dem Frühjahr gelesen hatte, war ebenfalls anwesend, er stellte sich als Lebenspartner der englischen Dame vor. Nach der Beratung saßen sie alle zusammen im Garten des Hotels am Bodensee, das Medium, ihr ebenso bekannter Mann, der englische Heiler, Thea, Peter und Johanna. Ihr Gatte war überglücklich, den Autor des zuletzt gelesenen Buches kennenzulernen. Auch er spürte eine Art Verunsicherung, dass die Dame das Bild seiner Großmutter erstellt hatte, die um ihn war und was er seinem Vater von ihr ausrichten solle. Sie fuhren noch am selben Abend zurück. Nach der Fährfahrt setzen sich für eine kurze Rast in ein Lokal an den See, betrachteten das Wasser. Beide waren so von den Erlebnissen des Tages überwältigt, dass sie begriffen, dass dies ein neues Lebenskapitel war. Lauter Fragen eröffneten sich: Gibt es ein Weiterleben nach dem Tod? Wie gelingt Hellsichtigkeit, kann und darf man mit Verstorbenen in Verbindung treten? Das Medium sagte ganz einfach: »Das kann man lernen! Gehen Sie ins College nach England.« Peter hatte plötzlich viele Fragen. Sie stellten Theorien auf, um die Botschaften einzuordnen. Wie von einem Paukenschlag geweckt war ihre Sicht auf die materielle Welt verändert worden. Sie beschlossen, nach ihrer Ferienreise einen Neuanfang zu wagen. Sie selbst hatte plötzlich noch viel weniger Lust zu verreisen. Andererseits wusste Johanna, dass sie immer wieder Herausforderungen annehmen musste, um sich nicht im Alltagstrott zu verfangen.

Am Tag darauf fertigte sie das Schreiben an das College, mit der Bitte um ein Seminarprogramm. Sie schrieb die Adresse des Colleges auf einen Briefumschlag und bat einen englischen Bekannten den Rest zu vervollständigen. Er sollte den Brief mit auf seine Heimreise nehmen. Sie wollte noch dringend die passende Fotografie von Nichte Melanie an das Pastellbild im Rahmen stecken. Die Gesichtsform war voller Ähnlichkeit, nur der Mund war aus der Linie ihres Schwagers. Ihr erster Eindruck stimmte, die beiden hätten Zwillinge sein können. Von da an nannte sie ihn Michael-Benjamin. Anschließend besuchten sie Peters Eltern. Der Sohn wollte der Mutter das für ihn gezeichnete Bild zeigen. Johannas Schwiegermutter betrachtete es, dann begann sie: »Das ist doch deine Großmutter, da schaue ich gleich nach, dein Vater hat ein Foto von ihr.« Sie hatte ihre eigene Schwiegermutter nie kennengelernt. Sie holte das einzige Bild heraus – das letzte Bild, das von dieser Frau erhalten geblieben war. In den Kriegswirren hatte es Peters Vater als Soldat bei sich getragen. Diesem Foto entsprach das gezeichnete Bild. Aber der Schwiegervater würdigte dieses Pastellbild, das zumindest vom künstlerischen Standpunkt handwerklich gut gemacht war, mit keinem Blick.

Am Tag darauf kam Johannas Abreise, Peter trug den Koffer zum Auto, er fuhr sie und Katrin, ihre Reisebegleiterin, zum Bahnhof, sie stiegen in den Zug. Beim Fahren aus dem Bahnhof sah sie, wie er im Auto sitzend weinte. Sollte sie an der nächsten Station aussteigen? Sie fuhr weiter.

5.2 Eine Reise ins Ungewisse

»Auch für die weit entwickelte Seele kommt irgendwann der Zeitpunkt, ihre Schönheit im Irdischen zu verwirklichen.«

Jaune spürt, dass Violette mit dem Auf- und Abstieg zwischen Geistiger und materieller Welt beschäftigt ist. Der Genius möchte die Seelengefährtin ermutigen: »Heraklit sagte seinen Schülern, das Suchen mache Sinn. Obwohl er sein Wissen an sie weitergeben könnte, schickte er die Schüler auf eigene Suche. Aus Überzeugung verwies er dabei auf die Bedeutung der jeweils eigenen Entwicklung. Empedokles, der Vorsokratiker, bezeichnete sich selbst als einen von den Göttern Verbannten, erzählte Plotin und fügte hinzu: Platon tröstet uns mit dem Höhlengleichnis. Die Verbannung endet mit dem Tod, wenn die im Körper eingeschlossene Seele sich aus den Fesseln befreien darf.«

Plotin, Der Abstieg der Seele in die Leibeswelt, Bd. Ia, (2–5); Enneade IV,8.

Es folgten vier Wochen USA. Katrin freute sich über die große Reise. Die beiden Frauen reisten mit einem Mietwagen durch die National- und State-Parks, zwischen den Rocky Mountains und der Westküste. Die selbst zusammengestellte Unternehmung war gut vorbereitet. Ein Grund, weshalb Johanna davor zurückgeschreckt war alles zu stornieren. Jeden Morgen meditierte sie im Hotelzimmer und am Ende der Visualisierungen bat sie um geistige Heilung für ihre Lieben, besonders für Peter. Dann packten sie, fuhren weiter zum nächsten Naturpark. Die Hotels waren vorgebucht, sie blieben höchstens drei Tage an einem Ort. Katrin und Johanna waren ein eingespieltes Reiseteam. Beide studierten mit leidenschaftlichem Interesse die außergewöhnliche Geographie. An Stätten der verschwundenen Kulturen spürte Johanna dem Umgang der Indianer mit deren Heimgegangenen nach. Manchmal erhielt sie nachts Träume, die von der Beziehung mit Verstorbenen handelten. Die Erlebnisebenen vermischten sich. Sie glaubte sich auf der Entdeckung im Umgang mit Verstorbenen zu befinden. Zum Beispiel schaute sie sich die Funktion der Kiwas bei den Anastazis ganz genau an. Sie war neugierig zu sehen, wie sich diese Leute in die Erdvertiefungen zurückgezogen hatten, um sich in einem runden Raum neben die Mumien ihrer Ahnen zu setzen. Der Grund dafür war, Lebende und sterbliche Hüllen traten unter der Erde vereint in einen Dialog, um sich zu beraten. Johannas Träume führten sie immer wieder mit dem Sterbethema zusammen. Sie war überzeugt, vor Ort einem Phänomen nachzugehen, das zu ihrer USA-Reise gehörte. Im Gebiet des Zion Parks stieg sie die Felsen hinauf, weit und breit waren keine Touristen zu sehen. Dort vertiefte sie sich in einen Traum der vergangenen Nacht:

> *»Ein Mann mittleren Alters mit dunklen Haaren steht, von der Seite zu sehen, deutlich vor mir. Er wendet sich mir zu und*

deutet auf die für diese Gegend typischen Felsstrukturen und sagt zu mir: ›Du kommst jetzt in meine Welt.‹ Es ist wie eine Begrüßung.«

Der Kontakt nach Übersee war schwierig. Passte die Zeitverschiebung und war ein Telefon vorhanden, versuchte sie Kontakt herzustellen. Damals konnte man über eine Leitung telefonieren, die ein Operator herstellte. Dazu bedurfte es einer Chipkarte und eines öffentlichen Telefons auf dem Highway. Ein Telefonat aus dem Redwood State Park nach zwei Wochen vermittelte ihr das Gefühl, alles sei in Ordnung. Eine Woche später rief sie aus Las Vegas an. Peter sagte ihr noch: »Lass mich nie mehr so lange allein... ich werde nie mehr an den See zurückgehen.« Das deutete an, dass etwas sehr Gravierendes vorgefallen sein musste. Da verabredeten sie, das Gespräch um eine Woche zu verschieben. Sie würden darüber reden, wenn sie zurückkomme.

Fast ein Jahr später (Pfingsten 1998) kam der einzige Hinweis, den sie von einer Mitschülerin im englischen College bei einer Seminarübung (Tutorium) erhalten sollte: »Hier ist ein Mann,« sie zeigt die Körpergröße von circa eins fünfundsiebzig. »Er lief gerne durch die Straßen, grüßte Bekannte, er nennt zwei Namen.« Es waren die der Besitzer seiner Stammkneipen. »Er sagt, er sei ins Wasser gefallen.« Verwirrt stellte Johanna verspätet fest, dass der Kontakt für sie war. Es war zu spät um nachzufragen.

Am Sonntagmorgen, dem siebten September 1997, sprachen die beiden ein letztes Mal in dieser ›normalen Welt‹ miteinander. Noch im Gespräch hörte sie in sich eine fremde, sehr energische männliche Stimme: »Sage ihm, wie sehr du ihn liebst.« Was sie im Einzelnen austauschten, wusste sie hinterher nicht mehr, aber sie wollte, innerlich erschrocken, der Dringlichkeit dieser Stimme nachkommen und vergaß, was sie zuvor im Sinn hatte: »Ich liebe dich sehr, Peter. Ich fliege ja am Mittwoch zurück.« Er antwortete: »Ich bin krank, ich werde morgen wahrscheinlich ins Krankenhaus gehen. Du wirst abgeholt, wir sehen uns am Donnerstag, ich freue mich.« »Ich wünsche dir viel Geduld mit den Untersuchungen. Ich kann es kaum erwarten dich wiederzusehen.«

Dieses Gespräch jagte Johanna nun doch einen gewaltigen Schrecken ein. Sie befand sich auf einem Highway in New Mexico, sie versuchte sich zu beruhigen. Die nötigen medizinischen Kontrollen machten die Ärzte, nicht sie, sie könnte höchstens dabei sein. Ärgerlich und ratlos zugleich beschloss die verunsicherte Touristin, dass es Unsinn sei, die Reise an den letzten drei Tagen zu unterbrechen. In den USA, Sonntagnacht nach ihrem Telefonat, hatte sie einen Traum, den sie dann am folgenden Morgen aufschrieb:

>*»Die beiden englischen Medien, Thea und ich sitzen in einem Haus am Meer. Eine Person ist dabei, die sich wie eine Pflanze in den Kosmos auflöste. Ich verstand, jemand in meinem Umfeld würde sterben. Im Traum sah ich darin keine Ungewöhnlichkeit, dass Peter fehlte.«*

Ihr Mann sagte ihr nie, komme zurück, weil er nichts für sich fordern konnte. Das war wohl der Grund, weshalb die Warnung des Mediums für Johanna keine Rolle spielte: »Du musst auf alle Fälle zurückkommen.« Sie zog die Unternehmung bis zum Schluss durch und hoffte inständig, ihr Mann würde im Krankenhaus seinen Gesundheitszustand erklärt bekommen. Dort glaubte sie ihn einfach gut versorgt. Später sollte sie erfahren, dass er sich am Montagmorgen mit zweiundvierzig Grad Fieber einliefern ließ. Es war am Abend nach einem letzten Parkbesuch, mitten auf der Straße stand ein größeres Tier, sie konnte nicht mehr weiterfahren. »Katrin, schau!« Die Freundin blickte von der Landkarte auf. »Ein Kojote. Ist er krank?« »Ich habe den Eindruck, er will mir etwas sagen«, antwortete Johanna. Ihr fielen die schamanistische Übungen ein, die sie auf der Insel durchgeführt hatte. War hier für alle sichtbar ein Krafttier erscheinen? Der Kojote positionierte sich mitten auf dem Highway, er schaute sie unverwandt an. Er drehte sich nicht einmal um, als von der anderen Seite ein Auto heranfuhr. Er wollte sich nicht von der Stelle wegbewegen. »Katrin, gib mir bitte deinen Fotoapparat, das glaubt uns niemand.« Sie stieg aus und lief ein paar Schritte auf ihn zu, um ihn zu fotografieren. Er blieb ganz ruhig stehen und fixierte sie mit den Augen. Weitere Autos kamen hinzu, keiner wollte weiterfahren. Sie wusste damals noch nicht, was der Kojote bedeutet: »Ich werde dein Leben auf den Kopf stellen, damit du dir irgendwann sagen kannst: Was war ich für eine Närrin.«

Kojote

Freudig, voller Ungeduld, wollte sie endlich schnell nach Hause kommen. Im Gepäck hatte sie zwei Bücher, die sie in den USA gekauft hatte. Ein ihr bisher unbekanntes von Moody: ›Zusammentreffen mit Verstorbenen im Psychomanteum.‹ Das Zweite war ein Exemplar einer Autorin, Kim O'Neill: ›How to talk to your angels‹, übersetzt ›Wie du mit deinen Engeln sprechen kannst‹. Der Flug über den Atlantik musste erst einmal überstanden werden. Sie spürte in sich Ruhelosigkeit. Sie sprach am Telefon mit Peters Kusine. Diese sagte:« »Ich war bei ihm, er sah zwar schlecht aus, aber dann machte er wieder Witze mit mir. Er wollte, dass ich ihm Kaffee bringe, er müsse wachbleiben.« Das dämpfte ihre große Ungeduld. Sie lenkte sich durch gute Gespräche mit anderen Passagieren ab. Sie unterhielt sich mit einem Ehepaar, das ihr von den Indianerreservaten erzählte, wo dringend Unterstützung benötigt wurde. Sie schlief während des Nachtflugs ein. Die Sitznachbarn berichteten ihr nach dem Aufwachen: »Als du geschlafen hast, sahst du aus wie ein Engel.« Damals fand Johanna das sehr übertrieben, die netten Leute wollten ihr sicher etwas Freundliches sagen. Jedoch die kommenden Umstände belehrten sie eines Besseren. Es war ein Phänomen, denn in der Zeit, als sie schlief, stürzte zeitgleich Peter im Krankenhaus und verließ seinen Körper.

(August 1998) »Der Mann, der am Herz schnell starb, ... das ging ganz schnell. Der Schock war auf beiden Seiten groß, es tat ihm weh, welche Tragödie dies ausgelöst hat. Er wäre froh gewesen, wenn er etwas für die Hinterbliebenen hätte tun können. Er war krank, als das passierte, er war glücklicherweise nicht allein. Er hatte noch gerufen, dann ging es ganz schnell.«

*

Sie landeten. Am Flughafen standen seine Kusine und ihr Neffe. Es war Donnerstag, zehn Uhr. Sonja erzählte: »Gestern war ich noch im Krankenhaus. Aber seine Eltern waren anwesend, da habe ich die Tür schnell wieder zugemacht und bin rasch gegangen.« Sie fuhren an ihren Wohnort. Dort wollte die Heimkehrerin so schnell wie möglich ihren Mann im Krankenhaus besuchen. Die Weitgereiste befand sich an der Haustür, kramte nach dem Schlüssel und ging in ihre Wohnung. Gleich würde sie versuchen, mit Peter zu telefonieren. Das Telefon blieb stumm. Nur der Anrufbeantworter zeigte eingegangene Gespräche: Sie hörte sie ab und erschrak, das durfte nicht wahr sein: Er rief verzweifelt nach ihr. Er hatte es dreimal versucht. Immer wieder angerufen, seine Stimme rief nach ihr und wartete auf ihre Antwort, dann Leere auf dem Band, sie konnte noch das Fallen des Hörers erkennen. In dieser Zeit hatte sie im Flugzeug geschlafen. Entsetzen in ihrer Ahnung, rief sie im Hospital an: »Vermittlung.« »Können Sie mir sagen, wo sich der Patient ... befindet?« »Dieser Herr ist heute Nacht auf die Intensivstation verlegt worden. Sie können dort in der Station nachfragen.« Sie fuhr direkt ins Krankenhaus. In der Intensivmedizin informierte man sie über ihre Besuchsmöglichkeiten, die Freundlichkeit des Personals beschwichtigte sie zunächst. Dann stand sie vor ihm, er reglos mit einer Reihe von Schläuchen und Geräten verknüpft, die technisches Leben vermitteln, sie aber auch beruhigten, als schlafe er nur. Sie sah die Monitore, ohne sie zu verstehen, die Maschinenimpulse gaben gleichförmige Geräusche. Hier wurde ihr deutlich, dass die vergangene Nacht alles verändert hatte. Sie erlebte den Schock: Sie konnte ihn umarmen, er würde darauf nicht mehr mit seinen Armen reagieren können. Die Freude, dass sie wieder da war, fühlte sich an wie bei einer Vollbremsung, um den Crash zu vermeiden. Das mitgebrachte Geschenk, ein paar Fellhausschuhe, war überflüssig geworden. Sein ganzer Körper lag auf einem Schaffell, um seine Körpertemperatur zu unterstützen. Er wurde künstlich beatmet.

Johanna spürte eine Lähmung in sich. Sie fuhr wieder nach Hause, erst am Nachmittag war der leitende Arzt zu sprechen. Das gab ihr Zeit, sich wieder wahrzunehmen. Zu Hause deckte sie bewusst den Tisch für zwei Personen. Sie wollte die Zweisamkeit betonen. Ihr Blick fiel auf seine aufgeschlagene Bibel, mit dem markierten Satz: »Lieber Gott, habe Gnade mit uns.« Sie erkannte, dass das das heilsame Mantra war, das er auf seine geistige Reise mitgenommen hatte. Das war bereits zuvor ein Thema zwischen den beiden gewesen. Wenn jemandem etwas zustoßen würde, sollte er dem Rat von Silvia Wallimann folgend für eine gute Geisteshaltung sorgen. Um keine Negativität aufkommen zu lassen, wiederhole er in sich immer wieder einen heilsamen Satz. Egal, wie lange dieser war.

Im Krankenhaus reagierte der Arzt beschwichtigend auf die Situation. Sie saß tief erschüttert zwei Tage bei Peter, das Geräusch der Apparate auf der Intensivmedizin im Hintergrund. Von der langen Reise war sie zwar zurück, aber sprechen mit Rede und Antwort war unmöglich geworden. In Gedanken suchte sie Zugang zu ihm. Sie betrachtete ihr gemeinsames Leben. Meditativ visualisierte sie viel Licht um ihn. Der Raum sollte gute Energie erhalten, mit Licht durchstrahlt sein. Trübes Licht wollte sie sofort verwandeln oder abhalten. Zwei Tage reinigte sie seine Chakren, gab in seine Aura farbiges Licht. Sie wusste nicht, ob er seinen Körper bereits verlassen hatte. Ein junger Arzt, der ihr Tun registrierte, forderte sie heraus: »Was Sie machen, hilft nicht, er ist schon tot.« Das ist nicht mein Problem, antwortete sie innerlich, wenn er geht, soll er mit so wenig belastenden Sorgen wie möglich gehen. Diese exemplarische Situation zeigte ihr die Unterschiede in ihren Weltbildern, der Arzt hatte medizinische Erfahrung und sie stand am Anfang ihrer transzendenten. In ihrer Sicht gab es das Sein nach dem Tod. Und in seiner?

Sie rief Marion an: »Peter liegt im Sterben. Warum ahne ich Dinge voraus? Aber die Gefahr, in der Peter sich befand, habe ich verkannt.« »Mach dir in diesem Falle keine Vorwürfe. Wir waren wie du unterwegs, du hast viel Ablenkendes erfahren. Das ist ganz normal, dass dein Alltag hier in den Hintergrund tritt. Der Anruf hat dich aus heiterem Himmel getroffen, aber du dachtest bestimmt, seine Kusine und seine Eltern sind für ihn da. Stell dir vor, was du in den letzten vier Wochen alles Überwältigendes erlebt haben musst. Da verblasst doch dein Leben hier. Hat er zu dir gesagt: ›Komm zurück‹?« Johanna spürte die stärkenden Worte der Freundin: »Nein, aber ich glaube, er hat nichts für sich fordern können.« »Ich komme heute Abend mit meinem Mann vorbei.« Johanna begann sich Vorhaltungen zu machen, vor allem, dass sie beide, er und sie, die Botschaft des Mediums am Bodensee nicht richtig verstanden hatten. Hatte er gewusst, wie es um ihn stand? Sie sagte doch: »Sie müssen auf alle Fälle zurückkommen,« zweimal, als gäbe es einen Grund für Johanna in den USA zu bleiben? Dies war ein wunder Punkt, der noch lange an ihr nagte. Peters Gesundheit war von Beginn der Beziehung ein Thema, das gehörte zum Alltag. Es gab viele Vermutungen, aber keiner aus ihrem Umfeld hatte erkannt, wie besorgniserregend es um ihn stand. Hat ihn die Zeichnung seiner Großmutter gestützt? Sie hoffte, diese Erfahrung hatte ihm Kraft gegeben, die Todesangst besser durchzustehen. Hoffentlich konnte er spüren, dass er von jemandem erwartet wurde, den er in diesem Leben noch nicht kennenlernen durfte.

(September 1997) Peter verstarb offiziell am Samstag, dem dreizehnten, um vierzehn Uhr dreißig. Was auch immer zu dem hohen Fieber führte, es war die Zündschnur, die alles in Gang setzte. Hatte sie nicht schon einmal in der Nähe des Abgrundes gestanden und gehofft, ihr Freund könne durch ein Wunder überleben? Damals war sie fünfunddreißig Jahre alt und nun war sie zielstrebig darauf zugelaufen. Damals sagte die Stimme: »Wenn du mit ihm (Arnold) zusammenbleibst, dann wirst du mit dreiundvierzig Jahren ›Witwe‹.« Sie erinnerte sich, dass sie in drei Wochen ihren dreiundvierzigsten Geburtstag feiern würde.

(August 1998) »Sein Tod kam sehr unerwartet, er war eine Zeitbombe, es gab keine Wahl. Er bittet mich: ›Sagen Sie ihr, es war gut, dass sie mich losließ. Ich danke ihr dafür. Sie hätte sonst alles getan, um mich im Leben zu halten.‹«

Nachdem seine Eltern informiert waren, rief sie den Bestatter an, der Peter gut kannte. Mit ihm besprach sie die Möglichkeit, bei dem Leichnam bis zu seiner Beerdigung wachen zu können. Sie begleitete Peters Körper bis zum Auto des Begräbnisinstituts. Sie befand sich nun alleine in der Tiefgarage, sein regloser Arm fiel herunter, das Bild von Michelangelos Pieta im Petersdom trat vor ihre Augen. Wie wunderbar hatte der Künstler die Leblosigkeit des in den Armen gehaltenen Körpers dargestellt. Es drückte so genau den Schmerz aus, den der unbelebte Körper des geliebten Menschen in diesem Augenblick in ihr auslöste. Man hält ihn, aber der Arm löst sich und fällt spannungslos hinunter. Die Bestatter kamen, sein Körper wurde von der Bahre in einen Sarg gehoben und ins Auto geschoben. Die Heckklappe wurde geschlossen. Dann wurde er durch das große Tor des Krankenhauses nach draußen gefahren. Ihre Verzweiflung umhüllte sie wie Nebel, trotzdem funktionierte sie und tat alles, was sie tun musste, distanziert von der Welt draußen, die einen sonnigen Samstag erlebte. Wenige Tage später rief die entfernt lebende Nichte an, die Schwester von Michael-Benjamin.

»*Ich muss dir einen Traum berichten, der mich sehr ergriffen hat. Mein Unterkiefer war ganz verkrampft, ich konnte nichts sagen, dann sah ich, wie Peter von einer Bahre auf eine andere gelegt wurde und du, Johanna, hast geweint. Du bist daneben gestanden und neben dir war Peter. Er sagte zu dir, weine nicht so sehr, ich bin nicht tot, ich lebe.*«

Melanie beschrieb einen Traum, der exakt die Situation im Krankenhaus zeigte, als der Mann ihrer Tante nur Tage zuvor auf die Bahre des Leichenbestatters gelegt worden war. Die Nichte hatte Peter in seinem Leben selten gesehen. Gab es zu ihr eine Verbindung? Vielleicht durch ihren ungeborenen Bruder Michael-Benjamin? Das Pastellbild und das Foto der Nichte hingen seit dem letzten Ausflug in Johannas Esszimmer an der Wand.

*

Der Leichnam wurde für die Aufbahrung mitgenommen. Sie fuhr nach Hause, um aus seinen wertlos gewordenen Lieblingskleidern das schönste auszuwählen. Er würde sie nie mehr tragen. Die Auswahl brachte sie zum Bestatter für das letzte Einkleiden. Nachdem die Formalitäten geregelt waren, erhielt sie einen Schlüssel für die Aufbahrungskapelle. Bereits am Abend saß sie an seinem Sarg. Bis Mittwoch bekam sie Zeit, von ihm Abschied zu nehmen. Gleich am ersten Abend verschönerte seine Kusine Sonja mit ihr den Raum. Lavendel, Estragon, Rosmarin und Blumen aus dem Garten der Schwiegereltern schmückten die Wände und den Sarg. Klänge von Trommeln, Flöten und Rasseln kamen aus einem Kassettenrekorder. Johanna setzte die mitgebrachte indianische Musik ein, war das nicht zu exotisch? Die

Töne beschrieben leise die Elemente der Natur wie Holz, Regen, Feuer und Wind. Ein paar Kerzen flackerten an den Wänden, all dies schuf eine stimmungsvolle Atmosphäre. Bis zur Beerdigung saß Johanna mit Freunden oder alleine bei Peter, bis tief in die Nacht. Mit seinen schönen Händen, seinem friedlichen Gesicht lag er da. Hier herrschte meditative Ruhe. Eines ihrer aus den USA mitgebrachten Bücher wendete sie gleich an. In Dialogform schrieb sie in Frage und Antwort das Gespräch mit ihm auf. Es blieb ihr in ihrem Schmerz auch gar nichts anderes übrig, als das zu tun, was sie konnte: Meditieren und eine feierliche Atmosphäre schaffen, mit Weihrauch, Kräutern, Klängen und Kerzen. Sie zeichnete einen Kranz, der Peters Leben symbolisierte und beauftragte eine ausgewählte Gärtnerin damit. Darauf stellten, als Teil des Lebenskreises, orangegelbe Rosen die schöne Zeit mit ihm dar.

Auch dieser Vorgang erhielt ein Jahr später (August 1998) Resonanz in einer Durchgabe in England: »Er legt vor dich die schönsten Rosen, aber die, die du ihm geschenkt hast, hat er immer noch bei sich.«

Johanna hatte mit zweiundzwanzig Jahren einmal bei einer Bekannten ein Buch entdeckt. Sie hatte es sich gewünscht und erhalten. Nun war die richtige Zeit für die Lektüre gekommen. Es war von dem Mystiker Carl Welkisch, der sagte: »Nach dem Tod erhält die Seele einen besonderen Antrieb zur Weiterentwicklung, zu ihrem Geiste hinzugehen. Dieser entwickelte Zustand hält aber nur etwa zwei Wochen an. Dann kommt die Seele in das Zwischenreich, dort ist sie mit ihren Charakter- und körperlichen Eigenschaften des früheren Lebens fühlbar.« Diese kostbare Zeit galt es jetzt zu nutzen. Es blieb wenig Zeit für Ruhe, die sie gerne gehabt hätte. Nur am Sarg war sie vom Telefon in der einsamen Wohnung befreit. Es war Johanna ein großes Anliegen, die kommende Trauerfeier würdevoll und passend für ihren Mann zu gestalten. Der Tag der Beerdigung war unaufhaltsam herangerückt. Vor seinen Sarg in der Einsegnungshalle stellte sie ein großes Bild, es war eine Collage, die ihn im Ruderboot zeigte, auf dem Meer, vor hohen Bergen. Marions Mann schnitt für die Feier eine Kassette mit spanischen Liebesliedern zusammen, die dort abgespielt wurde. Dann las Johanna einen Brief an Peter vor und ein befreundeter Sänger sang ein englisches Liebeslied mit Gitarrenbegleitung. Zum Schluss folgte das Gedicht ihrer Kollegin Waltraud, das das Loslassen zwischen Liebenden beschrieb. In

Johanna regte sich Widerstand. Sie freute sich sehr über die Darbietung, die vom Herzen einer sehr reifen Frau kam, aber an Trennung wollte die Witwe nicht denken. Sie wollte für ihn alles tun, was sie hier von der Erde aus erreichen konnte. Der Sarg wurde zum Grabe gefahren, kurzerhand hängte sie ihren Kassettenrekorder mit indianischer Flötenmusik an den Wagen. Wortlos folgten alle dem Sarg. Dann wurde er in der Erde versenkt. Mit letzter Kraft bat sie die Anwesenden, nochmals ein Vaterunser zu sprechen. Ihre Rolle der Trauernden, der Organisatorin brachte sie langsam zur Erschöpfung. Der Tag klang mit der Trauerfeier in seinem Lieblingslokal aus.

5.3   Die Herausforderung

»Jaune, erkläre mir den Sinn für das rasche Auf- und Absteigen der Seelen.«

»Zuerst, Violette, die starke Seele kann wählen, sie sucht das Schicksal, das sie beschränkt und bereichert, in einem ihr gemäßen Leben zu verwirklichen. Sie sucht nach der furchtsamen Erfahrung, um das Gute wiederzuerkennen. Das kann für bewusst Wählende bedeuten, dass sie schnell zurückkehren möchten, nachdem sie Kontakt mit Glück und Leid, Einsamkeit und Liebe gemacht haben. Damit vermeiden sie eventuell auch, in weitere Konflikte zwischen Gut und Böse verwickelt zu werden. In einem langen unbeschwerten Leben verlieren die Erdgeborenen leicht den Blick für ihren Lebenssinn. Kehrt die Seele schnell zurück, dann hinterlässt sie auf der Erde zwar viel Leid, aber sie hat trotzdem für kurze Zeit an diesem Geburtsort wirken können.«

Violette: »Du betonst damit, dass unserer Reifezeit hier die Herausforderung des Schicksals fehlt. Wir kommen nicht umhin immer wieder abzusteigen, um für kurze Zeit das irdische Dasein zu durchleben.«

»Plotin differenziert die Wesen«, antwort Jaune. »Er hat an anderer Stelle bereits erklärt, der Grund läge darin, dass wir nicht alle gleich sein können. Wir müssen diesen Zwischenzustand hinnehmen, denn der eine Teil der Seele bleibt in der Transzendenz und der andere steigt in die sinnliche, materielle Welt hinab. Um deine Frage nach dem Sinn für den Auf- und Abstieg zu beantworten, hat er noch eine geradezu revolutionäre Aussage in seinen Schriften formuliert: ›Gerade wenn die

Menschen ihre schlimmsten Stunden verbringen, fließt ihnen höheres Wissen aus der in der Geistigen Welt zurückbleibenden Seele zu. Nur wegen der Unruhe, die im Leben herrscht, ist sie selten zugänglich.‹ Eine junge Sterbeforscherin nennt diese Verbindung die ›Silberschnur‹.«
Plotin, Der Abstieg der Seele in die Leibeswelt, Bd. Ia,(29–30) (36) (40); Enneade IV,8.

Sie benötigte Mitgefühl, aber keine Erklärungen. Es war gut, dass die Freunde der Kartenrunde zu ihr hielten. Irgendwann fragte dort eine Freundin: »Woher hast du nur die Kraft genommen, da vorne hinzustehen und die Trauerfeier zu leiten?« Das Woher erfuhr sie zwei Monate später von Frau Brunner: »Sie bekommen unablässig Kraft aus der Geistigen Welt. Kommt es Ihnen nicht manchmal vor, als ob Sie getragen werden?« Und ein knappes Jahr später in England: »Hier ist deine Großmutter. Sie sagt, dass sie im Oktober und November besonders viel Energie um dich herum gab, du hattest das nötig.«

Nach ihrer Rückkehr aus den USA hatten die beiden neu anfangen wollen. Erschüttert dachte sie an ihre Pläne, nur jetzt musste sie alleine zurechtkommen. Wie im Märchen von Hänsel und Gretel hatte die Witwe keine andere Wahl, als den Weg aus dem dunklen Gefühlswald, in dem sie sich verirrt hatten, selbst herauszufinden. Nur die Steine von Wert würden den Weg beleuchten, der aus dem Dickicht führt. In ihr lebte etwas auf, es fühlte sich nach altem Wissen an. Die Geistige Welt, die sich für die groben Sinne nicht erschließt, mit denen die Menschen das Leben hier bestreiten, begann sichtbarer zu werden. Nun hatte Johanna die Antwort auf ihr Gelübde erhalten, das sie sich zu Beginn der Freundschaft gab. War sie nun am Ziel? Hatte sie nicht am eigenen Lebenslauf erfahren, dass Hellsehen möglich ist? Ja! Absolut! Vielfältig waren die Hinweise von Frau Hagen und Frau Brunner. Tröstlich nahm sie den Traum Melanies wahr. Johanna konnte sich nur keine physikalischen Zusammenhänge erklären. Die Frage blieb, woher stammten die Gedankenübertragungen? Sie schaute zur Wand über dem Esstisch auf das Abbild von Michael-Benjamin. Mit seiner verblüffenden Ähnlichkeit zu seiner Schwester schaute er zu ihr von der Wand herab. Recht bald in der Trauerphase kam ihr der Satz zu Bewusstsein: »Du hast Peters Tod geerbt.« Klang das nicht sehr abgehoben? Aber in dieser Phase ahnte sie noch nicht, dass der schreckliche Tod der Beginn für die starke

Verbindung zu ihm werden sollte. Diese Beziehung war das Tragende in ihrer zukünftigen Entwicklung. Beide Medien, die sie konsultierte, hatten sie gewarnt. Sie kannten Peter und seine Familie nicht. Es war ihre eigene Wahl, sie wollte den Sinn ihres Lebens erfahren. Eine Verbindung zwischen Transzendenz und Leben erfahren. Jetzt, wo alles um sie zusammengebrochen war, stand sie da, ähnlich einer gehäuteten Person, die man von gotischen Altären kannte. Zerschlagen unten am Fuße eines Berges lag vor ihr, was von ihrem Leben übrig war. Sie erblickte den ›Anfang des inneren Reifeprozesses‹, der sie mit ihrer Existenz wieder in Einklang brächte. Der Pfad führte über einen ›Berg‹, wenn sie dort oben angekommen irgendwann vollen Herzens sagen würde: »Es war gut so, wie es war«, dann hatte sie es geschafft. Das ›Reiseziel‹ lag noch verborgen in der Zukunft. Stattdessen hörte sie von innen heraus ›Höchststrafe‹. So kam sie sich vor, weil sie trotz Warnungen der Medien bereit war sich zu übernehmen. Wenige aus dem nahen Umfeld waren bereit, die Trauer zu verstehen. Da half kein oberflächliches Besänftigen, das war nicht durch ein Gespräch zu lösen, Heilung dauert! Die Tragödie hielt manche Mitmenschen auf Abstand und sie stand einsam auf der anderen Seite einer tiefen Schlucht gefangen. Welcher Weg führte zur Gemeinschaft zurück? Sie sah auf die ›Schlucht‹, ein Pfad führte durch den Abgrund wieder hinauf in die Gemeinschaft. Ganz im Stillen erspürte Johanna das einsame Kind, dem niemand die Angst vor dem Tod nehmen konnte, sie erfühlte sein Leben. Ein Heilungsprozess war im Gange.

5.4 Befreiung aus einer alten Schutzhülle

»Jaune, ich möchte dich fragen, wie konnten die Zeitgenossen Sokrates in seiner Größe so verkennen?«

»Violette, alle Gesellschaften orientieren sich nach oben, an ihren Werten. Was für wichtig erachtet wird, ist anstrebenswert. Repräsentiert jemand das Wertvolle, gilt er für beachtenswert und wird erfolgreich. Sokrates dagegen ist geradezu ein Sinnbild für Bescheidenheit, er hielt sich bewusst von der Rolle des Ruhmreichen und politisch engagierten Bürgers zurück. Verehrung floss ihm durch seine Schüler zu.«

»Das möchte ich annehmen, Jaune. Nur von einem Lehrer, den ich respektiere, kann ich lernen. Ich erinnere mich an einen der letzten

Dialoge und höre Simmias sagen: ›Kerbes ist von deiner Lehre der Unsterblichkeit nicht überzeugt.‹ Danach versuchte Sokrates dem Schüler geduldig zu erklären, dass die Seele vor der Geburt eine Existenz hat. Endlich stimmt Kerbes zu. Als der Philosoph nach der überzeugenden Darlegung eines vorgeburtlichen Lebens zu einer Existenz nach dem Tod überleiten will, hat er plötzlich zwei Zweifler vor sich sitzen. Sokrates hofft, dass sein folgerichtiges Argumentieren ausreicht: denn wenn etwas vor der Geburt zutrifft, dann muss das auch nach dem Tode der Fall sein. Woher soll das Sein vor der Geburt den sonst herstammen? Der Dialog wird weitergeführt, bis der Lehrer seine Schüler an die Kindheit erinnert, in der unerklärliche Dinge besonders furchteinflößend sind, ganz besonders der Tod. Er fordert seine Schüler auf, sich nach seinem Tode aufzumachen, solche Ängste täglich zu besprechen, bis diese verarbeitet seien. Er rät ihnen, für ihre Suche auf Reisen zu gehen, in Griechenland oder anderen fremden Ländern um kundige Männern zu finden, die genügend Wissen über den Fortgang der Seele haben.«

»Violette, seine Weisheit hat ihn von den Mitmenschen distanziert, aber bis zum letzten Atemzug hat er gelehrt. Das Thema Tod wird besonders heute in den Hintergrund gedrängt. Ähnlich erging es Porphyrios, der sich einmal sehr ausführlich mit Plotin darüber unterhielt. Einem Zuhörer war dieses ausführliche Erkunden und Vortasten viel zu langwierig. Er beschwerte sich, er wolle etwas hören, das zum Mitschreiben lohnt. Plotin sagte darauf, dass für ihn alle Fragen nachrangig seien, solange diese Grundfrage nicht geklärt sei.«

Platon, Phaidon, 77C-77D-78A; Plotins Schriften, Vc (69)

Peters Eltern hatten andere Erwartungen gehabt, was das Leben ihres Sohnes betraf. Wie von Frau Brunner angekündigt, verstanden sie Johannas Welt nicht. Sie hatte alle Warnungen gehört, auch während der Partnerschaft. »Sie können nicht gleichzeitig den Karren schieben und lenken. Sie werden sich übernehmen,« sagte das Schweizer Medium. Johanna behielt viel für sich, was ihr in den letzten Jahren mit den Schwiegereltern widerfahren war, aber dann sollte Frau Hagen endgültig Recht behalten mit ihrer damaligen Frage: »Wollen Sie sich wirklich auf diese Familie einlassen? Sie werden überrascht sein.« Eine Woche nach der Beerdigung erhielt sie einen Anruf: »Bitte beseitige, was du am See zurückgelassen hast. Wir haben unseren Neffen zum neuen Erben gemacht.« Die Realität war eingetroffen. Unmissverständlich wurde damit gesagt, jetzt gibt es keine gemeinsamen Ausflüge mehr mit Peter an den See. Die Karpfenkönigin, wie er sie zärtlich zu Lebzeiten genannt hatte, war entthront und sie musste sich eingestehen, sie hatte ihn nicht aus dem goldenen Käfig befreien können. Es war wieder Samstag, die Sonne schien ohne Rücksicht auf Trauernde. Während andere unbeschwert dieses Wetter genießen würden, erwartete sie einfach Arbeit. Zur Sicherheit rief sie Thea an: »Kann ich heute Abend zu dir kommen?« »Ja, natürlich, gerne. Du kannst auch hier übernachten.« »Heute ist ein schwerer Tag für mich. Alles auf Peters Gelände, das auf unser dortiges Leben schließen lässt, soll ich beseitigen oder einpacken. Seine Eltern wollen, dass ich den Seeschlüssel zurückbringe.« »Das tut weh,« seufzte Thea. Nach einer kurzen Stille fuhr sie fort: »Waren sie denn nicht dankbar, dass du ihnen so viel abgenommen hast?« »Reden wir nicht mehr darüber, sein Vater möchte, dass es keinen Kontakt mehr gibt. Sie haben einen neuen Erben eingesetzt!« Johanna wollte nicht an die Gefühlskälte der Schwiegereltern denken: »Ich freue mich auf heute Abend. Wir sehen uns, jetzt muss ich erst einmal arbeiten.« Sie hatte schon Tage zuvor die schweren Gegenstände mit Freunden abgeholt. An diesem Tag räumte sie noch ein paar letzte Reste in ihr Auto, sie wollte die Situation, als Abschied, ganz alleine durchleben. Keine Gespräche durften sie ablenken. Sie verabschiedete sich, so wie es auch für ihn gewesen war, als er ihr am Telefon sagte, er würde nie mehr an den See zurückkehren. Für sie hieß das damals am Telefon, dass Zwistigkeiten mit seinem Vater das ausgelöst haben mussten, deshalb fragte sie nicht nach. Sie sah auf die Naturwelt, ihre gemeinsame Vergangenheit, zwei Wochen nach seinem Tod. Die Aufgabe wurde eine zweite Bootattung, sie durchlief noch einmal das Gelände, dann entfachte sie nochmals ein Feuer und verbrannte alle persönlichen Dinge an der Kochstelle. Plötzlich erinnerte sie sich, dass sie in ein paar Tagen Geburtstag hatte und das ohne Geschenk von Peter? Traurig, einem Impuls nachgebend, ging sie zu einem Erdhaufen, wo er die Erde für neue Pflanzen geholt hatte. Dort fand sie ihr Geschenk der Natur: kleine reife Kartoffeln, die er versuchsweise gesetzt hatte. Diese Kartoffeln grub sie aus und beschloss, an ihrem Geburtstag daraus eine Mahlzeit zu machen. Sie fuhr zu Thea, im Zuhause der Freundin fand sie Zuflucht und Abstand. »Fragst du bitte Peter, wie er den Tag erlebt hat?« »Meinst du, das geht schon?« »Ja.« »Peter, wie ging es dir heute bei diesem Abschied? Er wendet sich traurig ab. Das Verbrennen der persönlichen Sachen oder dein Lebewohl am See, das war heute auch für ihn sehr schmerzvoll. Er fühlt sich noch sehr schwach.« Johanna empfand, auch er musste die Trennung leidvoll durchleben, aber es gab kein Zurück.

Noch einmal hatten seine Eltern sie durch ein Telefonat sehr verletzt, daraufhin rief sie verzweifelt seine Kusine an: »Ich fasse es nicht, Sonja, bitte sei ehrlich, bin ich noch normal? Mir wird erst jetzt richtig klar, welche Einsamkeit Peter durchlebt haben muss.« Seine Kusine antwortete Johanna mit der ihr eigenen klaren Linie: »Du warst ein Segen für ihn, vielleicht hättet ihr eine Chance gehabt, wenn du ihm früher begegnet wärst. Frage dich, warum ich zu seinen Eltern keinen Kontakt habe. Sobald du Zeit hast, sehen wir uns.« Der Verlust des Partners war eine Agonie zwischen Trauer, Leere und Selbstvorwürfen. Die Qualen wurden mit jeder Arztrechnung, jeder netten Erinnerung eines Freundes oder Freundin immer wieder neu geweckt. Sie sah an den ärztlichen Rechnungen, dass er verzweifelt auf der Suche gewesen war herauszufinden, was ihm fehlte. Wodurch konnte sie seine Einsamkeit in der Wohnung spüren? Am meisten tat ihr weh, wie aufgeräumt er alles hinterlassen hatte, trotz des hohen Fiebers. Er musste sehr allein gewesen sein. Dann gab es auch Tröstliches. Sie recherchierte, mit wem er im Krankenhaus bis fast zum Ende das Zimmer geteilt hatte. Durch ein Telefonat kam sie mit diesem Herrn in Kontakt. »Hier ist Frau Singer, Sie haben im Krankenhaus in der Woche vom achten September an mit meinem Mann das Zimmer geteilt. Störe ich Sie gerade?« »Nein ...« Auf der anderen Seite hörte sie das Zögern. »Mein Mann ist in der Nacht zum Donnerstag ins Koma gefallen. Er lag noch drei Tage auf der Intensivstation, inzwischen ist er verstorben.« »Das ist jetzt ein Schock für mich. Es fällt mir schwer, das zu glauben. Ihm ging es doch gar nicht so schlecht.« »Können Sie mir ein wenig erzählen, worüber sie sprachen?« »Ja, er war sehr selbstbewusst und sagte dem Chefarzt: ›Lassen Sie sich etwas einfallen, am Samstag möchte ich wieder zu Hause sein.‹ Da habe ich nicht schlecht gestaunt. Er hatte sehr hohes Fieber, das Atmen fiel ihm schwer, aber ich dachte, dass er sich wieder davon erholen würde. Wir haben uns gerne unterhalten. Dann bin ich am Mittwoch entlassen worden.« »Mir tut es gut, von Ihnen eine neutrale Beobachtung zu hören.« »Ich möchte Ihnen mein Beileid ausdrücken und die Hoffnung, dass Sie diesen Schmerz überwinden.« »Vielen Dank, Sie haben mir geholfen, Licht in eine Situation zu bringen, die mir vollkommen verborgen war.« Das Gespräch half Johanna nochmals zu begreifen, dass sein Tod überraschend gewesen war. In gleicher Weise versuchte Sonja sie zu beruhigen: »Er sah elend aus, aber es war nun mal eine Lungenentzündung. Nie hätte ich gedacht, dass er so schnell gehen muss. Du brauchst dir keine Vorwürfe zu machen, ich hätte dir doch sonst gesagt, dass er im Sterben liegt.« Durch die Zeitung hatte das ehemalige Dienstmädchen, nun bereits eine ältere Frau, von dem plötzlichen Tod erfahren. »Darf ich Ihnen mein Beileid aussprechen, ich bin selbst ganz geschockt. Sie sind seine Frau? Bei den Eltern rufe ich ungern an.« »Sie sind ...?« »In seinem Elternhaus war ich Angestellte. Er hat sich oft bei mir ausgesprochen, er sagte mir, er wüsste nicht, ob er mit dem Leben zurechtkommen könne, ihm fiel manches sehr schwer. Ich glaube, der Vater hatte hohe Erwartungen, er sollte dies und jenes können, auf mich machte er manchmal einen unglücklichen Eindruck. Dann ging er zum Studieren weg und ich habe dort auch aufgehört. Dachte einfach, jetzt habe er es geschafft.« »Ja und nein. Wir haben hier gelebt und er hat seine Fischzucht betrieben, es gab auch gute Jahre. Kurz vor seinem Tod hatten wir noch beschlossen, näher an den See zu ziehen.« »Mir ist es nun leichter ums Herz, ich glaube, er hatte in Ihnen jemanden gefunden, mit dem er gut zusammenpasste.« Nach diesem Gespräch merkte sie erneut, dass diese Rückmeldungen guttaten.

5.5 Intuition und Seelenkräfte

»Violetta, wir sammeln in der irdischen und in der unsichtbaren Welt so viele Eindrücke. Da darf es nicht verwundern, dass man als in die Welt Geborener plötzlich etwas weiß, das man nicht in diesem Leben gelernt hat.«

»Unser Schützling ist ein gutes Beispiel dafür, Jaune. Sie kennt die Meditation, aber niemand hat ihr in diesem Leben gesagt: Um der Trauer zu begegnen, tut die Meditation gut, besonders wenn du dabei in der Kälte sitzt. Heute sagt man dazu ›intuitiv das Richtige tun‹.«

Platon, Menon, 81B-82A

Sie griff zu einem der Bücher, das sie aus den USA mitgebracht hatte und setzte die beschriebene Technik ›Gespräche mit Engeln‹ sorgfältig um. Ihre Situation war jetzt geeignet, diese ihrer Meinung nach kostbare Zeit festzuhalten. In Zwiegesprächen mit Peter verbrachte sie ihre freie Zeit: Zuerst beruhigte sie ihren Geist, nahm einen Alpha-Zustand ein, dann schrieb sie die Frage auf einen College-Block. Hörte und sah in ihre Wahrnehmung hinein, brachte dann zu Papier, was ohne Nachdenken in das Bewusstsein trat. Peter bekam gleich eine sehr praktische Aufgabe. Er hatte gekocht und eingekauft, also brauchte sie dringend eine verständnisvolle Unterstützung für den Haushalt. Denn in der Woche seit ihrer Ankunft hatte sie sich nur von dem Kuchen ernährt, den ihre Freundin aus der Kartenrunde vorbeibrachte. Ihr war wichtiger, dass sie mit Schreibwerkzeug, Kerzen und Düften versorgt war. Die Frage hieß: »Weißt du, wer mir zu Hause helfen kann?« Pause. Ihre Wahrnehmung wurde auf eine Frau gelenkt, die ihr aus der Weinstube bekannt war, auch der Nachname kam, sie sei Haushälterin. Aus dieser Sicherheit heraus verfasste sie ein paar Zeilen, in denen sie ihre Situation schilderte und um Hilfe bei Kochen und Haushalt bat. Sie schickte den Brief los und die Antwort kam prompt per Telefon: »Du hast Glück, gerade habe ich eine Stelle gekündigt, deshalb habe ich einen Termin in der Woche frei.« Daraus entwickelte sich eine herzliche, verständnisvolle Zusammenarbeit. Helga war genau die Richtige für diesen privaten Rahmen. Sie verstand sogar die ungewöhnlichen Auffassungen Johannas.

    Die Zwiegespräche gingen, wie vermutet, die ersten zwei Wochen nach seinem Tode sehr gut. Bei der Bestätigung seiner Erwiderungen war sie sich manchmal unsicher, denn so geübt und selbstsicher war sie nicht, obwohl es zu Aussagen kam, die außerhalb ihrer Bewusstseinslogik standen. Einmal musste Thea helfen, die die Frage nochmals stellte, dadurch war die Antwort ausführlicher. Das verstärkte den Eindruck, den Kontakt flüssiger werden zu lassen. Um gegen die plötzliche Stille in der Wohnung vorzugehen, begann ein intensives Tagebuchschreiben. Sehr wohl taten ihr die Meditationszeiten, die sie zwei- oder dreimal am Tage durchführte. Manchmal ließ sie sich durch eine geführte Übung unterstützen, wenn sie sehr aufgewühlt war, aber meistens genoss sie die Stille. Die Kontemplation fand zu festgesetzten Zeiten statt. Wuchsen die negativen Trauergedanken an, schaute sie nach der Uhr, zuweilen fiel es schwer abzuwarten, bis die Zeit zum Niedersetzen kam. Kleine Spaziergänge ersetzten, was ihr früher die Ausflüge an den See gaben. Trotz allem Alleinsein hatte diese Zeit etwas Wunderbares. Sie fühlte, dass sie in einem schönen, menschlichen Umfeld, mit hilfreichen Freunden und liebevollen Bekannten angekommen war. Sie fühlte sich wie in einem wohligen Kokon. Wie schon zuvor erwähnt, kam Hilfe aus der Geistigen Welt durch ihre Großmutter. Was würde sie jemandem empfehlen, der so ein Schicksal zu durchleben hatte? Unbedingt nach guter Stimmung für sich in der Natur und in der Meditation zu suchen. Die Trauer ist ein so unbewusstes Gefühl, sie verliert ihren Schrecken, wenn man ihr Raum gibt.

Neben der Trauerarbeit forderte sie der Alltag. Oft fiel es sehr schwer, die Ausdauer und Konzentration für eine Arbeit aufzubringen. Einmal der Anstrengung wegen, dann, weil Menschen ohne entsprechende Erfahrung sehr schnell verletzend werden. Aber der Beruf war ihr wichtig, sie wollte den Kontakt nach außen aufrechterhalten. Ende Oktober stand ein größeres Projekt, ein schöpferisches Werk an. Normalerweise wäre ihr die Erledigung zu Hause leicht gefallen. Nur jetzt durfte sie nicht erwarten, stundenlang ohne irdischen Gesprächspartner in der leeren Wohnung dafür die nötige Konzentration aufbringen zu können. Sie beschloss, nochmals ein paar Tage freizunehmen und sich in einem Hotel versorgen zu lassen. Vorteilhaft wäre ein Hotel, das nach kurzer Autofahrt leicht erreichbar ist. Geschützt durch das Auto wollte sie auf der Reise dorthin mit sich allein sein. Durch ihre Hypersensibilität wurde sie wieder zu einer Gehäuteten, einer Schutzlosen, wie in der Jugend. Ulrike lud sie ein, ob sie nicht unter den Fittichen ihrer Familie Erholung wolle. Aber sie musste ablehnen, schon die lange Zugfahrt wäre ein Problem geworden. Verstanden die Verwandten diese Schutzlosigkeit? Nein, das war unmöglich, innerhalb des Familiensystems lebte jeder seine Rollen. Johanna hatte zur der ihrigen Rolle gar keinen Abstand, intuitiv wählte sie das Richtige, um keine Kraft nach außen zu verlieren. Sie wählte ein Hotel an einem See, dort war für Verpflegung, Massage und Schönheitssalon gesorgt. Sie lag auf der Liege am Swimmingpool des Hotels und sah auf die majestätischen Berge. Hier war sie tagsüber frei von vergangenen Mustern, am Abend meditierte sie über ihre Trauergefühle. Sie lobte sich selbst für die raffinierte Idee, denn in der Bilderbuchlandschaft konnte sie sich im Rhythmus des Betriebs auf ihr Projekt konzentrieren und ihre Meditationspraxis ausüben. Das hatte sie wirklich gut für sich entschieden, so wie jeder nach solch einem Trauma liebevoll mit sich umgehen sollte. Ihre ungewöhnlichen Verhaltensweisen hatten zu Missverständnissen geführt, die Familienangehörigen reagierten beleidigt auf den Rückzug. Von außen gesehen verhielt sie sich einfach nicht mehr ›normal‹. Johanna war eine Trauernde mit abgezogener Haut, ihre unsichtbare Behinderung kam hervor, nur bewusster als in der Kindheit. Die Reaktion Ulrikes und das viele Meditieren der Schwester passten nicht zueinander. Sicherlich wäre ein kurzes Zusammensein mit vertrauten Menschen gut gewesen, aber längere Zeit der Anpassung hätte die Witwe überfordert. Sobald sich die Trauer in ihr ausbreitete, musste diese Gemütsbewegung Platz haben, den Raum gab ihr allein die Kontemplation, dazu war die Möglichkeit des ungestörten Rückzugs nötig. Durch ihr Leid erkannte sie das Prinzip der nun schon länger andauernden Meditationspraxis: Unerträglich quälende Gefühle nahm sie in die Stille hinein und beim Konzentrieren auf ihr Meditationssymbol oder Achten auf den Atem verlor sie das Zeitgefühl. Die schweren Trauergedanken lösten sich zunehmend wie Gewitterwolken auf. Für diesen Reinigungsprozess setzte sie sich nieder, ohne zu ahnen, was passieren würde. Manchmal konnte sie dann feststellen, dass sich die bleischwere Trauer in Tränen auflöste. Später, nach Ablauf einer Dreiviertelstunde, fühlte sie wohlige Geborgenheit um sich. In den Kontemplationen nach einem rituellen Einstieg redete sie öfters mit Peter, die Vergangenheit betrachtend. Wichtig war ihr, keine Vorwürfe entstehen zu lassen. Im Bewusstsein sah sie sein Bild vor sich, manchmal voller Freude, hin und wieder begann sie zu weinen. Die Bilder in ihrem Kopf vermittelten ihr, hier war etwas in ihr grundlegend anders geworden. Der Schmerz führte sie zu einem reinen Liebesgefühl für ihn. Die Meditationen stützten den Tagesablauf. Mit zunehmender Gewohnheit wurde jede Übung ein neues Erlebnis. ›Zengeist ist Anfängergeist‹ hieß das Buch von Shunryu Suzuki aus der frühen Studentenzeit. Damit war gemeint, der Suchende soll sich nicht durch den Glauben ›Bescheid zu wissen‹ vom augenblicklichen Erleben abhalten lassen. Die Versenkungen begannen zwar immer gleich, doch dann führten die quälenden Gedanken über die

Achtsamkeit in die Gegenwart, jeder Moment war neu. Mit der Zeit stellte sich ein Glücksgefühl ein. Ein Jahr später erhielt sie eine Bestätigung:

»Eure Beziehung ist nach dem Tod besser geworden als im Leben auf der Erde.« Woher wusste das englische Medium Lorette von den vielen Gesprächen? (August 1998)

Es war November geworden, da fasste Johanna Mut, nach vier Jahren das ihr bekannte Medium Frau Brunner zu konsultieren. Sie wollte die vergangenen Geschehnisse mit ihr besprechen. Die mediale Dame begrüßte sie freundlich, ganz wie sie das von einst gewohnt war. Sie ging ihrer Klientin in das karg eingerichtete Besprechungszimmer voraus und wie früher saßen sie sich mit Abstand gegenüber. Im Laufe des Gesprächs kam sie mit ernster ruhiger Stimme auf die vergangenen Wochen zu sprechen: »Ihr Mann wartete auf Sie, um mit dem nächsten Impuls seinen Körper verlassen zu können. Durch Ihre Reise haben Sie beide die Umklammerung aufgegeben. Ihre Abwesenheit hat ihn sehr verletzlich gemacht. Sie, seine Partnerin, haben ihm gefehlt und niemand war für ihn da, der mit ihm durch die schweren Stunden gegangen ist. Er musste erleben, was es heißt, Sie loszulassen. Aber er sagt mir auch, nicht aus irdischer Sicht, sondern im höheren Sinn, war dieser Zuwachs an geistiger Entwicklung für ihn das beste. Er ist innerlich gerne gegangen, für ihn hat es gereicht, es geht ihm besser, soweit er das sagen kann. Er wurde geholt, dieser Prozess hat circa zehn Monate zuvor begonnen. Wären Sie da gewesen, hätten Sie Störung hineingebracht, tu das, tu jenes, er vertraut immer noch auf Sie. Deshalb tut ihm jedes Gespräch gut. Ermutigen Sie ihn, er soll seinem Engel folgen. Ich sehe ihn auf einer Wiese,« erklärte das Medium. Das Gespräch konnte Johanna annehmen. In ihrer Vorstellung und in Träumen begegnete sie Peter in Berglandschaften, die nicht zu den erlebten Reisen passten. Frau Brunner fuhr fort: »Seine Wahrnehmung wird geschult. Er bekommt Selbstvertrauen, dem zu trauen, was er wahrnimmt. Sie helfen ihm die Bemühungen und Empfindungen zu klären, damit beschleunigen Sie eine Entwicklung an dem Ort, wo er jetzt ist. Er findet den Willen wieder, den er auf der Erde nicht mehr hatte. Dort hat man von ihm nur gefordert, als Folge räumte er anderen mehr Macht über sich ein und begann sich damit zu überfordern, es den anderen recht zu machen.

Ihm fehlte das tiefere Verständnis für sich selbst.« Johanna war verblüfft, woran sie Peters typische Lebenseinstellung erkennen konnte. Sie fasste Mut, um ihr Hauptproblem anzusprechen: »Ich mache mir selbst große Vorwürfe ihn allein gelassen zu haben.« »Das sind Schuldgefühle, die helfen niemandem. Es ist vorbei, er ist jetzt in einer anderen Welt. Seien Sie beruhigt, er ist durch die Hilfe der Geistigen Welt und mit Ihrer Unterstützung auf einem guten Weg.« Wollte das Medium sie trösten? Jeder normale Mensch würde jetzt sagen: ›Sie ahnt, was die Frau hören will. Verständlich, der Frau nicht mehr Kummer zu machen. Diese Zweifel kann jeder nachvollziehen!‹ Das Medium beschrieb seine vergangenen Tage: »Er war sehr einsam. Einerseits wollte er Sie nicht belasten, andererseits wollte er Sie um sich haben. Er vertraute sich niemandem an. Im Krankenhaus hatte er Kontakt, da war er nicht mehr allein! Nur jetzt soll er wieder mit seinem Helfer gehen, aber er schaut zurück, er möchte noch etwas in Ordnung bringen. Er möchte Ihnen für die gemeinsame Zeit danken. Da er nur auf Sie hört, wäre es für ihn sehr gut, wenn Sie ihn ermutigen würden, seinen Geistigen Helfer zu bitten, ihn in die nächste Ebene zu führen. Sie müssen verstehen, diese Stufen Ihrer Entwicklung gehen Sie gemeinsam, nur jeder in seiner Welt.« Frau Brunner streute Kenntnisse ein, die ihr unbekannt waren. Das linderte Johannas schmerzhaften Blick auf die Wochen ihrer Abwesenheit. Ähnliches nahm sie auch in einer Aussage eines englischen Mediums wahr (August 1998): »Als er starb, war er erstaunt, dass er sich nicht tot fühlte. Er glaubte noch nicht an dieses Leben, und er hatte Angst von dir getrennt zu werden. Er dankt dir, dass du ihn hast gehen lassen, mit deinem Willen hättest du ihn noch länger in diesem Stadium gehalten.«

Der Besuch bei Frau Brunner fand knapp zwei Monate nach seinem Tod statt. Neben all dem Tröstlichen hörte sie immer wieder den Satz, der in ihr wie ein Widerhaken quer lag. »Sie sollten ihn bitten seinem Helfer zu folgen, ihn weiter zu führen.« Damals standen er und sie am Anfang ihrer Entwicklung. Sie vermutete, dass die Ansicht von erdnahen Geistern während seiner Lebenszeit irritierend auf ihn gewirkt hatte. Damals wusste sie nicht, dass der Wunsch von der Seele ausgehen musste, in die nächste geistige Ebene geführt zu werden, um sich im transzendenten Licht weiterzuentwickeln. In der Geistigen Welt gilt der freie Wille, das heißt die seelische Entwicklung zuzulassen. Nach zwei

Stunden Beratung verließ die Witwe sichtlich erleichtert das Medium. Sie erfuhr eine wohltuende Bestätigung für die Gespräche in der Meditation, ab jetzt wollte sie gezielter seine Befindlichkeit ansprechen. Johanna behielt die früheren Besuche für sich, Frau Brunner hatte viele Klienten und erinnerte sich nicht an die früheren Konsultationen. Das Gespräch hörte sie sich bei vielen Autofahrten immer wieder an. Dankbar hörte sie, wie es ihm erging. Typisch für ihn, er konnte als einsamer Mann niemanden um Hilfe bitten. Den Satz »Schuldgefühle helfen niemandem, es ist vorbei« würde sie ab jetzt wie ein Messer hervorholen, um die quälenden endlosen Gedanken zu durchtrennen. Denn sie gab sich nicht so sehr wegen der USA-Reise die Schuld an seinem Tod, sondern vielmehr, weil sie sich vor über einem Jahr zur Veränderung aufgemacht hatte. Ihr tat gut, mit jemanden über das Leben nach dem Tod zu sprechen. Das linderte Johannas Schmerz zunächst, dann kamen wieder Zweifel, dann wieder Schmerz.

Ein anderes Buch, das sie von der USA-Reise mitgebracht hatte, stammte von dem bekannten Sterbeforscher Moody: »Begegnungen mit Verstorbenen«. Beschrieben wird darin die Anleitung für ein Psychomantheum. Dazu baute sie in einem Extrazimmer in ihrem Zuhause einen kleinen dunklen Raum auf. Das Prinzip sieht so aus: Er besteht aus schwarzen Vorhängen, die um einen Sessel von der Decke herabhängen. Ein Spiegel steht so vor einem Sessel, in den man sich hineinsetzt, dass man sich selbst dabei nicht sitzen sieht. In der Reflexion erblickt man die Vorhänge hinter dem Kopf. So sieht man wie in einen großen Rückspiegel, der nur die schwarze Vorhangwand zeigt. Unten, hinter dem Sessel, beleuchtet eine zart gedämpfte Lampe den schwarzen Stoff. Die kleine Zelle hilft die eigene Energie zu bewahren, so kommt es dort im bequemen Stuhl sitzend zu einer Entspannung. Meditierend in die gleichmäßige Dunkelheit des Spiegels schauend soll es die geistige Wahrnehmung verbessern. Für Johanna war besonders, dass sie hier mit aller Liebe Gespräche führen konnte. Das Psychomanteum wurde eine Zeit lang ihr Trauerraum, der Geborgenheit gab. Aber die gewünschten Phänomene nach Moody stellten sich für sie nicht ein.

Inzwischen war das Programm des englischen Colleges eingetroffen. Johanna hielt das Heft in den Händen. Hier sollte sie also ihre Medialität weiterentwickeln können? Den Inhalt des Programmheftes, die darin verwendeten Benennungen, musste sie erst noch verstehen lernen. Einiges blieb rätselhaft, ihr blieb nur übrig, so etwas zu ignorieren und passend zu ihren Terminen die Wochen zu buchen. Der erste Kurs begann am nächsten Osterfest, danach weitere Wochen verteilt vom Frühsommer bis in den Herbst hinein. Auf einen Kurs war sie besonders gespannt, den bei der Engländerin, die das Bild von Michael-Benjamin gefertigt hatte.

Johanna erhoffte sich, dass sie ähnlich wie in Annas Kursen Austausch mit Gleichgesinnten und die Wahrnehmung innerer Bilder trainieren könne. Hoffentlich wäre sie fähig, den Anforderungen des Colleges gerecht zu werden. Aber waren das nicht ein bisschen zu viele Kurse? Das war typisch für Johanna, war sie von etwas gefühlsmäßig überzeugt, dann zog sie alles bis zum Ende durch, damit sie Gewissheit bekam. Soweit die geistige Seite ihres Lebens, nur der übrige Alltag, der lief wie hinter einer Glasscheibe ab. Am liebsten saß sie bei Menschen, die Wärme und Geborgenheit ausströmten, solche, die sie akzeptierten, ohne ihr Selbstbezogenheit oder Egoismus vorzuwerfen. Sie lernte ein körperliches Gefühl kennen, das bewirkte, Neugier von wahrem Verständnis trennen zu können. Es schnürte ihr einfach die Kehle zu, wenn sie nichts mehr zu sagen hatte. Ein Telefonat, ein Gespräch, das ihr nichts brachte, wurde schnell und stumm beendet. Ein untrügliches Gefühl, das ihr seither erhalten blieb. Nach außen bewahrte es vor unkalkulierbaren Äußerungen. Wurden die Trauer und die Selbstvorwürfe unerträglich, setzte sie sich ins Auto und hörte auf der Fahrt die Kassetten von Frau Brunner an. Nachts half ihr Sogyal Rinposches Buch zum Thema Sterben oder sie hörte die beruhigende Stimme von Sylvia Wallimann auf Kassette, um einschlafen zu können. Die Schuldgefühle zu Peters Tod überfielen sie immer wieder, seine Einsamkeit davor und die Ereignisse, die dazu führten. Sie blieb dabei, ihre Meditationen zu festgesetzten Zeiten durchzuführen, am schönsten war morgens in der Kälte die Meditation auf dem Balkon mit Blick nach Osten. Intuition und weil ihr das guttat, hatte sie dazu bewogen. Später sagte jemand in einem Seminar, dass dies aus buddhistischer Sicht hilfreich für die Seele sei. Dieses Verhalten wurde später in England aufgegriffen:

»War es kalt, als er starb?« »Nein, aber um meine Trauer auszuhalten, saß ich in den Morgenstunden oder nachts zur Meditation auf dem Balkon, dabei trug ich einen Fellmantel, um nicht zu erfrieren.« »Das muss ihn beeindruckt haben.«(August 1998)

Wenn es die Zeit zuließ und ein Gespräch die bessere Lösung war, gab es einen Ort, an dem sie sich immer willkommen fühlte: Die Weinstube, die ein zweites ›Zuhause‹ für sie wurde. Dort ging sie hin, hier ließ man sie sein, wie sie war. Verständnis für Leid strahlen eben nur die Menschen aus, die es selbst tief durchlebt haben. Das Mitgefühl wird dann als Geborgenheit spürbar.

Arnold hatte eine Lehre aus seinem Crash gezogen, er war zum Segelfliegen übergewechselt. Jetzt zum Ende ihres Schicksalsjahres befand er sich gerade in Australien zum Fliegen. Johanna betete jeden Tag für ihn. Sie wusste, sein Horoskop war angespannt. Nach seiner Rückkehr telefonierten sie miteinander: »Arnold, Gott sei Dank, du bist heil zurück!« »Ja.« »Ich habe große Angst um dich gehabt.« »Das habe ich gespürt, aber mir ist nichts passiert. Aber am letzten Tag vor meiner Abreise sind zwei Flugzeuge ineinander geflogen. Einer der Piloten war geblendet durch die tiefstehende Sonne. Sie sind beide ums Leben gekommen. Das musste ich mit ansehen!« Träumte sie oder stimmte das? Wieder so etwas, das man keinem erzählen konnte. Den einen ist es zu unbedeutend, das verletzt, die anderen können nichts darauf sagen, das verletzt. Der gesunde Mensch würde sagen, da hat er aber Glück gehabt.

5.6 Traumgesichte zeigen die Zukunft und Träume die Gegenwart.

»Violette, setz dich zu uns, hier ist ein Freund aus der Antike.«

»Artemidor ist der irdische Name, ich war Traumdeuter. Für meinen Sohn, der diesen Beruf übernehmen wollte, schrieb ich die Berufserfahrung in einem großen Werk nieder. Ich muss sagen, mir fiel das Schreiben nicht leicht. Ich führte in die Thematik ein und fügte viele Beispiele für den Umgang mit der Deutung an. Inzwischen freut mich besonders, welch kluge Leute die Schriften wiederentdeckt haben.«

Jaune: »Du siehst, wie wichtig es war, dass du dich zu der Schrift überwunden hast. Dein Werk wurde im 9. Jahrhundert ins Arabische übersetzt, später im Westen von Schopenhauer und Freud gelesen. Zurzeit wird es sogar neu verlegt.«

Artemidor: »Zunächst muss unterschieden werden: Verarbeitet der Traum den Alltag oder ist er ein Traumgesicht, das eine Handlung erleben lässt, die in der Zukunft liegt. Damals beim Schreiben war meine Befürchtung, dass die Menschen, denen jeder Zugang zur Mantik versagt ist, das als einen lästerlichen Umgang mit der göttlichen Ordnung ansehen. Nach langem Hin und Her stellte ich dann fest, welch gute Gründe für meine Schriften bestehen. Die Sammlung der historischen Träume, die Deutung, deren Erfüllung und den geschichtlichen Nachweis kann man den Wissenschaftlern vorlegen. Ich wollte aber den Sensiblen eine Auslegung für den eigenen Umgang mit ihrem Traumgesicht vorlegen. Denn für sie ist es wichtig, die Gabe zu erkennen, auch mit Respekt vor den Traumgesichten, die auf geniale Weise Eindrücke aus unserer transzendenten Welt vermitteln sollen.«

Artemidor von Daldis, 2.Jh, Das Traumbuch, S. 19f Schwabe Verag, 1965 Basel

»Du brauchst jetzt viel Kraft für dich!« Dieser Satz kam von Johannas liebenswerter Kollegin Waltraud, die durch Schicksalsschläge spirituell gereift war. Sie wurde ihr eine Stütze, die sie stets dort abholte, wo vielen Mitmenschen der Zugang fehlte. Die Lebensweisheit erhielt Johanna von ihr gleich zu Anfang ihrer Freundschaft. Sie hatten sich zwar oft gut unterhalten, aber durch das Trauma entwickelten die Gespräche mit Waltraud eine kostbare Hilfestellung. Arnolds Satz hörte sich etwas pragmatischer an, hatte aber ebenfalls eine Schutzfunktion: »Derjenige, der die Verantwortung übernimmt, fühlt sich hinterher immer schuldig, wenn etwas schiefgeht.« Das bestärkte sie, die Schuldgefühle als Teil der Rolle zu erkennen, die sie in ihrer Partnerschaft übernommen hatte. Marion war das Herzblatt! Sie konnte noch so beschäftigt sein, sie hatte jederzeit ein offenes Ohr und war für sie da. Mit ihrem Organisationstalent sorgte sie dafür, dass die Kartenrunde die Zurückgebliebene weiterhin miteinbezogen. Sie hielt zu ihr oder schwieg, wenn die anderen Sensibilität vermissen ließen. Johanna fehlte jedoch das Leben am See. Bis vor wenigen Monaten verbrachte die junge Witwe mit ihrem Mann viel Zeit in der Natur. Die regelmäßigen Ausflüge in die Tier- und Pflanzenwelt oder einfach nur eine gemeinsame Wanderung in den

Wäldern der Umgebung fehlte. Allein in einem Forstgelände spazieren zu gehen war ihr unheimlich. Waltraud hatte ein Ohr für ihre Nöte und verstand die heilende Wirkung, die vom Naturreich ausging, deshalb vereinbarten die beiden ein Plauderstündchen in einer Ausflugsgaststätte. Jede der beiden Frauen sollte von einem entgegengesetzten Ausgangspunkt für sich dorthin wandern. Sie machten einen Treffpunkt aus, saßen auf einer Bank vor der geschlossenen Gaststätte und redeten, bis es früh dämmerte. Den Rückweg in der Dunkelheit durch den Wald sollte jede allein antreten. Dieser Schritt war für Johanna eine große Überwindung. Sie gelang! Sie fasste von da an wieder Mut und vertraute auf die Sicherheit bei eigenen Wanderungen in der wohltuenden Umgebung. Sehr erstaunt erkannte sie: Das Leben veränderte sich.

Das hatte sie bereits im Frühsommer auf sich zukommen sehen. Nach acht Jahren verbrachte sie Weihnachten beim Skifahren. Ihre Familie und deren Freunde nahmen sie mit. Nur aus dem Familiengetriebe wollte sie sich heraushalten, sie quartierte sich unabhängig in einem nahen Gasthof ein. Sie erfuhr deutlich, dass die Schwester mit ihren Erfahrungen nichts anfangen konnte, Johannas Denkweise wurde belächelt. Das Programm diente der puren Erholung: Skisport, gutes Essen, meditieren, visualisieren, Vorträge in der nahen Sternwarte hören über Astronomie, von den Babyloniern bis in die Gegenwart. Lächelnd lernte sie die Sprachschöpfungen dieser Wissenschaft zu den Galaxien und schwarzen Löchern kennen. Nach solchen Vorträgen saß sie in der winterlichen Kälte im Schnee und schaute zu den Plejaden hinauf. Sie wusste nicht, woher der Brauch stammte, beim Sehen einer Sternschnuppe einen Wunsch zu flüstern, sie tat es aber trotzdem. Die Schlafprobleme verbesserten sich zunehmend durch mentale Übungen. Sie schlief und erlebte, dass in den Ferien jede Nacht von Träumen mit Peter begleitet war. In seiner ›Nähe‹ besprachen beide, wie unglücklich manches gelaufen war. Er kündigte ihr an, was sie nicht wissen konnte. Traum:

> »Er steht vor mir, er trägt ein rotes Hemd und sagt: ›Meine Mutter möchte dir Schmuck schenken.‹«

Die Symbolik des roten Hemdes war verständlich. Wieder heimgekehrt klingelte es und tatsächlich stand Peters Mutter vor der Tür. Johannas Herz schlug ganz schnell vor Aufregung, denn seit der Beerdigung hatte sie die alte Dame nicht mehr gesehen. Für die Besucherin schien es nichts Besonderes zu sein, die Witwe ihres Sohnes aufzusuchen. Sie hielt sich nicht lange auf, sondern zog nur eine schwarze Schmuckschatulle aus der Handtasche und überreichte sie Johanna. Nach wenigen Worten verließ sie schon wieder das Haus und die junge Frau stand verblüfft im Hausflur. Neugierig öffnete sie das Kästchen, aber das größte Geschenk bestand in der Bestätigung ihres Traums. Sie brach beinahe in Tränen aus. Vor ihren Augen glänzte ein goldenes Armband, in das Amethyste eingefasst waren. Was hatte seine Mutter, nach Monaten der Funkstille, dazu bewogen der Schwiegertochter dieses Geschenk zu machen? Johanna konnte es damals noch nicht recht verstehen, aber sie war ja erst am Beginn des Weges!

Das neue Leben voller Verpflichtungen hatte sich eingependelt, die Freundin Helga aus der Weinstube nahm ihr den Haushalt ab. Dadurch hatte sie am Abend regelmäßig Zeit für ihre ausgiebigen Meditationen, das blieb nicht ohne Auswirkungen. Ohne es wahrzunehmen, hatte Johanna durch ihre Träume ein neues Erkenntnisfeld betreten. Nach dem Aufwachen schrieb sie die nächtlichen Erlebnisse zuerst einmal auf. Johanna lernte, den nächtlichen Bildern, die ab und zu Kenntnisse einer ihr bisher verborgenen Welt übermittelten, zu vertrauen. In der Zeit zwischen Dezember und dem ersten Kurs im College wuchs die junge Witwe unbeeinflusst von gängigem Wissen in eine neue Wirklichkeit hinein. Nicht immer konnte sie alles einordnen, aber wertfrei notieren war möglich. Einige Träume:

> »Ich befinde mich in einem Zimmer mit vielen Menschen. Unser Denken und Wahrnehmen ist auf diese Welt ausgerichtet. Wir bewegen uns in diesem Raum, wenn jemand stirbt, dann geht er durch die Tür in den Nebenraum. Wir können Ihn so nicht mehr sehen, aber wir wissen, wir können nachts die Tür nach nebenan aufmachen.«

Später fand sie eine ähnliche Position in einem Gedicht von Michelangelo: »Ich bin nicht tot, ich tausche nur die Räume. Ich leb' in euch und geh' durch eure Träume.«

Einmal verabschiedete sich eine Nonne bei ihr, bei der sie sich Kassetten für Meditationen bestellt hatte. Ein Traum, der so viel Wirklichkeit hatte, dass er wie eine Reise in Erinnerung blieb.

»17.12.97. Bin auf dem Röschen-See. Dort schwimme ich von Nord nach Süd, beim Schwimmen kommt mir die bekannte buddhistische Nonne aus dem Allgäu entgegen, sie grüßt mich.«

Die Nonne war am 2. November gestorben, aber davon wurden ihre Anhänger erst am 7.1.1998 informiert. Auch Peter schien inzwischen vertrauter mit seinem plötzlichen Tod geworden zu sein.

»Peter will, dass ich sein Horoskop löse. Aber das habe ich nicht bei mir. Er sitzt da und hält meine Hände auf seine Wangen, er wollte gern mit mir weiterleben. An dem Abhang, an dem wir sitzen, graben wir gemeinsam eine Wurzel aus. Sie erwacht zum Leben, indem sie austreibt. Wir wissen beide, dass er gestorben ist. Er sieht schmaler und reifer aus. Zum ersten Mal seit seinem Tod sitzt er neben mir und dann vor mir. Er sagt dann: ›Meinen Tod hätte man höchstens aufschieben können.‹«

Die Symbolik der Wurzel deutet auf den Neuanfang hin, etwas Verborgenes wird blühen. Johanna wurde von einer Begegnung nach dem Ableben immer überzeugter, denn auch bereits verstorbene Bekannte begegneten ihr in den Träumen. Sie brachten dabei ganz persönliche Eigenschaften und Ansichten mit. Sie konnte die Gründe dafür noch nicht einordnen, aber das Bild des Jenseits verlor seine triste Ausrichtung. Zum Beispiel traf sie eine alte Bekannte und Peter in einem Speisesaal.

»Die vor drei Jahren verstorbene Frau eines befreundeten Studienkollegen setzte sich zu mir an einen Tisch, sie sah glücklich und einfach gut aus. Sie weiß, dass ich weiß, dass wir uns in der Transzendenz, auf der anderen Seite treffen. Zu Lebzeiten verbot sie mir, mit ihrem Mann so beunruhigende Dinge wie Hellsichtigkeit zu besprechen. Der Tisch ist braun, rustikal anmutende Stühle in einem Speiseraum (später wird Johanna erkennen, dass der Eindruck dem Speisesaal des englischen Colleges entspricht). Peter sagt mir, wenn ich will, gibt es etwas zu essen, sehr gute Küche! Ich wähle etwas aus. Peter: ›Ich würde es aufessen, wir sollen nichts zurückgehen lassen, der Koch ist so empfindlich.‹«

Das sollte der erste Hinweis auf den Küchenchef im College sein, denn der Koch entsprach wohl ganz Peters Leidenschaft für gutes Essen.

Weiter deutet das Beispiel darauf hin, dass sich die Seelen ihre ›Interessensverwandtschaften‹ suchen.

»Befinde mich hinter dem College, das ich in England besuchen werde, bin im Garten. Hier ist der Küchentrakt mit einer Tür zu den Bäumen, hohe Nadelbäume umgeben mich. Meine Befürchtungen, wie gerate ich nur hierher, werden besänftigt. Mir wird gesagt, hier gibt es einen Chefkoch, der sehr gut für uns sorgt. Dieser Ort hier hat mit Religion zu tun.«

Traum vom College

Diese Botschaft machte Johanna Mut, denn sie vertraute der Aussage der Geistigen Welt am Ort der Fortbildungen zurechtzukommen. Erst später, beim Besuch des Colleges, entdeckte sie, dass die Traumvorstellung einem Blick vom Garten auf den Küchentrakt entsprach. Was sie damals noch nicht wissen konnte, der Spiritualismus ist in Großbritannien als Religion anerkannt.

Im folgenden Traum sollte sie erfahren, dass es in der Geistigen Welt eine Art Einrichten im geistigen Leben gibt. Diesen Traum erzählte ihre Freundin Helga:

»*Peter winkte mir aus einem länglichen Haus mit Flachdach und vielen Fenstern zu. Dort würde er wohnen, dort sei alles sehr hell, er schaute mich ganz verschmitzt an.*«

Da erinnerte sich die Witwe, dass auch ihr zweimal ein solches Haus gezeigt wurde, dem sie aber keine Bedeutung gab, da es zu sehr dem Haus ihrer Eltern ähnelte. Sie hatte kein Verstehen signalisiert. Aber so wie es Helga beschrieb, sah es nach einem Bau wie auf den Kanaren aus. Peter hatte der Bekannten den Traum eingegeben. Er fand sich wohl in der Geistigen Welt besser zurecht und wünschte auch für sie ein besseres Leben.

»*Bereits drei Wochen nach seinem Tod sitze ich an meinem Arbeitsplatz. Peter sitzt mir gegenüber, er strahlt, als hätte er dort viel Sonne, wo er nun lebt, es ist anders, ich bitte ihn zu erzählen. Er bittet mich, nach Freunden zu suchen, die zu mir passen, Spaß zu haben. Er habe meine vielen Tränen gesehen. Wir seien zwar weit voneinander entfernt, aber seine Welt ist wie hinter einem Schleier. Die Verstorbenen können das Trennende zur Seite schieben, dann sehen sie, was los ist. Er sei noch nicht glücklich dort, aber er freue sich über seine Möglichkeiten. Mich erstaunt, wie ich zu ihm sage, er habe doch nun die Fähigkeit ›sich auf sich einzulassen‹. Er antwortet: Für ihn sei nichts gut, was ihn am Erleben hindert. Es werde aber alles so kräftig und stark um ihn, wie er es erleben will. Mir wurde dadurch gesagt, dass das eine Fähigkeit ist, die wir mitnehmen können beim Übergang: Das Erlebenkönnen!*«

Den Sinngehalt des Traums verstand Johanna. Peter war gleich nach seinem Tod um sie, er besuchte sie auch am Arbeitsplatz. Trotzdem verstand sie erst nach Jahren der Reife die Tragweite der Aussage.

Im nächsten Traum brachte Peter seine veränderte Sicht auf materiell ausgerichtetes Leben nahe. Bei diesem geistigen Ausflug sah sie alle Bilder in sehr intensiven Farben.

»*Ich sehe Peter in einer kleinen Stadt, voller farbiger Häuser, nach links geht die Verkehrsstraße auf eine freie Landschaft hinaus, dort kann man auf den bildschönen Abendhimmel sehen. Peter hält sich in einem Haus an dieser Straße auf, ich betrete den ebenerdigen Innenraum, es könnte eine Kneipe sein, er steht mir gegenüber an einem großen Tisch. Irgendwie ist diese Distanz von ihm gewählt und für ihn sinnvoll. Er erzählt mir, dass es ihm gut gehe, er nennt mir Namen von wohlhabenden Mitmenschen seines Lebens und meint, dass sie sehr verwundert sein werden, wie es hier ist. Dann bringt mich meine Begleitung zurück.«*

Diesmal zeigte er ihr sein Einleben in der transzendenten Welt und das vermittelte er ihr mit Freude.

»Peter begegnet mir in einer erquicklichen Gegend. Er steht vor mir, ich möchte ihn aus Vorsicht gar nicht anfassen: ›Du stehst vor mir und leuchtest, als wäre Sonne um dich!‹ Dränge ihn, mir schnell zu erzählen, wie er jetzt lebt. Er muss es mir erzählt haben, aber aus der Traumerfahrung durfte ich wohl nur die unbändige Freude mitnehmen und seinen Satz: Wenn er sich auf das einlasse, was er erlebt, habe er alle Möglichkeiten. Das hatte er mir schon einmal mitgeteilt, nur jetzt wiederholt er es und freut sich darüber.«

Intuitive Wahrnehmungen im Tagesbewusstsein waren für Johanna schwerer zu erkennen als in den Träumen. Im Alltag war sie sich nie sicher, was sie da wirklich spürte. So wagte Johanna an einem der Abende vor ihrer Abreise nach England, die Kassette mit den kanarischen Liebesliedern einzulegen. Ganz bewusst hatte sie diese seit der Beerdigung nicht mehr gehört. Sie fing an zu tanzen – sie tanzte – sie tanzten! Glücklicherweise wurde ihr diese etwas verrückt anmutende Tanzeinlage im Sommer nach vier Monaten bestätigt. (August 1998) »Da ist Musik, er sagt mir, dass ihr tatsächlich zusammen getanzt habt, ein schönes gemeinsames Tanzen, ich kann die Drehungen spüren. Er war bestimmt kein Tänzer, aber diese Zweifel möchte er dir nehmen. Es kann wunderbare Momente geben, wenn wir die Geistige Welt zulassen können.«

5.7 Die Freude der Geistigen Helfer

Jaune, Violette und Artemidor sitzen vereint im Austausch. Sie verspüren eine neue Energie auf sie zukommen. Es ist Iamblichos, der Nachfolger von Porphyrios an der Platonischen Akademie.

»Ich höre, dass ihr über die Kraft der Träume in der irdischen Welt sprecht.«

»Ja, Iamblichos, wir müssen mitansehen, wie unser Schützling seiner Gabe misstraut, wenn sie solche Traumgesichte hat. Ohne Unterstützung läuft sie Gefahr, ihre Gabe zu vernachlässigen, oder das Erlebte wird ihr mit gescheiten Worten ausgeredet.«

Artemidor schaut Iamblichos fragend an, ob der Philosoph eine Lösung geben könne.

»Bald bekommt sie Bestätigung. Ein Lehrer wird sie auf diese Besonderheit hinweisen. Ihr wisst, auch zu meiner Zeit musste ich vorsichtig sein, was man in Worte fasste. Porphyrios' Werke wurden bereits verbrannt, meine Philosophie wurde angegriffen, deshalb beschloss ich, behutsam zu sein. Ich ließ andere Denker meine Worte ausdrücken, erfand Pseudonyme für mich. In der Akademie wussten wir Bescheid, was die Leute nicht verstehen können, erschreckt sie. Den Anstoß gab mir Porphyrios durch den noch heute erhaltenen Brief an den ägyptischen Priester Anebo. Eine Idee war geboren. Ich erfand eine Autorität aus einem befreundeten Land, die meine Grundfragen argumentativ darlegte. Eine geschickte Strategie, man konnte mir keine Schuld geben, wenn die offiziell geduldete Meinung in Frage gestellt wird. Noch heute rätselt man über meine Bücher, ein paar haben überlebt. Vermittelt eurem Schützling die Kenntnis, einfach zu beobachten und zu sammeln. Sie wird sich an den schlafenden Propheten Edgar Case erinnern, dann entdeckt sie die Möglichkeit ganz ruhig und entspannt zu Bett zu gehen. Während der Körper dann ruhig im Schlafe liegt, bekommt er Anteil an der Gedankenenergie, die ihm die Zukunft verrät. Geht ihre Entwicklung weiter, ist der ruhige und klare Verstand im Wachzustand anstrebenswert. Mit der Zeit kann euer Schützling sogar ein Gefühl für die unterschiedlichen Eigenschaften der eingegebenen Gedanken bekommen. Spürt sie aber Unsicherheit im Bewusstsein, dann kann sie die Wachsamkeit auf die Zeit kurz vor dem Aufwachen fokussieren. Die Information kommt dann durch ein kurzes prägnantes Bild oder das Hören von Worten.«

Iamblichos, Über die Geheimlehren, III2, Theodor Hopfner, Georg Olms Verlag

Vor ihrem ersten Aufenthalt im College besuchte Johanna nochmals Frau Brunner. Der Grund waren die Sorgen um die Mutter, sie wollte im Gespräch ebenfalls überprüfen, was die Hellsichtige im Vergleich zum letzten Mal wahrnahm. Gleich nach der Ankunft versenkte sich das Medium und begann anschließend zu sprechen. Sie fasste zuerst den gegenwärtigen Lebensabschnitt zusammen. »Sie haben Erfahrungen gemacht, um für weitere Aufgaben reif zu werden. Sie möchten eine neue Wahrheit in die Welt bringen. Ich sehe Sie gerne auf dem Boden sitzen. Sie sind über eine Brücke gegangen, angetrieben von einer Wesenheit, die immer Verbindung zu ihnen hält. Sie haben viel Unterstützung von ihren geistigen Begleitern erhalten. Langsam setzen Sie ein Puzzlestück zum anderen. Inzwischen ist ihr Band zum Helfer fester geworden, eine neue Weisheit hat die enge Hülle durchgebrochen, wie eine Knospe. Unter Schock durften Sie die Hilfe der Geistigen Welt erfahren, so haben Sie die trennende Wand durchbrochen. Auch der Boden, auf dem Sie gehen, ist jetzt brüchig.« Erstaunlich, dachte Johanna, das war doch der Traum der vorherigen Nacht?

> »Ich befand mich in einem alten Haus. Der Boden unter mir hatte herausgebrochene Dielen, durch diese konnte ich auf einen darunter verborgenen Untergrund sehen. Trotz des desolaten Zustandes des Hauses herrschte eine freundliche Atmosphäre, wie am Meer und nach oben war der Blick frei in einen frühsommerlichen Himmel. Beim Aufwachen dachte ich, das ist der Grund, der mich bisher trug, jetzt ist er im Verfall. Der Blick nach unten und oben in diesem alten Haus tat sich auf und wurde weiter.«

»Gut, Sie erleben die Veränderung bewusst, dann wenn der Alltag zur Ruhe kommt. Ihre Entwicklung möchte ich Ihnen so erklären: Sie stehen vor einem Feld. Dorthin zu gelangen, das war bereits Ihr Wunsch vor Ihrer Geburt. Um diese Ebene zu erreichen, müssen Sie die untere Ebene durch Erfahrungen durchleben und zur Reife gelangen. Jetzt haben Sie sich in einem ›himmlischen Schulungssystem‹ angemeldet. Für die Welt ist das wichtig. Wann immer es jemand schafft, aus dem Leid sehnsüchtig himmlische Gesetze auf die Erde zu ziehen, ist das wie das Erblühen einer Seerose. Auch die muss aus dem Schlamm hinauf zur Wasseroberfläche wachsen. Darüber ist die Freude in der Geistigen

Welt sehr groß. Jetzt wird mir etwas gezeigt: Aus Sicht der Transzendenz sieht das lustig aus, es wird jemand hereingebracht auf einem einfachen Karren, er war Ihr Mann im irdischen Leben. Er soll nun in unsere Richtung sehen. Er möchte zuerst, dass sich seine Führung zu ihm setzt, denn dessen Stärke soll ihn bewahren nicht mehr hineingezogen zu werden.« Johanna erzählte Frau Brunner von einem dazu passenden Traum, einer nächtlichen Reise. »Ja,« bestätigte das Medium, »Sie haben sich im Traum getroffen, Sie sind zu ihm gekommen, er musste nicht zu Ihnen kommen, so hat er sich schneller entwickeln können. Jetzt kann er in dieser Ebene aufwachsen und in der kurzen Zeit hat er schon viel erreicht. Ohne Ihre Unterstützung hätte er alles ausprobiert, um mit Ihnen in Kontakt zu kommen. Das hätte eine langwierige Ablösung auf einer anderen Ebene bedeutet, aber so konnte er an der begonnenen Entwicklung dranbleiben. Sie haben sich gegenseitig Hilfe gegeben. Gute Gedanken sind Balsam, alles Liebevolle tut ihm gut, zugleich ist er sehr dankbar für den Ort, an dem er jetzt sein kann.«

Johanna war glücklich und hätte vor Freude aufspringen können. Ihre Meditationen, die Traumerlebnisse waren auch für Peter eine sinnvolle Hilfeleistung. Frau Brunner hatte den seelischen Fortschritt der beiden beschrieben und dass sie sich dies nicht einfach zum Trost ausgedacht hatte, wurde durch eine Aussage bei einem späteren Englandaufenthalt bestätigt: »Sie haben Gebete für ihn gesprochen, ihm damit sehr geholfen.« (Frühjahr 1999)

Nach ein paar weiteren Minuten: »Sein Helfer wird nun gerufen, ihm wird bedeutet, dass er jetzt wieder aufbrechen und mitgehen soll.« Dann unterbrach das Medium verdutzt: »Haben Sie ihm gerade etwas gesagt?« »Nein.« Frau Brunner fuhr fort: »Er sagt noch: ›Das ist eine wertvolle Idee, dass er für Sie etwas tun kann‹. Jetzt fällt es ihm leichter zu gehen, nachdem er erfährt, dass er auch Sie unterstützen darf, wenn er stabiler geworden ist.« Diese Ansicht zu teilen fiel Johanna aus ihrem gegenwärtigen Bewusstsein schwer. Sie musste den für sie nachvollziehbaren Zugang zu einer Philosophie, die die Gliederung der Geistigen Welt beschreibt, erst noch finden. Aber die Wittwe hörte durch das Medium, dass ihr verstorbener Mann gefragt wurde, ob er aus freiem Willen eine Aufgabe für seine Frau übernehmen möchte. Das hatte eine vertraute Ähnlichkeit mit den Begegnungen im Schlaf. Selbst für diese

›kleine Einzelheit‹ erhielt sie später, nach fünfzehn Monaten, eine weitere Bestätigung in England:

»Er ging in den Tod, aber er entschied sich dein Schutzengel zu sein. Er hat das gewählt, er wollte das, um ein Versprechen auszuführen. Ihr korrespondiert, wie wenn man in einem Dialog schreibt. Du fragst, er antwortet. Diese Kommunikation ist wunderbar, ihr arbeitet gut zusammen.« (Pfingsten 1999).

Doch bevor Johanna das Schweizer Medium verließ, musste sie nochmals ihr Erlebnis mit der englischen Dame klären, die ihr das College empfohlen hatte: »Vor Peters Tod haben wir eine Tutorin aus England getroffen. Sie zeichnete mir einen jungen Mann, der mich besonders gern bei meiner künstlerischen Arbeit begleitet. Er ist das ungeborene Kind meiner Schwester. Ich nenne ihn Michael-Benjamin.« Die Schweizerin lächelte und deutete an die Wand, dort hing im gleichen Stil von der Dame gezeichnet das Bild eines Helfers der Schweizerin. Sie besann sich und schaute dann wieder auf Johanna: »Das Eintreten in diese Welt war für diese Seele nicht gewollt, er hat etwas Ängstlich-Zartes an sich. Aber so konnte er sich mit Ihnen verbinden und Sie wissen jetzt, dass er da ist. Er ist immer mal wieder um Sie, wenn ihn Ihr Tun anspricht.« Damals bedauerte Johanna, dass er nicht hier leben durfte. Sie fuhr nach Hause, gestärkt von der Ermutigung, dass sie etwas Besonderes geleistet hätte, und dass Peter die Dialoge guttaten. Aber hörte sich nicht manches sehr fantastisch an? Glücklicherweise konnte sie die Mitschnitte der Gespräche mit Frau Brunner später nochmals anhören. Das Erlebnis war so ungewöhnlich, dass sie jedes Detail mit kritischem Bewusstsein hinterfragen wollte. Zunächst wollte sie bei dem bleiben, was sie durch Erfahrung gesammelt hatte, denn diese neue Dimension war schwer zu erfassen. Nur in Beziehung zu ihren transzendenten Traumreisen gelang eine Verknüpfung zu den neuen Kenntnissen. Diese Lebensphase enthielt noch eine witzige Episode. Für Johanna war es normal, dass sie eine Tasse Tee oder Kaffee trank, bevor sie unter Leute ging. In den USA waren die Hotelzimmer mit einer Kaffeemaschine ausgestattet, aber wie war das im englischen College? Sie wollte sicherheitshalber eine Maschine kaufen, nur ins Fluggepäck wollte sie kein Gerät mit zerbrechlichen Glasteilen einpacken. Zu Hause im Heimatort verspürte sie vor einem altmodischen Elektrogeschäft den Impuls hineinzugehen, um eine passende Kaffeemaschine ganz aus Plastik zu kaufen. Intuitiv war sie sicher, dort das Gesuchte zu finden. Die Verkäuferin am Tresen sagte, dass sie so etwas nicht hätten. Von ihrem Impuls überzeugt, sagte sie: »Sie haben doch nichts dagegen, dass ich mich umsehe?« »Natürlich nicht, schauen Sie sich um!« Der altmodische Verkaufsraum verteilte sich über drei Räume. Die überzeugte Kundin ging am Tresen rechts vorbei, in einen seitlich gelegenen Raum, sie schaute sich kurz um, bückte sich, sah den Karton, und als sie die Beschreibung las: »Ich glaube, ich habe das Passende gefunden.« Eine praktische Maschine, die Johanna noch heute auf Reisen benutzt. Zufall?

6 Ein College zur Entwicklung medialer Fähigkeiten

6.1 Ungewöhnliche Begegnungen

Die geistigen Freunde sind vereint und erzählen sich bekannte Geschichten aus der Antike.

»In der Antike zogen sich spirituelle Sucher gerne in eine Höhle zurück,« fährt Artemidor fort. Noch immer trägt er gerne das römische Gewand. »Eine solche Geschichte erzählte Plutarch. Als Apollo-Priester in Delphi praktizierte er ebenfalls Traumdeutung. Kennt ihr aus seinen Büchern den Mythos des Timarch?« Jaune und Violette schütteln ihr Haupt.

»Timarch wollte die Innere Stimme erfahren. Er wurde neugierig, als er von dem Daimonion des Sokrates erfuhr. Er zog sich in eine Höhle zurück und hatte bald einen Körperaustritt. Er hörte plötzlich eine Stimme, die ihn fragte, was er wissen wolle. Diese zeigte ihm von Ferne die Welt des Hades, des Gottes in der unsichtbaren Welt. Er war auch Bruder des Zeus und Partner der Persephone. Er zeigte auf den Styx, den Weg in den Hades. Timarch sah sich im Beisein der Stimme um, da wurde er der vielen Sterne gewahr, obwohl er sich noch in der Höhle befand. Hinter den Sternen verbergen sich die Daimonen. In harmonischen Bewegungen zogen sie ihrer Wege, aber nicht alle Schützlinge lassen sich von ihnen führen, erklärte die Stimme. Nach zwei Nächten kam Timarch aus der Höhle zurück. Plutarch erzählt weiter, dass die Geschichte von einem Pythagoreer namens Theanor eingeordnet wurde. Das heißt, von jemandem, der die strengen Aufnahmeregeln für diese Gemeinschaft bestanden hatte. Dieser verrät den Fragenden, dass auf diese direkte Art nur solchen Menschen geholfen wird, die frei von Affekten sind und zu denen gehört Sokrates. Für die anderen inkarnierten Menschen braucht es die Daimonen. Diese Mittler zwischen der göttlichen Ebene und ihren Schützlingen haben ein Problem, wie die Geschichte zeigt: ›Die meisten haben nur im Schlaf ein Bewusstsein für solche Wahrnehmungen. Sokrates konnte sein Daimonion im wachen Zustand erleben.‹«

Klaus Döring, file: PlutarchOCRseA2.pdf; Wilfried Eisele, Ein unerschütterliches Reich; Plutarch, ›de genio Socratis‹ Kap. 20–24, Timarchmythos; Plutarch über Dämonen und Mantik von H. v. Arnim, Johannes Müller, Amsterdam 1921

Von diesem College konnte sich Johanna keine Vorstellung machen. Durch geschäftliche Reisen mit Arnold war sie mit dieser Gegend vertraut geworden, sie konnte trotzdem nicht wissen, welche Ereignisse sie im College erwarteten. Nur die vorläufigen Träume zu diesem Thema sollten sie wohl beruhigen, wie z.B.: »Der Koch des Hauses«. Heute könnte man kurz im Internet nachsehen. Das war damals noch nicht so weit verbreitet. Außer einem Logo verriet der Kursprospekt nicht viele Informationen, was dort an Ostern auf sie zukommen würde. Sie wusste nur das Thema: eine Trancewoche! Zu Trance kannte sie die Sicht von Ethnologen: sich in Trance tanzen. Nun, wenn es hilft, dann würde sie auch das tun.

Thea sprach mit ihr am Abend vor ihrem Abflug: »Ich wäre gerne mitgekommen, vielleicht klappt es ja beim nächsten Mal.« Johanna fragte die Freundin: »Meinst du, du kommst mit der Sprache zurecht?« Thea seufzte: »Ja, ich weiß, unsere Frau Hagen hat es mir immer gesagt, ich solle dringend Englisch lernen!« Die Jüngere fragte interessiert nach: »Glaubst du, die Möglichkeit, das College zu besuchen, war der Grund?« »Ich kann es nicht sagen,« antwortete Thea. »Du musst mir auf alle Fälle alles erzählen, wenn du zurückkommst.«

Der Weg dorthin zu den Kursen war für Johanna seit August des vorherigen Jahres festgelegt. Ihre Fähigkeiten waren durch Anna auf den Weg gebracht worden. Durch Peters Tod hatte sie die finanziellen Mittel aus einer Lebensversicherung erhalten. Das Zuhause war leer, was hielt sie? Bis zu diesem Zeitpunkt glaubte sie an eine geschickte Fügung: Die englische Dame habe ihr vor Peters Tod einen Ort genannt, der ihr weiterhelfen würde.

Dann nahm die Reise ihren Lauf. Im Flugzeug blieb der Platz neben ihr leer. Dem Taxifahrer nannte sie das Ziel. Es war eine überraschend kurze Fahrt zum Anwesen, einem typisch englischen Schloss in Backsteinbauweise. Vor ihr stand die Fassade, eine dreigeschossige, nüchterne symmetrische Eingangsfront mit Kiesauffahrt. Sie sah vor sich eine Menge Giebel, über den Fenstern Gesimse und Kamine. Nun stand sie dort, benommen von den Eindrücken des Empfangsraums und schaute neugierig auf ein paar Abreisende und Angereiste. Sie hatte es im März geträumt:

»Fliege nach London, gehe dort durch Straßen, gehe durch ein Maisfeld, so wie es immer in der Nachbarschaft des Sees angepflanzt wurde. Dann komme ich vor dunkle Mauern (wie ich sie später im englischen Schloss aus Backstein sehe, dort gab es eine Mauer um den Eingangsbereich). Jemand zeigt mir den Eingang, dann gehe ich in das Haus, in dem gibt es verschiedenes Leben, religiöse Gespräche. Betrete einen Raum voller Menschen, in meinem grünen Kleid fühle ich mich dort sehr unwohl, deshalb kaufe ich in der nahegelegenen Stadt ein schönes langes Leinenkleid in Beige. Mit dieser Anschaffung mache ich mich wieder auf den Rückweg. Durch das Dickicht geht der Weg zurück ins Schloss. (Auch das entsprach der späteren Wahrnehmung, vom nahegelegenen Dorf gingen zwei Wege zum Schloss, einer davon war von Büschen und Bäumen zugewachsen). So angezogen fühle ich mich wohler. Dort wird mir eine Tasse Tee angeboten.«

Es war nicht üblich am Empfang, aber Johanna muss angespannt gewirkt haben. Daraufhin fragte die Dame an der Rezeption: »Would you like to have a cup of tea?« Sie lehnte lächelnd ab, denn die Angestellte hatte viel mit dem Aus- und Einchecken zu tun. Hier war sie richtig! Sie meldete sich an, erhielt ihre Zimmernummer und fuhr mit dem Fahrstuhl, der nicht ganz so alt wie das Schloss war, hinauf zu ihrem Stockwerk. Sie räumte sofort ihr Gepäck in den Schrank und betrachtete voller Genuss das typisch englische Blumendekor auf den Stoffen. Als sie sich kurz ausgeruht hatte, stand sie neugierig auf. Sie wollte das Gebäude kennenlernen. Sie sah Gemälde und Fotografien an den Wänden, entdeckte Gänge, deren logische Anlage sich ihr entzog. Eigentlich war sie bald sehr verwirrt. Hatte sie so etwas Schönes verdient? Äußerlich in Designerkleider gehüllt, innerlich eine Unerfahrene, die eine Reise in eine ›Göttliche Komödie‹, frei nach Dante, gebucht hatte. Sie hatte sich verlaufen! Bei ihrem Orientierungssinn eigentlich eine Seltenheit. So schnell kann man hier verloren gehen? Wie sollte sie hier wieder herausfinden? Sie dachte nach, dann klopfte sie an eine Zimmertür. »Hallo?« Es war das Zimmer von zwei Damen aus Schottland: »Bitte, können Sie mir helfen, ich bin hier verloren gegangen, können Sie mich zu meinem Zimmer zurückbringen?« »Lass mich sehen, was auf deinem

Schlüssel steht. Das Zimmer werden wir gleich finden. Mein Name ist Janette!« »Mein Name ist Johanna, es ist das erste Mal, dass ich hier bin.« Janette lächelte: »Du bist verloren gegangen? Wir kommen immer wieder hierher. Für mich brauchte es viele Erlebnisse, die mich Vertrauen lehrten, jetzt komme ich zur Weiterbildung her. Ich zeige dir dein Zimmer. Wir werden uns nachher um 16 Uhr in der Halle treffen.«

Erst später erkannte sie die Systematik des viktorianischen Landsitzes. Neben dem Haupteingang befanden sich links die Büros und der Küchentrakt, nach rechts kam man zum Eingang, zur Halle. Dort überraschte ein großer kreuzförmiger Raum von sechs Metern Breite und über fünf Metern Höhe. Eine kostbare weiße Stuckdecke bildete den Deckenabschluss. Eine prunkvolle Holztreppe schloss sich links ins Obergeschoss führend an. Jedes Ende der Halle ermöglichte nach Süden und Westen einen Blick in den Garten, einem Park. In jedem äußeren Eck des großzügigen Ganges befand sich ein Herrschaftsraum, so konnte man dieses Gartengeschoss als eine großzügige Beletage ansehen. Die anschließenden Räume waren sehr hoch, sehr groß mit stilvollen Fensternischen, dort fanden die Seminargruppen statt. Im Nordwesten befand sich die Bibliothek, südwestlich der Grüne Salon, nach Süden mit Blick auf den Park der große Rote Salon, daran angeschlossen der Blaue Salon. Von da an nach links, Richtung Osten, in einem zugebauten Innenhof, der Speisesaal, der Küchentrakt, der wieder an die Büros anschloss. Blickte man vom Park auf die Gartenfront, dann war rechts ein großer Wintergarten angebaut.

Nach und nach sollten mehr Gäste in der Halle eintreffen. Dort, auf einem Holztisch, war Tee für die Anwesenden bereitgestellt. Fragebögen lagen aus, die der Seminarleitung helfen sollten, die Teilnehmer in die richtige Gruppe einzuteilen. Sie las, aber verstand manchen Inhalt gar nicht. Sie sah sich um, mit Kennerblick sah sie den Unterschied in der Kleidung. Kam eine Frau, wie die meisten Besucher, aus England, dann hatte sie lange, schöne, etwas verspielte Kleidung an. Plötzlich sah sie jemanden, der anders wirkte, eher sportlich, so wie sie. Sie sprach die junge Frau an. »Kannst du mir etwas erklären, manche Begriffe sind mir fremd?« »Wie kann ich dir helfen?« Sie kamen ins Gespräch miteinander. Am Akzent hörte Johanna, woher sie kam, wie der Zufall es wollte, hatte sie bei dem Schweizer Medium Frau Brunner gelernt. Wie klein doch die Welt ist! Die junge Frau half Johanna, ihre persönlichen Fähigkeiten in einem Fragebogen zu Papier bringen. Jedoch das Wort ›Trance‹ blieb erst einmal Neuland für sie. Sie konnte abwarten, es gab so viel, das auf sie einwirkte. Sie wollte ihre Nerven beruhigen und begann einen kleinen Spaziergang durch den Park. Sie sah die alten Bäume, auch Redwoods, also Küstenmammutbäume, die sie aus Kalifornien kannte. Sie verbreiteten eine ehrfürchtige Stimmung. Johanna fragte sich, wie alt sie wohl waren. Dann entdeckte sie den Wintergarten im Stil des 19. Jahrhunderts. Solche Ansichten hatte sie früher auf wandfüllende Leinwände gemalt. Dieser große Raum war zum Versammlungsort, Sanctuary genannt, umgebaut worden, das konnte sie an den Stuhlreihen sehen. Sie ging hinein, setzte sich dorthin und schaute nach Westen dem Sonnenuntergang zu. Zwischen den alten, noch fast blattlosen Bäumen dort auf einer Weide grasten Pferde, von einer niederen Sandsteinbalustrade abgegrenzt – eine Idylle vor dem vielfarbigen Abendhimmel. Sie fühlte sich glücklich und die Zeit bis zum Abend verflog.

Hier in England begann ein weiterer Heilungsprozess. Keiner kannte den Lebensverlauf der Witwe. Das Englisch, das sie sprach, hatte einen ausländischen Akzent, aber woher sie kam, war den anderen Mitstudenten unklar, ihre Person reihte sich in eine große Gruppe ein. Geräusche von aufgeregten Stimmen drangen vom Schwarzen Brett, das neben dem Speisesaal hing. Neugierig ging sie einen schmalen Gang entlang, bis sie eine ›Traube‹ von Menschen aller Altersstufen sah. Die Gruppeneinteilungen mit höchstens zehn Teilnehmern waren ausgehängt, so waren die achtzig bis hundert Besucher inzwischen eingeteilt worden. Auf einem Zettel befand sich auch Ihr Name zwischen englischen, aber auch deutschen, oben drüber ihr zugeteilter Tutor. Es klingelte und sie wurden in den Speisesaal gebeten. Dort saßen sie jeweils zu sechst zusammen an schönen dunklen Holztischen zum Dinner. Sie saß gemeinsam mit Nora, einer Deutschen, den beiden schottischen Frauen vom Nachmittag, John aus Dublin und Mary. Wie zu Beginn jeder Seminarwoche stellten sich der Koch und seine Belegschaft samt dem bedienenden Personal vor. Wie in einem alten Grandhotel hatten sie ihre Kochmützen auf, das Personal war in Schwarz-Weiß gekleidet.

Die stilvolle Kleidung unterstützte die jungen Leute bei der Lehre als Servicekraft. Für Johanna war das Essen sehr gut, der Koch war ebenfalls Vegetarier und konnte, wie in ihren Träumen angekündigt, sehr gut kochen. Nach dem Essen standen die Tutoren auf. Die Seminarleiterin stellte sie gemäß ihrer Funktionen, die sie in der spiritualistischen Kirche einnahmen, vor. Diese Frauen und Männer würden sie also in der kommenden Woche unterrichten. Besonders die Frauen hatten festliche lange Kleider an. Johanna erinnerte sich an den passenden Traum, den sie noch zu Hause hatte:

»*Ein Haus mit vielen Zimmern, wir gehen durch viele Räume, zwei Frauen tragen Abendkleider. Es war kalt und ich fragte sie, warum sie sich nicht wärmer anziehen, meine Art wäre es nicht, mich so zu kleiden.*«

Nach dem Abendessen folgte sie Nora zum ersten Treffen ihrer Gruppe. Dort in der Bibliothek trafen sie auf eine weitere junge Frau aus Deutschland namens Martina. Der Tutor hieß Lewis, er bat jeden der zehn Schüler um eine kurze Vorstellung. Fähigkeiten und persönliche Arbeitsweise zu vertiefen, war Sinn des Aufenthalts. Aber keiner sollte Biografisches mitteilen, damit die Erkenntnismöglichkeit für die zukünftige hellsichtige Arbeit nicht gestört würde. Der Tag war straff gegliedert. Der Morgen begann immer mit einer geführten Meditation eines Tutors. Nach dem Frühstück folgte das erste Seminar und danach die nächste Gruppenarbeit oder manchmal ein Vortrag. Die Medien waren dadurch vom Unterrichten befreit und hatten Zeit für Readings. Diese Struktur mit fünf Einheiten erstreckte sich über den Nachmittag bis zu einer letzten Veranstaltung nach dem Abendessen. Johanna war begeistert von der Struktur, denn so kam ein ganzer Arbeitstag zustande, aufgelockert durch die Pausen. Zu Hause übernahm sie für sich diese Einteilung, so gut es ging, weil man dem Körper und dem Denken die nötige Zeit zur Erholung gab. Am Abend konnte, wer wollte, in die Bar neben dem Wintergarten gehen. Dort wurde ganz normal am Tagesende noch ein Gläschen getrunken. Hier war es voll, laut und hier wurde viel gelacht, es gab Gespräche über Reisen, Bücher und Fußball. Hier war kein Platz für falsch verstandene Frömmigkeit. Es sah nach normalem Vereinsleben aus.

Vor ihrem geistigen Auge tauchten immer wieder Rosen auf, dann wieder orangefarbene Lilien vor türkisfarbener Wand. Solche Blumen hatten sie am See auf der Insel gepflanzt, sie wuchsen dort problemlos. Dieses innere Sehen am Tag war für Johanna ungewöhnlich, sie wusste damals noch nicht, wie das einzuordnen wäre! In der ersten Nacht im College träumte sie:

»In der Bar wartet ein junger Mann auf mich. Ein Schulhaus wird geöffnet. Über mir wird im Liegen ein weißes Dreieck hinweggeführt. Meine Chakren öffnen sich, diese neuen Wege soll ich aushalten. Ein Kind im Rollstuhl fährt ins Wasser. Das muss ich retten, alle (?) danken mir.«

War das ein erster Fingerzeig, dass Peter ins Wasser fiel, oder war das Sinnbild ihrer Behinderung? Die beiden deutschen Studentinnen sprachen gut Englisch, bedingt durch Studium und Auslandsreisen. Sie erklärten ihr Vieles bereitwillig. So erfuhr sie, dass sie sich hier im Zentrum des englischen Spiritualismus aufhielt, der in England als Religion gilt. Deshalb erlaubte man ihnen Heilung, ohne eine Diagnose zu stellen. Aha, dachte Johanna, also deshalb der Hinweis in meinen Träumen auf religiöse Gespräche. Aber ohne fließend Englisch in Ausdruck und Schrift wäre man hier schnell zum Problem für die Mitstudenten geworden. Man könnte während einer Vorführung nicht einfach übersetzen, oder vor der Gruppe in einer anderen Sprache sprechen. Das Nebengeräusch würde sicherlich als Störung empfunden. Martina sagte, für jedes anderssprachige Land gibt es Seminarwochen, in denen dann mehr Zeit für die Übersetzungen eingeplant wird. Bei Verständnisproblemen wurde man von Studienkollegen diskret darauf verwiesen. Oh je, wie würde sie das Thea beibringen, der sie so viel zu verdanken hatte? Würde sie allein herfliegen und ein Seminar auf Deutsch besuchen?

Johannas Gruppe hatte das Thema ›Developmentcircle‹, übersetzt ›Achtsamkeitsklasse‹. In dieser Woche sollte der Aufbau eines Trancekreises erklärt werden. Sie war zwar durch Anna mit diesen allgemeinen Kenntnissen vertraut. Hier fing jedoch etwas gänzlich Neues an, Medialität im Dienst für die Mitmenschen. Die Meditation, die Beobachtung der Gedanken, das war für Johanna selbstverständlich. Hinzu kam der Umgang mit Symbolen und den Bedeutungen, die man ihnen zuordnen konnte. Die Sinnbilder sollten sie für die mediale Praxis verinnerlichen. In weiteren Schritten ging es darum, durch Singen Klänge zu erzeugen und mit Düften die eigene Energetisierung zu erhöhen. Johanna notierte die Informationen, aber das Verständnis dafür kann man nicht erklären. Lewis gab weitere Tipps, was sie mit der Aura tun mussten, um mit den Lichtwesen besser Kontakt herstellen zu können. Das erinnerte an Annas Seminare, damals sollte Johanna ihre Aura ausdehnen. Dass ihr das missglückte, erfuhr sie übereinstimmend von den Mitschülern. Eine einprägsame Lektion, etwas das man nicht sehen konnte wurde von den Anwesenden beschrieben. Später gab Lewis einen Ausblick auf Trance: wie man einen Kreis aufbaut, wo wer zur Kräfteverteilung zu sitzen hat, welche Rolle Wasser und Blumen spielten. Sogar die Ernährung soll der Gesundheit zuliebe berücksichtigt werden. Johanna, die Anfängerin im College, hatte Glück, von den erfahrenen deutschen Frauen begleitet zu werden, sie fühlte sich an die Hand genommen. Am Sonntagabend wurde im Sanctuary eine öffentliche Feier veranstaltet. Die Gäste waren in Anzügen und schönen Kleidern eingetreten. Auch Fremde von weither waren zu Besuch. An der Eingangstür wurden sie begrüßt, Johanna erinnerte das an einen Gottesdienst, den sie geträumt hatte. Vorne im Querarm wie beim lateinischen Kreuz, dem Grundriss einer Kirche, saßen die Tutoren. Zuerst gab es ein Gebet, dessen heilende Gedanken überall dort hingesendet werden sollten, wo diese gebraucht wurden. Dann wurde kräftig gesungen, auch schöne fröhliche Popsongs, gefolgt von einem zweiten Gebet. Eines der Medien trat mit einer inspirierten Rede nach vorne, das heißt, sie ließ sich sprechen. Zum ersten Male in ihrem Leben sah die neue Studentin eine öffentliche Demonstration von Medialität. Ein Medium saß im Hintergrund auf einem Stuhl, irgendwie wirkte er in sich versunken, bis die Reihe an ihm war. Er trat nun in den Vordergrund, beschrieb jemanden aus der Geistigen Welt, den er auf der rechten Seite wahrnahm. Alter, Geschlecht, Charakter, ein besonderes Datum seines Lebens, Lebensumstände und den Grund seines Kommens wurden benannt. »Kann jemand aus der Zuhörerschaft mit den Verifikationen etwas anfangen?« Zwei Teilnehmer meldeten sich durch Handzeichen. Das Medium auf der Bühne spürte, dass es sich zu einer der Personen hingezogen fühlte: »Kann ich zu dir kommen?« Für denjenigen formulierte er eine Botschaft, die auch seine Intimsphäre respektierte.

Johanna überlegte, wie sie sich fühlen würde, wenn das Schweizer Medium nach ihrer Besinnung den erhaltenen Eindruck vor einer großen Gruppe preisgeben würde? Sie stellte sich in ihrer Fantasie vor, wie sich Peter hier melden müsste: »Hier ist ein Mann, keine einsachtzig groß, er starb im mittleren Alter, plötzlich...« Wäre dies eine Auszeichnung? Ein Beweis? Eine wichtige Botschaft? Es wäre einer der wenigen Wege den Hinterbliebenen zu sagen, dass sie sehr wohl Anteil am Leben hier auf der Erde nehmen. Die anwesenden Medien waren in England bekannt, sie waren teilweise über sechzig Jahre alt. Nach ein paar weiteren Demonstrationen wurde wieder gesungen und gebetet.

Im Traum Februar 1998 war Johanna schon einmal in einer ähnlichen Situation gewesen:

»Frauen und Männer, festlich gekleidet, saßen auf Kirchenbänken, alle schauten nach vorne. Ich war mit meinem Begleiter in einer Kirche, die voll besetzt war. Um nicht zu stören, schauten wir von einem Querschiff in Richtung Vierung. Ich sah in die Richtung, in die auch die Gemeinde schaute. Diesen Blicken folgend nahm ich in Richtung Chor eine Blaufärbung wahr, die immer blasser wurde und sich in einem weißen Licht auflöste. Sehr verwundert, wie viele Menschen auf diesem Weg waren, verließen mein Begleiter und ich diesen Ort wieder.«

Johanna glaubte damals, ihren Geistigen Helfer wahrgenommen zu haben.

Es gab die Möglichkeit, für eine kleine Summe, die dem College zufloss, eine Sitzung mit einem der Medien zu buchen. Diese Gelegenheit wollte sie am Montag wahrnehmen. Dazu ging sie am späten Morgen in einen kleinen Raum, eine Kammer im Haushaltstrakt. Es war ihre erste Einzelsitzung bei einem sehr bekannten Medium, nicht wissend, bei wem, und ebenso wenig, was sie hier erwartete. Nach der Anweisung sich ruhig hinzusetzen, begab sich das Medium in eine Trance. Johanna sollte, wenn die Stimme sprach, nicht erschrecken, das Medium auch nicht anfassen. Verdutzt und mit einem leicht beklommenen Gefühl wartete sie ab. Es folgten Atemzüge, Stille, dann kam eine Männerstimme durch, diese sprach kein ›th‹, was Johanna nicht unsympathisch war:

»War mir nicht ganz sicher, ob du kommst. Sehe Schönes, ein Mann ist hier, er gibt mir Erinnerungen an einen See ..., an eine Obstwiese, dann an eine Entenfamilie auf dem Wasser ... Dort fühlte er sich sehr gut, aber in der früheren Wohnung hatte er Probleme, er wollte immer hinaus. Er war wie eine Muschel, unfähig sich zu öffnen, aber man kann in sie hineinhören, um ihr zu lauschen. Sein Leben verlief sehr verwirrend. Jetzt aber macht er eine Entwicklung auf der geistigen Ebene, er wächst auf dieser Ebene heran, er wird zunehmend helfen können, er lernt mit den heilenden Händen umzugehen. Hier auf der Erde war er nicht in der Lage, sich zu öffnen und seine Zuneigung zu zeigen.«

Ungläubig, welche Bilder dem Medium in den Sinn kamen, konnte es nur einen geben, der hier diese Information weitergab. Durch die Rührung schossen ihr Tränen in die Augen, es waren nicht die tollen Reisen durch Frankreich und Spanien, die er als Typisches einbrachte, sondern die kleinen Wunder am See. Die Entenfamilie hatte Johanna bereits fast vergessen. Das weckte bei ihr Erinnerungen an die letzte erlebte herzerfrischende Brut, dann an die Obstwiese; während der Durchgabe entstanden auch in ihr diese Bilder. Was erlebte sie hier? Selbst wenn das Medium in der Trance ihre Gedanken lesen könnte, warum gerade diese Bilder? Alles, was mit dem See zusammenhing, hatte sie nach ihrem schmerzhaften Abschied tief verdrängt. Die Kanarischen Inseln wären ihr viel näher gewesen, weil dorthin der Einfluss seiner Eltern nicht hingereicht hatte. Dort konnten sie die beiden nicht verletzen. Peter wollte mit seinen Händen heilen? Bestand hier Zusammenhang zu seinem zuletzt gelesenen Buch? Nach diesen Worten verließ sie beeindruckt und mit herzlichem Dank das Medium.

6.2 Mit Träumen hellsehen

Violette befragt Iamblichos zu seinem Buch ›die Geheimlehren‹: »Du lässt den ägyptischen Priester erklären, dass die Seele ein Zweifaches ist. Einmal ein Klingen durch den Körper, als Persona, zweitens eine gleichzeitig bei uns verbleibende Existenz.«

Jaune fügt hinzu: »Mich erinnert die Auffassung an die von Plotin vorgetragene.«

»Unser Vorbild hat Einblicke in seine Fähigkeiten gegeben, so dass auch wir ungewöhnliche Ereignisse erleben durften. Solche Erfahrungen verlieren sich nicht, sie sind wichtig um überzeugend auftreten zu können. Porphyrios hat mir leider auch bewusst gemacht, welchen Ärger Schriften verursachen können. Deshalb kaschierte ich mein Wissen in Geheimlehren ägyptischen Ursprungs. Mir ist wichtiger das Wissen weiterzugeben, als es von Unerfahrenen zerstören zu lassen. ›Klares Bewusstsein‹, die Auffassung geht auf Plotin zurück, eröffnet dem Schlaf neue Möglichkeiten. Im alltäglichen Wachzustand lebt der irdische Teil der Seele die Gemeinschaft mit dem Körper. Nachts dagegen kann sie sich im Schlaf bewusst werden, dass sie träumt. Sie entledigt sich der Körperfessel und taucht in den transzendenten Seelenanteil ein. Was sie da erleben darf, ist etwas ganz Natürliches.«

Iamblichos, Über die Geheimlehren, III3, Theodor Hopfner, Georg Olms Verlag

Johannas intuitive Dialoge, das Traumerleben und die Außensicht der Medien ließen nun langsam ein neues Verständnis für die Transzendenz entstehen. Hier an diesem Ort bestätigten ihr die Mitstudenten, wie sie ihrerseits mit ihrem Geistigen Helfer umgingen. Gebete um Schutz für andere und sich selbst gehörten selbstverständlich dazu. Verblüffend war für Johanna auch, dass ihre Träume im vergangenen Winter mehrfach mit den gegenwärtigen Ereignissen im College zu tun haben sollten. Der Koch, der Kücheneingang, die religiöse Veranstaltung, lange Kleider und die angebotene Tasse Tee an der Rezeption waren mehr als Zufall.

Jetzt erlebte sie das College ganz wirklich. Wie war das Vorhersehen im Traum möglich? Die Kirche könnte man vielleicht psychologisch erklären, aber der Küchentrakt, der zu den dunklen Bäumen hinausging, war eine örtliche Situation, die ihr zuvor im Traum gezeigt worden war! Die nächtlichen Bilder zu den Eigenschaften des Kochs, der sich nicht anonym in der Küche versteckte. Er war eine Persönlichkeit hier, stellte sich vor und ärgerte sich, wenn sein gutes Essen verschwendet wurde, das war eine zusätzliche Bestätigung. Sie war hin- und hergerissen, etwas in ihr veränderte sich. Unsicher registrierte sie, was in ihren Gedanken vor sich ging. Aber wie sollte sie das folgende Erlebte einordnen? Am gleichen Nachmittag gab es zwei Veranstaltungen zur Auswahl. Ihre Entscheidung fiel auf eine Demonstration in einem Raum, bei der Aurafotografie vorgestellt wurde, die man über einen Computer steuerte. Vierzig Zuschauer verfolgten ein Thema. War es das, was bereits in Deutschland für Aufregung gesorgt hatte? An unterschiedlich produzierten Eiern war in Kaiserslautern die Ausstrahlung von lebenden Zellen gezeigt worden. Besonders östliche Forscher sprangen auf dieses Thema ›Biophotonen‹ an. Erwartete sie, einen wissenschaftlichen Vortrag zu hören? Das ihr inzwischen bekannte Trancemedium betrat die Bühne und setzte sich. Sie wurde immer wieder fotografiert, um zu zeigen, wie sich ihre Aura durch die Trance veränderte. Dann sprach ihr Geistiger Helfer Jackson durch sie: »Für dieses Experiment möchte ich Johanna auf die Bühne bitten.« Sie glaubte nicht recht zu hören, aber sie wollte auch nicht unangenehm auffallen, also beeilte sie sich auf die Bühne zu kommen.

Nun wurde sie ebenfalls fotografiert, das Medium saß in gewissem Abstand, die Assistenten der Sitzung stellten Johanna für die Zuschauer sichtbar in die Mitte. Sie schloss die Augen. Dann spürte sie, wie das Medium ein paar Schritte auf sie zuging, in sich nahm sie eine Art Vibration wahr. Ohne Kenntnisse von Tranceheilung fühlte sie eine lichtblaue Wolke um sich herum, sie spürte die Energie eines Mannes, es war reine Zärtlichkeit, die sie umgab. Gleichzeitig hörte sie eine Stimme: »Ich bringe euch jetzt zusammen.« Sie genoss den Zustand, er hätte noch länger andauern können.

Der Assistent fragte sie nach ihren Gefühlen, zaghaft beschrieb sie ihre Wahrnehmungen. Wieder sah sie, wie immer wieder Fotos gemacht wurden. Sie war wie benommen und war froh, als sie wieder auf ihrem Platz saß. Das Geschehene könnte folgendermaßen erklärt werden: Das Trancemedium ist eine Energie, dann kommt das Geistwesen hinzu, diese beiden Energiefelder nähern sich gemeinsam dem Klienten. Sie sah später auf der Bildfolge der Polaroids, wie sich die lichtblaue Wolke von Foto zu Foto vergrößerte.

Auch der englische Humor durfte nicht fehlen: Der Assistent bat den Geist, nicht mit so viel Energie auf das Medium einzuwirken, man höre ja das Herz schlagen. Darauf erwiderte der Geist: »Ich habe das Recht auf ein schlagendes Herz, nachdem ich schon zweihundert Jahre tot bin.« Das Medium wurde zum Schluss noch gefragt, warum sie diese Frau ausgewählt hatte. Sie hörte nur noch im Hintergrund: »Vielleicht, weil Johanna heute Morgen meine letzte Klientin war?«

In der folgenden Nacht erhielt sie einen Traum, der die Verbindung zur Geistigen Welt darstellte :

»*Mir wird eine Halle gezeigt mit einer Treppe zur Bühne und darauf befinden sich Räume, die untergliedert sind. Wenn wir eine dieser kleinen Kammern verlassen, wissen wir noch nicht, was hinter der nächsten Wand los ist, aber es ist vorstellbar.*«

Johanna beschloss für sich, die Fotografin nochmals alleine aufzusuchen. Beim Termin wiederholte die Frau schrittweise die Aufnahmen, dafür setzte sie die Klientin auf einen Stuhl, wie bei einem EKG. Dem Körper wurden Bänder angelegt, die elektrischen Felder des Körpers verwandelten sich über ein Computerprogramm in Bilder. Auf die Unterschiede der elektrischen Felder reagierte das Polaroidbild durch Farbdifferenzierung. Die Fotografin konnte auch medial arbeiten, langsam begleitete sie ihre Besucherin in eine Versenkung. Johannas Gehirnwellen gingen aus dem Tagesbewusstsein in Richtung von Alpha- und dann in Thetawellen über. Hier in der Ruhe vollzog sie nach, was die Veränderungen auf den Bühnenfotos zeigten. Ihre neuen Polaroids verglich sie später mit denen des öffentlichen Auftritts, sie erkannte die deutliche Veränderung des Hals-Chakras, das in der Trance sein Leuchten stark vergrößerte. Verglichen mit der Ausstrahlung auf der Bühne war die spätere Ausstrahlung kleiner, da die unterstützende Energie des Trancemediums fehlte.

Am Abend gab es im Speisesaal eine Schmuckversteigerung, um Geld für die Unterstützung eines Zentrums zu sammeln. Ein Tutor spielte den Auktionator, er verband das mit einer Art Striptease, wenn nicht geboten wurde, drohte er damit sich auszuziehen. Die Zuschauer lachten und feierten diesen Klamauk. Eine pubertäre Schulklasse wäre daneben verblasst. Gerade in solcher Atmosphäre meinte sie einen Arm um sich zu spüren, obwohl niemand da war. Die Luft hier knisterte von Energie, um sich das vorzustellen, gibt es ein lustiges Bild.

Möchten Sie eine Tasse Tee?

Am anderen Tag, am Dienstag, trat dann Erschöpfung ein. Sie fragte Nora, die Yogalehrerin, um Rat. »Medialität muss dir Kraft geben, stelle dir um dich herum einen Ozean vor, aus dem du herausholst, was dir gut tut. Wenn du mit jemandem sprichst, versuche in deiner inneren Mitte zu bleiben.« Dieses In-seiner-Mitte-bleiben war leichter gesagt als getan. Sie griff auf ihre Affirmationen zurück, die sie zu regelmäßigen Gelegenheiten wiederholte: »Mit meinen Füßen stehe ich fest auf dem Boden, aus dem Meer der Gefühle hole ich mir Gutes.« Glücklicherweise machten sie im Circle des Nachmittags eine geführte Visualisierung. Durch diese gelangte jeder an ein schönes Erlebnis in seinem Leben. Johanna sah sich in einem maurischen Garten, dahinter die Schneeberge vor blauem Himmel, unten das Land mit grünen Bergen und Wiesen, Wasser in Kristallschalen spiegelte die Sonne. Es waren wohl die Bilder ihrer Winterreise mit Peter vor zwei Jahren, von Marbella über Granada nach Córdoba.

Dass Geister ohne entsprechende Orientierung auch zum Problem werden können, darüber informierte ein Vortrag der Parapsychologie. Professor Maurice Grosse kam aus Cambridge zu Besuch und hielt seinen Vortrag über Poltergeister. Dieser folgende Fall, Enfield, August 1977, wurde von diesem Hochschullehrer bearbeitet. Es wurde das Problem einer Familie dargestellt. Es handelte sich um eine Mutter mit vier Kindern, in deren Haus bewegten sich sogar die Möbel. Zuerst nahm man sie nicht ernst, sie sei sicherlich betrunken gewesen. Dann schalteten sich Reporter ein, die sich allerdings sehr schnell fürchteten, als sie zu Gesicht bekamen, wie Gegenstände durch die Luft flogen. Daraufhin recherchierte der Professor sechs Monate in diesem Haus und machte davon auch Tonbandmitschnitte. Während des Vortrages konnte man einen Jungen hören, der stotterte, aber wenn der Geist durch ihn sprach, konnte er perfekt reden. Der Parapsychologe ließ die Versammelten immer wieder Stimmen und tobende Ausbrüche hören. Fotografien unterstrichen die Vorgänge, zeigten aber auch die angerichteten Verwüstungen. Hier bei dieser Familie tauchte alles auf: Levitationen, Aschenbecher, sogar Möbel flogen durch die Wohnung, es war Hundegebell zu hören, obwohl kein Hund anwesend war. Durch den Elfjährigen sprach ein Geist, der sich als Zweiundsiebzigjähriger ausgab. Er sei vom Friedhof hergekommen, weil er in diesem Haus wohne, im Untergeschoss sei er eingeschlafen. Seine Freunde vom Friedhof seien mit ihm gekommen, um diese Fremden aus dem Haus zu vertreiben. Nun war der Junge in Gefahr, er war schon mehrmals weggeschleudert worden, einmal sogar die Treppe hinunter. Die Nachbarn hatten zwar an dem Ort Merkwürdigkeiten festgestellt, bevor die Familie einzog, aber niemand hätte die Familie davor warnen können. Der alte Hausbesitzer war blind, lebte bereits alleine, als er zwei Jahre vor dem Einzug der Familie gestorben war. Möglich ist, dass er nicht wusste, dass er verstorben war, deshalb ärgerte er sich über die fremden Menschen im Haus. Das waren also Poltergeister.

Der Parapsychologe vertrat die Ansicht, man könne solch eine Seele durch entsprechende Gebete dem Läuterungsprozess und dem Licht zuführen. Leider ziehen unausgeglichene Menschen, oder solche, die eine Krise durchleben, in ihrer Schutzlosigkeit unbewusst solche negativen Geister an. Sie tun dann Dinge, die zuvor gar nicht zu ihnen passten. (Carl Wickland)

Für Kenner der Bibel findet der Fall in ähnlicher Form Bestätigung bei Lukas 11, 24: »Wenn der unsaubere Geist von dem Menschen ausfährt, so durchwandert er dürre Stätten, sucht Ruhe und findet sie nicht; so spricht er: Ich will wieder umkehren in mein Haus, darin ich gegangen bin. Und wenn er kommt, findet er es gekehrt und geschmückt. Dann geht er hin und nimmt sieben andere Geister zu sich, die ärger sind als er selbst; wenn sie hineinkommen, wohnen sie da, und es wird hernach mit demselben Menschen ärger als zuvor.« *(Württembergische Bibelanstalt, Stuttgart, 1912)*

Am Nachmittag, nach einem kurzen Mittagsschlaf, kam eine neue Herausforderung auf Johanna zu. Es wurde der Aufbau eines Kreises besprochen. Ein Schülermedium wurde ausgewählt, das in Trance gehen sollte. Sie saßen und warteten, bis sich die Schülerin versenkte. Plötzlich durchzog Johanna ein kaltes Gefühl, das von ihren Schienbeinen aufstieg. Für Johanna war es ein Gefühl wie auf der Bühne, nur intensiver. Ihr Herzschlag beschleunigte sich, der Atem wurde sehr intensiv, dann nahm sie nichts mehr wahr, bis sie wieder die Augen aufschlug. Sie spürte die Hand ihrer Nachbarin Nora an der Schulter: »Dein Oberkörper wippte hin und her, dann haben wir dich gehalten.« Die Mitschüler sahen sie ruhig an.

Sie war zwiegespalten, ihr war diese Situation sehr unangenehm. Andererseits zeigte sich hier, wie der Anfänger im Trancekreis in dieser energiegeladenen Atmosphäre ohne Zutun von einer Kraft vereinnahmt werden konnte. Ihr Lehrer Lewis blieb ganz ruhig, er bat jeden nochmals, sich unter Kontrolle zu halten und der Person, die sich in Trance begab, keine Energie abzuziehen. Zu Johanna sagte er ganz ruhig: »Es muss dir nicht leidtun, das war nur eine Erfahrung.« Später stellte sich heraus, dass die gewählte Schülerin krank war. Sie fühlte sich nicht stabil genug im Zentrum zu stehen. So fand diese Energie am leichtesten Zugang bei der ungeübten Johanna, die ihren Platz im Kreis gegenüber hatte. Eine weitere, erfahrenere Studentin zeigte der Gruppe dann, wie sie in einen veränderten Zustand überging. Man konnte die Veränderung im Gesichtsausdruck sehen, bis dann ein Kind durch die Frau zu sprechen begann. In lustigem Akzent, der zum Schmunzeln einlud, erzählte es den Anwesenden aus seinem wenig schönen Leben im neunzehnten Jahrhundert.

Für den nächsten Tag erhielten alle eine Hausaufgabe. Dazu musste jeder einen Besitzgegenstand abgeben. Lewis versteckte das jeweilige Objekt in einem braunen Briefumschlag. Vor dem Einschlafen sollte sich jeder auf den verschlossenen Brief konzentrieren und den ersten Traum der folgenden Nacht dazu aufschreiben. Johanna war aufgeregt und fragte sich, ob die Trauminkubation bei ihr zu einer Aussage führen würde. Sie hatte einen Traum:

>»Ich befand mich in einem Haus an der Westküste, USA, ein typisches Holzhaus für die dortige Gegend, in weißer und blauer Farbe, die mir von Reisen vertraut war. Ich ging die Treppe zum Eingang hoch, da waren freundliche Räume. Mir begegneten Personen, die dort ein und aus gingen.«

Die Technik der Trauminkubation gelang. In der Arbeitsgruppe packte Johanna den Briefumschlag aus. Sie nahm einen Schlüssel heraus, eine Frau aus Vancouver meldete sich. Johanna las ihre Traumaufzeichnung vor. Die Mitstudentin freute sich: »Danke, deine Aussage bestätigt mich, endlich zu Hause eine Praxis einzurichten.« Lewis kommentierte: »Es geht um die Bilderauswahl, sie hat eine Aussage.« Der Anfängerin Johanna tat nun einfach gut, von Lewis eine Bestätigung zu erhalten: »Deine Träume haben eine hohe sensible Qualität. Höre endlich auf zu kämpfen und spiele, wie ein Kind, lehne ab, was einem Kind nicht gefallen würde.« Dann erhielt auch sie eine Botschaft einer Mitstudentin:

>»Ich sah einen schwarzen Schal, dann einen Tunnel aus Bäumen, durch den man gehen konnte. Am Ende des Tunnels wird es hell und eine Frau gibt dir eine Rose.«

Es war einmal die typische Seesituation, der Weg am Ufer entlang, aber auch der symbolische Weg aus der Vergangenheit, denn die Frau war mit Sicherheit ihre Großmutter. Die Frau mit der Rose deutete auf deren Freude über Johannas Weg hin. Die genaue Antwort ließ in der folgenden Nacht nicht lange auf sich warten. Traum:

>»Möchte zu der Stadt fliegen, aus der meine Mutter kommt. Dort will ich in einer Wanne baden. Während der Gespräche mit anderen hat sie sich geleert, deshalb muss ich Wasser nachfüllen. Dann sehe ich eine Mauer aus vergangener Zeit. Von dort muss jemand fliehen und ich springe mit einem schönen braunen

Pferd, das zwei bis dreimal aufkommt. Es hätte sich die Füße brechen können.«

Bisher konnte sich Johanna die Hilfe ihrer Großmutter mütterlicherseits noch nicht vergegenwärtigen. Das Schweizer Medium hatte ihr nur kurz gesagt, dass sie viel Hilfe aus der Geistigen Welt erhalte, das könnte man auch als unbestimmte Quelle sehen. Von jetzt an sollte dieser Hinweis aus der Sicht spiritualistischer Medien immer wieder auftauchen. Dazu werden typische Verifikationen, die das betreffende Wesen beschreiben, immer wiederholt. Zum Beispiel: ›Eine Großmutter, kleiner als du, sehr energisch, wenn es darum ging seinen Pflichten nachzukommen.‹ Solche Kenntnisse kann das Medium nicht auf normalem Weg erhalten haben. Denn sie war ja gestorben, als das Enkelkind noch keine vier Jahre alt war. Nur ein Bild blieb ihr in Erinnerung: Sie hatte als kleines Kind die Hand ihrer im Bett liegenden Oma gehalten. Deshalb bedeutete zur Herkunftsstadt ihrer Mutter fliegen einen Hinweis auf ihre Ahnin, sie hatte ja kein konkretes Bild von ihr. Es gab in der Vergangenheit mit Arnold ein braunes Pferd, ›Condor‹, bei dem Johanna zum ersten Mal erlebte, wie groß die Liebe zu so einem Tier sein konnte. Auch die Großeltern hatten Pferde. Baden war für Johanna etwas, das sie normalerweise tat, um wieder zu Kräften zu kommen. Sie musste aus der Beziehung ausbrechen, deshalb die Flucht. ›Das Pferd hätte sich die Füße brechen können‹. Aus geistiger Sicht deutete der Traum darauf hin, wie sehr sich Johanna übernommen hatte, um darüber hinaus den plötzlichen Tod ihres Mannes zu bewältigen.

So kann Verständigung mit der Geistigen Welt aussehen, denn deren Sprache muss in unsere Sinne übersetzt werden. Typisch sind knappe Informationen mit symbolträchtigen Bildern, die den Empfängern persönlich etwas sagen. Das weiß die andere Seite, sonst würden sie diese nicht wählen, auch wenn wir im ersten Moment vielleicht gar nichts damit anfangen können. Die Reflektion durch den Tutor bekräftigte Johannas Auffassung. Die Großmutter wollte ihr noch mehr mitteilen. Traum:

>»Eine Dame ist gekleidet im Stil der Dreißigerjahre, kurzer hellblauer Pullover, langer grauer Rock. Ich treffe sie in meiner Wohnung, da entdecke ich eine Glastür, die in eine verwinkelte Jugendstilwohnung übergeht. Dort war ich noch nie, staunend

über die schönen verborgenen Zimmer gehe ich durch Türen mit geätzten und geschliffenen Gläsern: ›Habe keine Angst, ich zeige mich nur manchmal, habe hier früher gelebt.‹ Ich gebe ihr die Hand: ›Bist du ein Geist?‹ ›Ja!‹ Ich wusste, meine Großmutter zeigte sich in ihrem früheren Wohnhaus, in dem Alter, das dem meinigen heute entsprach. Sie hatte nun Mut sich mir zu erkennen zu geben.«

Am kommenden Nachmittag wählte Johanna ›Automatisches Malen‹. Die Aufgabe bestand darin einen Mitstudenten zu suchen, dessen Wirkung mit bunten Farben durch Abstraktes und Symbolhaftes wiedergegeben werden sollte. Der Auserwählte sollte das erst später erfahren. Nach Beendigung der Aufgabe kamen zwei junge Frauen auf Johanna zu, um ihr das erstellte Bild zu erklären. »Es wird in den nächsten Monaten noch einige Verwirrungen geben, mit der Zeit überwindest du diese. Dein Weg führt dich in Stufen sehr geradlinig auf die Erfüllung deines Lebenszieles hin.« An die Bestärkung der beiden Frauen konnte sich Johanna in der folgenden Zeit immer wieder erinnern, denn es kamen viele verwirrende Ereignisse auf sie zu. Durch die Zeichnung rieten die beiden Medien: »Es wird noch dauern, bis sich dein Ziel enthüllt. Du kannst dich noch zurückhalten und brauchst nichts überstürzen.«

In der zweiten Nachmittagsgruppe ging es um strukturierte Arbeitsweisen für Meditation und Trance. Nach Ansicht des sehr disziplinierten Tutors wurde sie nochmals bestätigt, wie einerseits die konzentrative Meditation geübt werden sollte, andererseits eine Meditation nötig ist, die Bilder hochsteigen lässt und Visualisierungen einübt. Beide Ansätze sollten die mentale Arbeit unterstützen. »Eure Gedankenkraft und eure Gefühle sind Energie, sie strahlt aus, als wurde ein Stein ins Wasser fallen. Achtet darauf, ob ihr Negativität oder Positives ausströmt,« sagte Lewis. Johanna fühlte sich wie noch nie in ihrem Leben angenommen. Ihr Leid gehörte dazu, genauso erging es auch anderen Studenten. Mancher fühlte sich an diesem Ort zu Hause angekommen und das lag nicht nur am prächtigen Schloss.

6.3 Die Seele antwortet aus der Geistigen Welt.

»Jaune, auf der Erde kann man mit Hilfe der Meditation die Ruhe praktizieren. Sie hilft das Denken zu betrachten, ohne ganz unbewusst von verlockenden Gedanken mitgerissen zu werden. Sie ist der Weg nach innen.«

»Violette, in Plotins Ansatz erkenne ich eine ähnliche Richtung. Er betont die Grenzen des Denkens. Irdisches Wissen kann durch Begriffe transportiert werden, aber nicht transzendente Erfahrung. Er vermeidet deshalb die Bezeichnung des ›Einen‹. Iamblichos nimmt auf die Plotinsche Stelle Bezug. Er stellt sich die Frage, ob es aus weltlicher Sicht Sinn macht, das Göttliche durch die Wissenschaft zu untersuchen. Seiner Meinung nach kommt man durch die Vorstellung von Ewigkeit am ehesten zu entsprechendem Bewusstsein. Er bezieht sich auf die Stelle der Plotinschen Lehre, die den irdischen Tod mit dem Aufsteigen der Seele vergleicht. Dort lebe die Seele weiter, nur jetzt wieder im ungeteilten Zustand. Sie kann sich mitteilen, spürt ihre Begrenztheit, dehnt sich in die unbeseelte Welt aus, ganz wie es in ihr angelegt ist. In einer komprimierten Lehre des Dalai Lama, dem Lamrim, wird auf die ähnliche Aussage verwiesen. ›Mein Bewusstsein, das Klare und Erkennende in mir ist ohne Anfang und Ende.‹ Violette, unser Schützling wird sie noch finden.«

Plotins Schriften, Das Gute – das Eine, Bd. Ia, (24); Enneade VI,9; Iamblichos, Über die Geheimlehren, I 5; Platon,Timaios 24d

Alle Teilnehmer saßen im Roten Salon im Kreis, in den Fensternischen, auf dem erhöhten Podest, der Raum war voll besetzt. Nach einleitenden Worten, nach einem typisch englischen Gesang und ein paar aufheiternden Witzen eines Tutors war die Atmosphäre im Raum sehr positiv. Das Medium trat in die Mitte und wollte den Zuschauern das inzwischen aus der Mode gekommene »Tischwackeln« vorführen. Sie stand einem Assistenten gegenüber, zwischen den beiden befand sich ein kleiner runder Tisch. Sie beide wollten mit ihren Fingern durch leichtes Antippen des Tisches die Energie eines verstorbenen Wesens aufnehmen. Ziel war es, einem Trostsuchenden eine Botschaft zukommen zu lassen. Zuerst nach heftigem Wackeln rollte der Tisch zu ihrer Mitstudentin, durch die das kleine Kind sprach. Das Medium sagte ihr, sie sei zu bescheiden, ihre Fähigkeiten sollte sie im Umfeld besser einsetzen. Dann wurde der Tisch wieder in die Mitte gebracht. Die beiden Medien in der Mitte des Kreises fingen wieder an zu wippen, es wurde sehr heftig. Das Medium sagte in die Runde: »Hier ist ein Mann mittleren Alters, es geht um eine intensive Liebesbeziehung. Er war kurz im Krankenhaus, dann muss er durch eine Art Herzinfarkt kollabiert sein. Es ging sehr rasch, sein Tod war ein großer Schock für die Angehörigen. Er ist vom Kontinent.« Johanna hörte wie alle zu, sie vergaß die Logik, wie viele der Anwesenden waren wirklich vom Kontinent? Sie ging unter in der Gruppe, für die meisten war sie eine Unbekannte. Die Ahnung, dass sie gleich im Mittelpunkt stehen würde, ließ sich nicht mehr verdrängen. An ihren Schienbeinen wurde es kalt, dieses Körpergefühl zog in ihr hoch, es war eine schockartige Schwere. Für Johanna sehr verwunderlich führten diese Medien den Tisch nur noch ganz leicht mit den Fingern, der Tisch rollte geradezu auf sie zu. Das demonstrierende Medium sagte zu der Schockierten: »Diese Botschaft ist für dich. Aber in diesem Rahmen kann ich nicht weiter darauf eingehen.« Aber Johanna hatte gehört, wie er ihr von seinem Tod und der intensiven Liebesbeziehung erzählte! Nora saß neben ihr, sie war genauso verwundert. So viele Ereignisse in den öffentlichen Demonstrationen waren ungewöhnlich. Aber ihr trockener Humor hatte sich erholt: »Sag mal, was hast du denn für eine Reise gebucht?«

Der kommende Nachmittag galt der Demonstration zweier älterer Medien, deren Würde und Weisheit selbst für Laien spürbar waren. Die zwei Frauen auf der Plattform zeigten in Trance, dass ein Geistwesen erst durch die eine Dame sprach und dann zur anderen überwechselte. Hier ging es um gereifte Ansichten eines Geistigen Helfers.

Zuerst versenkte sich die Erste der beiden und der Helfer sprach durch sie, dann versenkte sich die Zweite und das Geistwesen ging zu ihrer Freundin über: »Es ist von Nutzen, Weisheit zu entwickeln, denn erst im Tode können wir sehen, was wir geleistet haben.« Der Vortrag bezog sich auf den Sinn dieser Lebenseinstellung, diese metaphysischen Ziele sprachen auch Johanna an. Dann kam das Ende und der Raum leerte sich, während die Dame, die zuletzt durch sich sprechen ließ, langsam aus der Trance zurückkam. Johanna wartete, bis diese wieder im Hier und Jetzt war und die Bühne verließ und ging dann zu ihr: »Ich möchte Ihnen für Ihre Rede danken.« »Thank you.« Sie küsste die Studentin auf beide Wangen. »Johanna, arbeite weiter an dir.« Woher weiß sie meinen Namen, dachte die Angesprochene verwirrt. Sie fragte eine Zuhörerin, die noch mit Aufschrieben beschäftigt war: »Hat sie gerade meinen Namen genannt?« »Ja, auch wenn sie den Raum verlässt, ist sie immer noch in leichter Trance, das ist normal.«

Bald würde die Woche zu Ende sein. Am nächsten Morgen stand Johanna früh auf und ging hinunter in den Gruppenraum. Dort in der Bibliothek wollte sie sich alleine versenken. Sie sah Peter und sich als verirrte Kinder, als Hänsel und Gretel, als diese im Wald den Weg aus der Einsamkeit herausfinden mussten. Sie erinnerte sich, wie sich erst bei Peters Tod das wirkliche Leid seines Lebens gezeigt hatte. So entsprach es diesem Gleichnis, jeder musste für sich seinen Weg aus dem Wald, dem Ort verwirrender Gefühle, herausfinden. Später, um neun Uhr, machte eine Tutorin im Sanctuary eine geführte Visualisierung. Sie sprach von Hänsel und Gretel, die ihren Weg finden mussten. Johanna nahm wahr, wie wohltuend diese Übereinstimmung in der dichten Atmosphäre war.

Darüber erzählte sie einige Tage später ihrer Kollegin Waltraud: »Bei einer eigenen Meditation, tauchten in mir Bilder von Hänsel und Gretel auf und das Medium, das eine Stunde danach mit uns meditierte, bezog sich auf das gleiche Thema. Es diente als Sinnbild für das sich Verlieren in der Partnerschaft. Wie im Märchen führt der Weg über die gewonnene Einsicht in die Freiheit. Ist das nicht merkwürdig?« Ihre spirituelle Kollegin lächelte: »Wir sind alle vernetzt, miteinander verbunden, das habe ich auch schon erlebt. Daraus besteht für mich das Leben: aus Liebe, das hat mich der Schamanismus gelehrt.« Ein Traum half Johanna, Reife und Weisheit von Waltraud einzuschätzen:

> »Gehe mit meiner Kollegin auf einer Düne spazieren, von wo man aus der Ferne auf unsere Häuser sehen konnte. Ihres war größer und konnte mehr Licht ausstrahlen lassen als meines. Dies unterstrich ich scherzhaft: ›Deines sieht man aber von Weitem!‹«

Am letzten Tag im College kam noch ein medialer Besucher, über den in der Presse berichtet wurde. Wie üblich setzte er sich zur Trance auf die Plattform im Roten Salon. Er versenkte sich, sein Helfer begann über die Morphologie des Lebens zu sprechen: »Wir müssen das Leben wie einen Hügel erklimmen. Wenn wir auf der Höhe sind, können wir den Horizont sehen. Wenn es uns gelingt, uns selbst als Teil des Ganzen zu sehen, nehmen wir diese Erkenntnis in uns auf, unser Geist entwickelt sich. Durch die Kontemplation beginnen wir ohne Täuschung zu leben. Dabei ist es nicht wichtig, ob unser Geist desinkarniert oder reinkarniert (eintritt oder austritt). In jedem von uns verwirklicht sich Geist, und du wirst Geist. Gerade die unter euch, die keine liebenden Eltern hatten, sondern distanzierte Eltern erlebten, haben dadurch früh etwas Prägendes erfahren. In euch ist schon sehr früh die Suche nach Sinn entstanden, eine Sehnsucht nach geistiger Entwicklung geweckt worden, die immer wieder fragt, warum? Dieses Warum ist kostbar, in so einem Leben kann sich Geist erfüllen. Es besteht dann die Chance, die irdische Negativität zu durchbrechen.« Johanna hörte, wie die Ansicht ihrem Start ins Leben ähnelte.

Auch das organisierende Medium gab den Anwesenden noch ein Wort zum Geleit mit: »Stelle dir vor, du triffst jemanden und etwas stört dich kolossal an ihm. Benutze deine Medialität und schaue in sein Leben. Dann kommt dir der Gedanke: ›Was hat er nur für ein schweres Leben hinter sich. Wie gehst du mit diesem Menschen nun um?‹ Deine Erkenntnis wird zur Verantwortung. Medialität heißt: erkennen, wissen, dienen.

Ich will es kurz zusammenfassen: So wie wir denken, so gestaltet sich unser Leben. Hast du etwas erkannt, dann handle danach. So erzeugst du eine Haltung. Negativität greift unsere Haltung an wie eine Kettenreaktion. Durch Meditation lernen wir, unser Denken zu beobachten. Diese Übung führt in die Achtsamkeit.«

Üblicherweise wurde durch eine Schlussfeier die Woche beendet. Es wurden englische Popsongs gesungen, deren Texte einfach Spaß machten. Sie erinnerten an das Gefühl von Liebe und Sehnsucht. Es gab Aufführungen verschiedener Gruppen: Die Trance wurde auf die Schippe genommen: Zuerst kam ein Indianer zum Vorschein, dann ein dicker Brahmane, der seinen Leib von seinen Kissen befreite und zum Engländer wurde und Fish & Chips bestellte. Aus Johannas Gruppe ließ John die Zuschauer zum jeweiligen Chakra Töne ausströmen, er erklärte wie dieses Tönen auch diagnostisch eingesetzt werden könne.

Die Schwestern aus der Einheit ›Automatisches Malen‹ bestätigten Johanna: »Dein Gesicht strahlt wieder!« Ihre Nebensitzerin Nora sagte ihr zum Abschied: »Am Anfang der Woche dachte ich noch, was habe ich mir da angetan. Aber du hast dich zu deinem Vorteil verändert und ich habe verstanden, warum du so warst.« »Nora, vielen Dank, mit deiner fantastischen Unterstützung erging es mir mit dir, wie es Peter durch seinen Helfer ergangen sein muss. Ihm gelang ungewöhnlich schnell, sich an seinem Ort zurechtzufinden und zu kommunizieren. Nur hier in England kann man auch darüber sprechen.«

Sie dankte Frau Hagen, dass sie die Schwierigkeiten gesehen hatte und sie rechtzeitig auf den Weg geschickt hatte. Der letzte Impuls kam vor achtzehn Monaten aus der Geistigen Welt. Johanna war dem Traum gefolgt und hatte gerade noch den Anschluss bekommen.

6.4 Die Geistige Führung nach dem Tod

»Jaune, wenn die Seele den Körper verlässt, findet sie hier bei uns einen anderen Daimon.«

»Nicht immer verlässt der bisherige Helfer seinen Schützling, das hängt vom weiteren Seelenweg ab. Violette, grundsätzlich haben wir Daimonen die Aufgabe, die Entwicklung zu schützen.«

»Jaune, bei meiner nächsten irdischen Existenz wünsche ich mir eine kluge, geduldige und liebevolle Führung.«

»Violette, verstehe das so. Wer sein Schicksal lebt, die Affekte zu überwinden sucht und sich dabei am Höheren orientiert, der erfährt die Stütze seiner Geistigen Führung nicht umsonst. Vergiss nie, alles hat Geistige Führung! Auch hier bei uns finden wir uns mit denen zusammen, die uns führen können und zu uns passen, genauso wie im irdischen Dasein.«

Plotins Schriften, Der Daimon der uns erloste, Bd. Ia, (9–12); Enneade III, 4,3; Ueber den Dämon, der uns zu Theil geworden ist.

Johanna konnte annehmen, dass Peter gestorben war. In ihren Träumen und durch Medien teilte er sich mit. Es klang beinahe pathetisch, wenn sie sagte: Der Einstieg vor neun Jahren hat sie zu einer Erfahrung geführt, den Sinn ihres Lebens besser zu erkennen, den sie in ihrer Jugend so schmerzlich vermisste. Von diesem gemeinsamen Leben mit ihm hatten die zwei ihr bekannten Medien abgeraten. Sie wusste inzwischen, ohne Führung wäre das schief gegangen. Die irdische Gemeinschaft war unglücklich zu Ende gegangen, aber die Entscheidung dafür bereute sie nicht mehr. Nach einer Woche voller Humor, wie sie ihn schon lange nicht mehr erlebt hatte, kam sie nach Hause. Die Trauer wartete geduldig auf sie. Hier im praktischen Leben allein befand sie sich noch am Fuß des Berges, den es zu erklimmen galt. Der Englandaufenthalt war ein Höhenflug an Erlebnissen. Das Leid war noch nicht überwunden, es war noch nicht zu einer geglückten Entwicklung geworden.

Sie erhielt einen Traum, in dem Peter zu ihr sagte:

»Ich sehe nur John, meinen Geistigen Führer, ihm sage ich, was ich erleben möchte und das kann ich dann wahrnehmen. So wie ich jetzt lebe, ist es schön, ich habe die Chance bekommen dich zu besuchen.« Johanna nimmt im Traum seine ihr bekannte zögerliche Art wahr und er fährt fort: »Ich finde so einen Besuch schon gut.« Sie sieht sich und ihn in einem Fahrkorb wie auf einer Kirmes. Sie drückt auf einen Knopf und dann sehen sie und Peter alles von oben. Ihm ist es zu hoch geworden, er möchte wieder nach unten. Er sagt ihr: »Wenn ich das Gefühl habe, das wäre jetzt für mich etwas Gutes, etwas, das ich mir wünsche, dann muss ich das auch erleben. Mit diesem Gefühl bin ich mir selbst überlassen, deshalb bin ich sehr vorsichtig. Es ist alles erleben! Wenn wir nicht erleben, sind wir arm.« Das Zögern war charakteristisch für ihn, die Fragen kamen von ihr, dann kam seine Antwort: »Ich nehme keine Zeit wahr, sondern nur Erleben. Es ist alles anders. Unsere Unterhaltung ist so von Gesicht zu Gesicht.«

Dieser Traum freute Johanna. Die Bestätigung durch Lewis machte Mut, die Symbolik selbstständig lesen zu können. Mit dem ihr typischen Gespür erkannte sie, welche Qualität die Begegnung hatte. Niemand hätte ihr mehr diese Form der Wirklichkeit ausreden können. Langsam bildete sich Erfahrungswissen. Peter erwähnte im letzten Traum seinen Geistigen Führer John und ihr Zusammenwirken. Das war keine Philosophie, das hatte er ihr im Traum gesagt. Vorsichtig betrat sie das Neuland ohne Unterstützung der Tutoren. Was würden die kommenden sechs Seminarwochen bringen? Sie wollte mit dem Auto durch

Frankreich nach England fahren, war sich aber noch nicht sicher, ob sie den Zug durch den Tunnel unter dem Ärmelkanal benutzen sollte. Darauf erhielt sie wieder einen Traum:

»Peter möchte etwas für mich tun, er will mich nach England begleiten, fragt mich, ob wir mit dem Schiff fahren? Dieser Besuch war so überraschend, als er da saß und sich auf den Sommer mit mir dort freute. Ich sagte: ›Den Reiseweg habe ich noch nicht entschieden, deshalb weiß ich die Antwort nicht.‹«

Erst viele Jahre später kam mehr Verständnis für den Sinn seiner Eingabe. Wenn wir die Frage »Gibt es Leben nach dem Tod?« bejahen, folgt daraus die nächste: »Wie nehmen uns die Verstorbenen in der Geistigen Welt wahr? Sie erfahren dort nicht alle unsere Gedanken!« Peter benötigte für den Reiseverlauf Information, um behilflich sein zu können.

Die Wittwe stand am Anfang ihrer Entwicklung, bei der ›die Wunden ihrer Häutung‹ langsam zu heilen begannen. Sie wollte Material sammeln, das ›Baumaterial‹ sollte zu einer tragfähigen Brücke zur Transzendenz dienen, die auch großen Ängsten standhielt. Sie würde sammeln, genau darauf achten, was ein Medium von ihr wissen konnte und mit der übermittelten Information vergleichen. Sie wusste, es war nicht jedem möglich, den schmerzvollen Schock, den der Verlust eines geliebten Menschen hinterließ, zu bewältigen. Sie hatte intuitiv einen Weg aus dem emotionalen Dickicht gefunden. Dankbar für die liebevollen Hilfestellungen gestaltete Johanna auf sich gestellt ihre ›kostbare‹ Leidenszeit. Wie leicht lösen Selbstvorwürfe nach einem Verlust eine Art Sog aus. Es war unnötig sich in diese Abwärtsspirale hineinziehen zu lassen, dazu hatte sie die Ostertage viel zu positiv erlebt. Sie beschrieb das Thea mit folgenden Worten: »Zuerst überraschte mich, dass ich im Voraus Träume hatte, die Details des ›Schlosslebens‹ widerspiegelten. Mich hat überwältigt, dort auf Menschen zu treffen, die mir ansahen, welch schlimme Monate hinter mir lagen, ohne ihnen davon erzählt zu haben. Es gab auch zwei kurze Durchgaben von medialen Frauen, die mir aus Peters Sicht etwas sagten, das sie niemals wissen konnten. Mir geht es nach diesen Erlebnissen besser. Jetzt kann ich diese Trennung reifen lassen, jeder geht seinen Weg und es gibt kostbare kurze Begegnungen.« »Ich würde nächstes Mal gerne mitreisen.« Johanna sagte nicht viel dazu, obwohl sie sich sehr freute, außer: »Ich schicke dir das Programm.«

Am nächsten Samstag war sie zur Abwechslung mit ihrer Kartenrunde verabredet. Sie freute sich sehr, unter Freunden zu sein. Sie könnten entspannt zusammensitzen, erzählen und lachen. Marion hatte alle zu sich in den Garten eingeladen. »Erzähle uns von deiner Reise.« »So viel gelacht wie in dieser vergangenen Woche habe ich noch nie in meinem Leben.« »Ja, der englische Humor ist etwas, den sollten wir hierher importieren. Was habt ihr dort gemacht?« »Wir lernten den inneren Bildern und Sinneseindrücken zu vertrauen, um daraus die Kontakte zur Geistigen Welt zu entwickeln.« Schweigen trat ein, keiner wusste so recht, was er darauf sagen wollte. Helmut aus der Runde ergriff das Wort, Johanna spürte seinen skeptischen Blick auf sich ruhen: »Gut, wir sind hier zum Kartenspielen, oder?« Sie fingen mit dem Spiel an. Während einer der obligatorischen Pausen, als Johanna an der Reihe war um auszusetzen, legte sie sich in den Liegestuhl. Sie lag entspannt da, da zeigte sich in ihrer Wahrnehmung der verstorbene Vater der Gastgeberin. Sie kannte ihn nicht zu Lebzeiten. Wie im College gelernt, fragte sie nach dem Alter, als er starb, und nach seiner Größe. Er zeigte sich mit seiner Berufskleidung, da wusste sie es sofort. Er würde uns nach dem Grillen eigentlich einen Schnaps vorbeibringen, entgegnete er fröhlich, als sei es selbstverständlich und er freue sich, dass seine Tochter den Garten so schön pflege. Johanna fragte vorsichtig bei der Gastgeberin nach, sie beschrieb den Anzug und dass es einen Schnaps geben sollte. Marion bestätigte: »Das ist typisch für meinen Vater.« Aber Johanna war nicht mehr in England, aus der Runde kam die Stimme: »Könnt ihr jetzt ruhig sein, mir wird es langsam unheimlich.« Johanna musste lachen, sie konnte dieses Gefühl verstehen – auch, wenn es ihr keine Angst mehr machte.

Allen Fortschritten zum Trotz brach immer wieder, durch verschiedene Anlässe geweckt, die Trauer durch. Mit jedem Sonnenstrahl wurde sie auch an das wohlige Leben am See erinnert, das ihr nun nicht mehr möglich war. Acht Monate nach Peters Tod fühlte sich Johanna wie zwischen den Stühlen sitzend. Ihre Erlebnisse fanden in der Umgebung kein Interesse. Auf manche wirkte sie sonderbar, wie sie mit ihrer Trauer umging. Aber die Erlebnisse der Osterwoche konnte sie nicht hinter sich lassen! Es war ähnlich wie bei Arnolds Absturz, ein für sie einschneidendes Erleben, das schwer mit anderen zu teilen war. Sollte sie eine zweite berufliche Existenz für sich aufbauen? Der gewohnte Beruf wurde ihr immer fremder, er hinderte sie an ihrer Entwicklung und die Anforderungen zu erfüllen, fiel ihr schwer. War die Anstellung das nötige Korsett? Mit einem schöngerechneten Minimalismus, was für sie lebensnotwendig ist, stand sie kurz davor, ihren Beruf aufzugeben! Da erinnerte sie sich an die Zeichnung der Schwestern aus dem College: ›Am Anfang gibt es noch Verwirrung!‹ Und das gab ihr die Sicherheit, nichts zu übereilen, sondern sich weiter mit sich selbst zu befassen.

6.5 Wie lebe ich meine Medialität?

Violette kommt auf Jaune zu: »In der kommenden Existenz möchte ich Astrologie studieren.«

Jaune: »Das ist eine gute Wahl, Plotin betont selbst die hohe Qualität dieser Mantik. Um dieses abbildende System für das Schicksal zu erklären, beruft er sich in seiner Schrift ›Ob die Sterne wirken‹ auf Platon. Dort im Timaios wird an die Spindel aus dem Glaukon erinnert. Die Spinnerinnen, die Töchter der Notwendigkeit, gestalten jeder Seele ihren Schicksalsfaden. Die Seele wählt, wie wir bereits erfahren haben, das passende Lebensbild. Bei der Geburt tritt sie in diese Vorsehung ein. Er erklärt weiter die Aufgabe der sieben Sterngötter: Sonne, Mond, Merkur, Venus, Mars, Jupiter und Saturn, die für die gewaltigen und lebensbereichernden Leidenschaften des jeweiligen Charakters sorgen. Aus ihrer Konstellation würden sich typische Charaktereigenschaften bilden: Zorn, Begierde, Melancholie, Ungeduld und überhaupt die Affekte des empfindenden Seelenteils. Aus dem gelungenen Zusammenspiel ergeben sich die Fähigkeiten des vernünftigen Teils: Konzentration, Güte und weiteres. Das Horoskop bildet das Schicksalsmuster ab und lässt die Lebenstendenz erahnen. Er führt weiter aus, der ›Einzelne‹ übernehme gemäß der ›Tüchtigkeit seiner Seele‹, der Areté, das gewählte Lebensmuster. Der ›Besitz der Areté‹ ist der zentrale Begriff in der Tugendethik der Antike, denn das so geartete Tugendhafte in der Seele entscheidet darüber, welche Entwicklung dem Neugeborenen gelingt. Plotin empfiehlt in seiner Schrift, die persönliche Sternenkonstellation als Schriftzeichen zu lesen, um die Schwierigkeiten, die Herausforderungen und Talente zu erfassen. Von Pythagoras bis zum Ende der von Plotin gegründeten Akademie wird das kosmisch begründete Weltbild vertreten. Das ist ein kausales System, bei dem jeder seinen Teil dazu beiträgt.«

Plotin, Ob die Sterne wirken, Bd. Va; Enneaden II,3,9

Die Mahnung von Frau Hagen am Ende des Examens tauchte in Johannas Erinnerung auf: »Es kommt eine Zeit, zu der Sie sich in diesem Beruf nicht mehr wohlfühlen. Aber dann geben Sie Ihre Arbeit nicht auf. Wenn es nicht anders zu machen ist, lassen Sie sich nur innerhalb Ihrer Möglichkeiten beurlauben. Sie sind nicht für den harten Existenzkampf gemacht.« In dieser Zeit musste sie sich wohl jetzt befinden.

Sie wollte einen Versuch starten. Sie gab eine Annonce auf, dass sie astrologisch berate. Schnell landete die sehr versteckt gehaltene Information, durch ihre Telefonnummer zuordenbar, bei ihrem Vorgesetzen: »Stehen Sie hinter diesem Inserat?« »Ja, ich würde gerne versuchen, Menschen Konsultationen anzubieten.« »Wenn Sie diesen Weg weitergehen, werde ich Sie abmahnen, es kann sogar eine Kündigung daraus erfolgen.« Schockiert, wie schnell ihr Versuch auf Grund gelaufen war, ging sie zurück an ihren Arbeitsplatz. Die befreundete Kollegin Waltraud stabilisierte sie: »Gehe nicht in die Fänge von Leuten, die ihre Konflikte äußerlich leben! Für ihn findet sein Leben im äußeren Erfolg statt, daher holt er sich seine Anerkennung. Er kann deine seelische Entwicklung nicht nachvollziehen, das wirkt vielleicht sogar bedrohlich auf ihn.« Johanna fuhr am Abend nach Hause und nahm das Problem mit in die Meditation: Was hatte sie hier angestoßen?

Der Vorgesetzte hatte ein anderes Weltbild, sicherlich religiös und sozial. Er war in der Stadt anerkannt. »Dieser Hokuspokus seiner Mitarbeiterin könnte ihm schaden, er hielt nichts davon. Zudem sei längst bewiesen, dass es sich um Hirngespinste handele. Diese Dinge, wie z.B. Astrologie, ließen sich nicht empirisch beweisen. Die Mitarbeiterin ist kreativ, sie wird es aber nicht bleiben, wenn sie nun auf gefährliche Abwege käme,« erklärte sie sich seine Haltung.

Johanna dachte angestrengt nach. Sie fürchtete, wenn sie weiter Beratungen anbot, dass es einen Konflikt geben könnte. Innerlich bilanzierte sie, wer ihr in einem solchen Fall zur Seite stehen würde. Sie spürte deutlich, dem einen oder anderen Kollegen wurde sie zunehmend suspekter. Ihre Angst vor einer Kündigung nahm von ihr Besitz, aber sie fühlte auch, dass sie nicht mehr zurückkonnte. »Wer weiß schon, was im Kopf eines Chefs vorgeht?«, fragte sie sich und kannte sofort die Antwort: Arnold! Sie rief ihn an, wie immer nahm er sich noch am gleichen Tag Zeit für sie: »Arnold, meine Erlebnisse in England haben sich so weiterentwickelt, dass für mich Durchgaben aus der Geistigen Welt kamen, die diese Medien gar nicht wissen konnten. Ich habe erfahren dürfen, dass es ein Bewusstsein nach dem Tod gibt.« »Das freut mich sehr, danach hast du doch immer gesucht. Du musst mir mehr erzählen, wenn wir uns wiedersehen.« »Jetzt ist aber ein Problem aus meiner Einstellung erwachsen. Durch eine Annonce, astrologisch und medial beraten zu wollen, habe ich meinen Vorgesetzten aufgeschreckt. Er droht bereits mit Abmahnung und Kündigung.« »Gut, da nimmst du ein Blatt Papier, schreibst sehr höflich über deine letzten Monate. Wie du plötzlich Witwe geworden bist und dass es verständlicherweise eine Zeit gab, in der du sehr verwirrt warst. Jetzt hast du deine Fassung wiedererlangt. Durch reifliche Überlegung bist du nun zu dem Schluss gekommen, dass du dich geirrt hast. Zukünftig wirst du deine ganze Arbeitskraft ausschließlich der Firma zur Verfügung stellen. Hört sich das gut an? Spiele nach außen die Harmlose, du hast dich geirrt! Punkt! Da kann dich keiner weiter angreifen. Du wirst sehen, das verläuft sich alles im Sande, die haben ja auch andere Probleme. Bald haben die deine Geschichte vergessen.« »Arnold, du hast mir mal wieder ein Problem weggezaubert. Danke.«

Wie war ihr Standpunkt jetzt? Sie hatte erst nach Peters Tod begriffen, wieviel sie einander bedeutet hatten. Durch sein Ableben hat sie in ihrer Entwicklung einen riesigen Schritt nach vorne gemacht. Er und sie hatten einander am jeweiligen Schicksal teilnehmen lassen. Sie setzte sich auf seinen Platz auf dem Balkon und sprach mit ihm aus tiefstem Herzen. Die Partnerschaft hatte Gutes und Schlechtes gehabt, erst einmal die schönen Reisen mit ihm, bei denen sie Muße zum Malen hatte. Das Leben am See, die Verbindung zur Natur und ganz wichtig für sie, die Ruhe, die von ihm ausging. Sie sagte ihm aber auch, wie schwer er sich getan hatte, die grundlegenden Erfahrungen seiner Mitmenschen zu teilen oder über seine eigenen zu sprechen. Er stellte die Normen der

Gesellschaft sogar infrage. Er war dadurch sehr originell und witzig. Leider zog er sich sofort zurück, wenn jemand gesellschaftliche Normen wiedergab ohne nachzudenken. Der Austausch hätte ihm gutgetan. Ihr Vertrauen war gerechtfertigt, sein holistisches Weltbild, ehrlich und hochsensibel wie er war, konnte er am See ausleben. Er hatte Johanna eine Zeit lang den Rücken freigehalten. Es war auch sein Verdienst, dass ihr gute Bilder gelangen, egal, wo die Staffelei stand. Er sorgte für den nötigen Schutz vor Neugierigen und für Ruhe. Er verhalf ihrer leichtlebigen Seite, ihrem sanguinischen Temperament zum Leben und ihrer männlichen Seite zu mehr Selbstwertgefühl. Hätte er doch Mut gehabt, sich sein Scheitern zu Lebzeiten einzugestehen. Aber ohne vorherige innere Kapitulation konnte professionelle Hilfe nicht ansetzen, deshalb musste Johanna als Co-Abhängige ausbrechen.

7 Erfahrungen verarbeiten

7.1 Durch Herausforderungen werden die Seelenkräfte geweckt.

Jaune betrachtet eine Schrift: »Violette, hier, bei Plotin, erfährst du Ausführliches über das Auf- und Absteigen der Seele. Als Philosoph schreibt er darüber: ›Die Seele strebt zum Ausgangsort zurück‹. Den Gedanken haben wir bereits besprochen, auch über ihr Hingezogensein zur materiellen Welt. Erinnerst du dich an den Vergleich, dass dieses Sich-Ausdehnen dem Licht, der Sonne vergleichbar ist, die ihre wärmenden Strahlen spüren lässt? Plotin spricht Erfahrungen an, die in der Geistigen Welt gemacht werden können und die sich in der Seele einprägen. Seine transzendenten Erfahrungen lässt er in seine Schriften einfließen. Er spricht von der Freude derer, die wie wir in der Seelengemeinschaft wirken. Hier in der Gesamtseele sei es ein Erholen der Seelen in der Leidfreiheit. Er spricht vom Genießen der Schönheit, je nach seelischem Vermögen. Dann erwähnt er den Wandel der Wesen in ihrer Daseinsweise, wenn sie in ein selbstständiges Für-sich-existieren übergehen. Ihr tätiges Sein in den transzendenten Aufgaben führe sie durch viele Lernschritte. Bis sie, wie es bereits Platon beschrieb, reich an Erkenntnissen ihre Federn verlieren, um die Fesseln des Leibes wieder zu erfahren.« Jaune schaut Violette hoffnungsvoll an: »Das will ich betonen, dein seelisches Lernen hier oben bereichert dich, du sammelst die Kenntnisse, die du irgendwann in deinem künftigen Leben zeigen möchtest. Als neu geborene Seele wirst du am meisten überrascht sein, was sich in dir verbirgt, wenn sich dein Können verwirklicht. Dafür benötigen wir die Herausforderungen der materiellen Welt.«

Plotin, Der Abstieg der Seele in die Leibeswelt, Bd. Ia,(1) (21–30); Enneade IV, 8,1 und 4

Das vergangene Jahr, nach Johannas Osterwoche, war ein ganz besonderes geworden. So ungewöhnlich, dass sie die Inhalte der vielen besuchten Seminare in einem Ordner gesammelt hatte. Das himmlische Schulungssystem, von dem Frau Brunner im Frühjahr zu ihr sprach, fand seine Parallele im College. Bis Ende August lernte die junge Witwe in England, darauf folgte eine Zeit der Orientierung in Deutschland.

Das Jahresende stand bevor. Sie war auf dem Weg zu einem Seminar, das ihr erster Tutor, Lewis, veranstaltete. Martina hatte es kurz vor Weihnachten organisiert. So hatte Johanna keine weite Reise nötig und konnte trotzdem den offenen Umgang mit Gleichgesinnten genießen. Das angebotene Numerologieseminar war etwas Griffiges, damit wollte Lewis seine Teilnehmer faszinieren. Das hebräische und griechische Alphabet verbirgt hinter jedem Buchstaben eine Zahlenentsprechung. So beinhaltet jedes Wort auch einen Zahlenwert. Diese Werte unterstrichen manche Wortwahlen in den Weisheitstexten der Antike. Am Vorabend nahm Johanna ein Reading beim Tutor:

»Im Moment gehst du durch eine positive Veränderung, du siehst noch nicht die Wirklichkeit, die damit verbunden ist. Gedanken beschäftigen dich, die deinen Beruf betreffen. Viele Leute glauben, das sei Hokuspokus oder Fantasie, was da um dich herum geschieht. Du beeindruckst andere aber trotzdem, diese Pionierarbeit ist nötig. Du wirst darüber ein Buch schreiben, das andere aufrütteln soll.«

Was Lewis hier sagte, hatte sie in den vergangenen Monaten bei den Collegebesuchen in ähnlicher Weise gehört. Inzwischen hatte sie aufgehört, anderen Menschen von den Erlebnissen zu erzählen. Schlussendlich blieb nur ein schales Gefühl zurück, als wäre sie etwas überspannt. Verständlich, dass jeder Mensch sich auf seiner eigenen Suche befand und soweit reichte auch sein Verständnis für Neues. Gerade Trauernde haben einen ganz persönlichen Weg, um die unerträgliche Einsamkeit zu verarbeiten. Sie wissen, was es heißt sein Kind, den Partner oder ein Tier loszulassen. Ja, ein Tier zu verlieren kann die gleiche Wunde verursachen. Johanna erhielt von einem Bekannten so viel Verständnis, er verstand das Leid, sein treuer Hund war in der gleichen Zeit von ihm gegangen. Es verband die beiden, den gewohnten Alltag so leer zu erleben, ohne die Vertrautheit von Partner oder Tier.

Johanna traf den vertrauten Tutor Lewis direkt nach Ostern in der Pfingstwoche. Welche Überraschung, aus unerklärlichen Gründen waren nur vierzehn Schüler anwesend, Engländer, Dänen, Amerikaner und Deutsche. Ihnen standen drei Tutoren zur Verfügung. Der Charakter des Seminars sollte nun vollkommen anders werden. Während dieser Woche kam sie sich selbst wie ein junges Mädchen vor. Schuld daran waren zwei junge Männer, die keine Minute ausließen, die etwas

Ernsthafteren zu unterhalten und zum Lachen zu bringen. Der eine war DJ in Discos und der andere Grafiker. In ihrer frechen Art waren sie aber medial richtig gut, sie gingen sehr unverkrampft an die Sache heran. Einmal gaben sie sich als Frauen der Esoterik aus, schnappten sich von einer Schülerin einen Schal und sprangen mit diesem flatternden Stoff auf die Bühne. Aus dem Stegreif gaben sie alle Gemeinplätze wieder. Zum Beispiel die allzu märchenhafte abgehobene Einstellung eines solchen Charakters, in die auch Leute der spiritualistischen Bewegung abdriften konnten, wurde von den beiden gnadenlos bloßgestellt. Sie tanzten selbstironisch in dieser imaginierten Art miteinander und ›suchten den Lebensweg.‹ Alle konnten herzerfrischend lachen, auch über sich selbst. Diese Woche brachte ihr erneut in Erinnerung, welch ausgelassener Mensch sie sein konnte, vor allem wie wichtig es ist, einmal am Tag Lachen zu können. In diesem Seminar lernte sie auch zwei neue Medien kennen. Bei diesen Unbekannten nahm sie jeweils ein Reading. Am Morgen des zweiten Unterrichtstages ging sie zu ihrem Termin mit einem der medialen Tutoren. Johanna erlebte die erste flüssig formulierte Durchgabe eines gut ausgebildeten Mediums. Die Aufzeichnung konnte sie auch Jahre später anhören.

Reading: »Ich weiß nicht, aus welchem Land du kommst? Es werden mir Bilder von Industrie gezeigt, dort hat ein Mann gearbeitet, der um dich ist und dich unterstützen möchte, vor zwei Jahren hat sich dein Leben geändert. Damit es dir deutlich ist, das musste sein, da es bereits in eine Art Selbstzerstörung überging. In deiner Familie herrscht ein großes Pflichtgefühl. Wenn man die Hierarchie der Familie betrachtet, stammt er aus der Generation deines Vaters. Dieser Mann hatte kein hohes Alter, als er starb.« Johanna wusste nicht, wer von den zwei möglichen Verstorbenen es sein könnte. »Er stammt aus der Generation deines Vaters, ich höre Bäcker, Edward. Es gab eine große Liebe zu Büchern.« Sie dachte nach, der Vornamen klang ähnlich. Sollte das auf ihren Onkel hinweisen, der sich im Tod von ihr verabschiedet hatte? Sie wusste, sein Vater hatte eine Bäckerei. Jetzt konnte sie dem Medium Verstehen signalisieren. Die Information verglich sie später mit den Eltern, als sie davon erzählte, ließ sich das Rätsel aufdecken. Er hatte nach dem Abitur eine Buchbinderlehre gemacht, kunstvolle Bücher waren seine Leidenschaft. Später, nach dem Krieg, hatte er sich in seinem schönen Zuhause ein Büro eingerichtet und sich selbststständig gemacht. Es war der Onkel, der sich von ihr in der Studentenzeit verabschiedet hatte.

»Mir werden dunkle Möbel gezeigt, ein Büro, sehr gepflegt, eine freundliche Atmosphäre. Er sagt mir: ›Du denkst darüber nach, wie es in deiner Arbeit weiter gehen soll. Lange hat dich Vergangenes festgehalten. Erst seit einem Jahr gehst du vorwärts.‹ Die Großmutter kommt näher, eine große mütterliche Liebe geht von ihr aus, in der Zukunft wird es für dich besser werden. Sie war eine sehr großzügige Frau, ein Geruch von Veilchen ging von ihr aus. Sie sagt mir, dass es dein gutes Recht sei, ein Individuum zu bleiben. Sie ist ganz enthusiastisch und klatscht Beifall, das hast du gut gemacht, aber lasse die Vergangenheit, wo sie hingehört. Die Kommunikation mit der Geistigen Welt ist im Kommen. Bist du umgezogen?« – »Nein.«

»Es sieht so aus, als würde das passieren. Auf die Gefühlsebene achtgeben, die Farben der Aura deuten auf Heilkraft hin, damit musst du weitermachen. Du hast einen Riecher für bestimmte Bedingungen, erahnst, was kommt. Du liest viele philosophische und technische Bücher, da gibt es auch Tagebücher. Für die Arbeit brauchst du deinen Verstand. Aber du bist noch nicht an der richtigen Stelle deines Lebens angekommen, da gibt es ein Gefühl des Unerfülltseins. Im August gibt es weitere Möglichkeiten.« »Im August werde ich hier mehrere Kurse nehmen!« »Da klärt sich schon einiges, du wirst den Arbeitsplatz wechseln, die Finanzen ändern sich, es gibt neue Gelegenheiten. Jemand spricht übers Fischen zu mir, es sind Erinnerungen eines Mannes. Er hat ein liebenswertes Lächeln, er strahlt Glücklichsein und Zufriedenheit aus. Dieser Mann verwöhnt dich, bittet darum, in den Büchern zu ›fischen‹, du wirst die Wahrheit dort finden. Bei ihm ist auch ein junges Leben, eine Fehlgeburt, er ist bei ihm.« Johannas Staunen stieg ins Unermessliche, sogar Michael-Benjamin war mit Peter zusammen. Vor zehn Monaten, als ein anderes Medium in der Schweiz den jungen Mann zeichnete, war Peter noch unter den Lebenden. Jetzt kamen die beiden zusammen, um sie auf diesem Weg von ihrem Hiersein zu überzeugen. »Er bittet dich, sei nicht so selbstkritisch, vor allem sei frei, wir bringen dich voran. Dieser liebenswerte Mann ist immer mit dir, er hat seinen Weg im Geiste gefunden. Er betont ein Schmuckstück, einen

Ring.« Das Medium schaute Johannas Hände an, da steckte ein Diamantring an der rechten Hand. »Er spricht von einem Ehering«. Die Witwe deutete auf die rechte Hand. »Oh, ihr tragt ihn hier, wir Engländer tragen ihn links. Er gibt mir noch Festtage, der Mai?« »Da hatte er Geburtstag.« »Er hat ein wunderbares Lächeln, er ist sehr glücklich.«

Ein unbeschreibliches Glücksgefühl durchlief sie. Sicherlich war das für Außenstehende eine Banalität, dass man in Büchern Wahrheiten findet. Verglich man aber die Aussage mit Peters Sicht zu Lebzeiten, hörte sie sich etwas anders an. Seiner Ansicht nach übertrieb sie ihr Studium, er selbst las wenig. Die ihr bekannten geistigen Besucher, den Neffen eingeschlossen, versprachen alle die junge Frau voranzubringen. Überwältigt von der Durchgabe beschloss Johanna, weitere Aufzeichnungen zu sammeln. Durch den Mitschnitt tat sie sich leicht, den Inhalt immer wieder anzuhören. Das war sie von den vielen Besuchen bei Frau Brunner gewohnt, denn es traten hierbei die typischen Probleme auf. War die Durchgabe gut, kamen Details zur Sprache, die man vergaß oder die erst später nachgeprüft werden konnten. Sie sollte obendrein selbst erleben, dass die Botschaften Hinweise enthielten, die sie nicht bewusst annehmen konnte. Erst nach einem gewissen Reifeprozess wurde der ganze Inhalt verständlich. Es war jedoch möglich, dass die Aussagen den vorhergegangenen entsprachen, deshalb tat es der intellektuellen Seite Johannas gut die Aussagen zu vergleichen. Gerade Übereinstimmendes verschiedener Medien zu verschiedenen Zeiten an unterschiedlichen Orten wurde zu einem Aspekt, der sie später zu überzeugen begann.

Das zweite Reading nachmittags war richtungsweisend. Sie betrat den Raum von Lorette. Vor ihr standen viele Aurosoma-Flaschen auf einem Tisch. Das Medium forderte sie auf: »Wähle vier Flaschen. Die Seele befindet sich in Resonanz mit den Elixieren, die der Ratsuchende auswählt.« Johanna studierte die Gläschen in Ruhe, bevor sie entschied welche passten. Die durchsichtigen Substanzen waren faszinierend. In einer waren genau die zwei Farben, die ihr bei ihrer nächtlichen Schlafstörung immer zur Ruhe verhalfen, Violett und Gelb. Als sie zu dieser Ersten griff, hörte sie das Medium pfeifend sagen: »Das wundert mich nicht.« Diese Reaktion nahm sie gelassen hin, aber es blieb in ihr ein beeindruckendes Rätsel. Bisher hatte sie gedacht, diese

Erscheinungen seien eine normale Reaktion hinter den Augenlidern. »Wir beginnen zuerst mit der spirituellen Ebene, dann beschäftigen wir uns mit der Persönlichen. Die gelbe Farbe zeigt, du kamst auf dem Strahl von Meister Kuthumi: Er steht für dein intellektuelles Suchen und das Streben nach Weisheit. Die zweite Flasche ist die alte Seele, du kommst, um andere zu lehren, der Wahrheit zuliebe. Es geht darum, altes Wissen in die Gegenwart zu bringen.« Ohne von dem Schicksal der Klientin zu wissen, brachte sie das Lebensthema auf den Punkt: ›Dein Wunsch in diesem Leben ist es, Weisheit zu lehren. Es war Teil des Plans, dich nach nichts anderem mehr suchen zu lassen, als das, was du wirklich glauben kannst. Nun ist der Punkt erreicht, an dem deine Kommunikation mit der Geistigen Welt enger wurde, so dass du in der Lage bist, direkt zu kommunizieren. Eine Menge geistiger Energie wirkt unablässig auf dich ein.‹ Es geht darum, das göttliche Gesetz zu erkennen und dieses weiterzugeben. Dein Wille geschehe – nicht mein Wille. Bevor du das aber kannst, musst du erkennen, dass du viel Wissen in dir hast. Du hast eine Herausforderung zu bestehen gehabt, du musstest dich öffnen, um mehr Wissen aus der Geistigen Welt in dir aufzunehmen. Du wurdest zum Suchen geschickt. Du hast auch eine Meisterflasche gewählt, das zeigt, du wirst an den Punkt geführt, an dem höhere Sphären durch dich wirken können. Du wirst in Zukunft sensitiver werden müssen. Dein Mitleid wird in Zukunft größer, es ist wichtig, dass du deinen Gefühlen vertraust, das stärkt deine Intuition, die göttliche Liebe ist das Ziel. Du erhältst zurzeit viel mentale Energie, um dich für die Arbeit zu stärken.« Dabei lachte sie.

Das stimmte, Johannas Leben hatte sich sehr verändert. Während sie früher von Unruhe getrieben wurde, war es ihr plötzlich möglich, stundenlang zu lesen und zu schreiben. Früher, im Studium, las sie ihre Bücher am liebsten in der Straßenbahn oder als Bibliotheksaufsicht. Hätte sie das zu Hause gemacht, hätte es vor allem zu einem Zuwachs an Pfunden geführt, weil ihr Blick genauso oft in die Bücher wie in den Kühlschrank fiel.

»Du hast auch die Tendenz, für andere zu viel zu geben, du solltest dich nicht bis zur Erschöpfung auslaugen. Du hattest immer einen starken Willen, sogar als Kind.« »Oh ja, meine Mutter hat sehr darunter gelitten.« »Aber das war verständlich, du warst die alte Seele und deine

Mutter sollte in diesem Leben stark werden. Du warst das unabhängige Wesen, du wolltest nicht, dass sie dir sagten, was du zu tun hast.

Für die Eltern bedeutet das Stress, aber jetzt kannst du das Verhältnis entspannen. Da ist ein Mann in der Geistigen Welt, er ist sehr aufmerksam und verfolgt, was mit dir geschieht. Er übergießt dich mit Liebe. Du machst jetzt den Frieden mit deinem Leben, du findest auch den Weg zu deiner Mutter. Da ist eine Nierengeschichte, da benötigt jemand eine Operation.« »Ja, meiner Mutter wurde eine Niere entfernt.« »Daraus ergeben sich keine weiteren Probleme, es ist jetzt gut. Gibt es ein junges Leben um dich, hier im Leben?« »Ja, meine Nichte.« »Sie wird dir behilflich sein, mit deiner Mutter besser in Kontakt zu kommen. Gibt es einen Gedenktag im August?« »Ja, da bin ich verreist und habe meinen Mann sich selbst überlassen.« »Er sagt, darüber sollst du dir keine Vorwürfe mehr machen. Es war eine Entscheidung von euch beiden. Nutze die Zeit, um mit deiner Mutter zurechtzukommen. Wähle nochmals vier Flaschen! ... Da kommt eine neue Liebe in dein Leben, dann kannst du die Trauer loslassen. Dann wird sich in der Arbeit und im Zuhause einiges ändern und dein Leben wird zu dem, was du dir ersehnt hast. Die besseren Zeiten kommen noch. Du würdest keinen Partner akzeptieren, der mit dir nicht das Spirituelle teilen kann. Er ist geradezu das Gegenstück zu dir, dein Seelenpartner, ein anderer hätte gar keine Chance. Möchtest du mit Massage oder Osteopathie arbeiten? Du könntest deine Heilkräfte besser anwenden. Insgesamt wird dein Weg auch finanziell gut vorangehen.«

Das war eine Beratung, die weiter auf ihre Bedürfnisse einging. Lorette hatte auch ihr persönliches Lebensmotiv wiederholt, das Frau Brunner vor Ostern angesprochen hatte. Ihre geistige Suche wurde ebenfalls zunehmend verdeutlicht. In den Lebensjahren, wenn die meisten jungen Frauen Kinder bekamen, hatte Johanna ein Philosophiestudium verfolgt. Lehren im Sinne der Philosophie, das konnte sie annehmen, aber ein Meister Kuthumi, das war ihr suspekt. Trotzdem musste sie zugeben, die gelbe Farbe hatte ihren Stellenwert in ihrem Leben. Es war der Traum am Ende ihres Studiums, dann die riesige gelb vibrierende Farbfläche, die sie zur eigenen Stärkung nach Arnolds Absturz malte. Las das Medium aus ihrer Aura? Solche Übereinstimmungen ließen Johanna aufhorchen, das konnten keine Gefälligkeitsfloskeln sein. In diesem Reading hatte sie grundlegend Neues erfahren. Und in den späteren Wochen sollten ergänzende Dinge zur Sprache kommen, die über das längst Gesagte hinausgingen. Aber was für Johanna menschlich wohltuend war, ihr wurde der neue Partner prognostiziert, mit dem sie von Herz zu Herz kommunizieren konnte. Das war eine Vorhersage, die ihr die Handleserin bereits gemacht hatte, als sie nicht wusste, welche Richtung die Freundschaft mit Arnold nehmen würde. Damals vor fünfzehn Jahren hieß es, dass sie erst nach ihrem vierzigsten Lebensjahr die von ihr sehnlichst gewünschte Herzensbeziehung erlebe. Hatte sie nicht bereits zu Beginn des Studiums gefragt, wie das möglich sein könne, dass gute Berater zu gleichen Aussagen kommen konnten? Natürlich, mit psychologischem Gespür ließe sich manches vereinfacht sagen, so dass es passt. Ein gutes Medium benötigt das Gespür, um die richtigen Worte für den Klienten zu finden. Aber Lorette sprach die unterschiedlichen Qualitäten in den Beziehungen an.

Am Abend einer der folgenden Tage gab es eine öffentliche Veranstaltung: Es sollte eine Demonstration einer Trance werden. Eine größere Zuhörerschaft war von auswärts für diesen Abend dazu gestoßen. Alle saßen im Roten Salon, der im vorderen Teil ein Podest mit zwei Stufen besaß. Ihr Tutor Lewis ging auf der kleinen Bühne in Versenkung, die Augen waren geschlossen. Aus ihm heraus meldete sich eine Stimme: »Dich«, zu Paul gewandt, einem der jungen Spaßvögel, »dich sehe ich immer in der Bar. Komm mal zu mir.« Der junge Mann ging zur Bühne: »Oh, er beobachtet uns«, rief er seinem Freund zu. »Glaubt ihr, ich spiele dauernd Harfe?« »Ja!« »Keine Angst, das sage ich nicht Lewis.« »Wie geht es dir?« »Gut, ich bin ja tot«. Er schüttelte Paul die Hand. »Jetzt kannst du nach Hause gehen und erzählen, dass du einem Geist die Hand geschüttelt hast.« Mit diesem Beispiel englischen Humors begann er sein ernsthaftes Thema. Dann stieg der Tutor mit geschlossenen Augen von der Plattform, ging auf eine Zuschauerin zu, erzählte ihr, sie habe am vorherigen Abend das Bild eines Mannes betrachtet. Der, der ihm dies gerade erzähle, hätte auch einen Hund bei sich, dann gab er ihr eine Botschaft. Hier ging es nicht um intime Details, sondern das Medium zeigte, wie präzise der Beweis von Leben nach dem Tod sein konnte. Er ging weiter auf einen anderen Besucher zu und erzählte, er habe vor kurzem an der unteren

Wirbelsäule Probleme gehabt, der Zuhörer bestätigte, er sei in Behandlung gewesen. Nachdem er den einen oder anderen Zuschauer in ein ›hellsichtiges‹ Gespräch verwickelt hatte, vielleicht auch noch eine Telefonnummer durchgab, ging er zurück auf die Bühne. Danach konnten sich die Zuschauer melden. Auf Johannas Frage, was er davon hielte, im nahen Kloster zu den abendlichen gregorianischen Gesängen zu sitzen, wo für sie Geborgenheit herrsche, antwortete er:»Das ist gut, weil es eine Kraftquelle ist. Konzentriere dich auf das, was deine Person ausmacht. Dein persönlicher Zweck ist es, dich im Leben auszudrücken, ein Individuum zu werden. Verschiedene Meditationstechniken sind Bestandteil des Weges, dann wirst du die Bücher zur Seite legen und bist identisch mit dem inneren Auftrag.« Sie staunte nicht schlecht, der Inhalt ihrer Beratungen, in dem die Bücher thematisiert wurden, hatte noch eine Schippe drauf bekommen. Woher konnte er wissen, dass er Johannas psychologisches Problem ansprach, das sie noch nicht bewältigt hatte? Astrologisch und medial gesehen wurde sie immer darauf hingewiesen, zu ihrer Individualität zu stehen, was für sie hieß, auch Ablehnung zu ertragen.

In der nächsten Kursstunde stand die Psychometrie auf dem Plan. Für den nicht medial Veranlagten ist es schwer sich vorzustellen, dass an Gegenständen Botschaften des Besitzers abgelesen werden können. Alle Schüler mussten verdeckt ein Objekt in eine Schale legen, anschließend wählte ein Student einen der Gegenstände. Ziel war es, die Energie des Besitzers zu erspüren. Johanna sah beispielsweise am Ring eines Mitstudenten die besondere Verbindung zu seiner Tante und die damit verbundene Wohnsituation. Diese gute Übung lässt vor dem inneren Auge Bilder entstehen. Der Übende soll seiner Vorstellung vertrauen lernen. Zu Beginn ist das bestimmt verwirrend, zwischen allen möglichen Gedanken die Botschaft wahrzunehmen. Der Anfänger in der Meditation hat vielleicht bereits erlebt, wie schwer es ist, die unruhigen Gedanken in der Stille zu beobachten. Durch Training verbessert sich die Konzentration auf die entstehenden Bilder.

Lichteinfall im Park

An einem anderen Morgen saßen die Studenten unterschiedlichen Alters und verschiedener Herkunft im Roten Salon. Manchmal schweifte der eine oder andere in Gedanken ab und blickte auf die Parkanlage, die in Morgendunst gehüllt war. Der Tutor lenkte die Aufmerksamkeit auf das Tagesthema. Die Aufgabe bestand darin, die Symbolsprache zu vertiefen. Lewis stand an einer weißen Tafel: »Durch Traumerinnerung sind uns bestimmte Bilder geläufig. Da spüren wir bereits, was für uns Wald, Häuser, Straße usw. bedeuten, psychologisch ist das mit der Archetypenlehre verbunden. Für die mediale Arbeit bekommen wir in Sekundenschnelle Informationen. Man kann durch Zeichen wie Kreuz, Quadrat, Farben und Zahlen etc. die individuelle Konzentration der Aussage erhöhen. Das will ich so erklären: Ich treffe ganz rational mit Farben Vereinbarungen zu seelischen Zuständen. Goldgelb bedeutet Weisheit, Schwarzgrau Trauer. Diese Entsprechung zwischen Bild und Aussage muss zu euch persönlich passen und eingeübt werden. Das heißt dem einen liegen die Farben, dem andern Zahlen oder Muster näher. Zukünftig soll das die Kommunikation mit dem Geistigen Helfer leichter machen. Nehmt ein Papier und notiert die Zeichen, die ihr bereits mit einer Botschaft verbinden könnt.« Johanna zeichnete ein Feld auf, teilte es ein, vorsichtig schrieb sie die bereits eingeübten Entsprechungen hinein. Links oben Verstorbene, Zukünftiges rechts oben, in der Mitte ...» Lewis, mache ich das so richtig?« »Ja, das ist deine Vereinbarung, die Geistige Welt weiß sich dann deiner Kenntnisse zu bedienen. Damit arbeitest du wohl schon länger?« Erleichtert atmete sie auf, hier im Schutz der Tutoren konnte sich Johanna vergangene Erfahrungen bewusster werden lassen.

Dann war die Reihe an ihr. Sie musste für eine Durchgabe auf das Podest. Sie hatte die Aufgabe einen spirituellen Kontakt herzustellen. Plötzlich spürte sie eine näher kommende Schwere. Sie sah und fühlte eine männliche Energie, etwas größer als sie. Vor ihrem inneren Auge wurde ihr Blick zu einem Fenster hinausgeführt, der innere Blick fiel auf einen typisch englischen Kirchturm. Sie schaute aus nordöstlicher Richtung auf ihn, so dass sie den Stand der Sonne, die Himmelsrichtung, beschreiben konnte. Im Perspektivwechsel sah sie in die andere Richtung auf einen Rosenstock, der rechts neben dem Eingang stand, daneben das Fenster, aus dem sie herausschaute. Die Kraft dieses älteren Mannes mutete etwas nervös an, er zeigte Zuneigung zu wem? Konnte das jemand annehmen? Lorette meldete sich zu Wort: »Das ist eine Botschaft für mich, das ist der Blick aus meinem Arbeitszimmer, wenn die Morgensonne auf die Rose fällt. Ich wohne gegenüber der Kirche. Die Pflanze ist das Besondere, denn der Mann, den du wahrgenommen hast, hat sie mir geschenkt.« Ein Mitschüler fragte erstaunt:

»Was hat dich dazu bewogen, von einem typisch englischen Kirchturm zu sprechen und diesen zu beschreiben?« »Das ist einmal das, was ich sehe und was meiner beruflichen Ausbildung entspricht. Ich kenne mich mit Bauweisen, regionalen Besonderheiten, Material, Zustand und Alter aus.« Lorette vertiefte die Aussage für die Gruppe: »Die Geistige Welt kennt eure jeweiligen Fähigkeiten und weiß sich derer zu bedienen. Wir werden die Durchgabe nochmals analysieren. Du musst ständig nachfragen und wahrnehmen, das hält den Kontakt zum geistigen Besucher. Der Beginn ist zuerst systematisch. Die Seele kommt in ihrer Erscheinung wie zu Lebzeiten. An diesem Punkt müssen wir uns fragend und wahrnehmend herantasten: Größe, Geschlecht, Alter, Krankheit, die Art des Todes und Besonderheiten. Die Gedenktage kann man zum Beispiel mit Erscheinungen der Jahreszeiten verbinden. Weiter geht es mit Wohnortbeschreibung, dem Beruf und wenn wir so weit sind, können wir ihn nach dem Grund seines Kommens fragen. Die Botschaft ist manchmal schwer zu fassen, das gelingt dann besser, wenn unsere Symbolsprache vorangekommen ist. Der Name ist schwierig, dazu müsst ihr hören oder in Symbolen wahrnehmen. Wer ist der Nächste?«

In diesem Kurs war die Übereinstimmung der Teilnehmer untereinander fantastisch. Es sollte ein schwerer Abschied von den Mitstudenten werden. Das spürte auch Lorette. Sie bereitete für alle eine Abschiedsfeier vor. Wie bei der Weihnachtsvorbereitung mussten sie draußen warten. Als sie in den Raum durften, war das Licht gelöscht, in der Mitte ein kleines Bassin mit Blumen und Schwimmkerzen, die Feier begann.

Wochenlang danach sendete Johanna am Ende jeder Meditation geistig visualisiertes Licht zu den Teilnehmern. Einer der jungen Männer, Paul, war ihr besonders ans Herz gewachsen. Sie hielten Kontakt miteinander und er versprach, sie während der nächsten Aufenthalte im College zu besuchen.

Traum:

»*Spüre die Liebe der Geistigen Welt, wir beschützen dich auf deinem Weg, entwickle dich in Ruhe, in der Stille, die Außenwelt schüchtert dich noch zu sehr ein. Wir sagen auch noch nicht viel, damit du nicht alles wieder in Schubladen packst, du musst aufmerksam sein, feinfühlig spüren, was um dich herum passiert.«*

7.2 Wer ist schuld am Bösen?

»Jaune, bereits in der römischen Antike war das ein wichtiges Thema, ob nun der freie Wille gilt oder ob das Leben durch Schicksal vorherbestimmt ist?«

Jaune antwortet: »Das beschäftigt die Philosophie durch alle Jahrhunderte hindurch, Violette. Lass mich einfach beginnen, was auf der Welt geschieht, ist die Folge unserer Handlungen. Daraus folgt, nicht das All trägt die Schuld dafür, sondern jeder muss die Verantwortung für seine selbstverschuldeten Ereignisse in seinem Leben übernehmen. Im Körperlosen ist die Seele frei, wird sie aber in die Welt hineingezogen, gerät sie in Abhängigkeit der Bedürfnisse. Leider kann manches geschehen, was nicht geplant war. Plotin meint: Nicht alles ist bestimmt, das kann auch an dem Durcheinander liegen, das bei der Geburt herrscht. Und weiter: Für eine gute Seele sei das eine Herausforderung, während die schwache Seele daran zerbricht. Gerade ungünstige Verhältnisse verhelfen der starken Seele Gutes zu entwickeln.«

Violette: »Willst du an die Aussage Plotins erinnern, wir Seelen seien alle verschieden, so dass es starke und schwache Seelen gibt?«

Jaune: »Ja, wir können nicht alle gleich sein. Für die Vorsehung heißt das: Wir können handeln, wie es uns entspricht. Das klingt wie eine Art Willkürfreiheit, dafür haben wir sofort oder später die Verantwortung zu übernehmen. Der Weltseele kann man nicht unterstellen, sie habe das Böse erzeugt, wenn überhaupt, sorgt sie für das Gute.«

Violette seufzt: »Es ist schön, eine Zeitlang ohne Körper im Schwerelosen zu sein. Bei den Seligen außerhalb der Kausalität zu sein und sich frei zu bewegen. Wer gibt diese Freiheit schon gerne auf?«

Jaune: »Ist die Seele erst einmal in der Entwicklung vorangeschritten, geht sie selbstbestimmt vor, um für das Leben reif zu werden. Vergiss nicht die Schönheit, die man an großen Persönlichkeiten beobachten kann. Ihr vernünftiges Handeln hält sie vom affektgesteuerten Leben fern. Dagegen wird derjenige von Leidenschaft regiert, der diesen Affekten nur ein kleinwenig nachgibt.«

Plotin, Das Schicksal, Bd. Ia (19) (35–36); Enneade III,1, Über Schicksal

Traum: »Eine Zecke hat mich gebissen, niemand ist da, der sie entdeckt.«

Johanna registrierte die Warnung. Aufmerksam inspizierte sie ihren Körper immer wieder, schließlich fand sie das Tier nach zwei Wochen am Bein. Woher war der Parasit gekommen? Der Weg zu ihrem Auto führte durch die Tiefgarage. Die Fahrt von der Garage zur Arbeit war ebenso geschützt. Ihre Erholung war die Kontemplation im Wohnzimmer. Es gab nur eine Möglichkeit: Ein Kollege hatte ihr eine Rose aus seinem Garten geschenkt. Die Blume stand bei der Meditation vor ihr. War der Parasit auf diesem Weg zu ihr gekrabbelt? Das angekündigte Phänomen, das scheinbar zufällig einen anderen Mitspieler, die Zecke, beteiligte, sollte zwei Wochen zuvor in der Geistigen Welt bekannt gewesen sein, bevor die Rose gepflückt wurde? Solche Ereignisse waren nicht erklärbar.

Die englischen Kurse wirkten sich positiv auf ihre Kreativität aus, das bemerkte sie sehr schnell im Beruf. Eine weitere Veränderung war, dass ihr gelang, die eigenen Gefühle besser wahrzunehmen. Diese Unfähigkeit zu registrieren, wie sie sich fühlte, hatte sie als Jugendliche bereits zum Psychologen geführt. Durch den Stress hielt die Außenwelt Johanna manchmal nur am Funktionieren, dann fiel sie ganz leicht in ihre alte Schwäche zurück. Merkwürdigerweise beeinträchtigte das kaum die intuitiven Gedanken.

Außer der Kartenrunde und der heimeligen Weinstube gab es wenig, bei dem sie das Gefühl hatte, dazuzugehören. Manchmal taten ihr auch die Freunde leid, denn in ihrer Andersartigkeit tat sie sich schwer, Alltagserfahrungen mit den Bekannten zu teilen. Was sie erlebte, wen interessierte das? Den Mitmenschen gelang so selbstverständlich, über Themen von Kindern und Gartenarbeit zu sprechen, das erinnerte sie höchstens an ihre schwierigen Verhältnisse. An Orten mit vielen Menschen konnte sie sich geradezu verlieren, das passierte ihr auch mit den Freunden. Der Psychologe der Jugend hatte es beschrieben. »Sie spüren die Leere, dann versuchen Sie diese auszufüllen, dabei verlieren Sie sich.« Das Problem, den Freunden nicht mitfühlend begegnen zu können, wurde ihr durch Lorettes Hinweis im ersten Reading wieder bewusst gemacht. Erst durch Einfühlung war die Nähe zu anderen möglich. Einfühlung in das Gegenüber und in sich war für Beziehungen wichtig. Johanna hatte durch die Medialität die Chance entdeckt, den Gesprechspartner und ihre eigenen Bedürfnisse wahrzunehmen. Sie stand am Anfang, Beziehungen neu zu sehen. Aber auf Ablehnung und Disharmonie zu reagieren fiel schwer. Das hieß, sie nahm wahr, gleichzeitig war sie beschäftigt die Negativität zu verwandeln.

Ihr Wunsch war ein Gesprächspartner. Sie dachte: »Hoffentlich erfüllt sie sich Lorettes Prognose.« Denn ihr persönliches Thema ›Sterben‹ hörte sich mit den Worten der Freunde so an: »Nach dem Tod gibt es für mich nichts.« Oder: »Es wird irgendetwas geben, hoffe ich zumindest.« Die mediale Anfängerin spürte die Angst der Bekannten, die solche Probleme weit wegschieben wollten. Ein Partner, der die Aufgabenstellung mit ihr teilen wollte wäre schön. Wo und wie sie sich begegnen sollten, war noch unklar.

Jede freie Woche hatte Johanna in England verbracht. Mit hohen Erwartungen erwartete sie das Themengebiet ›Psychic Art‹, entsprach das ihren Fähigkeiten? Die nette Engländerin, die ihr vor einem Jahr Michael-Benjamin zeichnete, hatte die speziellen Kurse bis vor kurzem im College geleitet. Aber nachdem ihr Mann, der bekannte Heiler, gestürzt war, wollte sie ihn bei sich zu Hause pflegen. Inzwischen hatte ein jüngerer Kollege die Kursleitung übernommen. Dieser Tutor war ein akademisch ausgebildeter Künstler, seine Vorgehensweise war ihr schnell vertraut. Jeder wird nun folgerichtig denken: ›Auf diesem Gebiet ist Johanna in ihrem Element. Das ist, was sie von Haus aus kann: Porträtieren!‹

Der neue Kursleiter Collin stellte sich mit seiner Arbeitsweise vor: »Alles fängt mit den Augen an. Das führt mich zum Gefühl der Person.« Er sprach, trotzdem blieb er beim Skizzieren freundlich entspannt, immer mit einem Blick auf die Zuschauer gerichtet. »Ich erhalte jetzt einen Namen, das Bild zeichnet sich von selbst.« Geschickt hantierte er mit Pastellkreiden. »Man darf dabei nichts wollen, das Gesicht sucht seine Farben. Ich zeichne es nun kontrastreicher, einfach ein paar Helldunkel-Nuancen. Das nehme ich wie einen Impuls wahr, dem ich nachgehe, besonders wenn ich zu Farben greife. Manche Stellen bleiben frei, es kann sein, dass später hier noch etwas dazu gemalt wird, vielleicht ein bisschen Kleiderstoff, eine typische Hausszene oder ein aussagekräftiges Symbol. Solche gezeichneten Details transportieren unstrittig Informationen, die man mit Sprache nur schwer ausdrücken kann.« Er trat nun vor die Studenten: »Was tun wir, wenn niemand das Bild annehmen will! Was dann?« Johanna erinnerte sich, so erging es vor einem Jahr Thea, Peter und ihr! Weder ihre Verwandte, noch ihr Mann und sie selbst kannten diese Verstorbenen. Was würde das begabte Medium in dem Falle tun? Der Tutor löste das Rätsel auf: »Ihr müsst in einer größeren Gruppe dem Zug in euch nachgeben. Der führt zu einer bestimmten Person.« Ja, genau dieses untrügliche Gefühl kannte sie aus der Osterwoche. Das Medium kam mit rollendem Tisch in Richtung Johanna, die bereits zuvor ein kaltes Kribbeln an den Schienbeinen verspürt hatte. »Nun kommen wir zur Botschaft, beim Zeichnen haben wir einen Vorteil: Wir sehen Bilder und können die Symbole in die Zeichnung integrieren. Das lenkt uns leichter zu einer Aussage, als wenn jemand zu uns direkt spräche.«

Der Tutor hatte den Studenten eindrücklich gezeigt, wie einfach und gleichzeitig schwierig der Weg zum Erfolg sein konnte. Hatte Johanna jetzt gedacht, jeder dürfe still in einer Ecke arbeiten, dann hatte sie sich geirrt. Alle mussten auf die Bühne. Die Herausforderung war, seinen Gefühlen zu trauen. Als die Reihe an ihr war, gab es keine Zeit zum Nachdenken, schon befand sie sich auf der kleinen Bühne. Nach innen gerichtet empfand sie die Aufregung im Mittelpunkt zu stehen, oder warum war ihr so unwohl? Ja, das sollte es nun heißen, ›deinen Gefühlen‹ zu trauen. Sie stand oben auf dem Podest, alle sahen zu ihr, sie richtete die Augen zur Staffelei und ihre Hand zitterte. Das war mit Sicherheit die Aufregung! Lampenfieber! Von der Nervosität geführt, bewegte sie die Zeichenkreide einfach in Richtung aufgehängtes Papier. Im Hals verspürte sie Schmerz. Eine Idee kam in ihr Bewusstsein, so ließen sich Gesicht, Frisur und Kleidung zeichnen. Johanna fragte im Stillen das Mädchen, dessen Erscheinungsbild sie gerade auf das weiße Papier gezeichnet hatte: ›Warum kommst du zu mir?‹ Sie zeigte Bilder von Schulheften, aha, das war eine Schülerin, damit verbunden der Eindruck von Sprachschwierigkeiten, etwas Stummes ging von ihr aus. Um welches Land handelt es sich? Sie schaute innerlich auf die Straße. Sie stand am Bordstein, die Autos kamen von rechts auf sie zu. Es musste sich um England handeln. Es übermittelte seine Schwierigkeiten mit der Sprache, aber auch eine Wahrnehmung vor dem Tod, der schmerzende

Hals. Sie sah dann Vater und Tochter, sie wollte auch ihn kurz zeichnen. Johanna vergaß, wie lange ihr Auftritt gedauert hatte. Sie war dem Mädchen sehr dankbar für das unvergessliche Erlebnis. Die Studentin aus Deutschland erlebte nicht ihre eigene Fantasie, sondern eine Schülerin, die beim Verkehrsunfall gestorben war. Das Kind zeigte zwei signifikante Dinge: den Verkehr und die Schule. Die mussten mit ihrem Ableben zu tun haben. Nachdem der Vater gezeichnet war, reagierte eine Mitstudentin. Sie klärte die Anwesenden über die Geschichte auf: »Ich kenne den Vater, er arbeitet bei mir im Krankenhaus. Diese Familie floh in den Neunzigerjahren aus Jugoslawien. Das Kind starb in einem unachtsamen Augenblick, weil ihm der Linksverkehr nicht vertraut war.« Der Tutor nahm das Beenden der Durchgabe in die Hand: »Bitte gib den Eltern Nachricht vom Erscheinen ihrer Tochter. Sie findet ihren Weg in der Geistigen Welt.«

Collin war Kunstprofessor in London. Er ging durch die Reihen und betrachtete die Arbeitsweise seiner Studenten. Johannas Arbeitsmaterial bestand für ihn aus unbekannten Fabrikaten. »Bist du aus Holland?« »Nein, aus Deutschland.« »Dann kennst du den Maler Emil Nolde? Bei einem Besuch einer Londoner Galerie in Whitechapel habe ich vor Jahren seine Bilder kennengelernt. Die Serie nennt man ›die ungemalten Bilder‹.« »Ja, er hat in der Kriegszeit Berufsverbot erhalten, deshalb malte er nur Aquarelle, weil der Geruch der Ölfarben ihn sonst verraten hätte. Er wählte so kleine Formate, dass er diese in Büchern verstecken konnte.« »Das ist interessant!«, erwiderte Collin. »Mich haben die Gesichter, die jungen Wesen, die Greise und Trolle fasziniert, die er einfach ohne Modell aus dem Kopf gemalt hatte. Mich interessiert, ob er wusste, wessen Gesichter er da festhielt.« »Ich glaube, das behielt er besser für sich,« war Johannas Antwort. »Mir gefallen seine unnachahmlichen Farben, selbst wenn ich so malen wollte, könnte ich das nicht, sie sind richtig sinnlich erlebbar!« »Das ist für mich typischer Ausdruck der Geistigen Welt. Du wirst sicher nochmal beobachten können, wie schnell jemand arbeiten kann, wenn die Hand ›geführt‹ wird. Wir bewahren oben im Museum des Colleges solche Beispiele auf.«

Während des Aufenthalts teilte Johanna ein Zimmer mit einer Mitstudentin aus Neuseeland. Sie hatte vor Jahren ihren Mann durch einen Segelunfall verloren. Die Frauen verstanden sich auf Anhieb sehr gut. Eines Morgens brachte ihre Zimmergenossin ein Blatt Papier mit einem gezeichneten Geschenk von Peter darauf, sie sagte, das sei eine Schneeflocke, das Bild zeigte einen Eiskristall. Diesen Zusammenhang konnte sie nicht als Zufall abtun, die Geschichte musste erzählt werden: »Weißt du, bei meinem letzten Abflug in Frankfurt hatte ich genug Zeit, ich schaute mich in den Geschäften um. Lange stand ich vor einem Kristall, einer zarten Eisblume. Ich verbot mir selbst, solch extrem Teures zu kaufen. Das hatte ich bereits vergessen. Jetzt bringst du mir das, was ich sehnsüchtig bestaunt habe, als Geschenk.« Wäre die Zimmernachbarin eine oberflächliche Schülerin gewesen, hätte sie an diesem Frühsommertag passenderweise eine Rose zeichnen können. Auch das könnte ein typischer Gruß von Peter sein. Aber nein, die Mitbewohnerin war so gut, dass ihr die Durchgabe gelang: der Eiskristall Anfang Juli! Hatte Peter sie beobachtet? Von Anfang an hatte sie immer das untrügliche Gefühl, dass Peter das College genoss, weil ihm dort der Kontakt leichter gelang. Nur verstand sie damals noch wenig von den Zusammenhängen, vor allem, wie sie manche ungewöhnliche Beobachtung aus dem Alltag einordnen könnte. Die Geistwesen, die ein Anliegen haben, werden in dieser Atmosphäre schneller wahrgenommen. Dafür gab es aus Johannas entferntem Umfeld Beispiele:

Ihr erster Mann Harry aus der Studentenzeit bekam seine sehnsüchtig erwünschten Kinder mit seiner zweiten Frau Ellen. Inzwischen war er vier Jahre zuvor bereits Witwer geworden. Eine Frau ihres Kurses gab ihr ein Schriftstück, das durch inspiriertes Schreiben entstanden war. Ellen bat aus der Geistigen Welt heraus Johanna um Vermittlung, da wegen häuslicher Gewalt ihre Kinder in ein besseres Umfeld gebracht werden müssten. Dies bestätigte sich später, denn die dritte Frau neigte zu Exzessen, die man ihr auf den ersten Blick nicht ansehen konnte. Nach weiteren Auseinandersetzungen trennte sich Harry.

Am nächsten Tag kam Paul. Er nutzte die Gelegenheit, als Tagesstudent bei diesem Tutor hineinschnuppern zu können. Johanna freute sich sehr über den Besuch. Wie zwei Geschwister folgten sie dem Unterricht. Er war beruflich ein hervorragender Grafiker. Er begann einen Jungen von ungefähr fünfzehn Jahren darzustellen: »Dieser Schüler ist aus deinem Wohnort. Er hat sich selbst stranguliert, aber das war ein Unfall. Er möchte seinen Eltern so gerne mitteilen, dass es ihm leidtut, was geschehen ist. Er sieht jetzt, wie verzweifelt sie sind.« Damals kannte Johanna den Jugendlichen nicht und traute sich auch keinen Kontakt zu den Eltern herzustellen. Was sollte sie sagen? »Ich habe in der Zeitung gelesen, ihr Sohn hat sich stranguliert. Ein Freund hat mir sein Bild gezeichnet, hier ist es!« Erst beim Schreiben des Buches entdeckte sie, in welcher Verbindung der Junge zu ihr stand. Er war ein Schulkamerad von Marions ältestem Sohn, der für den verstorbenen Kameraden im Klassenzimmer immer eine Kerze angezündet hatte.

Beim letzten Beispiel zeichnete sie selbst ein Mädchen mit brünetten Haaren, wieder ging es um einen Autounfall. Johanna zweifelte, der Tutor trat heran. »Da gab es ein junges Mädchen aus deiner Schulzeit, sie ist durch ein tragisches Ereignis ums Leben gekommen, jetzt ist sie wieder fröhlich. Wenn die Information zu dir kommt, wirst du sehr betroffen sein. Es kommen noch die Namen Erika und Margret dazu.« »Das sagt mir im Augenblick nichts, ich bin selbst im Alter von zwanzig Jahren aus diesem Ort ins Zentrum der Großstadt weggezogen.« Später bei einem Besuch ihrer Eltern erfuhr sie vom Tod der jungen Frau. Sie wohnte in der Nachbarschaft der Großmutter. Bei einer Spanienreise wurde sie beim Aussteigen aus ihrem Wagen von einem Auto erfasst.

Am Abend fuhr Paul zurück nach London. Er hatte so viel Nähe zu ihr, allerdings war er gute zehn Jahre jünger und verheiratet. Sie begleitete ihn zur nächsten Bahnstation. »Johanna, ich habe den Eindruck, du bist jemand, der in einem Cottage auf dem Land wohnen sollte. Da hättest du genug Möglichkeiten, deine Kreativität auszuleben.« »Ich lasse es mir durch den Kopf gehen, schon die Vorstellung gefällt mir.« »Sehr schön, ich denke, dir würde diese Gegend guttun. Wir sehen uns im August wieder.«

Bei einer Vorführung von ›Psychic Art‹ hat das Medium die Schwierigkeit, seine Zuhörer zu fesseln und gleichzeitig den Kontakt zur Geistigen Welt stabil zu halten. Um zu zeigen, wie flüssig es sich zu zweit arbeiten lässt, holte sich der Seminarleiter eine Tutorin zu Hilfe. Er wollte den Schülern demonstrieren, was die Zusammenarbeit von zwei Medien auf der Bühne bedeutete. Er begann in gewohnter Manier mit dem Einstieg in eine Zeichnung. Das Medium stimmte sich ein und während er zeichnete, sprach sie über die Eigenschaften dieser Seele. Die Studenten sollten nun ebenfalls in die Atmosphäre eintauchen. Sie fanden die spirituelle Kraft eines Collegelehrers, der bereits in der Geistigen Welt war. Ihm durften die Schüler Fragen stellen, die sie an die Tutorin richteten, über sie erhielten sie seine Antwort. So kompliziert, wie sich das anhört, war es nicht. Johanna erinnerte das an Theas Fähigkeiten. Durch sie stellte sie ja auch Kontakt zu Abwesenden her. Man musste ihr nur die Daten einer Person nennen. Die Freundin hatte es oft erlebt, wie sie in die Energie des Höheren Selbst eintauchte. So erreichte man durch Thea Lebende und Verstorbene mit Fragen. Aus dieser Verbindung antwortete sie mit den spezifisch charakterlichen Eigenheiten des Wesens.

7.3 Nach dem Übergang lösen sich Seelenanteile voneinander.

Jaune: »Warst du schon einmal an einem Ort, an dem die Leute mit ihren Pflanzen sprechen?«

»Ja, es ist von unserer Seite wunderschön mitanzusehen. Plotin verrät den Menschen auch das Geheimnis solcher Anziehung. Er erklärt zunächst den Seelenanteil, der für die Zeugung nötig ist und im Menschen vorhanden sei. Wird der Körper aufgegeben, suche sich dieser vegetative Seelenteil einen unbeseelten Ort. Hat er seine Pflanze gefunden, dann übernimmt er mit dieser Seelenkraft konkurrenzlos die Führung in diesem Gewächs.«

Plotin, Der Daimon der uns erloste, Bd. Ia, (1); Enneade III,4

Das vergangene Seminar ermutigte Johanna zu mehr Kontakten auf dem Kontinent. Das starke Gefühl von Isolation war im Auflösen begriffen. Es wäre zu viel gesagt, ihre Welt verliefe reibungslos, aber die Zahl der Gleichgesinnten um sie begann sich zu vermehren. Zu Hause versuchte sie, die Porträts weiter zu entwickeln, leider fehlten die Mitstudenten und die Korrektur durch den Tutor. Unsicher, ob sie die Erfassung der passenden Details oder der Symbole richtig verstand, sahen ihre Gesichter bald alle gleich aus. Sie beschloss, die Methode ruhen zu lassen, aber zum Porträtieren bekam sie wieder Lust. Saß ihr jemand gegenüber, vollzogen ihre Gedanken wortlos dessen Nöte nach. Biografische Details kamen ihr in den Sinn, die Wahrnehmung ging über das Gedankenlesen hinaus. Für sich allein übte sie von da an lieber mit den Möglichkeiten der Psychometrie. Ähnliches konnte sie bereits bei Frau Brunner beobachten, wenn die Klientin ihre Bilder mitbrachte. Immer nahm sie die Fotos lächelnd in Empfang, ohne sie anzusehen. Nachdem sie Johannas Schwingungen weggerieben hatte, drehte sie das Bild nach unten, legte es auf ihre Knie. Sie hielt anschließend ganz ruhig die rechte Hand mit Abstand darüber und sprach über ihre Eindrücke. Johanna hatte das Gefühl, das Vorgehen wäre auch für sie eine gute Möglichkeit, um alleine zu üben. Bei einem solchen Experiment, im versenkten Zustandes, begegnete ihr in der Vorstellung die verstorbene Schwester des Vaters, Tante Gertrud. Sie weckte Erinnerungen an die vielen gemeinsamen Familienfeste, die in Johannas Kindheit für fröhliche Abwechslungen gesorgt hatten. Mittlerweile waren die Familien größer geworden, man begann sich auseinanderzuleben. Früher noch hatte die Tante alle zu sich eingeladen, um an den Wochenenden im großen Haus nach einem Ausflug Kaffee zu trinken. Inzwischen war das Anwesen an ihre Cousine Silvia vererbt worden, die dort mit ihrem Mann lebte. Kurz darauf erhielt Johanna den Anruf der Base: »Es war plötzlich mein Wunsch, euch alle zum Geburtstag einzuladen. Wir wissen doch nicht, wie oft wir uns alle noch sehen können.« Sie organisierte ein Fest für alle Familienmitglieder.

Johannas Alltag wurde langsam abwechslungsreicher, oft telefonierte sie mit den neuen Bekannten aus dem College. Solche Gespräche füllten etwas die Lücke, die Peter hinterlassen hatte. Im praktischen Leben vermisste sie ihn weiterhin schmerzvoll. Je näher sich der verhängnisvolle Todestag ihres Mannes näherte, desto trauriger wurde sie. Manchmal glaubte sie ihn um sich zu spüren. Trotz der bereichernden Erkenntnisse rätselte sie noch immer, wie sie aus Sicht der Geistigen Welt wahrgenommen wurde. Sie setzte sich auf seinen alten Stammplatz auf dem Balkon. Beruhigt begann das Gedankengespräch mit ihm aus tiefstem Herzen. Ihr Blick fiel auf seinen Feigenbaum, der inzwischen zwei Früchte trug.

Zwei Feigen

In den vergangenen Jahren hatte sich ihr Mann oft geärgert, weil die Pflanze die im Winter angesetzten Feigen im Frühjahr abwarf. Sie entdeckte erstaunt zwei ausgereifte Feigen, man konnte sie sogar essen. Zufall? Ein ähnliches Zeichen erzählte die Kusine Sonja, als sie ein edles Nadelgehölz im Garten ihres Vaters beobachtete. Der edle Nadelbaum hatte einfach zu wachsen aufgehört, ihm wurde schon angedroht, bald würde er gefällt werden. Nachdem der alte Herr verstorben war, gedieh die Pflanze plötzlich ganz prächtig. Johanna rätselte, gab es eine Beziehung vom Seligen zur Pflanze? Sie wollten nicht unnötig spekulieren.

Bald würde sie im Sommer auf längere Zeit nach England reisen, die Koffer waren bereits gepackt. Traum (Anfang August 1998):

> »Es ist eine Höhle, ein Spalt zwischen zwei Felsplatten, sie steht offen. Es gehen Stufen hinunter, ein tiefer Abgrund, darüber steht das Haus meiner Schwiegereltern. Ihr Nachname taucht ebenfalls auf. Dort am Höhleneingang wird mir durch Peter gesagt: ›Wer hier hinunter muss, bleibt dort eine Zeitlang, bis er wieder nach oben kommt.‹ Ich ahne, wer das ist. Dann geht es auf einen Ausflug mit jungen Menschen. Weil nichts anderes da ist, wasche ich mir mit Weihwasser die Hände.«

Nach dem Aufwachen weinte Johanna. In sich hörte sie die üblichen Vorwürfe, sie habe Peter alleingelassen. Plötzlich klingelte an diesem Morgen das Telefon, erstaunlicherweise rief Waltraud an: »Hallo, Johanna, wie geht es dir? Ich weiß nicht ob wir uns heute noch sehen, aber ich bin dem Impuls in mir nachgegangen, dich jetzt anzurufen.« »Danke, deine Stimme tut mir gut. In mir sind so viele Vorwürfe, das hat mich wahrscheinlich zum Weinen gebracht, gerade bin ich wieder sehr traurig.« »Du bereitest dich auf eine neue Partnerschaft vor, wenn das Innere stimmt, stimmt auch das Äußere, das wollte ich dir einfach mitteilen.« Am Abend rief auch Peters Kusine Sonja an: »Weißt du etwas Neues von Peters Eltern? Über Umwege hat uns jemand gesagt, dein Schwiegervater sei gestorben?« »Sonja, sie haben seit langem keinen Kontakt mehr zu mir, mir ist nichts bekannt, nur ein Traum hat mir eine Nachricht gegeben.« Unterschwellig kam ihr die Aussage von Frau Brunner in Erinnerung, sie prognostizierte ihr damals, der Vater benötigte den Sohn als Aufgabe. Sie würde das noch nicht verstehen, er könne nicht ohne Peter. Diese irdische Beziehung fand vor einem Jahr ein Ende.

7.4 Der freie Wille

»Der freie Wille ist das Vermögen des menschlichen Willens, mit dem sich der Mensch, sich dem, was zur ewigen Seligkeit führt, zuwenden oder von ihm abwenden kann.« *Erasmus von Rotterdam, Vom freien Willen, Göttingen 1956, S. 24*

Jaune: »Der Philosoph der Neuzeit drückt damit aus, der Mensch habe auf der Erde nur die Wahl seinen Weg der seelischen Entwicklung anzunehmen oder diesen abzulehnen!«

Violette: »Glaubst du, ohne Erläuterung wird das akzeptiert?«

Jaune holt weiter aus: »Es ist wenig bekannt, dass Erasmus von den Schriften Plotins wusste, in denen der antike Lehrer die Rolle des Geistigen Helfers, des Daimonion herausstellte. Die Aussage fügt sich unserem letzten Gespräch an, bei dem wir an Plotins gestuftes Seelenbild erinnert haben. ›Die Seele trägt die Wahrnehmungskraft der Tierseele und die Wachstumskraft der Pflanze in sich.‹ Plotin baut auf der Lehre der Platonischen Akademie auf und übernimmt die Dreiteilung der Seele. Er legt die Position des Aristoteles neu aus, der die seelische Entwicklung auf das Vernünftige ausrichtet. Plotin sagt ganz deutlich: ›Besteht diese glückliche Voraussetzung, so kann das Daimonion führen ohne selbst zu handeln.‹ Um das zu belegen, erinnerte er nochmals an Glaukons Geschichte und wiederholte, dass es auch an uns liegt, welchen Helfer wir bekommen. In unserer Ebene führen wir und sind selbst einer Geistigen Führung unterstellt und so setzt sich das bis in die höchsten Seinsstufen fort.«

Violette: »Ist es für die Menschen erkennbar, dass alles nach einem nächsthöheren Guten strebt?«

Jaune: »Die Interessierten finden die Darlegung in Platons Buch ›Der Staat‹ und im Timaios. Die Wahl des Schicksals wird in der Antike wiederholt debattiert, auch die Rolle der Geistigen Führung. Diese verhindert, dass sich die Menschen durch Schicksal tiefer in das weltlich Böse verstricken. Denn die so Geführten tragen in ihrer Seele das Essentielle aus früheren Leben mit sich.«

Violette: »Wie versteht nun Plotin die Willensfreiheit?«

Jaune: »Er beginnt mit dem Durcheinander beim Eintreten in das Leben bei der Geburt. Der Mensch muss sich zunächst in seinen Lebensumständen zurechtfinden. Aber noch bevor die vernünftige Seelenebene zu wirken beginnt, kann er bereits das Drängen nach seinem Lebenssinn verspüren. Das führt den Geborenen bereits in die Nähe seines freien Willens: Zwischen den Möglichkeiten seiner Lebensumstände muss er selbst wählen. Was sind die besten Voraussetzungen, um diese Seele weiterzuentwickeln?«

Violette: »Dann hat Erasmus das Thema sehr gut und kurz zusammengefasst. Doch ich verstehe jetzt auch, ohne Argumente klingt das wie eine Behauptung, die man vom Tisch wischen kann.«

Jaune: »Ich beginne mit Plotin, seine Begründung lautet: Alles verfügt über Geistige Führung, die Pflanzen, die Tiere, die Menschen, alles orientiert sich am Nächsthöheren und kann so in seiner Entwicklung aufsteigen. Deswegen ist die Ethik des Aristoteles so genial, sie skizziert den Weg, um von der affektgesteuerten Lebensweise zur Eudaimonia zu gelangen. Diese Entwicklung ist von unserer Entscheidung abhängig und wird in der Transzendenz weitergehen. Das ist ein sehr wichtiger Gedanke! Die Aussage von Erasmus lässt sich hier anfügen. ›Die Seele hat die Wahl, sich dem zuzuwenden, was zur ewigen Seligkeit führt.‹ Die Geistige Welt steht für den Suchenden bereit, wenn er zu seiner Lebensaufgabe oder seinem Schicksal ja sagen will. In diesem Sinne ist Erasmus zu verstehen.«

Erasmus von Rotterdam, Vom freien Willen, Göttingen 1956, S. 24; Plotins Schriften, Bd. Ia, Der Daimon der uns erloste (1)(9) (10) (12) (16) (18) (20); Enneade III,4

Im Sommer wurden die Studierenden mit Humor empfangen. Der junge Organisator der Seminarwoche stellte direkt sein Motto für die Woche vor: »Auch wenn die Frage von Leben nach dem Tod längst bejaht wird, stellt sich doch die Frage: Gibt es Leben vor dem Tod? Kommt, um es zu überprüfen!« Die Heiterkeit war wieder ansteckend. Er gab den Lernenden gleich eine Aufgabe: »Passt auf die Leute auf, die euch den Spaß stehlen. Hier und in eurem täglichen Leben.«

Das fing ja gut an, der Seminarleiter beeindruckte durch Witz und Schlagfertigkeit. Johanna wurde der Gruppe seines Freundes zugeteilt. Das Thema Auragrafik war ihr neu. Gab es einen Zusammenhang zur abstrakten Kunst, ähnlich der Auffassung Kandinskys? Der berühmte Künstler gab den Farben und Formen ebenfalls symbolische Bedeutung, die der Betrachter seiner Bilder mit ›der Seele lesen‹ sollte. Das erste abstrakte Bild in der Malerei schrieb man ihm zu. Johanna war gespannt, denn die Vorgehensweise öffnete erneut kreative Kanäle. Zielstrebig wollte sie während des Aufenthalts weitere mediale Durchgaben sammeln. Bei welchen Tutoren sollte sie die nächsten zwei Beratungen der

Woche buchen? Innerlich war sie angespannt, denn irgendwann könnte in einem Reading die Aussage aus der Geistigen Welt kommen: »Was hast du mit der Sammlung vor, haben wir dir nicht bereits genug gesagt?« Wenn jemand der Spur C.G.Jungs folgte und mit dem I-Ging gearbeitet hat, der weiß, was sie befürchtete. Bei der Arbeit mit dem Orakelbuch würfelte sie immer mit Münzen. Manchmal kam es zu einem Zeichen, das nicht zufrieden stellte, deshalb startete man leicht einen zweiten Versuch. Ihr erging es dann öfters so, dass sie als zweites Antwortzeichen die Nummer vier erhielt: ›die Jugendtorheit‹. An der Stelle konnte sie dann lesen: ›Beim ersten Orakel gebe ich Auskunft. Fragt er zweimal, dreimal, so ist das Belästigung!‹ Verständlich, dass Johanna mit stiller Befürchtung in diese Beratungen ging. Im Sommer 1998 in England erfuhr sie bei den Durchgaben der Medien jedoch das genaue Gegenteil. Je häufiger sie nachfragte, umso mehr Details brachte ihre geistige Verwandtschaft zur Verifikation. Bei gleich drei Tutoren sprach ihr Geistiger Helfer. Nicht immer konnte sie so bei der Sache sein, dass sie in den Beratungen alles korrekt verstand. Einmal war es die Sprache, bei der sie über ein Wort stolperte, dann war es ihr Reifegrad, der verhinderte, dass sie verstand, welcher Sinn sich verbarg. Manchmal fühlte sie sich geradezu vernebelt, weil das Durchgegebene so überraschend war. Ein erfahrenes Medium brachte es auf den Punkt: »Gerade, wenn die Sitzung gut ist, weißt du nicht alles. Zeichne ruhig jedes Reading mit dem Diktiergerät auf.« Johanna hoffte, dass sich ihr Leben zunehmend klären würde, dann wollte sie alle Durchgaben anhören und hoffentlich die weise Führung erkennen. Einmal saß sie einem bescheidenen Medium gegenüber, das ihr Ansinnen einfach ausdrückte. Sie begann mit einem Gebet, das die Ratsuchende tief im Herzen berührte, sie sprach: »Unsere Schwester hat die klare Sicht auf ihr Leben verloren. Brüder und Schwestern in der Geistigen Welt, helft ihr, diesen Weg wiederzufinden.« So punktgenau formulierte sie den Sinn der Medialität. Eines Nachmittags kam ein erfolgreicher Heiler namens Tom zu Besuch. Er setzte sich auf die Bühne. Zuerst ließ er seine Aura von den Studenten erfassen, anschließend sprach er über die persönliche Lebensaufgabe:

»Meine These lautet, Medialität ist eine neue Art Rückbindung an den Urgrund. Sie lebt von Kreativität und Mitgefühl. Die Geistige Welt kann uns unterstützen, sie darf nicht für uns handeln. Unsere Seelen erhalten nur Impulse in Form von Gefühlen oder Ideen. Wir sind verantwortlich, was wir daraus machen. Das mentale Heilen öffnet in uns einen Kanal. Nicht ich, Tom, heile hier, durch mich heilen seelische Kräfte. Die Durchlässigkeit dafür zu entwickeln, das ist eine höchst eigene Entscheidung, euer freier Wille. Fühlt sich jemand dazu gedrängt? Jeder folgt seinem Leben, doch am Ende liegt die Verantwortung bei jedem selbst, was er aus dem Schicksal gelernt hat. Auf diesem Lebensweg sollt ihr euch selbst kennenlernen. Das heißt, wie in Delphi: Erkenne dich selbst, zeige die Schönheit deiner Seele, bringe diese in deine Lebensgeschichte ein. So stand das über dem griechischen Orakel. Dabei macht ihr sicherlich Fehler, landet eventuell in einer Sackgasse, möglicherweise seid ihr in solch einer Situation sehr verzweifelt. Jetzt kommt es auf euch an. Könnt ihr den Stolz ablegen und um Hilfe bitten? Hier geht es nicht um Kaffee oder Tee. Ganz ehrlich, bittet um Unterstützung, weil ihr am Ende der sinnbildlichen Sackgasse seid, erst dann darf die Geistige Welt helfen. Das ist das große Thema! Euer Helfer kann nicht für euch entscheiden, er darf eingreifen, wenn ihr darum bittet. Die Führung wird euch eine seelische Entwicklung anbieten, keine Wunder, sondern einen Weg, zu dem ihr ja oder nein sagen könnt. Das ist nicht an ein bestimmtes Gottesbild gebunden. Ihr entscheidet über euer seelisches Tun selbst, das ist Freiheit, euer freier Wille,« schloss der Heiler.

Johanna hörte deutlich, dass das Verlangen auf mentale Entfaltung von ihr selbst kam. Kein Medium, kein Geistiger Helfer war berechtigt, das für sie zu tun. Es brauchte den eigenen Wunsch der Suchenden nach Selbstbestimmung, ohne äußeren Zwang, das Heilsame für die zukünftige Existenz zu wählen. Das ist der freie Wille, der Wunsch nach Entwicklung auf geistiger Ebene. Für den Alltag heißt das zunächst, die Herausforderungen des gegenwärtigen Lebens anzunehmen, dann entwickelt sich die seelische Anlage. Durch das Einüben der Meditation wird die mentale Ruhe einen Zustand erreichen, bei dem die Affekte den Übenden nicht mehr angreifen. Die Inder sprechen davon: ›die Affen anbinden‹.

Die äußeren Sinne verschließen

Johanna dachte an den intellektuell ausgerichteten Bekannten aus dem Studium, mit dem sie sich gerne gestritten hatte. Er reagierte damals Mitte der achtziger Jahre auf ihre Vermutung, dass jeder einen Geistigen Helfer habe, sehr aufgebracht: »Das ist doch lächerlich. Jetzt, wo wir in einer Demokratie aktiv leben können, bringst du durch die Hintertür den Glauben an einen Führer herein. Ist das nicht ein Witz? Dein Denken ist widersprüchlich. Durch vernünftiges Denken bin ich frei im Handeln und kann mich meines freien Willens bedienen!« Darauf hatte sie erwidert: »Wie kannst du dir sicher sein, dass deine Motivationen frei von persönlichen Leidenschaften und Vorteilen sind? Ethisches Handeln sollte in der Lage sein, über die persönlichen Grenzen hinweg zuschauen.« Er hatte geschnaubt: »Dafür hat der Mensch ein Gewissen, er kann selbst sittlich begründen, was das Richtige ist. Das kannst du bei Kant nachlesen: ›Handle so, dass die Maxime deines Willens jederzeit zugleich Prinzip einer allgemeinen Gesetzgebung sein kann. Oder kann ich wollen, dass meine Bestrebung allgemeines Gesetz wird?‹ Damit wende ich mich modernen Philosophen zu, während du hier rückwärtsgewandt nach Positionen für den freien Willen suchst.« Johanna aber gab nicht auf: »Danke, du hast recht. Praktische Philosophie muss ohne transzendente Begründung auskommen, weil wir die Begründung für sittliches Handeln nicht an den Dogmen einer Religion orientieren können. Ich stimme dir zu, das Erleben einer Inneren Stimme, das Daimonion der Antike, gehört in den Bereich der Transzendenz. Aber ist nicht deine Vorstellung des freien Willens in dieser Welt an unsere materiellen Bedürfnisse gebunden, da bestehen doch Zwänge?« »... und für mich ist darunter ein Gewissen zu verstehen, das mir ein entwickelbares Abwägen von moralischen Werten ermöglicht, wie sie die Moralphilosophie Kants praktiziert«, schloss ihr Bekannter.

Sie liebte die philosophischen Debatten, sie wollte sich beweisen, dass es ihr gelingen könnte, sich zu behaupten. Sie gestand sich aber auch ein, wie schwer es fiel, bei solchen Gesprächen Gefühle und Erfahrungen miteinzubeziehen. Ganz anders erging es ihr in der Geborgenheit des Colleges, das durch die Präsenz der Medien zu einem würdevollen Ort wurde. Hier wurde ihr dazu verholfen, Erkenntnisse zu ihrem Leben einzuordnen. Krönung eines jeden Besuchs waren die Durchgaben. Das waren ganz besondere Geschenke, in denen sie Bestätigung für ihre Träume und intuitiven Gedanken fand. Endlich hatte sie zu einem Ort gefunden, der für die Frage ›Leben nach dem Tod‹ Wissenserfahrung anbot. Die in Deutschland Belächelte fand im College eine Möglichkeit der Anlehnung. Der ernsthafte Umgang der Tutoren war der pure Gegensatz zu der Oberflächlichkeit oder den Vorurteilen ihres Umfeldes. Die Suchende sammelte Erlebnisse in ihren Tagebüchern, die ihr intellektueller Studienkollege nie nachvollziehen könnte. Die Erfahrung des Numinosen, des Unfassbaren, ist nach Karlfried von Dürkheim eine grundlegende Voraussetzung für das spirituelle Wachstum. Gerade hier im College gab es Mitstudenten mit entsprechenden Ausrichtungen, denen es in ihrem Lebensbereich ganz ähnlich erging. Tief ergriffen erkannte sie die Verwandtschaften in ihrem geistigen Zuhause.

Für Johanna war es ein Jahr nach Peters Tod Zeit, die Tür zur Geistigen Welt weiter aufmachen. Das nächste Reading bei einem Medium kam und brachte sie aus der Welt der Philosophie zu ihrer dringenden Frage, wie es in ihrem Leben weitergehe.

»Du musst unbedingt mit Farben arbeiten. In den kommenden drei Jahren sehe ich dich an einem anderen Ort, in einer neuen Partnerschaft, dort wirst du eine kleine spirituelle Gruppe leiten.« Das hörte sich gut an. Sie freute sich, denn das bekräftigte Lorettes Prognose. Die weise

Frau sprach weiter über das ungeborene Kind der Schwester: »Ihn sollst du nicht vergessen, mit dieser Arbeit nie aufhören.« Das Medium sprach über den Philosoph, der sich noch im Hintergrund halte. »... und übrigens, gestern habe ich die Auragrafik gesehen, die du von deinem Tutor gemacht hast. Das fand ich erstaunlich, bleibe dabei.«

Es war Johanna gar nicht so recht bewusst, dass sich ihre künstlerische Arbeit verändert hatte. Sie war es in der Vergangenheit gewohnt, auf großen Formaten zu arbeiten. Seit Ostern hatte sie plötzlich Lust, ganz spontan mit Buntstiften auf DIN A6-Karten zu zeichnen. Sie gingen recht rasch von der Hand, waren von origineller Struktur und gefielen anderen Studenten. »Wie kommst du nur auf solche Ideen?«, fragten sie. Wenn die Karte jemandem guttat, verschenkte sie diese. Bei einer Übung gelang ihr ein schönes Auragraph von einer Mitschülerin. Am anderen Tag bei einem Vortrag zeichnete ein Tutor das Energiefeld der gleichen Schülerin. Auch er griff dabei weitgehend zu gleichen Farben, zum Beispiel wählte er wie sie die Kombination aus Violett und metallischem Silber. War das nicht eine Bestätigung, dass die Aura von Sensitiven unabhängig voneinander erkannt werden konnte?

Mit viel Humor verging die Woche wie im Flug. Sie verabschiedete sich von den Tutoren und Studenten, die das College verließen, sie würde bleiben. Sie gönnte sich einen Ausflug nach Cambridge, dort tauchte sie in das geschäftige Leben ein und fand bald ihre Ruhe in einer der ältesten Kirche, St. Sepulchres, einer alte Rundkirche, eine Zeugin früher Christianisierung, die die antiken Rundbauten aufnahm. Bei den Anastazis versammelten sich alle in der Kiwa im Kreis und im College saßen sie im Trancekreis.

Die kommende Woche war der Verbesserung der Trance gewidmet. Sie freute sich, als sie von ihrem Stadtausflug zurückkam. Bekannte Gesichter fanden sich im Speisesaal ein. Besonders ging ihr Herz auf, als sie die Tutorin Lorette aus der Pfingstwoche sah. Johanna kam gleich in ihre Gruppe. Sie erfuhr die Vertiefung der Bewusstseinszustände von Alpha- zu Theta-Zustand und erholte sich bei dieser Seminarwoche. Inzwischen hatte sie bereits Übung und genoss die Trance zur Regeneration. Im Frühsommer zu Hause hatte sie Zeit damit verbracht, viele Bücher der Nonne Teresa von Avila zu lesen. Sie liebte die Texte: »Die Seele ist eine Burg aus Kristall. Im Innersten wohnt der Herr. Lasse die Armseligkeit los und trete in diese Kristallburg.« Es ist bekannt, dass die Nonnen des Klosters, das sie leitete, manchmal zu schweben begannen. Wurde es der Heiligen dann zu bunt, packte sie die Mitschwester am Rockzipfel und bat sie: »Bitte, zuerst die Hausarbeit.« Auch der italienische Künstler Bernini hatte eine Plastik von ihr geschaffen. In der Kunstgeschichte lächelt man über die Darstellung, heute würde man sagen, sie konnte mit der auch gefährlichen Kundalini-Energie umgehen. Das Ende der Woche kam und Lorette führte ihre eigene Versenktheit vor, ein großes Geschenk an die Studenten. Sie fiel in eine tiefe Trance. Die Atmosphäre war kribbelnd. Ein angenehmer Geruch ging von ihr aus, es war eine Art Licht um das Medium, eine zarte Stimme begann von Liebe zu sprechen ... Johanna war tief berührtund wartete bis die Mitschüler den Raum verließen. Sie saß geduldig, bis die Tutorin wieder im Hier und Jetzt ankam. »Kann es sein, dass diese Worte zu einer spanischen Mystikerin gehören?« »Ja, aber im College spreche ich noch mit niemandem darüber.« Für bestimmte Gruppen ist das eine verwegene Aussage, aber wenn Haltung und Geist stimmen, kann diese Energie kommen oder für Anwesende sichtbar werden. Im Guten wie im Schlechten. Man muss da nicht weit suchen. Das ist sogar ein Wort aus dem Neuen Testament: »Wo zwei in meinem Namen zusammen sind, bin ich mitten unter ihnen.«

7.5 Ich werde, was ich bin.

»Jaune, erkläre mir, woher stammt der Begriff Individuation? In der Psychologie wird er von C.G.Jung neu erklärt. Der Psychologe versteht den Begriff als eine Kraft, die den Geborenen während des irdischen Daseins zur unverwechselbaren Persönlichkeit heranreifen lässt.«

»Violette, die Bezeichnung wurde durch Plotins Schüler Porphyrios geprägt und ist aus der Antike überliefert worden. In seiner Sicht besteht das Individuum aus einer Reihe von verschiedenen Anlagen. In keinem anderen Wesen findet sich diese gleiche Zusammensetzung von Seele und Schicksal. Das Individuationsprinzip bedeutet für Porphyrios die Verwirklichung dieser spezifischen Anlagen. Einfacher gesagt, beim Menschen geht es darum, im Verlauf der Existenz diese einzigartige Individuation zu verwirklichen. Zur Veranschaulichung stützt er sich auf das Beispiel Sokrates. Nur diese einzigartige Persönlichkeit bietet eine solche Kombination von Eigenschaften. Er geht noch einen Schritt weiter. Der Mensch Sokrates weise diese individuelle Kombination von Eigenschaften nicht nur auf, sondern es sei nichts anderes als diese.«

»Worauf gründet sich seine Anschauung?«, möchte Violette wissen.

»Porphyrios war nicht nur Philosoph, sondern auch Astrologe. Von ihm stammt eines der frühen Häusersysteme, die den Tierkreis des Horoskops in die Lebensbereiche Temperament, Herkunft, Gesundheit und weiteres unterteilt. Anschließend werden in diesen Kreis auch heute noch die ›Sternengötter‹ eingetragen. Wir haben bereits erklärt, welche Aussage das Radix, also das Geburtshoroskop, für das Schicksal des Neugeborenen hat. Für den Astrologen sind darin sowohl die Einschränkungen als auch die Talente erkennbar. Diesen persönlichen Anlagen folgt jeder Geborene in seinem Werdegang zur Individuation. Die darin dargestellte Beziehung von Venus und Jupiter verraten etwas über den Umgang mit Wohlstand und Schönheit in diesem Leben, die Verbindung von Mars und Venus deuten auf das Liebesleben und so fort. Insgesamt symbolisieren alle Sternengötter des Sonnensystems miteinander die Eigenschaften des Neugeborenen für das zu bewältigende Leben. Mit diesem verliehenen Schicksal soll die Seele die allgemeinen Ziele einer Existenz verwirklichen, die in der Ethik des Aristoteles ausführlich erläutert werden: das Streben nach dem Guten, die Tugend, die Eudaimonia.«

Porphyrios, Universalgelehrter, ca. 233–305

Draußen im Schlosspark war Sommer. Das Klima entsprach Johannas Geschmack. Sie setzte sich auf die Parkbank, roch an den Rosen. Besonders morgens, wenn das Sonnenlicht durch den kleinen Wald mit den Redwoods fiel, dann wurde es hier geradezu märchenhaft. Ging es ihr zu Hause manchmal nicht gut, dann setzte sie sich in der Vorstellung in den Park. Atmete die Sonnenstrahlen und den Duft ein, schritt die Wege, den Kies unter sich hörend, im Geiste durch das Gelände entlang. Jetzt erlebte sie diese Sommerwochen hautnah, begleitet von Sonnenschein, bei Spaziergängen an den gepflegten duftenden Rosenbeeten vorbei. Was wäre für den Tag die passende Kleidung? Es war heiß und schwül zugleich an diesem Nachmittag. Die Kleidung sollte beim vielen Sitzen nicht beengen. Sie wählte ein T-Shirt, dazu die farblich passende Hose für das kommende Reading bei einem sehr erfahrenen Medium (August 1998):

Johanna

»Ein Mann steht neben dir. Der Tod trat plötzlich ein. Er war eine wandelnde Zeitbombe. Du warst weg, doch bevor er starb, hast du ihm noch die Wange geküsst und die Hand gehalten. Deine Medialität hat dir geholfen, gesund zu bleiben. Dieser Mann sagt mir, er wusste, wie intelligent du bist, er fühlte deine Kraft hinter sich. Aber verzeihe, ich kann dich, so wie du angezogen bist, fast nicht anschauen.« Johanna war irritiert, was gab es auszusetzen? »Das was du trägst, gefällt ihm gar nicht. Mit der Kleidung hättest du seiner Meinung nach im Garten arbeiten können. Er hätte sich allerdings geweigert, mit dir so auszugehen. Ihm wäre lieber, du würdest eine lässige leuchtende Bluse mit einem schmalen Gürtel tragen!« Die Studentin war alarmiert, denn die Tutorin war genauso wenig vornehm angezogen. Johanna war sprachlos, das Ansprechen der Kleidung war alles andere als die Ansicht des bekannten Mediums. Das war typisch für ihren verstorbenen Mann, ihr durch die Dame den Stil nahezulegen, den sie immer abgelehnt hatte. Das war eindeutig. Das Medium hatte einfach Peters Geschmack, den Johanna nie mochte, mit ›Bluse und dünnem Gürtel‹ durchgegeben. Den Stil lehnte Johanna ab, da es nicht zu ihren Proportionen passte. So etwas trug sie vor allem deshalb nie, weil ihre Mutter einmal sagte, das lässt dich wie eine Matrone wirken. Peter hatte ihr diesen weiblichen Kleidungsstil zu Lebzeiten empfohlen, wollte er jetzt daran erinnern? Das war eine Sensation! Diese Szene gab ihr in mehrfacher Hinsicht zu denken. Was hatte es mit dem Satz auf sich: »Ich kann dich so, wie du aussiehst, fast nicht anschauen.« Sah er das, was die Tutorin sah? Widersprach das etwa der Aussage des Mediums der Juliwoche: »Die Anwesenden sehen wir in Licht und Mustern?« Diese Frage blieb für sie unbeantwortet, sie wollte hierzu auch niemanden fragen, das hätte sie auf dem Weg der eigenen Erfahrungen gedanklich zu sehr beeinflusst. Sie strebte kein bestehendes Wissen an, dem sie ohne eigene Erkenntnisse ausgeliefert wäre.

Die Durchgabe ging weiter: »Du bist gehalten, an der tieferen Bedeutung der Medialität zu arbeiten, dich besonders darauf zu konzentrieren, welche Auswirkung die mediale Praxis auf dein Leben hat und noch bekommt. Du kamst durch ein Trauma zum Spiritualismus. Du musst eine bedeutungsvolle Zusage zu deinem philosophischen Leben gemacht haben.« »Ja, da gab es etwas im Jahr 1989. Damals sagte ich zu mir selbst, wenn es einen Sinn im Leben gibt, dann will ich diesen hier erfahren. Entweder die Partnerschaft gelingt und ich helfe meinem Freund, oder sie scheitert, dann hätten die zwei hellsichtigen Damen mit ihren Warnungen recht. Ich will den Sinn meines Lebens hier finden und Transzendenz beweisen.«

Das Medium ging nicht weiter darauf ein, sie wollte kein Gespräch führen, um nicht den Kontakt zu verlieren und fuhr fort. »Was heißt das nun für deine Position, um diese an andere weitergegeben zu können? Das muss erst transformiert werden, das wird noch ein langer Weg, aber es wird von Qualität sein, wenn es soweit ist. In Deutschland benötigt ihr den holistisch-philosophischen Ansatz. In welcher Gruppe bist du jetzt? Es würde mir gefallen, wenn du die Auragrafik verfolgst. Porträts bringen dich gerade nicht weiter.« Es klang wieder harmlos. Wer hatte das dem Medium gesagt? Johanna konnte doch gut porträtieren, aber wie das Medium es ausdrückte, nicht im Sinne der Psychic Art. Die Erklärung folgte: »Das hat damit zu tun, dass du zu sehr an dem zweifelst, was dir deine Intuition bringt. Aber durch Farben lebst du auf, mit diesen kannst du auch heilen! Kreiere dein eigenes Lexikon und teile die Farben auch in Sektionen von Körper, Emotionen, Mentalem und Spirituellem auf. Wahrscheinlich werden die Geistigen Helfer bald dafür sorgen, dass du umziehen kannst. Aber nichts bewegt sich vor März 1999.« Nach einem so unvergesslichen Reading folgten in der Woche darauf zwei weitere mediale Beratungen. Natürlich stellte sich nach einem solch überzeugenden Vortrag immer wieder die Frage: Was kann das Medium wirklich wissen und was entspringt einer geschickten Formulierung?

Eine Woche später saß sie einem sehr betagten weisen Medium gegenüber. Routiniert fing die Dame zu sprechen an: »Ein freundlicher Mann begrüßte mich, er gibt mir das Gefühl, willkommen zu sein. Er sorgt sich sehr um dich, er betet dich geradezu an.« »Warum macht er das nur immer, es ist mir schon unangenehm,« entgegnete Johanna. »Er lässt dir ausrichten, es spiele für ihn keine Rolle, was du denkst. Er drückt aus, was er denkt,« antwortete ihr das Medium schlicht. Es fuhr fort: »Ich muss nun drei Jahre zurückgehen, zu einer Zeit, da gab es große familiäre Schwierigkeiten. Die schienen unlösbar, du hast du sehr unabhängig gehandelt. Deine Gedanken waren gen Himmel gerichtet, sie sollten dir helfen, dich inspirieren. Das war der richtige Weg. Nun soll ich einen Vater erwähnen, ist es dein Vater?« »Nein, der lebt noch,« antwortete Johanna. »Er sagte das Wort Vater, du weißt wahrscheinlich gar nicht, dass sein Vater in die Geistige Welt gegangen ist? Ihr hattet keinen Kontakt. Er sagt mir: ›Wir denken beide gleich, das ist ok, eine doppelte Verstärkung.‹ Du sollst das erlebte Wissen anderen zukommen lassen. Das ist, was du weitergeben willst: ›Wie kommt man aus der

Trauer heraus?‹ Er ist stolz, wie du das gemeistert hast. Gibt es eine Verbindung nach Südafrika? Es könnte ein Kurzurlaub in der Zukunft sein, es ist, als würden diese Leute deinen Vater kennen.« Johanna konnte den Bezug zu diesem Land nicht einordnen, deshalb verneinte sie.

»Der Schock des Todes war auf beiden Seiten groß, es tat ihm weh, welche Tragödie dies ausgelöst hat. Er wäre froh gewesen, wenn er etwas für die Hinterbliebenen hätte tun können. Er war krank, als das passierte, war er glücklicherweise nicht allein. Er hatte noch gerufen, dann ging es ganz schnell. Er teilt mit dir so viel. Er legt vor dich die schönsten Rosen. Aber die, die du ihm geschenkt hast, behält er. Er sagt: ›Mutter‹! Ist das Deutsch? Ach, du kommst aus Deutschland! Jetzt bringt er die Freude über Musik herüber, er lässt mich Musik hören, dann sagt er: ›Wir haben getanzt, es war ein so liebenswürdiges Miteinandertanzen.‹ Er war kein richtiger Tänzer, ich spüre förmlich die Bewegung, er möchte dir die Zweifel nehmen. Wenn wir die Geistige Welt zulassen, dann können sie uns helfen.« Johanna erklärte: »Bei seiner Beerdigung hörten wir kanarische Liebeslieder, die mochten wir beide sehr. Erst Monate später habe ich sie im Frühjahr wieder aufgelegt. Ich begann mich im Raum zu bewegen und an ihn zu erinnern, ganz so als wäre er anwesend.«

»Er zeigt mir Wasser, er gibt mir eine Erinnerung: Mir werden Büsche und Bäume gezeigt, eine Menge grüne Vegetation und wieder klares Wasser, es prickelt auf meinem Gesicht. Das muss ein wunderschöner Ort gewesen sein, es sieht aus wie Gebirgswasser.« »Das deutet auf das Wasser in unserem See hin, besonders im Frühsommer hatte er ein Grün wie Chrysopas, darauf waren wir sehr stolz.« »Diese Erinnerung kann euch niemand nehmen, es war Fröhlichkeit und Liebe, eine magische Zeit. Belegst du Kurse in einem historischen Gebäude? Du gehst dahin, um mehrere Wochen Unterricht zu nehmen.« »Er meint wahrscheinlich das College hier, weil das in diesem Jahr bis September meine siebte Woche hier im College ist.« »Ah, du nimmst hier verschiedene Arten von Wissen auf, er bestätigt mir, dass das der richtige Weg ist.« »Das tut gut, mein schlechtes Gewissen hat sich schon gemeldet, ob es nicht etwas übertrieben ist.« »Er ist dein direktes Sprachrohr, das ist für dich keine Fantasie mehr. Es sind auch andere Helfer da, aber er vermittelt meistens. Er möchte noch hinzufügen, nur weil er tot ist, ist er nicht allwissend! Aber wenn er es nicht weiß, weiß er jemanden, den er fragen kann.« Er wollte seine Frau mit einem Witz, der Definition für Professor, aufheitern. »Das, was du erlebt hast, ist anderen schwer zu vermitteln. Wenn du angegriffen wirst, sage einfach: ›Ich habe Peter geholfen.‹ Diese Zusammenarbeit ist etwas sehr Schönes, er hat sich dadurch sehr schnell in die Geistige Welt einfügen können. Mit der Haltung ist es nicht leicht, vor anderen zu bestehen.« »Jetzt hast du seinen Namen genannt! Von mir hast du ihn nicht gehört.« »Habe ich das? Nun, dieser Vater ist übrigens noch nicht lange tot, ich fühle die Präsenz des Vaters. Wenn jemand sehr an der materiellen Seite des Lebens hängt, dann kann das dauern, bis diese Seele ihren neuen Zustand akzeptiert.« Sie erwähnte nun Ähnliches, das Johanna vor der Abreise im Traum gesagt wurde: ›Wer hier hinunter muss…‹

»Danke für das wunderbare Reading.« Johanna wollte etwas von der Faszination zurückgeben, die sie empfand und erhob sich. »Meine Helfer sind clever,« erwiderte das Medium mit einem Zwinkern.

Am Tage darauf nahm Johanna ein Reading bei einem Medium, das sie in der Osterwoche beobachtet hatte. Zu Beginn ihrer elf Beratungen, die sie seit Ostern in England aufgesucht hatte, wurden im Wechsel immer zwei der nächsten Verwandten gleich zu Beginn erwähnt. Entweder begann die Kommunikation mit ihrer Großmutter oder mit Peter. Das hatte etwas von Regelmäßigkeit an sich, andere Familienmitglieder blieben meist im Hintergrund. Wer würde sie beim nächsten Reading begrüßen?

»Hier kommt die Großmutter mütterlicherseits. Auf ihre Weise war sie für ihre Zeit modern denkend. Ihr habt Ähnlichkeit miteinander. Sie freut sich so sehr über das, was du alles unternimmst, sie wächst mit dir, sie liebt diese Haltung. Sie lebte woanders als du jetzt. Aber wo immer du hinreist, sie ist mit dir. Sprach sie zu Leuten?« »Nein, das gehört zu meiner Aufgabe,« entgegnete Johanna. Das Medium fuhr fort. »Deine spirituelle Arbeit geht in Richtung philosophischer Auffassungen. Das wird dem Spiritualismus guttun, auch dein kritisches Denken. Beim Voranschreiten wurdest du gestoppt.« Hierüber war Johanna wieder erstaunt, ihre fehlgeschlagene Bemühung wurde auf der anderen Seite bemerkt. »Sprich zu den Leuten als Johanna, auch wenn es dir vorkommt, dass das gar nicht du bist,« fuhr das Medium fort. Die Großmutter nennt deinen Heimatort. »Dort liegen ihr vier Menschen am Herzen. Besonders deine Mutter benötigt jetzt ihre Kraft, sie will ihr helfen. Der Körper wird von ihren Gefühlen geradezu angegriffen. Im letzten Herbst gab sie dir viel Energie, sie trug dich. Sie sagt etwas von einer Krüger Coin. Spielt Südafrika eine Rolle?«, erkundigte sich das Medium. »Das wurde mir gestern auch gesagt,« antwortete Johanna nickend. »Da wollen dich Geistwesen aufmerksam machen. Es kann auch eine Münze sein, die man zum Schmuckstück machte.« Damit konnte Johanna nichts anfangen. Es entstand eine Pause, die Energie veränderte sich ...

»Kennst du jemanden, der ähnlich wie ein Richter in einer Robe gekleidet ist? Er will durch dich sprechen. Ich werde um mehr Information bitten. Er sagt: ›Ich bin sehr angetan von dieser Seele, meine Zeit ist nicht begrenzt, ich bin da, wenn es soweit ist, in ihre Gedanken gehe ich hinein, wann immer es nötig ist.‹« Johanna wollte genauer nachfragen: »Was sagt er über das Buch?« »Eigentlich kommuniziere ich so nicht, aber ich schaue, was ich bekomme. Sagt dir das Wort ›Expansion‹ etwas?« »Bei mir handelt es sich um Medialität, Erfahrungen und welche Rolle sie in der spirituellen Entwicklung spielen.« »Oh ja«, die ältere Dame wirkte ganz aufgeregt. »Er zeigt mir ein blassgelbes Cover, es geht darum, Ideen zu korrigieren. Man muss dich geradezu ermutigen. Dinge, die eventuell falsch verstanden wurden, sollen durch einfaches Verständnis der Wirklichkeit neu formuliert werden. Jetzt übernimmt dein Helfer, was ich sage: ›Du musst das schreiben, du bekommst dafür die Unterstützung, du erhältst die seelische Übereinkunft mit der Geistigen Welt, aber übernehme keine anderen Ansichten. Es gibt nichts Überzeugenderes als die eigene Erfahrung‹.« Das Medium lachelte sie freundlich an: »Ich mag, was ich mit dir fühle, eine Unternehmung ins Unbekannte! Das ist ein Aufbruch in ungewöhnliche Einsichten, erfreue dich an dem, was du vorhast.«

Diese beiden Durchgaben ergriffen Johanna tief. Ihre Sammlung übereinstimmender Hinweise wuchs weiter an. Nach solchen Beratungen wäre es für jeden schwer, mit den Füßen auf dem Boden zu bleiben. Fände sie hier im College die Zeit, das alles zu verarbeiten? Was ihr im Einzelnen widerfuhr, kam ihr ganz real vor, dafür trat ihr Alltag bereits sehr in den Hintergrund. Sie hatte inzwischen so einiges erlebt, das in ihrem beruflichen Umfeld kein Verständnis finden würde. Ein spiritueller Kreis bei sich zu Hause brächte den Vorteil, ihre Ansichten mit Gleichgesinnten zu teilen. Sie genoss die Aussicht, den Lebenssinn zunehmend zu erkennen. Hoffnungsvoll erkannte sie ein vages Bild der Zukunft. Manches verwirrte sie, zum Beispiel das Finden des unbekannten Partners. Was musste sie dafür tun? Er wohnte an einem anderen Ort. Ein Umzug stünde bevor. Welche Stadt war damit gemeint? Der lange Aufenthalt im College begann sie zu beunruhigen. Es war an der Zeit alle Readings anzusehen, um die Wiederholungen der Themen zu betrachten. Durch die Auswertung konnte sie zusammenfassen: Der kommende Seelenfreund wurde fünfmal erwähnt. Der von ihr gewünschte Umzug tauchte dreimal auf. Das Buch, das sie mit Beistand der Geistigen Welt schreiben sollte, wurde viermal angesprochen. Es wäre gut, wenn sie still auf das Kommende warten könnte, auf ihre familiären Begleiter war Verlass.

An einem Abend im College fand sie in der Bar in ein Gespräch mit einem Musikprofessor aus Holland: »In meiner Familie haben einige mediale Neigungen. Meine Großmutter hat ihre Erlebnisse ebenfalls in Buchform umgesetzt. Damals wollte das kein Verlag drucken. Sie ließ es auf eigene Kosten veröffentlichen und verschickte es auf Wunsch.« »Mir wird das Buchthema immer wieder nahe gelegt. Allerdings habe ich selbst das Verlangen, die Erlebnisse zur Orientierung zur Verfügung zu stellen.« Der Holländer reagierte zögernd und kratzte sich nachdenklich am Kinn: »Ich selbst bin noch sehr skeptisch. Es fällt mir schwer, eine Vorstellung zu bilden, woher die Wahrnehmungen immer so kommen.« Johanna nickte: »Das ist auch für mich der Fall. Nachdem die Bestätigung ›Hellsehen ist möglich‹ für mich kein Problem mehr darstellt, beschäftigt mich inzwischen die Frage. Wie nehmen sie uns aus Sicht der Geistigen Welt wahr? Manchmal sehen sie die gleichen Details, dann spüren sie meine Gedanken auf. Senden wir etwas aus, das sie lesen können?« »Du gehst sehr wissenschaftlich an das Thema heran. Ich genieße einfach die Inspiration, wenn ich komponiere. Bei meinen Beratungen ist mir eine Beobachtung aufgefallen, dass nämlich die Zeitaussagen der Transzendenz nicht immer stimmen,« erklärte er ihr daraufhin. »Wenn sie hinüber gehen, dann treten sie aus unserem linearen Zeiterleben heraus,« antwortete Johanna lächelnd. »Ich werde ein

Auge darauf haben. Mein zweites Standbein ist die Astrologie. Dadurch kann man prognostizierte Ereignisse besser lokalisieren. Ich kann dir mal ein paar Einzelheiten von meinem ersten Aufenthalt erzählen, wenn du möchtest.« Als sie ihren Bericht geendet hatte, war ein ehrliches Staunen seine Antwort: »Viele, die hierherkommen, haben das in all den Jahren nicht erlebt.«

Am Ende der dritten Woche würde sie nach London fahren, sie wollte Paul treffen. Er war gespannt, welche Richtung sich in ihrem Leben herauskristallisieren würde. Er holte sie am Bahnhof ab, sie machten sich einen netten Nachmittag in einer Marktstraße mit Straßenmusik und hatten viel Spaß miteinander. Gegen Abend fuhren sie die Rolltreppe bei der Victoria Station hinunter. Er brachte sie zu ihrem Bahnsteig. Auf der Treppe sagte er laut: »Hier, ich überlasse dich jetzt deinen Bodyguards.« Sie drehten sich um, da sahen sie in die verdutzten Gesichter von zwei Männern: »Woran erkennst du, dass wir diesen Beruf ausüben?« Johanna erklärte ihnen: »Er ist ein gutes Medium.« Unten am Bahnsteig verabschiedete sie sich von Paul. »Was heißt ein ›Medium‹?«, fragte der Leibwächter. »Man kann hier in der Nähe des Flughafens in einem College verschiedene Zugangsweisen zum geistigen Sehen lernen,« antwortete sie und fügte hinzu: »Mein Name ist übrigens Johanna. Ich komme aus Deutschland und du?« »Verstehe. Mein Name ist Georg, ich bin am Bodensee geboren.« Er zeigte ihr seinen deutschen Pass. »Das ist mein Partner, wir haben gerade unseren Scheich im Hotel abgeliefert. Wenn unser Auftrag beendet ist, gehen wir wieder nach Südafrika zurück.« Johanna reagierte verdutzt, sie erinnerte sich an die zwei Readings dieser Woche, die beide Südafrika erwähnt hatten. Man sagte ihr, es könne höchstens ein kurzer Ausflug sein. Was war hier los? Inzwischen fuhr ihr Zug ein, sie nahmen alle miteinander die gleiche Richtung. Georg verhielt sich sehr aufgeschlossen, der Kollege hielt sich im Hintergrund. »Falls ihr Interesse habt, sonntags ist im College öffentlicher Gottesdienst, da kann man bekannte Medien bei den Durchgaben erleben.« Ihre Station war gekommen. Sie verabschiedete sich und stieg aus. Am kommenden Sonntag saßen die beiden nicht unter den Gästen.

Sie erlebte wieder einmal Rätselhaftes ohne Auflösung. Die Geistige Welt wird schon wissen, für was dieses Erlebnis guttat. Mittlerweile wusste sie, ihr Ziel lag nicht in England, sie bräuchte auch nicht Arnold fragen, ob er ihr einen Job in der Nähe des Colleges vermitteln könnte. Es wäre allerdings verlockend gewesen, dort ein schönes Leben in einem Cottage auf dem Land zu führen. Sie sah ein, dass das irdische Dasein wie gewohnt weiterginge, vor allem würden keine Veränderungen über Nacht geschehen. Sie musste sich mit dem zufriedengeben, was zu ihr passte, in der Geistigen Welt taten sie alles, um ihr weiterzuhelfen. Ihre alten Kenntnisse der Zen-Meditation sorgten im Bewusstsein für Beständigkeit. Es folgte ein Schritt nach dem anderen, wie in einer Gehmeditation. Die Sachkenntnis der Astrologie bekräftigte die Haltung: »Ein jegliches hat seine Zeit, und alles Vorhaben unter dem Himmel hat seine Stunde.« (AT, Prediger Salomo,3).

Langsam wurde ihr die Intensität des Ortes zu anstrengend. Es ging ihr auch nicht immer gut, vieles hatte sie emotional sehr aufgewühlt. In den Beratungen erlebte sie das Mitgefühl und die Kreativität, die der Heiler zu Beginn des Aufenthalts angesprochen hatte. Einige Aussagen unterstützten die derzeitigen Erlebnisse, manches griff den Ereignissen weit voraus. In diesem Monat traf sie mit Menschen von allen Kontinenten, aus verschiedenen Berufsgruppen, mit unterschiedlichsten Motivationen zusammen, die hierher geführt worden waren. Eine junge Schweizerin, die Tischnachbarin Johannas, sah ihren verstorbenen Onkel neben ihr sitzen. Hier im College passierte es immer mal wieder, dass jemand einen Begleiter aus der Geistigen Welt sah. Sie sprachen sich dann darauf an, beschrieben, was sie sahen und nach einem kurzen Chat ging jeder wieder weiter. Am freien Nachmittag beschlossen die Schweizerin und Johanna einen gemeinsamen Ausflug nach Canterbury zu machen, danach spazierten sie durch einen schönen Park eines Renaissanceschlosses. Es war sehr heiß und schwül. Die Warmluft bewirkte bei Johanna große Kopfschmerzen. Sie fuhren zurück, sie wollte sich nur noch auf ihr Bett legen. Die Aspirintabletten waren nirgends zu finden, was sollte sie tun? So auf dem Bett liegend, bildeten sich Gedanken in ihrem Kopf: »Lass die kosmische Kraft durch dein Scheitelchakra einfließen, durch den Hinterkopf, durch den Hals.« Diese Energie fühlte sich pelzig an, sie breitete sich über Nacken, Arme und Rücken aus, ein verändertes Körpergefühl. Sie schlief, erholte sich, denn ihre geistigen Freunde hatten ihre Nerven beruhigt. Jetzt wurde es

Zeit zu packen. Sie bedankte sich bei den Mitstudenten und Tutoren. Sie brachte alles zum Auto. Ihre Schweizer Freundin sagte ihr zum Abschied: »Du bist für mich das in dem Lied besungene ›I Am What I Am‹.«

7.6 Mit den Füßen auf dem Boden bleiben.

Violette: »Es ist aus weltlicher Sicht schwer, auf den Fortbestand der Seele zu vertrauen. Überwindet der Geborene seine Schwierigkeiten in der materiellen Welt, dann gibt es für ihn keinen Grund diese zu wiederholen. Besonders, wenn jemand inmitten von Problemen steckt, möchte er diese nur noch überwinden und hinter sich lassen. Geradezu sinnlos müssen die Konflikte demjenigen erscheinen, der im ›Fluss Sorglos‹ seinen Durst gelöscht hat und dabei alle Gründe für die Rückkehr der Seele vergessen hat.«

Jaune: »Es scheint gewollt zu sein, dass wir auf der Erde im Dunkeln herumirren und das verborgene Licht suchen. Dafür hat Heraklit eine einfache Erklärung, die ich bei Plotin gefunden habe. Der Vorsokratiker, der seine Schüler auf die Suche schickte, um die ›Bahn hinauf und hinab‹ selbst zu entdecken, sprach dabei von einem ›Ausruhen im Wechsel‹. Er ging davon aus, dass nur ein wahrhaft Suchender finden könne und nicht der, für den die richtige Auffassung bereitgehalten wird. Auf unsere Schützlinge übertragen bedeutet das: Es liegt am Menschen, wie sich sein Schicksal auf der Erde gestaltet. Dem Lebenden geht es besser, wenn er unterscheiden lernt, was er ändern kann und was er akzeptieren muss. Das Nachteiligste an der menschlichen Existenz ist für Plotin, dass sich der Handelnde zunehmend in das Irdische verstrickt. Die Kausalität fordert eine weitere Reaktion heraus, das führt wiederum zur Verkettung von Umständen. An anderer Stelle verweist Plotin darauf, dass die Verfehlungen zu weiteren Lernschritten zwingen. Deren Folge ist wiederum eine Befreiung aus der Unkenntnis und die Stärkung der Seele. Plotin erinnert an das Vorbild Platon. Bei diesem wird der Körper zur Fessel und zum Grab. Die Erde wird zur Grotte, in der der Mensch gezwungen ist, nur in eine Richtung zu sehen. Nach Plotin wird die Seele von zweierlei durchströmt: Erstens einem inneren Antrieb, der zur Verwirklichung der den Seelen innewohnenden Ideen antreibt und zweitens einer entgegengesetzten Rückwendung, dem die Seele zum Urgrund zurück folgt, griechisch Palindromie genannt. In der Gesamtseele geht die Seele auf und ist doch auch als Einzelne, Selbständige zu betrachten. Um das zu beschreiben, hat die Sprache ihre Grenze: dass Alles-Eines und Eines-Alles ist. Wir können nur an die Ähnlichkeit des Naturbildes der Sonne erinnern. Sie besteht aus Zentrum und Strahlen, die uns wärmen. Demnach möchte die Seelenenergie gleichsam in die niedere materielle Welt ausstrahlen, dann wieder zurückkehren in die Leidensfreiheit der Allseele. So spricht Plotin in seinen Schriften über die Leidfreiheit in unserer Existenz im Kosmos, in der Alleinheit. Er verrät viel über unsere Ordnung, die aus irdischer Sicht wenige erleben können. Aber in mancher Nahtoderfahrung kann die Obhut der Helfer erkannt werden. Hier bei uns führt jedes Daimonion in einem Stufenweg zum jeweils nächsthöheren Wesen. Das verbindet uns mit der materiellen unbeseelten Dimension bis in die höchsten Ebenen hinauf. Hat die Seele den Aufstieg in die hohe Ebene erreicht, dann wählt sie die Rückkehr in die Materie freiwillig, aus Liebe.«

Violette hört andächtig zu, sie lernt mehr über die göttliche Ordnung, nur die Verwirrung auf der Erde bereitet ihr Sorge: »Jaune, Worte wie Dharma, Karma, Nirwana in der einen Kultur, ebenso Lehre, Schicksal und Alleinheit in der anderen, bezeichnen gleiche Sachverhalte. Wird das nicht ausreichend erklärt kann das die Suchenden sehr irritieren. Einen Dozenten hörte ich einmal erklären, der Buddhismus wirke auf ihn zu traurig durch seine Kernaussage ›Alles Leben ist Leiden‹, er ziehe deshalb das Christentum vor.«

Jaune antwortet: »Das sind unterschiedliche Lehren, mit ungleicher Gewichtung von Diesseits und Jenseits. Für mich ist das keineswegs pessimistisch, wenn man sich eingesteht, dass sich Schlechtes und Schönes im Lebensverlauf abwechseln. In Plotins Biografie kann man sein Interesse am Osten vermuten. Nach anfänglichem Suchen begann er noch im Jugendalter, voller Bewunderung bei dem legendären Philosophen Ammonios in Alexandria zu studieren. Daraufhin folgte eine Zeit für selbstständige Studien. Diese führten ihn zu den Persern, anschließend wollte er nach Indien reisen. Kriegswirren haben das verhindert. Anschließend begab er sich in das Zentrum der römischen Welt. Dort in Rom gründete er die Platonische Akademie. Er selbst war also nicht in Indien, muss aber daran Interesse gehabt haben. Eine seiner Schriften spricht über den Auf- und Abstieg der Seele in der körperlichen Welt. Ihm muss auch die ägyptische Mythologie bekannt gewesen sein. In diesem Kult versucht die Mutter Isis, ihr Kind, den Horusknaben, zu trösten. Sie erklärt ihm, dass alle Dinge die auf der Erden geschehen, auf Quellen aus höherer Ebene zurückgehen. Nach Maß und Wägung fließen den Menschen alle ihm nötigen Substanzen zu. Diese Verknüpfung entstehe durch das Pneuma, den kosmischen Geist. Bei den Indern wird er Prana genannt, bei den Chinesen Qi und im Alten Testament haucht Gott dem ersten Menschen Adam seinen Atem ein. Weiter erklärt Isis dem Horus den Kreislauf der Natur dergestalt: Es gebe nichts, was nicht aus der Höhe herniederstiege um im Anschluss wieder hinaufzusteigen.«

»Jaune, mich erinnert diese Auffassung an das Rad der Wiedergeburt der Buddhisten. Kannst du im Platonismus auch die vier edlen Wahrheiten des Leidens wiederentdecken?«

»Violette, die Lehren haben sich unterschiedlich entwickelt, aber in den Kernaussagen beziehen sie sich auf menschliche Bedürfnisse. Die erste buddhistische Wahrheit, die alle fürchten, bedeutet in irdisches Leid verwickelt zu sein. Dem entspricht bei Plotin, dass die materielle Ebene an die Kausalität gebunden ist, Austeilen und Einstecken, Geben und Nehmen. Auf dieser triebhaften Ebene kennt auch er keine wirkliche Willensfreiheit. Die zweite Wahrheit bezieht sich auf die Leidenschaften. Diese Affekte sind für die Pythagoräer, ebenso Platoniker und für die Stoiker eines der Hauptprobleme menschlicher Existenz. Bei einer geistigen Entwicklung empfehlen sie deshalb, sich vor den Affekten zu hüten. Diese binden meist an kurzfristige, nach Befriedigung drängende Wünsche, wodurch das Vergängliche überbewertet wird. Auch lehnt Plotin alles Tierische in der Nahrung ab, um kein Leid zu verursachen, und von einem persönlichen Besitz ist auch nichts bekannt. Damit kommen wir zur dritten Wahrheit der buddhistischen Lehre, die einen Weg zum Beenden der sinnlichen Bedürfnisse vorsieht. Dem entspricht Plotins Vorbild Aristoteles. Dieser fordert zur Wahl zwischen den Extremen auf. Das wahre Maß liege inmitten von Überfluss und Askese. Die ›Mitte‹ zu leben gelingt jedoch nur einem beherrschten Menschen, der sich nicht von seinen Affekten oder Leidenschaften regieren lässt. Im

Umgang mit dem Materiellen setzt sich die Wahl der ›Mitte‹ fort, denn bei übertriebenem Verlangen nach Wohlstand hat das vernünftige Agieren keinen Platz mehr. Wie im Buddhismus kennt die platonische Philosophie einen Weg aus der Verstrickung. Du erinnerst dich an unsere Einordnung des freien Willens. Dieses Ausrichten auf die Vernunft ist für die menschliche Existenz maßgebend. Wenn das gelingt, dann kann dich dein Daimonion führen. Hier verwirklicht sich das tugendhafte Leben durch Einüben der Mitte. Das Endziel ist die Eudaimonia, die sich selbst genügende Glückseligkeit. Darunter versteht man das Endziel allen Handelns, die Buddhisten würden es Erleuchtung nennen.«

Plotin, Bd. Ia (2) (17), (21), (27), Der Abstieg der Seele in die Leibeswelt; Leben des Plotin Vc; Aristoteles, Nikomachische Ethik, Bd. I, Hrsg. Günther Bien, Hamburg 1972; Karl Reinhardt, Poseidonios, S. 108, München 1921

Vier Wochen College lagen hinter Johanna, sie betrat ihre stille Wohnung, wie vor einem Jahr. Die Wohnzimmertür stand offen, ihr Blick fiel auf das Fenster, bei gutem Wetter sah sie die Alpen. Würde sie in ihrer alten Umgebung zurechtkommen? Dieses Mal hatte sich einiges in ihr verändert. Durch den Aufenthalt im College war sie stabiler geworden. Die Erlebnisse wandelten sich in immer mehr Wissen. Ein Jahr zuvor erschien Johanna die Nähe zu den nächsten Bekannten noch wie ein unüberwindlicher Abgrund. Die Sehnsucht nach ihrem Partner schmerzte weiterhin, aber jetzt wuchs langsam eine tragfähige Brücke aus geistigem Baumaterial. Ihr Leben verbesserte sich, nach innen und außen. Auf die Frage: »Glaubst du, was du da sagst?« Antwortete sie jetzt: »Nein, ich weiß, was ich erfahren habe.«

So wie es Lewis bekräftigt hatte, fuhr sie bald zum Kloster und genoss die Gregorianischen Gesänge. Wie immer saßen keine weiteren Zuhörer im Kirchenschiff, wenn die Mönche zum Gebet eintraten. Sie versenkte sich, bis sie die typischen Temperaturveränderungen spürte. In ihrer Vorstellung zeigte sich Peter als ein verkleideter Benediktiner, das durfte sie nicht vergessen, Humor haben sie auf der anderen Seite. Sie erhielt den Impuls, anschließend in ein Restaurant zu gehen, das sie von früher her kannten, es sei die Chance, einer alten Bekannten zu begegnen. Sie dachte nach, Essengehen könnte an diesem Abend ganz guttun.

Nachdem sie den Wirt begrüßt hatte, nahm sie an einem kleinen Tisch am Fenster Platz. Es dauerte eine Weile, bis sich eine Gästegruppe an einen Nachbartisch setzte. Zu ihnen gehörte eine junge Frau, die zu Johanna herüberkam. Sie kannten einander aus der Weinstube: »Darf ich mich zu dir setzen?« »Selbstverständlich!« »Ich bin sicher indiskret? Euch sieht man gar nicht mehr zusammen? Hast du dich von deinem Partner getrennt?« »Weißt du, es ist lieb von dir, nach ihm zu fragen.« Sie ahnte, dass das Mädchen von der folgenden Botschaft sehr getroffen reagieren würde, deshalb antwortete sie vorsichtig: »Das war kein Fettnäpfchen! Bleib ganz ruhig, Peter ist verstorben, aber um ehrlich zu sein, er ist zwar hier, nur nicht mehr sichtbar,« erwiderte Johanna freundlich. Dabei verschwieg sie, dass ihr angekündigt worden war, hier jemanden zu treffen. »Du gehst da sehr ungewöhnlich heran.« »Ja, wir haben uns auf diesem Wege gegenseitig besser helfen können.« »Meine Achtung.«

An einem Nachmittag kam Marion zu Besuch. Sie erzählte vom Familienurlaub und den Abenteuern mit dem Mietwagen. »Das kommt mir aus meiner Zeit auf den Kanaren bekannt vor.« »Wie ist es dir in England ergangen? Wir haben seit dem Urlaub keine Ruhe für ein ausführliches Gespräch gehabt.« »Der Aufenthalt hat mir neue Zuversicht gegeben. Du kennst bereits meine Auffassung, dass wir alle von Helfern, die in der Transzendenz leben, begleitet werden. Nun bin ich dabei meine Kenntnisse in mein Leben zu integrieren. Bis zum nächsten Collegebesuch sollen Erfahrungen mit einem Trancekreis dazukommen. Zweimal hat meine persönliche Führung durch professionelle Trancemedien gesprochen. Er bat mich, sorgfältiger an mir zu arbeiten und meinem Vorhaben treu zu bleiben. Irgendwann, wenn die Zeit dazu reif ist, wird das Erfahrene anderen Trauernden durch ein Buch zugänglich werden. Natürlich, so einen Satz könnte man jedem sagen, der gerne schreibt. Normalerweise hätte ich das ganze Erlebnis unter zu übertrieben abgehakt. Jetzt kommt aber das Seltsame, selbst wenn so eine Trance nur Klamauk wäre, geschah etwas sehr Eigenartiges. Denn das erste Trancemedium, das meinen Helfer durch sich sprechen ließ, sagte zum Schluss, nach Rückzug der Stimme: ›Das war deine Verbindung aus Holland‹. Diesen Herkunftsort habe ich nur innerlich vermutet, aber niemandem im College mitgeteilt, aus Furcht für überspannt gehalten zu werden.«»Du willst damit sagen, ein Geistwesen spricht durch jemanden, dadurch erhältst du eine Botschaft?«»Ja, und die Kontrolle des Mediums fügt noch die irdischen Wurzeln des Helfers hinzu. Das unübliche Geschehen habe einen Grund, weil ich zu sehr an mir zweifle. Von den anwesenden Mitstudenten wurde mir nach der Sitzung das Leuchten auf dem Gesicht des Mediums beschrieben.«»Das ist schwer zu vermitteln,« bemerkte Marion. »Ich kann mir nicht vorstellen, dass Unbeteiligte so etwas glauben können, was du sagst.«»Darin muss wohl die Aufgabe bestehen: Wie kann man persönliche Erfahrungen für andere nachvollziehbar machen? Für mich wird das inzwischen zu einem Wissen. Zunächst werden Veränderungen im Alltag auf mich zukommen. Sei beruhigt, es wird noch ein langer Weg sein.«

Martina rief an. Die beiden Frauen hatten sich in der Woche mit Lorette wiedergetroffen. »Wie geht es dir, hast du schon Interessenten für eine Trancerunde gefunden?«»Ja zwei Freundinnen wollen mit mir in Versenkung sitzen.« Johanna erzählte von Sonja und Helga, den beiden Frauen, die auch nach Peters Tod bereit zur Mithilfe waren. Martina berichtete weiter: »Zur Zeit gibt es Probleme an meiner Arbeitsstelle. Irgendwie ist meine private Tätigkeit nach außen gedrungen.«»Und jetzt bezweifelt man plötzlich deine Fähigkeiten im Ingenieurberuf? Das kommt mir bekannt vor.«»Ja! Johanna zu dir habe ich noch gesagt, wir müssen vorsichtig sein und die Leute auf uns zukommen lassen. Die Leute müssen Vertrauen fassen und jetzt widerfährt mir das Gleiche, aber ich mache weiter. Meine Meditationsgruppe stützt mich. Sie glauben an die Phänomene.«

Die Wittwe begann mit regelmäßigen Treffen. Die Freundinnen erlebten an sich selbst entsprechende Körpergefühle in der Versenkung. Spürten sogar Heilung in Form von Wärme, obwohl Johanna entfernt von ihnen saß. Manchmal erkannten sie geistige Besucher auf Johannas Gesicht oder an ihrer Seite. Das ging eine Zeit lang gut, bis Peters Kusine Sonja einen Tumor im Kopf diagnostiziert bekam. Aus Sicht Johannas hatte sie bis dahin viel Heilung für ihre ›Nackenschmerzen‹ erhalten. Die anschließende Operation stellte sich verhältnismäßig einfach dar, weil das Karzinom verkapselt war. Das ungewöhnliche Tun, die anschließende Krankheit, brachten Sonja zum Nachdenken. Wurde ihr das Ganze zu unheimlich? Sie regenerierte sich, wollte aber der Runde nicht mehr angehören.

(Pfingsten 1999) Da gibt es jemanden mit einem Ungleichgewicht, das aus der Ohrgegend veranlasst wurde.« »Ja, das ist seine Kusine.« »Er schickt ihr Heilung. Er ist von ihr sehr begeistert. Er sagt, wenn du nicht wusstest, zu wem du gehen konntest, dann war sie da, er hat eine große Hingabe zu ihr, sie verdient das.«

Helga saß noch eine Weile mit Johanna alleine, um der Freundin für die Trance die nötige Aufmerksamkeit zu geben. Das tat sehr gut, bis Helgas Mann schwer erkrankte. Er hatte eine große Geschwulst im Bauchraum, das war für ihn der Grund, seine Frau zu bitten, mit der Tranceübung aufzuhören. Er formulierte sehr deutlich den Argwohn: »Wissen wir, ob wir hier eventuell ein verbotenes Terrain betreten?« Johanna blieb gelassen, betete für ihre Freundin, ebenso für ihren Mann. Er fand wieder zu seiner stabilen Gesundheit zurück, ganz wie es Johanna von geistiger Seite auch gesagt wurde. Sie wusste zu gut, früher wäre dieses Tun gar nicht möglich gewesen. Man hätte ihr Hexerei vorgeworfen und den Prozess gemacht. Der Spuk der Vergangenheit ist vorbei. Heute gehören veränderte Bewusstseinszustände zur medizinischen Forschung.

Sie beschloß, eine Annonce aufzugeben, dieses Mal unter Chiffre. Ganz im Sinne von Martinas Erfahrungen bot sie Meditation an. Eine Gruppe, die bereits Erfahrungen im Spüren von Energie bei der Familienaufstellung hatte, meldete sich.

Der Abend begann mit theoretischen Informationen, bevor die Besucher zur Praxis schritten. Um die weltanschaulichen Fehleinschätzungen zu vermeiden erklärte sie, was bei der Trance geschieht: »Die Gehirnwellen werden langsam gesenkt, von 38 Hertz auf 3 bis 0,5 Hertz, den Betazustand. Das Verlangsamen der Gehirnaktivität ist durch die Energie einer Gruppe einfacher einzuüben, das wurde mir aus dem Erfahrungsschatz der Spiritualisten vermittelt.« Dieser Kreis hielt in kleiner Zahl bis März 1999. Es war nicht immer leicht, die Besucher davon zu überzeugen, dass es sinnvoll war, für Johanna im Kreis zu sitzen. Gab es Grund zur Eifersucht? Auf alle Fälle hatten sie Vertrauen in die Übung. Die Teilnehmer bei der Trance sahen zum Beispiel mehrfach das Gesicht einer in der Gegend bekannten

Nonne. Sie wurde in den Traumerfahrungen bereits zehn Monate zuvor erwähnt. Worin besteht der Unterschied? War das Overshadowing? Eine mögliche Parallele: Im Traum befinden sich die Gehirnwellen im Theta-Bereich, die Frequenz entspricht auch dem versenkten Zustand in der Meditation oder dem bei kreativen Prozessen. Was man innerlich wahrnimmt, kann bei entsprechenden Lichtbedingungen auch äußerlich durch Sensitive erkannt werden.

*

Johanna war in ihrem Heimatland weiter auf der Suche nach passender geistiger Heimat. Bereits im Frühsommer fühlte sie sich gedrängt, einen Aufenthalt für ein Seminar in Schneverdingen zu buchen. Die Organisation übernahm ein buddhistisches Zentrum im Norden Deutschlands. Der Besuch des Dalai Lama wurde vorbereitet. Auf der Autofahrt dorthin entlang der A7 begann die Autofahrerin eine Unterhaltung mit Peter. An Würzburg war sie bereits vorbei, da ärgerte sie ein roter, aufgemotzter Wagen. Er ließ sich überholen, um anschließend schnell wieder rechts an ihr vorbeizufahren. Ihr Schutzengel erinnerte sie an eine Fahrt nach München, wie damals empfahl er einen Kaffee zu trinken. Sie entschied, dieser Idee nachzugehen und eine Rast im nächsten Rasthaus einzulegen. Das war typische Intuition: Bilder, die erinnern und gleichzeitig etwas aussagen. Nach der Pause fuhr sie entspannt zurück auf die Autobahn. Mehrere Rettungswagen, ein Notarzt fuhren eilig vorbei. Von Ferne leuchteten Blaulichter auf, die Polizei leitete den Verkehr an der Unglücksstelle vorbei, mehrere Autos waren ineinander gefahren, darunter sah sie auch den auffälligen Wagen. Heute sagt man dazu: ›Seinem Bauchgefühl vertrauen.‹ Dabei wird leicht unterschätzt, dass zur Wahrnehmung ein Reifeprozess gehört. Die Sensibilisierung für solche Eindrücke muss man pflegen, der eine spürt das körperlich, durch Gerüche oder in anderer Form. Hauptsache ist die Aufmerksamkeit für den Eindruck. Peter hatte wohl auf der Autobahn ein Problem herankommen sehen.

Über die Woche des Dalai Lama-Besuches wurde in den Nachrichten recht humorvoll berichtet: »Er sitzt in der Lüneburger Heide und erteilt Religionsunterricht, sechstausend kommen zum Hören.« Im Hotel machte sie die Bekanntschaft eines älteren Herrn, der extra aus England angereist war. Er fuhr mit ihr immer von der Unterkunft zum Seminarort.

Beim Lebewohlsagen betonte er die Schönheit ihrer Begegnung. In seinen Augen ruhte ein liebevoller Ausdruck, als er ihr ein Buch zum Abschied schenkte. Sie weinte. Die Qualität der Lehre, das tiefgründige Wissen der Tibeter erfuhr sie symbolisch in Träumen. Viel geistige Kraft wurde an die offenen Herzen weitergegeben. Es war ein Zeichen für deren Stimmigkeit. In Schneverdingen hörte die Schülerin vom Oberhaupt der tibetischen Buddhisten: ›Langsames bewusstes Hinübergleiten in den Schlafzustand trainiert die Aufmerksamkeit für das eigene Sterben.‹ (Dalai Lama). Das entsprach den Tranceübungen. Vom veranstaltenden Zentrum wurde sogar ein Fernkurs angeboten. Der Geshe, der dort lehrte, übermittelte die Lektionen an seine Schüler. Diesen Inhalten konnte sie nach einem Traum vertrauen.

»Ich sitze an einem Seeufer, der Himmel ist tiefblau. Mein Blick schweift über Buchten zu einer prächtigen Stadt, die am See angesiedelt wurde. Dahinter sehe ich klares Wasser einen großen Wasserfall hinunterfließen, der sich breit über einen Berg erstreckt. Bin sehr erstaunt über das schillernde Farbenspiel von weiß glitzerndem und blauem Wasser, das in Kaskaden den Berg hinunterfließt.«

Sie schrieb sich ein.

7.7 Die Tugend hilft uns das geeignete Lebensmuster zu wählen.

»Jaune, letztes Mal hast du mit der Verwirklichung von Tugend geendet. Wird der altgriechische Begriff der Tugend auf der Erde richtig verstanden? Ich beobachte, dass die Übersetzungen immer an das Weltbild der jeweiligen Gesellschaft gebunden sind.«

»In der Antike muss das wohl ebenfalls Probleme bereitet haben,« antwortet Jaune und fährt fort: »Sokrates hat die Frage der Tugend dem Menon gestellt. Der Schüler begann damit, deren Sinngehalt aufzusplittern. Er zählte auf: ›Die Weisheit, die Besonnenheit, …‹ bis ihn Sokrates unterbrach. Diese Methode komme ihm vor, als wolle jemand mit den Splittern des Kruges die Sache erklären. Bei dem lesenswerten Dialog führt das Thema, das auch das Böse thematisiert, zur These: Die Tugend muss ein Geschenk der Götter sein. Später werden wir den Dialog unter dem Aspekt des Bösen nochmals betrachten, wenden wir uns der Tugend zu. Im Glaukon wird gesagt, nicht jeder erhält gleich viel von ihr. Im Buch Protagoras bereitet Platon die Auffassung des Aristoteles vor, die Tugend sei die wahre Erkenntnis, die während der irdischen Existenz zum richtigen Handeln führt.«

»Danke, Jaune, man übersieht leider immer wieder das Wesentliche. Werden die Menschen von Schicksalsschlägen getroffen, suchen sie Orientierung, meist fühlen sie sich ohne Ausweg. Kommt es noch schlimmer, fühlen sie sich unwürdig, als ein Nichts. Haben sie mehrere Möglichkeiten, fällt ihnen schwer, das Wertige zu erkennen,« seufzt Violette.

»Ein Funke erlebter Liebe, ein liebender Blick gibt Hoffnung. So kann der Wunsch nach dem Guten geweckt werden, dann kann der innere Funke der Liebe, wieder aufkeimen. Es ist doch das Ziel das Schicksal so zu überwinden, dass die Niederlage zu einer bewältigbaren Herausforderung wird. In Plotins Exkurs zum freien Willen hat er den Sinn der Tugend erläutert. Zunächst sieht er den Menschen als einen Sklaven seiner Leidenschaften, egal ob er eine gute oder schlechte Existenz lebt. Will er sich von den Bedürfnissen befreien, ist das nicht mit deren Ablehnung gleichzusetzen. Denn sonst wäre er von einem Extrem ins nächste verfallen, vom Überschwang zum Verzicht. Viel wichtiger ist, dass der Suchende die Extreme meidet, frei vom Antrieb durch die Affekte. Damit setzt der am Leben leidende einen Anfang. Es wäre für den Menschen gut, im Alltag immer wieder innezuhalten, um ohne Zwang zu handeln.«

»Jaune, erinnere an die Wichtigkeit, dass der vom Schicksal Getroffene, sich selbst erkennen muss. Das war bei den Griechen bereits ein Leitspruch, den der Suchende über dem Eingang zum Apollontempel in Delphi lesen konnte. Auch weisen Männern wie Heraklit wird bereits die Feststellung nachgesagt, dass der Mensch die Fähigkeit zur Selbsterkenntnis habe. Gerade im Leid kommt man dem Seelengrund näher, dem, der im höheren Selbst bereits angelegt ist. Ehrlichkeit mit sich führt zu einem liebender Umgang mit einem selbst. Alte Gewohnheiten soll man loslassen, denn die überkommene Anlagen lassen einen sonst immer einem unbewussten Drang folgen.«

»Danke, Violette. Ich muss nochmals an die Trauer erinnern. Hier besteht für den Betroffenen die Chance zur Besinnung, um nicht gleich wieder in das gewohnte Muster zu verfallen. Wer das Innehalten nicht annimmt, sagt Plotin, lädt das Negative oder Unvollkommene ein, sich weiterhin zu vervollständigen. Dadurch läßt sich auch keine tragfähige Lösung aufbauen und man steuert langsam auf die nächste Krise zu. Das hat auf der Erde bereits jeder erlebt. Man glaubt zwar, alles richtig zu machen, indem man seine vermeintlichen Ideale verfolgt, im Glauben an die Vernunft. Leider führt die mangelnde Ehrlichkeit zu sich selbst oder weil man sich noch zu wenig kennt, dazu, dass die verborgene Schwäche, bildlich gesprochen, die Hintertür öffnet. Dann kann das alte Muster hereinspazieren, bis man es irgendwann zu identifizieren gelernt hat.«

Violette: »Du erinnerst mich an den Faust in der Studierstube, der glaubte alles erreicht zu haben. Durch seine symbolische Unachtsamkeit, das schlampig gezeichnete Pentagramm, kommt Mephisto herein. Wir wissen, wie es weitergeht, Faust beginnt sich in seinem zukünftigen Leben zu verfangen.«

Jaune: »Ja! Wir kommen wieder auf das maßvolle, richtige Handeln des Aristoteles zurück! Das Handeln soll sich zwischen den Extremen orientieren, zum Beispiel weder an übertriebener Verantwortung noch an unverantwortlicher Sorglosigkeit. Auch hier führt Plotin das Handeln mit einer neuen Erkenntnis zusammen. Er erinnert, dass eine innere Ruhe von Nöten ist, um Stille aushalten zu können. Er setzt Tugend mit einer geistigen Kraft gleich, die die Seele des Leidenden hinaufzieht und mit dem ›Nous‹, dem Geist, verbinden kann. Diese Tugend wirke sozusagen wie eine zweite Geisteskraft, die sich mit der Seele verbindet. Er betont die Handlungsfreiheit, die aus der Geisteshaltung kommt, bevor wir zur Tat schreiten. Anders gesagt, unsere Freiheit ist nicht im Handeln zu suchen, sondern in der Geisthaltung, die in der Ruhe vor der Handlung besteht.«

Platon, Staat, Glaukon 617E; Plotin, Bd. IVa, Der freie Wille (5–43 Zusfg); Enneade VI,8, Über die Freiheit und den Willen des Einen

Johanna rief bei Martina an, sie wollte sich für das letzte Wochenende mit Lewis bedanken. Die Bekannte begann begeistert zu erzählen: »Wir waren bei Tich Nhat Hanh! Es ging eine großartige Ausstrahlung von ihm aus. Meine Meditationsgruppe war ganz ergriffen.« »Ich bin ihm noch nie begegnet. Aber wie geht es dir im Beruf?« »Meine Vorgesetzten ließen sich nicht besänftigen. Ich bin ihnen ein Dorn im Auge, weil ich mich an die Vorschriften halte. Das geben sie natürlich nicht zu, ich wurde aber vorsorglich in eine andere Abteilung versetzt. Sie wollen mich isolieren, dann werden sie mir irgendwann Fehler nachweisen und aus dem Betrieb drängen.« »Das ist hart, jetzt musst du abwarten, bis sie dich kündigen.«

*

Nach dem Weihnachtsfest bei ihren Eltern fuhr Johanna in ein Retreat, um eine weitere buddhistische Schule kennenzulernen. Sie suchte nach Austausch mit passenden Gruppen. Sie erlebte Bereicherndes, aber auch Dinge, die nicht zu ihr passten. Bei der Veranstaltung zum neuen Jahr hörte sie Lehren zur Wiedergeburt, auflösendem Geist und erdnahen Seelen. Manchmal überkamen sie Zweifel, ob die Worte Geist und Denken richtig übertragen wurden. »Die Grenze meiner Sprache bedeutet die Grenze meiner Welt,« würde Ludwig Wittgenstein sagen. Das differenzierte Denken eines Originaltextes kann bei der Übersetzung in eine moderne Sprache auf fehlende Vokabeln stoßen. Ein deutlicher Grund für den Dalai Lama, zu betonen, dass der tibetische Buddhismus eng mit dem Fortbestand der Sprache verknüpft ist. Die Vorträge in diesem Retreat bezogen sich auf die Lehre, die ihr früher recht hilfreich erschienen waren. Den Aufenthalt selbst erlebte sie als sehr einsam. In ihr keimte eine starke Sehnsucht nach der Herzlichkeit auf, die sie im College gefunden hatte. Was sie am Tag nicht fand, dafür entlohnten sie nachts die Träume mit Peter. Er kommunizierte deutlich spürbar mit ihr, seine Energie blieb, er teilte mit ihr das Alleinsein.

Bald darauf erfuhr sie Bestätigung (Februar 1999): »In der Weihnachtszeit ging es dir nicht gut. Erst warst du der Meinung, einen guten Ort gefunden zu haben, aber das klappte nicht. Du wolltest, dass es zu Ende geht, äußerlich hast du Haltung bewahrt. Als die Neujahrsglocken läuteten, war er (Peter) bei dir.«

Nachdem sie genug von den Lehren gehört hatte, versuchte sie Abstand zu gewinnen. Johanna plante einen Ausflug in eine kunstgeschichtlich relevante Stadt. Den Ort kannte sie aus der Zeit mit Arnold. Bei einer Führung in Fulda ließ sie sich von einer Kunstgeschichtlerin ›entführen‹. Der erlebnisreiche Rundgang war zu Ende, jetzt wollte sie sich in einem Café aufwärmen. Sie fand eines mit leeren Tischen.

Trotzdem, die ältere Dame, die nach ihr hereinkam, setzte sich an den Nachbartisch. Die Frauen kamen miteinander ins Gespräch, sie teilten Erlebnisse und Kenntnisse in einer Offenheit, wie das gerade unter Fremden möglich ist. Die Dame war seit langem verwitwet, aber versuchte das mit einem disziplinierten Alltag zu bewältigen. Sie stimmten darin überein: Es gibt ein Wiedersehen. Irgendwann sagte die Ältere an Johanna gerichtet: »Und jetzt sind Sie allein?« Es war die Mitgefühlsfrage, zur richtigen Zeit. Die beiden wünschten sich alles Gute für das kommende Leben. Johanna wollte noch einen Blick in ihre Lieblingskirche werfen. Mit ihrem Sachverstand aus einer Zeit, in der sie sich mit Geomantie befasste, spürten ihre Hände den heilenden Platz auf. Auch hier schien sie die einzige Besucherin zu sein. Sie begann mit einer langen Meditation in der alten Kirche. Dort im Weihrauchduft im Kerzenschein brach die Traurigkeit aus ihr heraus. Die Tränen flossen, das ließ sich nicht mehr vom Verstand steuern, kein Zweifel, die Zurückgebliebene hatte die Fassung verloren. Sie sah zu, wie sich ihr Schmerz in Tränen auflöste.

*

Jetzt, weit weg von der Hilfestellung durch die Tutoren des Colleges, lag es an ihr, den inneren Eindrücken zu vertrauen. Großes Zutrauen hatte Johanna zu Lorette, ohne dass diese die Gedanken aussprach, reichte ihr ein Blick der Tutorin. Noch nach vielen Jahren hielten sie die sprechenden Augen auf Kurs. Johanna vertraute den inneren Bildern. Sie entstanden ohne nachvollziehbare Assoziation. Die Mitteilung war nicht immer leicht zuzuordnen, aber sie erkannte die Ebene, aus der die Botschaft einströmte. Manchmal spürte sie eine körperliche Energie, die ein Vorstellungsbild auslöste. Es würde noch lange dauern, den Umgang mit den Sinneswahrnehmungen zu verbessern und die Information zu entnehmen. Mediale Menschen können die Empfindungen mit der Zeit differenzieren, verspüren die dahinter liegende Intention. Wieder einmal empfand sie in diesem Lebensabschnitt, welch großes Glück sie hatte, bereits früh mit Meditation begonnen zu haben. Johanna befand sich zwar auf dem Weg, aber wohin er sie führte, überschaute sie noch nicht. Sie erkannte den Sinn ihrer inneren Bilder, sie war nur zu unerfahren, das auch zu vertreten. Sie hatte gleichsam einen Edelstein in der Tasche, ohne dessen Wert zu erfassen.

Trotzdem, auf der Heimreise nach Neuburg erhielt ihre nun recht gut trainierte Selbstbeobachtung eine Bestätigung. Bei der Achtsamkeit konzentriert man sich auf das Außen und gleichzeitig ist man auf die innere Wahrnehmung ausgerichtet. Sie wollte eine Pause einlegen, zugleich bot sich ein Spaziergang durch eine historische Stadt an. Wieder zurück auf dem großen Parkplatz nahm sie eine Gruppe Erwachsener wahr, die sich gerade auf dem Weg zu ihrem Auto befanden. Sie war im Begriff, rückwärts mit dem Auto aus der Parklücke zu fahren, da hörte sie eine Innere Stimme sagen: »Halt, da ist ein Kind.« Sie wartete einen Moment, dann sah sie einen kleinen Jungen hinter ihrem Auto vorbeilaufen. Es hätte einen schrecklichen Unfall geben können, weil die Erwachsenen das Kleinkind allein voraus laufen ließen. Solche Erfahrungen bestärkten sie.

Zu Hause angekommen sprach sie am Telefon mit Martina: »Ich durchlebte eine entsetzliche Einsamkeit in diesen Tagen. Vorträge, Theorien geduldig habe ich abgewartet, aber für mich war das nichts.« »Ich verstehe das. Du bist diszipliniert und hast dich der Sache zu liebe überfordert. Kein Wunder, dass du krank geworden bist.« »Martina, was macht deine Isolation im Beruf?« »Ich bin eben anders und diese Eigenschaft versuchen Unreife für ihre Zwecke auszunützen. Das Anderssein wird als überspannt angesehen. Wenn dann Fehler passieren, sucht man den Grund bei solchen wie uns, die in ihren Augen nicht ganz normal, chaotisch oder unzuverlässig sind.« Johanna seufzte: »Du sprichst das Bild an, das man mir, seit der Jugend entgegenbringt. Bei mir wurde daraus ein langer Weg, um zu mir stehen zu können.« »Wir benötigen Freunde, die uns verstehen. Es ist gut, dass meine Mediationsgruppe zu mir hält. Sie sind sehr verlässlich. Erste Erfolge als ›Physical Medium‹ stellen sich zur Zeit bereits ein. Lewis unterstützt mich dabei, wir korrespondieren miteinander. Die Erfahrungen bestärken, auch wenn das Ende in meinem Beruf immer näher rückt. Mir bleibt nichts anderes übrig, als das zu wählen, was ich aus ganzem Herzen verfolge. Gut möglich, dass ich als Medium arbeiten werde. Das wird für mich das Richtige sein.« Johanna fühlte Respekt für Martinas Haltung und wie sah ihr Weg aus?

Sie erlebte Peters nächtliche Bilder, auch wenn der anstrengende Alltag nicht immer Zeit zur Besinnung am Morgen zuließ. Sie schrieb ohne großes Nachdenken einfach ihre Träume auf. Ihr verstorbener Partner kommunizierte weiter auf diesem Weg mit ihr.

»*Peter parkt das Auto am Straßenrand. Weil es regnet, gehe ich schneller, er ist hell gekleidet, folgt mir in seiner typischen Gelassenheit, wir sagen zueinander, jetzt ist es fast wie früher. Nehme ein Pferd und reite aus der Heimatstadt in Richtung meines jetzigen Wohnortes. Das Tier benötigt Ruhe, es schwitzt, es muss sich langsam abkühlen. Ein Mann, es ist der geistige Lehrer, er sitzt bei mir: ›Es ist ganz allein deine Entscheidung, was du tun willst. Bringe alles in Ordnung, so dass du zufriedenstellend lebst. Darauf wird aufgebaut.‹*«

Zu Winterbeginn starb Sonjas Mutter. Johanna war ihr ein paar Mal bei Geburtstagen der Kusine begegnet. Zwei Wochen nach der Aussegnung träumte sie:

»*Bin auf einem Flugplatz, dort versuche ich, jemanden anzurufen, er scheint verstorben zu sein (Das war die Situation, in der ich aus den USA anrufen wollte.). Sehe Leute, die Schlitten fahren, so wild, dass sie auf der anderen Seite des Berges wieder hinauffahren, dann wieder hinunter. (Das war eine Erinnerung an die Kindheit von Vetter und Kusine). Peter begegnet mir, wir wollen zu seiner Verwandten, um mit ihr zu sprechen. Diese befindet sich gerade im Gespräch, deshalb setzen wir uns zusammen an eine lange Tafel mit vielen Gästen, es ist ein rustikaler gespänter Eichentisch. Die Gäste reden miteinander. Ganz oben am anderen Ende sitzt die verstorbene Mutter. Dann spricht Sonja mit uns: ›In den letzten sechs Jahren meiner Mutter gab es etwas sehr Enttäuschendes. Zwei Geschäftsmänner der Stadt wollten die Witwe nach dem Tod ihres Mannes betrügen und sich am Vermögen bereichern. Sie nennt mir deren Gewerbenamen‹*«

Johanna war nur bei der Beerdigung in der Kapelle dabei. Peters Familie hatte seit drei Jahrzehnten keinen Kontakt mit der weiteren Verwandtschaft gepflegt. Nur zwischen Vetter und Kusine bestand eine Verbindung. Die Freundschaft war zehn Jahre zuvor durch eine zufällige Begegnung wieder aufgelebt. Die Information der Verstorbenen stand also ohne Beziehung zu der Träumenden im Raum. Deshalb wollte sie mehr darüber erfahren, ob sich dahinter nicht eine gezielte Botschaft für das Sein nach dem Tod verbarg. Sonja hörte der Freundin beim Erzählen des Traums aufmerksam zu, dann holte sie länger aus. Finanzielles war bei einer Kaffeerunde bisher kein Thema gewesen. »Das hat unsere Mutter schmerzlich verletzt, von den Geschäftsmännern für geschäftsuntüchtig gehalten zu werden. Sie dachten, wenn sie die Witwe zu sich ins Büro einluden, würde sie die nötigen Schriftstücke unterzeichnen. Die ehemaligen Partner wollten die alte Dame aus ihrer Beteiligung herauszudrängen. Nur wir Schwestern sowie mein Schwager wissen darüber Bescheid.« Für wen war die Kommunikation bestimmt? Einmal sollte der Verwandten der Fortbestand der mütterlichen Seele gezeigt werden, zum anderen erhielt Johanna eine erneute Bestätigung für den Austausch zwischen Lebenden und Verstorbenen.

Aus der Kindheit hatte Johanna neben anderen Schwierigkeiten auch Essstörungen mitgeschleppt. Allmählich heilten die Schwächen durch ihre Partner. Alle, bis auf Arnold, kochten gerne. Bei ihm hatte sie einmal eingreifen müssen, nachdem er ein Steak mit der Kaffeemaschine anbraten wollte. Peter dagegen ging im Zubereiten von Mahlzeiten geradezu auf, weil er dafür talentiert war. Das war sicherlich der Grund, warum er seiner Frau im Voraus Zukunftsträume des englischen Colleges schickte. Sie vermutete bereits, dass ähnliche Interessen dem verstorbenen Partner Zugang zu den Fähigkeiten des Chefkochs ermöglichten. Entsprechendes hatte Frau Brunner angesprochen, Michael-Benjamin fühle sich von ihr durch die Malerei angezogen. Traum:

> »Ein Haus, in dem gefeiert und gegessen wird. Peter und sein Großvater mütterlicherseits sind dabei. Langsam wir es Zeit zum Gehen, mein Partner macht mir einen Salat zum Mitnehmen.«

Dieser nächtliche Ausflug wirkte zwar relativ normal. Wenn man aber weiß, dass Johanna zum Kochbuch griff, um die immer gleiche Salatsauce perfekt anzurühren, versteht man die witzige Botschaft. Die Träume waren ihre Belohnung. Manchmal erlebte sie diese fast wie Filmhandlungen, in Farbe und Licht.

> »Peter zeigt mir seine Aufgaben in der Geistigen Welt: Schulung junger Wesen, die in die Transzendenz kommen. Er geht mit ihnen durch eine Landschaft und zeigt den Angekommenen die neue Gegend.«

Später hörte sie bei einem englischen Medium (Februar 2000): »Er hat seine Verwandten getroffen. Er hilft jungen Menschen, die in die Geistige Welt kommen.«

*

In ihrer zweiten Heimat, der Weinstube, saß sie gerne am Tisch mit den Bekannten aus einer Schauspielgruppe. Dort ertappte sie sich dabei, wie sie nach einer Blödelei mit ihrem Nebenmann mit ihrer Hand über seinen Kopf strich. Im Dialekt hörte sie sich noch sagen: »Oh, Bub!« Sie wollte verdutzt darüber weggehen, eine mütterliche Liebe war in ihr spürbar. »So hat das meine Mutter immer mit mir gemacht,« antwortete ihr Nebensitzer erfreut. Angehalten, in der Öffentlichkeit keine Botschaften zu geben, sagte sie innerlich zu der Frau ›Bitte kommen Sie ein anderes Mal. Gerade ist es ungeschickt.‹ Aber schon schoss die Jahreszahl aus ihr heraus: »1964«. »Da habe ich zum ersten Mal geheiratet.« Ihr war das nun unangenehm, sie wollte so vor den anderen nicht weitermachen. Dann kam das Bild: »Cremefarbener Volkswagen.« »Das war mein Auto damals.« Die Frau in der Geistigen Welt, seine Mutter, wollte bleiben, nicht weggeschickt werden: »Lisbeth – Elisabeth?« »Ich nannte sie spaßeshalber immer Lisabeth!« »Ein problematisches Verhältnis zu ihrem Sohn, zu dir, am Lebensende belastet sie noch jetzt. Sie will dich um Verzeihung bitten!« Danach öffnete sich der Bekannte sehr aufgewühlt, auch weil er erzählen wollte: »Die Mutter hat meiner Schwester das Elternhaus vermacht, obwohl sie finanziell viel besser dastand. Sie hätte das auch anders lösen können.« An diesem Abend fuhr sie nach Hause. Irgendwie war sie froh, jemandem aus der Welt der Verstorbenen Ausdruck gegeben zu haben. Für sie bedeutete das, sie hatte ohne Hilfe eines Tutors alleine etwas wahrgenommen und die Botschaft dem Sohn zu übermitteln versucht. Aber hatte das in dessen Weltbild Platz?

Ein weiteres Erlebnis trug sich in Johannas Wohnhaus zu. Dort wohnte zwei Etagen unter ihr das Ehepaar Bauer. Mit den älteren Leutchen, die erst eingezogen waren, tauschte sie einmal ein Buch zum Lesen aus. Dabei sprach Johanna etwas offenherzig über Peters Tod sowie ihren Umgang damit. Herr Bauer wandte sich sehr ernst an sie. »Es heißt doch, lasst die Toten ruhen?« »Wo steht das?« Das wusste der betagte Mann nicht. Er litt unter einer ihr unbekannten Krankheit, für die er keine Heilung erwartete. Seine Offenheit rührte sie, bald nach diesem Gespräch verstarb er. Fast vier Wochen danach erhielt sie einen Traum:

> *Wir sitzen in einem kleinen Ort östlich von unserer Stadt. Die Sonne scheint, ein runder gestreifter Sonnenschirm ist aufgespannt. Das Ehepaar Bauer sitzt am Tisch bei einem jungen Elternpaar. Die Szene spielt vor einer bräunlichen Scheuer. Der Sitzplatz ist nord-westlich vor der Scheuer im Gras, geschützt vor der Sonne. Um uns herum spielen Kinder im Alter von vier bis sieben Jahren mit Bällen und allem, was Räder hat.«*

Johanna ahnte sofort, das war eine Botschaft für seine Ehefrau. »Ja, dort war sein Lieblingsplatz, er genoss das Unbeschwerte der Kleinen, das hat ihm geholfen endlich zu vergessen, was ihn im Leben quälte. Diese befreundete Familie sehen wir wie unsere Kinder an,« erklärte Frau Bauer. Sie beschrieb auch den Vorort, der passend zum Traum in östlicher Richtung lag. »Aber warum haben Sie das geträumt? Warum nicht ich?« »Das ist mir selbst noch unverständlich, es geschieht ohne eigenes Zutun,« antwortete Johanna ausweichend. »Wesentlich für Sie ist doch, seine Seele hat mir eine unverwechselbare Szene übermittelt, von der ich nichts wissen konnte.« Manchmal kam ihr vor, als ob sie solche Traumgesichte zu Menschen aus dem Umfeld erhalte, um die Möglichkeiten des Bewusstseins kennenzulernen. Meist gab es nur eine Nachricht für die Betreffenden, die im Umfeld nicht weiter auffiel. Solche Beispiele wurden dann im Umfeld für einen merkwürdigen Zufall gehalten. Ihr selbst bot es die Möglichkeit, bei den Bekannten nachzufragen, ob sie mit dem Inhalt etwas anfangen könnten. Johanna registrierte das Ganze wie eine Art Systematik: Ein Verstorbener aus dem persönlichen Umfeld gibt ihr ein unverwechselbares Zeichen. Der nächste Traum brachte eine sehr merkwürdige Symbolik zum Ausdruck (Februar 1999):

> *»Meine Aufgabe ist es, in der nahe gelegenen Großstadt nochmals den Führerschein zu machen. Zwei Helfer aus der Geistigen Welt geben mir eine moosgrüne Robe.«*

Vielleicht klingt die Interpretation verwegen, doch der neue Führerschein deutete auf Neuanfang. Die Aussage erinnerte zudem an einen Freund, der in der besagten Stadt eine medizinische Tauglichkeitsprüfung bestehen musste. Das moosgrüne Gewand bezog sich auf die Farbe, der das

Herzchakra entspricht. Daraus ergab sich die Botschaft, dass in der nächsten Universitätsstadt ein Versuch auf sie zukäme, neu anzufangen. Deutlicher zusammengefasst: Johanna hat die Chance dem versprochenen Partner zu begegnen. Mehr Ausflüge sollen sie mit dem Ort vertraut machen.

7.8 Der goldene Weg der Weisheit geht durch das Herz.

»Die letzten Tage im Leben des Sokrates sind so beeindruckend, Jaune. Kriton wollte seinen Lehrer in aller Frühe besuchen. Er war ganz aufgeregt, weil er den Wärter bestochen hatte, damit dieser die Tür für die Flucht aufließ. Sokrates dagegen reagierte nur verwundert, weil ihn der Schüler geweckt hatte. Verständlicherweise wünschte der Schüler so sehr, sein Lehrer würde die Chance zur Flucht wahrnehmen. Kriton ging davon aus, dass am folgenden Tage das Todesurteil vollstreckt würde. Der Lehrer hatte jedoch keine Lust zu widersprechen. Er wusste, dass es noch nicht soweit war. Das Urteil würde nach der Ankunft eines bestimmten Schiffes vollstreckt. Er sagte mit Bestimmtheit, soweit sei es noch nicht, das Schiff würde erst am Tage darauf anlegen. Kriton wollte die Quelle dieser Information wissen.«

»Violette, in diesem Gespräch wird gerne übersehen, dass Sokrates sein Wissen aus einem Traum bezieht! Die Autorität, die in der modernen Welt als Begründer der Moralphilosophie gilt, beruft sich auf einen Traum, der ihm Gewissheit gibt! Für die heutige Welt unvorstellbar, dass der Philosoph angesichts des baldigen Todes über sein Traumgesicht spricht. Noch erstaunlicher, er bezeichnet seinen bevorstehenden Tod als seine Heimkehr: Eine schöne Frau mit hellem Kleid sei ihm im Schlaf begegnet. Sie habe ihn gefragt, ob er in drei Tagen in das durch Homer bekannte mythologische Land kommen wolle? Kriton konnte das kaum glauben und mahnte zur Flucht. Der Philosoph bestand darauf, dass der Götterwille für ihn bestimmend sei. Damit verweist er auf das ihm zuteil gewordene Schicksal, das er ganz bewusst so erfüllen wolle. Ein ergreifender Abschied, Violette! Weißt du, dass ein paar Jahrhunderte später die antike Welt noch immer darüber beindruckt war, mit welcher Sicherheit er gehandelt hatte?«

»Ja, Plutarch, der Apollonpriester, hatte berufsmäßig mit der Deutung der Träume zu tun. In seinem Buch über Sokrates gibt er dem Leser eine

Erklärung, die sich von der verbreiteten philosophischen Sicht abhebt. Das Daimonion des Sokrates interpretiert er folgendermaßen: ›Diese Innere Stimme ist eine wahrnehmbare Kraft, die in Kontakt mit dem Träumenden geht oder hörbar in ihm spricht. Das verhält sich bei der natürlichen Weissagung so, zu der der eine oder andere Zugang hat.‹«

Platon, Kriton, 43 ff; Klaus Döring, Plutarch und das Daimonion des Sokrates, Mnemosyme, 1984 (Plutarch, de genio Socratis Kap. 20–24)

Es wurde Februar. Eine verhältnismäßig lange Zeit in Deutschland ging zu Ende, Johanna flog nach England. Sie konnte es kaum erwarten, Gespräche mit Gleichgesinnten zu führen. Gespannt wartete sie auf die Readings mit den Medien, die ihr ein Feedback für die vergangenen Erlebnisse und vielleicht auch Ausblick auf Zukünftiges geben sollten. Endlich kam sie im College an.

Das Schloss

Traum: »Peter wird auf einem englischen Kanal höhergestuft.«

Dieser Satz deutete nun auf ein Wortspiel hin. Schon einmal hatte sie Peter im Traum auf einem Schiff getroffen, dabei waren sie eine typische englische Wasserstraße entlang gefahren. Die Durchlässigkeit des Kanals, das spielte in der deutschen Umgangssprache auf das Channelling in der Medialität an. Die Fahrt mit Peter auf dem gleichen Schiff bedeutete, dass auch seine Fähigkeiten in der Geistigen Welt Fortschritte gemacht hatten.

Traum: »Im College führt mich eine Wendeltreppe nach oben unters Dach. Der Koch sowie seine Frau sitzen hier an einem Tisch. Um an diesen Tisch zu gelangen, lasse ich los und springe über den fehlenden Boden. Dann geht es noch eine Treppe höher in einen prachtvollen Raum, den ich noch nicht kenne. Die Tür ist offen, aber wir dürfen dort noch nicht eintreten. Ich sehe eine Holzdecke im Stil der Renaissance voller Goldverzierungen. Aus dem Festsaal strömt helles Licht heraus. Mir wird ein neues Schloss gezeigt. Ich sehe seine ganze Pracht, einen Mittelbau mit zwei Flügeln, im Stil des Barock. Beim Aufwachen sehe ich vor mir eine Rose liegen, sie hat noch Tau und duftet.«

Hier stellt die Treppe das Symbol der Entwicklung dar. Loslassen von Vergangenem ist nötig, das zeigt der mutige Sprung. Der Boden hatte sich vor fast einem Jahr in einem Traum aufgelöst gezeigt. Die Symbolik Koch und Frau? Peter hatte für Johanna gekocht. Die Ansicht der Decke? Es handelte sich nicht um die weiße Stuckdecke aus dem College. Durch die Farbe Gold wird die Aussage auf alte Weisheit und Philosophie gelenkt. Die goldfarbene Renaissancedecke hat mit wieder zu entdeckendem Wissen der alten Kultur zu tun. Es gibt demnach ein Denken, das wiedergeboren werden soll. Peter und Johanna kommen zwar bis zur Schwelle des Raumes, den es für sie zu finden galt, aber sie dürfen den Saal noch nicht betreten. Zum Ende des Ausflugs schenkt ihr Peter eine einzelne taufrische Rose. Das war seine typisch stilvolle Art zu Lebzeiten.

Das gewählte Tranceseminar bot eine Fülle von Themen an: Meditation, die symbolische Sprache der Farben, intuitives Wahrnehmen, Übungen mit Atemtechnik und Tranceheilung. Ihr gelang es, ein sehr angesehenes Medium für ein Reading zu bekommen.

»Du fühltest dich gezogen, geschoben und motiviert, mit der Geistigen Welt zusammenzukommen. Hier gab es großen Kummer in den letzten achtzehn Monaten. Daraus entwickelte sich eine Sehnsucht nach mehr Verständnis. Die Farben um dich sind wunderbar. Zuvor hast du sieben schwere Jahre erlebt, die nun hinter dir liegen, du wolltest davonlaufen, aber du warst in der Situation gefangen. Aus Sicht unserer Arbeit wollen wir die Nase nicht in alles hineinstecken.

In deinem Beruf musst du viel Mentales leisten. Da sehe ich Berge von Büchern.« »Da ist mein anstrengender Beruf und in der Freizeit verfolge ich ein persönliches Studium. Mein Wunsch ist es, das vergangene, zum Teil verlorene Wissen, zum Thema ›Leben nach dem Tode‹ zusammenzubringen,« erklärte Johanna. »Ah, dann verstehe ich das besser, mit dir kam ein so schönes Licht herein. Das waren nicht Kenntnisse, das war Weisheit. Manchmal müssen wir unsere eigenen Gaben zeigen. Vergiss nicht, die Wahrheit in den Büchern kommt aus einer Quelle. Der Geist trennt nicht in intellektuelle Kategorien. Es geht um die Weisheit in dir selbst. Die verschiedenen Religionen haben unterschiedliche Zugänge, aber das ist nicht, was in dir angelegt ist. Man kann auch sagen, wenn man zu viel in den Kochtopf hineingibt, wird das Resultat nicht unbedingt besser. Versuche den einfachen Weg zu gehen. Du meditierst sehr ausgiebig. Neben anderen Helfern ist einer um dich, der eine orangefarbene Robe trägt. Er lässt dir ausrichten, dass sein Einfluss dir zur Erkenntnis verhilft. Weisheit hat viele Quellen. Man kann die Wahrheit nicht aufteilen. Du wirst dich entwickeln. Er sagt, du würdest etwas Neues beginnen.« Darauf lächelte Johanna. »Ja, ich habe mich zu einem buddhistischen Fernkurs angemeldet, aus der Linie der Dalai Lama-Schule.« »Vergiss auf keinen Fall, dass die Weisheit die Essenz ist, egal welcher Weg dorthin führt. Der goldene Weg der Weisheit geht durch das Herz. Übertreibe deine ethischen Studien nicht, adaptiere in keiner Weise Ungereimtheiten. Gesetze, Krisen, Religionen, das ist alles von Menschen erzeugt. Du hast es dir bisher nie einfach gemacht. Jetzt kannst du anfangen, dein Puzzle zusammenzusetzen. Du solltest es gerade nicht in verschiedene Straßen aufteilen, denn das Wesentliche für das Herz ist das innere Licht, das bleibt unzerstörbar. Gehe gut mit dir um, sei lieb zu dir, folge deinen Gefühlen. Du bist sehr diszipliniert, arbeite nicht gegen deine Empfindungen. Wir sind alle unterschiedlich. Dein Weg ist Weisheit und Wahrheit. Das war wichtig, dass ich mit dir dein spirituelles Potential zuerst besprochen habe. Komme zu deiner kreativen Quelle zurück,« riet das Medium und fuhr fort.

»Es gab viele Veränderungen, die dich angegriffen haben. Hier ist ein Mann, gut angezogen, nicht groß, lässig, er ist so stolz auf dich, eine väterliche Ausstrahlung kommt mit ihm, er kommt aus der Vaterseite. Er sagt: ›Du warst ein schüchternes Kind, aber auch schwierig.‹« Mit dieser Beobachtung des geistigen Besuchers sollte sie auf jemanden gelenkt werden, der sie aus der Kindheit kannte. Das Medium fuhr fort: »Er erwähnt eine Schwester, sie sei das völlige Gegenteil zu dir. Wenn sie uns aus der Geistigen Welt beobachten, stehen sie manchmal dabei und lachen. Aber eine Sache hättet ihr gemeinsam, eure Starrköpfigkeit. Er bringt eine Katze mit, sein Leben ging sehr schnell zu Ende.« Jetzt war sich Johanna sicher, das passte zu ihrem verstorbenen Cousin. »Er spricht von einer Margherita, die er traf.« »Das verstehe ich zurzeit nicht, dem werde ich wohl weiter auf den Grund gehen müssen.« »Er gibt mir den Monat Oktober.« »Das ist mein Geburtstag.« »Du sollst deine Energien etwas schonen, du forderst zu viel von dir. Jetzt kommt noch ein Mann, er ist kleiner als sein Vorgänger, er ließ dem anderen den Vortritt. Er steht dir sehr nahe.« Das Medium nannte den Namen von Armin, den Peter ebenfalls sehr mochte. »Der Monat Mai?« »Das war der Geburtstag meines Mannes,« bestätigte Johanna. »Er beschreibt mir das Ende seines Lebens. Ihm wurde schwindlig und er fiel um. Er hielt sich in diesem Reading zurück,« fuhr das Medium fort, »damit das vorherige zur Sprache kommen konnte. Er war kein Romantiker, aber jetzt legt er dir ein Schokoladenherz in deine Hand. Er sagt, wir haben viel gelacht, wir hatten aber auch unsere Probleme, er bedankt sich für deine Geduld.«

Sie freute sich über die Bestätigung. Das deutete auf Ähnliches, was ihr Lorette sieben Monate zuvor angekündigt hatte: »Dir fließt unablässig geistige Energie zu.« Johannas Weg war mit der Philosophie verknüpft. Vor fünfzehn Jahren hatte sie mit dem Philosophiestudium begonnen. Jetzt wurde sie erneut durch das angesehene Medium wachgerüttelt. Die Dame sah in ihrer Aura Licht, das für Wissen und Weisheit stand. Johannas langer Schatten aus der Jugend, in der man

Unkonzentriertheit mit Dummheit gleichsetzte, begann sich aufzulösen. Nach den frühen Erfolgen auf künstlerischem Gebiet hatte ihr das Verkennen ihrer Intelligenz wenig ausgemacht. Inzwischen sollte sie sich eingestehen, wie bewandert sie in ihren Gebieten war. Der Traum mit der goldenen Renaissancedecke hatte eine Bestätigung erhalten.

Begegnung mit einem neuen Medium (Februar 1999): »Die Wesen, mit denen wir in Verbindung treten, sind Ansprechpartner innerhalb der Familie. Sie übermitteln uns die Möglichkeiten, die wir in unserem Leben haben. Sie beschreiben keine Zukunft. Hier ist ein Herr, der eine enge Beziehung zu dir hat, er war keineswegs alt, als er starb. Dem ging eine leidvolle Zeit voraus, er befand sich im Krankenhaus, es wurden Untersuchungen gemacht. Du warst seine Stärke, in Gedanken warst du bei ihm, auch wenn du nicht körperlich anwesend warst. Du hast gebetet und gebetet. Er sagt mir, dass du zu Lebzeiten niemals ermessen können wirst, wie dein Tun seinen Werdegang nach dem Tod vorbereitet hat. Er wurde empfangen und das war wunderschön. Er ist eigentlich ein humorvoller Mann, aber damals war er so fehlgeleitet. Jetzt sieht er klarer. Es kommt nicht auf die Zeit an, die man miteinander verbringt, die Summe spielt keine Rolle, die Qualität ist das Entscheidende. Seine Erlebnisse sind keineswegs nur Erinnerung, sondern ein Gefühl, das er mitnehmen konnte, das der Weiterentwicklung dient. Habt ihr einen Sohn?« »Nein, es ist der ungeborene Sohn meiner Schwester.« »Bitte sei auch für den Sohn der Schwester weiterhin tätig. Du wolltest allein sein, nun ist es wieder Zeit, die Tür zur Außenwelt zu öffnen und dich nicht zu verschließen. Dein Mann sagt dir: ›Sei so wie damals, als wir uns begegneten, da war spontane Anziehung, das sollen andere auch sehen. Das bist du wirklich. Das unsichere Mädchen in dir, das darf sich ruhig zeigen, auch wenn es sich gern hinter der Fassade einer selbstsicheren Frau versteckt.‹ Da gab es Hindernisse in der Vergangenheit. Triff zunächst keine vorschnellen Entscheidungen, in drei Monaten wirst du Klarheit in der Situation erhalten. Deine Art, mit Büchern zu arbeiten, sei typisch für deinen Perfektionismus. Die Arbeit, die du jetzt machst, wird sich in der Qualität vertiefen, sowohl privat als auch beruflich. Führst du Tagebuch?« »Ja,« Aber das Medium benötigte die Bestätigung nicht, es sprach ohne Unterbrechung weiter. »Das muss zu deinem und zum Wohle anderer in Buchform gebracht werden. Dieser Mann ist sehr gerne hier. Du warst schon einmal im College? Er lernt hier ebenfalls, er erkennt jetzt, wie nutzlos die materiellen Dinge waren. Er ist froh, wenn er mit dir ist und die Dinge mit deinen Augen sehen kann.«

Der Hinweis warf ihre unterschwellige Frage auf: Wie betrachten sie uns aus der Geistigen Welt? Die Tutorin fuhr fort. »Dein Mann ist sehr aufgeregt, er möchte dir nun auch sagen, dass er sich vergewissert hat, wer die Geistigen Helfer sind, die mit dir arbeiten.« »Ein Jahr vor seinem Tod sagte er noch zu mir: ›Ich glaube, du machst da etwas falsch. Wie kannst du so sicher sein?‹« Das Medium kam zum Ende: »Du hast, was du brauchst, um deinen Weg zu entwickeln. Übrigens sagt der nette Mann, dass er gestern bei deiner Übung zur Tranceheilung dabei war. Es ist aber nicht wichtig zu spüren, wer daran alles beteiligt war.«

Zum Schluss des Aufenthalts erfuhr sie eine weitere Bestätigung für ihre Aura. Ihre Tutorin sprach mit jedem einzelnen zum Abschied, damit aus den Hausaufgaben eine Entwicklung werden könne. »Eine goldgelbe Energie geht mit dir, Johanna, alles in deinem Zuhause ist sehr angenehm, das junge Wesen, das dich begleitet, liebt Farben! Jetzt gilt es auszumisten, was nicht zu dir gehört. Gerade jetzt darfst du dich nicht zu Hause verstecken, du sollst weggehen, so gut es geht! Du solltest neue Begegnungen zulassen.«

Die Warnung, sich nicht zu Hause zu verkriechen, kam zur rechten Zeit! Denn je mehr ihr Wissen durch die Kurse anwuchs, desto größer wurde der Abstand zu ihrem Umfeld. Aus Furcht vor Verletzungen hatte sie sich zurückgezogen. Sie hatte die kleine Trancegruppe zu Hause, zudem einen Beruf, der sie an manchem Abend bis einundzwanzig Uhr am Schreibtisch hielt. Das forderte alles Kraft. Mehr ausgehen bedeutete, sie musste das auslassen, was sie daran hinderte. Sollte sie weiterhin mit den Freunden Karten spielen? Die letzten Jahre gaben Johanna ein gutes Gefühl. Nach allem was weggebrochen war, blieb ihr das regelmäßige Treffen im privaten Kreis. Sie wollte beobachten, wie sich der nächste Abend für sie innerlich anfühlte.

7.9 Unterschiedliche Lebenswege

Violette: »Die Menschen, die rational orientiert und auf ihre Intelligenz stolz sind, halten die Gaben der Seher für Hirngespinste.«

»Ja, das gehört zur Eigenschaft der Menschen,« antwortet Jaune. »Das war bereits auch in der Antike der Fall. Plotin begründet das damit, dass alle auf der Erde Geborenen zunächst ihre sinnliche Wahrnehmung entwickeln. Diese frühen Eindrücke sind für sie eine Realität, der sie vertrauen. Das verführt dazu, sich auf diesem Standpunkt auszuruhen und zu wenig den Weg der Wahrnehmung und Erkenntnis zu hinterfragen. Es gibt aber noch ein anthropologisches Prinzip, das für die sittliche Orientierung grundlegend wurde. Es stammt aus der epikureischen Philosophie, die im Abendland sehr populär geworden ist: Lust anzustreben und Schmerz zu vermeiden. Diese einfache Orientierung wurde in der Neuzeit Grundlage für die Strafordnung. Später verfolgte Bentham die Idee des Nützlichkeitsprinzips: das größtmögliche Glück für die größtmögliche Zahl. Daraus wurde das Verständnis der modernen Demokratie geboren. So ein einfaches Prinzip braucht keine langwierigen philosophischen Erläuterungen.«

»Da sehe ich bereits das Problem,« unterbrach Violette. »Damit verfestigt sich die Einstellung der Menschen, das Gute vor allem in dieser irdischen Welt zu suchen. Zunächst ist das etwas sehr Wertvolles, das vergängliche Dasein mit Freude zu genießen. Die Folge einer solchen Orientierung tendiert leider dazu, dass die Menschen die Grundlage ihrer Existenz vergessen, die Natur. Welche Religion gibt Anweisung zum Schutz der Natur?«

Scheinbar überspringt Jaune die Frage: »Deshalb ist die Position von Hans Jonas so wichtig. Der Professor aus New York stellt in seinem Werk die Natur als das Schwächere dar, die inzwischen zu einem schützenswerten Gut geworden ist. In seiner Argumentation stützt er sich auf Kants kategorischen Imperativ und leitet daraus eine Pflicht des Menschen ab, das Schwächere zu schützen.«

»Aber, Jaune, wer die Befriedigung seines Verlangens für das Erste und Letzte hält, ordnet auch die Natur unter seine Bedürfnisse. Wie sollte er an eine verletzliche und gefährdete Natur denken, wenn er nicht einmal die eigene Existenz nach dem Tode in Betracht zieht? Fragen sich solche Gemüter nicht, welche Natur sie ihren Kindern hinterlassen?«

Jaune: »Ohne eine starke Geistige Führung verlieren die Leute den verborgenen Sinn ihres Schicksals in der Welt. Entwickelt sich aber die

Seele, dann verspürt sie den Drang zur Schönheit, zum sittlich Guten, auch die Verwirklichung ihrer Eigenschaften. Die Menschen tragen ein Sehnen nach dem Vollkommenen in sich, vielleicht werden sie sogar durch ein numinoses Erlebnis ermutigt. Bewahren sie es nicht in ihrer Erinnerung, dann geben sie die Suche wieder auf und sind in Gefahr ihr Ziel zu verfehlen. Mutlos fangen sie an, sich mit ihrem diesseitigen Leben zu arrangieren. Sie reden von der Tugend im Handeln und bleiben doch auf dem Grund ihrer frühkindlichen Erkenntnisse stehen und verirren sich weiter in der bedürfnisorientierten materiellen Welt. Leider haben nur ganz wenige eine Chance, wie ein Sokrates in die transzendente Welt zu schauen. Er folgte der Verbindung zum höheren Seelenanteil, an den Ort, woher er seine Kräfte bezog, als wäre dort seine Heimat.«

Plotin, Bd. Ia, Geist, Ideen und Seiendes (1); Enneade V,9. Über den Intellect, die Ideen und das Seiende

Der Abend zum Kartenspielen bei Marion kam. Gemütlich saßen alle Freunde um den Esstisch. Nach einem kleinen Imbiss wollten sie mit dem Spiel beginnen. Helmut aus der Kartenrunde erwähnte die Abendschau: »Habt ihr dieses scheußliche Massaker in den Nachrichten auch gesehen?« »Ja, ich fühle mich so gelähmt, wenn man so etwas hört. Wir sitzen hier gut versorgt in unserem Wohnzimmer, aber was können wir schon tun?«, erwiderte Marion. Johanna spürte den Widerspruch in sich: »Doch, wir sollten in einer Kirche gemeinsam meditieren und die geistige Lichtenergie an diesen Ort senden, wo das Leid groß ist. Unsere Gedanken haben Kraft.« Helmut antwortete prompt: »Unmöglich, damit etwas auszurichten, im Übrigen hast du mit dem Christentum doch nichts am Hut.« Er war einfach skeptisch. Er gehörte zu den sozialen Menschen, die sehr viel für ihr Umfeld tun können, wenn man sie braucht. Es tat ihr oft leid, dass sowohl er als auch seine Frau in keiner Weise an den medialen Erfahrungen anknüpfen konnten. Johanna fühlte sich manchmal vorschnell in eine Ecke gestellt, dabei liebte sie deren Gemeinschaft. »Helmut«, sie richtete sich nun direkt an den Freund. »Meinst du, weil mich die Verzweiflung an einen Ort brachte, an dem Hilfe von Herzen kommt, gehöre ich nicht mehr zum Christentum? Dort habe ich Heilung erfahren. Das war für meine Gesundheit wichtig!« Doch er schnaubte. »Mag sein, auf mich wirkt das wie ein Trip zur Selbstverwirklichung.« Gab ihr nicht das Medium im Sommer den Rat: ›Wenn du in der Gesellschaft nicht verstanden wirst, sage einfach...‹ Johanna laut: »Ich habe Peter geholfen!«

Marions Mann war Theologe. Neugierig kam er aus der Küche, interessiert, was die Gäste diskutierten. »Weißt du, Johanna, das Christentum ist hier sehr einfach, du wirst in all deinen Sünden geliebt, dazu ist kein Stufenweg der Erleuchtung nötig. Liebst du deinen Nächsten wie dich selbst, dann bist du bei Gott. Diese Einfachheit findet sich vor allem in den Paulusbriefen.« »Das verstehe ich, aber es geht nicht um meine Sünden, sondern um ein Trauma. Zudem wird in der Geschichte auch dargestellt, dass Paulus nach einem ungewöhnlichen, numinosen Erlebnis zu seiner Ansicht gekommen sei. Für mich ist Glauben ohne eigene Erfahrung eben unmöglich, vielleicht bestätigt mich gerade das Beispiel von Paulus und seinem Lichterlebnis. Caravaggio hat dazu ein wunderbares Bild gemalt. Für mich ist der philosophische Weg in der griechisch-römischen Welt nachvollziehbarer. Während der Osten den Buddhismus hervorbrachte, hat auch der Westen Beachtliches in der antiken Philosophie zu bieten. Diese Richtungen finden im Römischen Reich zusammen. Das erklärte Ziel bei Epikur ist zunächst, unsere Seelenruhe zu erreichen, modern gesagt, unsere Gedanken zu bändigen. Denn wenn wir aufgeregt umherirren, werden wir leicht zum Echo irgendeiner Negativität. Durch eine ausgeglichene Seelenhaltung schaffe ich einen Geist des Mitgefühls für meine Nächsten.« »Willst du jetzt alle zur Meditation schicken, damit sie mitfühlend werden?« Helmut reagierte aufgebracht. Seine Frau versuchte ihn etwas zu beruhigen: »Das Christentum kann bei manchen Anhängern leicht so eine Haltung fördern: ›Opfere dich für Mitmenschen, dafür liebt dich Gott‹. Da wird geholfen bis zur eigenen Vernachlässigung. Ich konnte das bei unseren Gemeindemitgliedern beobachten.« Marions Mann meldete sich erneut zu Wort: »Aber wir sollten festhalten, dass uns Religionen eine soziale Ordnung anbieten können. Das Zusammenleben, die Gebote, der Umgang mit den unerklärlichen Dingen wie Geburt und Tod werden hier geregelt. Nur, in einer globalisierten Welt lässt sich eine universelle Theorie gar nicht mehr durchsetzen. Unsere Wissenschaften liefern uns Erkenntnisse, die diese Lehren in Frage stellen. Diese Auffassungen sind wiederum auch relativ zu sehen, denn ein absolutes Wissen ist heute unmöglich geworden.«

Marion zog die Stirn kraus. »Und dann führen die aufgehetzten Leute Religionskriege? Sollten wir nicht langsam über den Begriff nachdenken?« »Religion ist die Schale,« fügte Johanna hinzu, »deren Kern die Weisheit ist. Wenn jemand Gott nahe ist, versteht er trotz verschiedener Sprachen und Auffassungen den inneren Kern. Ein Grund, weshalb ich auch unterschiedliche Zugänge in Betracht ziehe. Will man dem Göttlichen innig verbunden sein, verhindert die Sprache möglicherweise das Verstehen unseres gemeinsamen Urgrundes. Womit ich wieder bei der Meditation bin.« Helmut wollte in seiner witzigen Art provozieren: »Ich glaube sowieso nur, was ich berechnen kann. Als Physiker fühle ich mich bei Descartes gut aufgehoben. Alles, was von außen kommt, könnte Täuschung sein, aber im Zweifel werde ich mir als denkendes Wesen gewiss.« Der studierte Theologe war nun ganz wach, denn das Denken diente inzwischen auch nicht mehr so eindeutig als Beweiskraft. »Religion hat ein Kontingenzproblem, das zeigt das Beispiel: Wenn jemand einen Wald sieht, wird dieser durch einen zweiten Betrachter anders gesehen. Das ist nämlich abhängig von dessen Wahrnehmung, also Sehen und Denken. Unsere Augen liefern Bilder an das Gehirn, die entsprechend der persönlichen Erfahrungen assoziiert werden und damit zu unterschiedlichen Erkenntnissen führen können.« »Okay«, sagte Johanna. »Da begegnen sich Glaube und Wahrnehmungstheorie. Ich möchte vom Kopf weggehen und gerne den Körper miteinbeziehen. In meinen Tranceübungen nehme ich den Körper neu wahr. Da nehme ich Schwingungen wahr, die mit Energie der Geistigen Welt zu tun haben. Dabei kann ich erfahren, wie sich Körperwahrnehmung, Gefühl, sowie die Art meiner Gedanken verändern.« Die Antwort des Theologen kam prompt: »Für das Christentum gibt es keine Geheimnistuerei, bei der eine Entwicklung nötig ist, um das zu verstehen. Es ist eine Botschaft für alle! Das hört sich bei dir sehr nach einer abgeklärten Weltsicht der Mystiker an. Für mich ist das schon nachvollziehbar. Aber für die Allgemeinheit ist der Glaube an die Liebe Gottes, ohne Ausschluss angenommen zu sein, die Basis.« Johanna sagte daraufhin: »Das geht solange gut, bis eine Herausforderung im Alltag dich mit einer Katastrophe konfrontiert. Dann kannst du daran zerbrechen oder spirituell wachsen. Ich durfte erfahren, wie die Meditation auch den Charakter einer Psychotherapie annimmt. Betrachten, was sich in mir an Bildern meldet und diese nicht werten. Einfach ansehen, nicht in eine Fantasie hineinziehen lassen, nur achtsam beobachten und die Gedankenbilder weiterziehen lassen. Diese Geistesschulung hat mich stabilisiert. Die entstandene Wachsamkeit beruhigte zunehmend meine Unruhe und gleichzeitig verbesserte sie den Zugang zu meinen Träumen. Das tat mir gut, weil mich die beruhigte Haltung auch Peters Welt näher brachte.« »Können wir jetzt langsam aus den schweren Gedanken wieder zum angenehmeren Teil des Abends kommen,« seufzte Helmut. »Ich möchte gerne mein Leben genießen, solange das möglich ist. Nach dem Tod gibt es für mich nichts. Da vertraue ich ganz der modernen Medizin.« Marion wandte sich an ihre Freundin: »Johanna, du hast mir immer so bewegt erzählt, wie du dich dort in England bei Humor und Lachen erholt hast. War das beim letzten Aufenthalt auch so?« »Ja, das Lachen befreit, dort gehört das zur guten Unterhaltung. Ob das an den Engländern liegt, oder daran, wie sie ihren Glauben praktizieren, kann ich noch nicht sagen. Auf alle Fälle, das wird nie wie trockene Theorie behandelt. Kreativität, Meditation und ebenso Medialität gehören eng zusammen. Im Übrigen durfte ich erfahren, dass sie viel Humor auf der anderen Seite in der Transzendenz haben.« »Meinst du, intelligente Menschen mit Lebensfreude und Witz könnten hier Zugang finden? Haben wir dort Platz mit all unserer selbstverschuldeten Unwissenheit?«, wollte Marion interessiert wissen. »Ja, ich weiß von einem, der in der Geistigen Welt seine vernebelte Sicht losgeworden ist. Er hat mir ausrichten lassen, bloß weil er hinübergegangen ist, wurde er nicht automatisch zum Engel.« »Eine Religion, bei der wir das Lachen pflegen sollen, würde mir gefallen.« »Was bringt dich denn zum Lachen?«, fragte Johanna lächelnd. »Es gibt natürlich Dinge, über die man keine Witze machen sollte, aber für mich ist wichtig, über mich selbst lachen zu können.« »Heiterkeit hält gesund. Da kenne ich die wahre Geschichte eines Mannes, der schwer erkrankt im Bett lag. Die Ärzte wussten nicht, ob er es noch einmal schaffen würde. Da hat er ein Schild an seine Tür gehängt: ›Hier darf nur eintreten, wer mich zum Lachen bringt.‹ Er ist wieder gesund geworden.«

An diesem Abend ging sie mit gemischten Gefühlen nach Hause. Die Freunde waren in Ordnung. Die Herausforderung hatte gut getan, gleichzeitig diskutierten sie über ihre verschiedenen Positionen. Echte Freunde respektieren die unterschiedlichen Ansichten, deshalb ist es gut, die Kameradschaft zu ihnen pflegen. Eine Freundschaft sollte nach Pythagoras nur aufgegeben werden, wenn kein Vertrauen mehr möglich ist. In der Diskussion traten jedoch Positionen zum Vorschein, die sie dringend mit Waltraud besprechen wollte. Sie selbst hatte das Gefühl, dem wesentlichen Aspekt des Missverständnisses nicht nahe genug gekommen zu sein.

Waltraud hörte aufmerksam der Erzählung über das Treffen mit den Freunden zu und fasste schließlich ihre Gedanken zusammen: »Weißt du, Marions Mann sieht sich als Theologe in der Tradition des Johannesevangeliums. Da wird das Wort und damit auch das, was sich denken lässt, überbetont. Ich frage mich, wo bleiben da die Gefühle? Wird denen misstraut? Im Bereich der Empfindungen kann man vieles lernen. Uns sollte deren Entwicklung im Fokus bleiben. Eine erlebte Emotion kann ich mir nicht einreden.« »Du hast recht, da fehlt etwas,« Johanna strahlte. »Ich vermute, dahinter steckt das Problem der Übersetzung aus dem Urtext. Den Begriff Logos mit Wort zu übersetzen schränkt die Bedeutung des griechischen Terminus' ein. Die metaphysische Bildung der Griechen hat ihre Wurzeln bei den Ägyptern. In Memphis ist der Ursprung der Logostheologie nachgewiesen. Dort entwickelte sich der Gedanke der Schöpfung oder des Ursprungs folgendermaßen:« »Ptah erschafft Atum, den Sonnengott, durch den Logos. Ptah erschafft die Welt mittels Herz und Zunge!« Das besagt mit anderen Worten: Gefühl und Wort gehören in der Erschaffung der Welt zusammen.« Waltraud nickte zustimmend: »Das war wohl auch der Grund, warum Pythagoras allen Jüngern verbot, das Herz und Hirn von Tieren zu essen, da sie der Sitz des Denkens und Lebens seien.« Die Kollegin kannte sich durch ihre Krankheiten im Bereich der Ernährung bestens aus. Sie fuhr fort: »Jetzt hört sich das für mich sehr stimmig an, Herz und Sprache im Zusammenhang zu erleben, also das Gefühl mit hineinzunehmen. Ein Erlebnis kann ich mir nicht einreden, aber tief Erlebtes kann die passenden Worte dazu finden.« Bei dem, was sie zu Johanna sagte, strahlte sie wieder so viel Nächstenliebe aus. Das

Gespräch machte Johanna erneut deutlich, dass es diese Ausstrahlung war, die ihr die Kraft gab, nach Peters Tod zur Arbeit gehen zu können. Sie hatte dazu beigetragen, dass ihr die Bewältigung des Alltags gelang.

Ein anderer Kollege war im vergangenen Jahr von einem harten Schicksalsschlag getroffen worden. Seine Frau war nach längerer Krankheit gestorben. Der Witwer stand mit den zwei Kindern im Alter von einundzwanzig und sechzehn Jahren plötzlich alleine da. In seinem Schmerz stürzte er sich in die Arbeit, während die Kinder sehr stark trauerten. Das Jüngere trug nur noch schwarz, der ältere Junge geriet in eine Depression. Er sagte sogar zum hilflosen Vater: »Mein Leben ist jetzt sinnlos geworden.« Johanna träumte daraufhin folgendes:

»Bei dieser Familie wird eine Beerdigung stattfinden. Der Sohn möchte von mir bei der kommenden Einäscherung Segensworte hören. Erstaunt frage ich nach, denn es ist unvorstellbar, dass die wohlhabende, konservative Familie meine Worte und mein Programm verstehen würde. Kannte er mich? Sehe aus der Entfernung zu, als sein Testament verlesen wird und seine Wünsche bezüglich der Bestattung ausgesprochen werden. Mir fällt die Gegenwart einer künstlerischen, zum Malen begabten Frau auf. Danach nimmt jemand das Erbe des Sohnes an, so müssen zwölfeinhalb Prozent neu verteilt werden.«

Der Sohn des Kollegen verunglückte tödlich zwei Monate nach dem Traumgesicht. »Möglicherweise war die verstorbene Mutter sehr in Sorge,« sagte Johanna zu Waltraud, ihr hatte sie kurz von dem Traum erzählt. »Dieses Ereignis war auf anderer Ebene bereits erkennbar, sonst hätte ich das nicht träumen können.« »Die Trauer will durchlebt sein, will bewältigt werden. In dieser Familie hat das leider jeder für sich gelöst. Aber der schmerzhafte Verlust ist eine Energie, wo geht sie hin? Der Vater hat versucht, das Familiensystem von außen zu stabilisieren,« erwiderte die Kollegin. Nach solchen Gesprächen sehnte sich Johanna umso mehr nach einem Partner. Es wäre so schön jemanden zu finden, der für ihre Erfahrungen offen sei. Johanna erinnerte sich an die Hinweise, die sie in England erhalten hatte. Daraufhin betrachtete sie die planetarischen Transite zu ihrem Horoskop. Sie hatte den Eindruck, die Chancen auf eine partnerschaftliche Begegnung zu sehen. Dann ein

Traum mit unverwechselbarer Information darüber, was in den nächsten drei Wochen geschehen würde:

»Die Szenen ereigneten sich im Vorort der 50 km entfernten Stadt. Wir leben dort, da sehe ich einen VW-Bus, Leute, die unkompliziert sind, dann kommen welche, die sich für teure Autos interessieren. Einer von denen zieht mich ins Bett, dann werde ich eines jungen Mannes gewahr, der uns traurig aus dem Türrahmen beobachtet und dann weggeht. Sofort aufgestanden erreiche ich ihn gerade noch und sage ihm: ›Mir war nicht klar, dass du an mir interessiert bist! Kannst du mir verzeihen?‹ Wir trösten uns und holen meine Sachen.«

Dieser Traum sagte ihr: Du wirst zwei Männerbekanntschaften machen, kurz hintereinander. Der erste will dich zum Spielen, der mit den teuren Autos. Der andere lehnte das ab und geht traurig weg, wenn er sieht, dass du eine oberflächliche Einstellung hast. Er nimmt dich ganz bewusst wahr. Er sucht wirklich eine Partnerin, er will keine Enttäuschungen mehr. Diese Woche im College hatte sie bereits wachgerüttelt. Sie wurde rechtzeitig auf den Weg verwiesen, sich nicht in der erreichten Ruhe einzunisten.

Traum:

»Bin bei Peter in einer Terrassenstadt im Stil der Bauhausarchitektur. Sie liegt an einem Fluss. Er möchte, dass wir meinen Geistigen Führer wegen der neuen Heirat fragen. Der ist aber beschäftigt. Also machen Peter und ich einen Ausflug und er zeigt mir, womit er sich in der Geistigen Welt umgibt: Sehe einen bodenständigen Wohnraum mit kunstvollem Holzmobiliar, in dem man gerne Freunde empfängt, umgeben von bergiger Natur. Er geht mit mir in einen Garten. Die Pflanzen sind so ungewöhnlich und fantasievoll, wie es auf der Erde höchstens noch bei Unterwasserlandschaften erlebbar ist. Ich bin von der unbeschreiblichen Schönheit begeistert.«

So erfuhr sie nochmals von der Stadt am Fluss, wo sie ihren Partner treffen sollte. Es bestand auch die Möglichkeit, diesen Mann zu heiraten.

8 Die Zauberflöte

8.1 Gutes und Böses gehört zu dieser Welt.

»Die Menschen geben die Hoffnung auf Frieden und gute Lebensverhältnisse nicht auf.«

»Ja, Violette, aber zur Welt gehört, dass auf Gutes auch Leid folgt. Plotin zitiert eine antike Quelle, die diese Ansicht betont,« sagt Jaune und fährt fort: »Das Leid ist Bestandteil der Welt, weil das Gute in der Welt vom Geringeren überlagert wird. Er spricht von dem Trugschluss, dass die schwache Seele Anspruch auf eine Verbesserung von außen hätte. Die Veranlagung bestimmt, ob aus den schlechten Verhältnissen Gutes werden kann. Für die mit ausreichend Tugend beschenkte Seele besteht die Herausforderung darin, aus dem Schlechten das Gute entstehen zu lassen. Damit du es richtig verstehst, der Plan der Schöpfung ist aus Dualität zusammengesetzt. Würde man den negativen Pol entnehmen, zerfiele auch der positive.«

»Jaune, willst du damit sagen, dass Plotin uns die Hoffnung auf eine Welt ohne schlimmes Schicksal nimmt?«

»Er gibt zu bedenken, dass es an uns liegt, wie wir mit den Herausforderungen umgehen, an denen wir wachsen können. So kann das Übel in Gutes gewandelt werden. An anderer Stelle unterstreicht er die Thematik mit der Entscheidung im Glaukon. Er erinnert daran, dass wir vor der Geburt, passend zu unserem seelischen Zustand, in ein Schicksal gezogen werden, das uns entspricht. Du erinnerst dich an unseren Gedankenaustausch zum freien Willen. Die Einstellung der Seele ist das Bestimmende, sie trägt das in sich, woran sie zuvor gewachsen ist. Das wiederum beeinflusst die nächste Schicksalswahl, ebenso den Geistigen Führer, der bei der Verwirklichung hilft. Das Daimonion verhindert, dass du in der neuen Existenz weiter in das Schlechte absinken kannst, er hält dich auf Kurs, um deiner neuen Individuation treu zu bleiben. Sokrates hat das praktisch beschrieben, er vernahm seine Innere Stimme, die ihm von einer minderen Handlung abriet.«

Plotin, Die Vorsehung I, Bd. Va, (52)(53)(141)(171); Enneade III,2, Von der Vorsehung(I); Plotin, Der Daimon der uns erloste, Bd. Ia,(16) (17); Enneade III,4, Über den Daimon, der uns zu Theil geworden ist

An Pfingsten vor einem Jahr war Johanna von Lorette hoffnungsvoll gestimmt worden: »Es kommt eine neue Liebe in dein Leben, dann kann sich die letzte Trauer verflüchtigen. Du wirst die Arbeit und das Zuhause verändern, die besseren Zeiten kommen noch, jetzt, nach diesem Sommer, wird sich etwas entscheiden. Es gibt einen Partner, der mit dir das Spirituelle teilt, er ist geradezu das Gegenstück, dein Soulmate, ein anderer hätte gar keine Chance. Finanziell sehe ich nicht die Spur von Problemen.« Im August teilte ihr ein weiteres Medium mit, dass aus ihrer Sichtweise erst im Frühjahr 99 die Begegnung mit dem neuen Partner möglich sei. Auch Johannas astrologisches Wissen lenkte ihre Aufmerksamkeit auf einen dafür geeigneten Transit im März. Nun erhielt sie dazu noch einen einprägsamen Traum, so wurde ihr rechtzeitig gesagt: Da ist ein sensibler Mann, den sie nicht verletzen durfte. Er hatte sich in der nächtlichen Sequenz traurig abgewendet. Aber wie konnte die Suchende den Partner finden, der ihr im Traum charakterlich vage beschrieben worden war? Die nahe benannte Großstadt war sehr groß, dazu gehörten noch einige Teilorte. Was in der Geistigen Welt bereits im Spätsommer geplant wurde, hatte sie unter den vielen nächtlichen Visionen übersehen. Traum (Ende September 1998):

> *Ein Hund, der mich gut kannte, gibt mir die Pfote. So wusste ich, dass Peter eine Botschaft für mich hatte. Dann sehe ich ein Haus, sehr alternativ gebaut. Ein Mann möchte sich scheiden lassen, seine Frau möchte Unterhalt, obwohl das Kind schon groß ist. Sie will, dass er ihren Lebensunterhalt trägt und er soll das Haus abzahlen! Will sie ihm das Leben kaputtmachen?«*

Diese informative Botschaft hatte sie in gewohnter Weise in ihr Notizbuch geschrieben, leider fehlte manchmal morgens die Zeit, über den Traum nachzudenken und sie vergaß ihn. Traum:

> *»Meine Nichte Melanie sehe ich mit mir in der nächstgelegenen Großstadt in einer Wohnung. Es handelt sich um eine Zweizimmerwohnung im Stil der Fünfzigerjahre, mit verbundenen Zimmern und einem separaten Flur.«*

Diesen Traum nahm Johanna damals bewusster wahr und überlegte, ob wohl die Nichte zukünftig in der nahen Universitätsstadt studieren wollte? Für die Tante lag damit der Schluss nahe, sie solle sich in dieser Stadt die Immobilien anschauen. Die geträumte Wohnung sah so charakteristisch aus, dass es eine passende geben musste. Sicherlich wäre es auch kein Fehler, dort einen Tai-Chi-Kurs zu belegen und damit weitere Ausflüge zu verbinden. So entwickelte Johanna ein Gefühl für die Stadt und oft wurden ihre Gedanken zum schönen Marktplatz mit einem bestimmten Café geführt. Die Helfer in der Geistigen Welt wussten wohl bereits Bescheid, wen sie für sie ausgewählt hatten. Ein ungelöstes Rätsel aus der Beratung während der Adventszeit behielt sie immer noch im Hinterkopf. Das Medium Lewis hatte die Suchende auf einen ihrer treuen Freunde, Armin, verwiesen. Er wurde unmissverständlich beim Namen genannt. Er kenne Stefan, dieser sei zwar nicht der Soulmate, aber er könne weiterhelfen. Johanna erzählte Armin die Geschichte. »Ich kenne nur einen Stefan, er hat mit seinem Bruder eine Softwarefirma gegründet. Die sind richtig gut, mit denen zusammen lässt sich arbeiten. Aber die sind von Neuburg weg in ein neues Gebäude in der nahen Universitätsstadt gezogen.« Mit dieser Botschaft war schwer umzugehen. Sollte sie einen fremden Menschen ansprechen und wonach wollte sie fragen? Sie verfolgte lieber den Weg des Ausgehens.

Jetzt im Frühjahr hatten das Reading und die Träume Johanna so wachgerüttelt, dass es nicht zu entschuldigen war, den Tag am Schreibtisch zu beenden. An einem Dienstagabend fuhr sie zu einer Stadtführung, was eine gute Chance war, mit Leuten in Kontakt zu kommen. Alle waren anwesend, nur nicht der Touristenführer. Beim Warten ergab sich schnell Kontakt zu einem netten Herrn, gemeinsam sahen sie sich die Altstadt an. Sie verabredeten sich für den übernächsten Abend. Er lud sie zum Abendessen ein, aber er hätte gerne den Abend im Hotelzimmer beendet. Johanna erinnerte sich glasklar an die im Traum geschilderte Situation. Sie verabschiedete sich rechtzeitig. Für den kommenden Freitagabend hatte sie bereits eine Karte für ein Trommelkonzert gekauft. Zuvor suchte sie noch ein klärendes Gespräch mit einer sehr begabten Teilnehmerin aus der Trancegruppe: »Willst du weitermachen? Deine Einstellung zu der Aufgabe tut mir sehr gut.« »Mein Mann steht der Trance sehr ablehnend gegenüber. Für mich ist das mehr eine Art Wissenserweiterung. Um ehrlich zu sein, ich möchte meine Partnerschaft nicht gefährden, vielleicht ist es besser, ich sage dir für die Zukunft ab.« Das traf Johanna so tief, dass es einem Gefühl nahekam, als wäre damit eine Freundschaft beendet worden. Die Trauer blieb bleischwer in ihr stecken, eine Müdigkeit entwickelte sich daraus. Sie wünschte sich sehnsüchtig einen Partner, der mit ihr das spirituelle Thema teilen wollte. Das Kommen und Gehen in ihrem Trancekreis nahm Johanna mehr, als sie dafür bekam. Ziemlich auf dem Boden der Tatsachen angekommen, fuhr sie am Abend traurig in das Konzert. Aber immer, wenn es ihr schlecht ging, begann sie im Auto zu singen. Am Zielort angekommen fühlte sie sich wieder munter. Das Konzert war schon im Gange, laute Trommelschläge durchzogen den Raum, ihrer Meinung nach etwas zu laut für ihr Trommel- und Zwerchfell. Deshalb suchte sie sich an der entfernten Bar einen Platz. Etwas später kam ein Mann herein, von zierlicher Gestalt, schwarz-weiß gekleidet. Er holte sich ein Glas Weißwein und stellte sich an einen der Stehtische. Während sie ihn musterte, tauchten in ihr Gedanken zu seiner beruflichen Entwicklung auf. Sie sah in sich ein Bild, das ihr zu diesem Mann einfiel, als müsse er von einem Gebäude in ein anderes wechseln.

Er trank einen Schluck aus dem Weinglas. Jetzt wollte er endlich noch etwas von dem Konzert mitbekommen. Mit den Augen machte er dort am Rande der Menschenmenge einen Platz aus, hier stand das Publikum in lockerem Abstand. Er ließ sich vom Rhythmus der Trommeln mitreißen, er schaute auf die Bühne. Neben sich sah er irgendwann eine Frau, gehörte sie zu dem großen kräftigen Mann weiter rechts? Er hatte wenig zu hören bekommen. Das Konzert neigte sich dem Ende zu. Die Frau mittleren Alters auf der rechten Seite klatschte heftig, er auch, eine Zugabe würde ihm schon noch gefallen. Sie hörten auf zu klatschen, weil die Musiker eine recht fetzige Einlage brachten. Dann kam wirklich das Ende. Während des Klatschens gingen die ersten bereits nach draußen. Sie stellte ihm eine blöde Frage: »Was passiert jetzt?« Seine Antwort war nicht gerade vielversprechend: »Das Konzert ist aus.« »Dann schaue ich mal, was mein Weinglas macht.« Er folgte ihr, sie gingen mit den Gläsern zu einem ruhigeren Ort, um ein Gespräch anzufangen. »Das war eine Odyssee, bis ich endlich heute die Karte kaufen konnte. Die Vorverkaufsstelle hatte die Billets bereits zum Veranstalter zurückgegeben, dann bin ich hier an der Halle vorbeigefahren, die war noch geschlossen. Also bin ich einkaufen gegangen, im Anschluss wieder hierhergefahren, bis ich endlich die Eintrittskarte kaufen konnte. Da war noch Zeit, um alles zuhause im Kühlschrank zu verstauen. Eigentlich war ich erledigt, aber ich habe mir gesagt, wenn ich mir heute Abend nichts Schönes gönne, dann kann ich mich bald aufgeben.«

War das nicht merkwürdig? Hier begegneten sich zwei Menschen, beide noch keine fünfzig. Sie hatten wohl Probleme, zwischen dem ständigen Angebundensein in der Arbeit etwas für sich zu tun, loszulassen und zu genießen. Ehrlich gesagt, auch Johanna verließ den Schreibtisch nur, weil man ihr in England ins Gewissen geredet hatte. Den weiten Weg in die Großstadt unternahm sie diese Woche mehrfach, weil ihre Träume darauf hinwiesen. Er war ebenfalls einem Impuls gefolgt, überwand seine Müdigkeit, um sich etwas Schönes zu gönnen. Beide folgten der Idee, zu einem Event in der alten Fabrikhalle zu gehen, weil sie wussten, hier würde es locker zugehen. Das Konzertpublikum war langsam gegangen, die nächste Veranstaltung interessierte beide nicht, dennoch wollten sie miteinander reden. Er stellte sich vor: »Gunnar.« Sie gingen zu Fuß über den Marktplatz. Er erzählte ihr, wie schön es hier sei, am frühen Morgen einzukaufen. Zu Hause kümmere er sich um den Haushalt. Sie steuerten auf das nächste Lokal zu, während Johanna ihre Checkliste abarbeitete: ›Er kauft ein, kümmert sich um den Haushalt, geht aber ohne Frau auf ein Konzert? Gab es eine Wochenendbeziehung im Hintergrund?‹ Sie sprachen viel, aber ganz schlüssig war das Bild, das er von sich gab, noch nicht. Im Lokal führten sie ihr Gespräch weiter, als das langsam schloss, saßen sie stundenlang in seinem Auto. Es stellte sich für beide die Frage: »Überlassen wir es dem Zufall, uns wiederzusehen oder tauschen wir Visitenkarten?« Er entschied sich für Letzteres, sie küssten sich und beschlossen, nichts zu überstürzen. Johanna fuhr über eine zugeschneite Bundesstraße nach Hause. In der gleichen Nacht träumte sie:

> »Eine Nonne zeigt sich. Eine Stimme sagte: ›Hl. Katharina, bete für uns, hilf bei den Schwierigkeiten.‹ Ich fuhr mit meinem Auto über eine verschneite Brücke, dann das Gefühl, als ob mein Leben aus dem Herzen heraus beginnt.«

Johanna vergaß nachzuschlagen, denn die in diesem Traum enthaltene Symbolik verwies auf die Zukunft. Das Bild wollte an einen der vierzehn Nothelfer erinnern: ›Die heilige Katharina hilft bei

Sprachschwierigkeiten.‹ Aus der Geistigen Welt wollte man rechtzeitig warnen, dass es am Anfang in der Kommunikation holpern würde. Es war das Handicap, das sie in ihrem Leben beide zu tragen hatten. Gunnar tat sich damals noch sehr schwer, Gefühle und Beobachtungen in Worte zu fassen. Ihr war die Verbindung von Wort und Gefühl ebensowenig in die Wiege gelegt worden. Ein weiteres aussagekräftiges Symbol war die verschneite Brücke. Sie kündigte an, dass es einiges im Gefühlsbereich zu ertragen geben würde.

Beide gingen mit dem Eindruck in ihr Wochenende, eine besondere Begegnung erlebt zu haben. Er wollte den Geburtstag eines Kindes betreuen und sie traf ihre Familie beim Sechzigsten von Theas geschiedenem Mann. Auf der Fahrt zur Verwandtschaft dachte sie über ihre neue Bekanntschaft nach. Er war anders! Damals, vor ungefähr vierzehn Jahren, hatte ihr das Schweizer Medium gesagt: ›Sie erkennen ihren Herzenspartner noch gar nicht.‹ Johanna schaute auf die geistigen Puzzleteile aus Träumen und medialen Beratungen. Die Vorlage war dieser Mann des Konzertabends, passten die ihr bekannten Teile zu diesem Bild? Ein gutes Gefühl stimmte sie hoffnungsvoll. In den Beratungen war gesagt worden, aus der Sicht der Geistigen Welt suche man einen Partner für sie, aber ihr Herz treffe die Entscheidung selbst.

Lorette (Pfingsten 1999): »Er (Peter) will wie ein Vater deine Sicherheit. Die Beziehung, in die du jetzt hineinwächst, hat fast zufällig begonnen, aber das war kein Zufall. Da war eine sofortige Anziehung, dein früherer Partner sagt, das waren die gleichen Wellenlängen.«

Johanna war im Haus des Cousins, der mit allen Familienmitgliedern seinen Geburtstag feiern wollte. Auch die Frau des verstorbenen Cousins, der sie im Februar-Reading kontaktiert hatte, war anwesend. Endlich hatte sie Gelegenheit, dieser Verwandten in Ruhe ein paar Fragen zu stellen. Die beiden Frauen unternahmen nach dem Essen einen gemeinsamen Spaziergang: »Weißt du, bei meinem letzten Englandaufenthalt bin ich wie immer zu einem Medium gegangen, sie sprach von einem Mann mit einer Katze. Für mich war neben anderem deutlich, es war dein Mann. Er sagte durch die mediale Dame: ›Margherita‹, das Englische kann den Namen etwas verzerrt haben. Er lässt ausrichten, dass er mit ihr zusammengetroffen ist.« »Ja, eine Margarete mochte ich sehr. Wegen der Freundschaft zu ihr übernahm ich im Alter die Vormundschaft für sie, dafür hatten wir einiges zu erledigen, aber das haben wir gerne getan. Ich würde dir gerne glauben, dass es solche Begegnungen gibt, trotzdem bin ich skeptisch.« Für Johanna war das nicht neu, gewöhnlich stieß sie auf Verwunderung, wenn sie ihren Bekannten und Freunden Kenntnisse aus Träumen vermittelte, die sie eigentlich nicht haben konnte. Für die Mitmenschen war das ja jeweils ein Einzelerlebnis, während sie die Fülle erlebte. Sie nahm das niemandem übel. Wer außer ihr verstand ihr Leben? Welches Thema sie bereits seit langem verfolgte, dass sie Beratungen sammelte, Tagebuch schrieb und immer vertrauter mit Vorhersagen wurde? Sie wusste nur eines ganz sicher, irgendwann würde es ein Buch für Betroffene geben, das den Leidgeprüften Hoffnung geben würde. »Ich habe auch einen Traum gehabt,« fuhr Johanna fort. »Du bist mit deinem geliebten Mann beim Frühstück gesessen. Er wünscht für dich mehr Harmonie im Hause, deshalb tat ihm sehr weh, wie sich eure Söhne streiten. Er sagt, das sei für dich eine ungesunde Belastung.« »Ja, wenn ich die Mittel hätte, würde ich ausziehen, denn es tut mir nicht gut, zwischen den beiden Kindern zu stehen. Ich spreche oft in Gedanken mit ihm.« »Das freut mich! Das ist die Wirklichkeit.« Mit zweifelndem Blick schaute sie auf Johanna. »Ich würde dir so gerne glauben.« Die Verwandte konnte nur zögernd annehmen. In der folgenden Nacht hatte sie diesen Traum:

»Bin auf einer Lichtung in einem Nadelwald. Sehe auf eine neue Siedlung, im Sonnenlicht nahe der Stadt, sie bekommt eine mehrspurige Straße als Anschluss. Aber die Geschwindigkeit muss moderat bleiben, deshalb zeigt eine Ampel auf allen Spuren 120 km/h.«

Wiedererkennend dachte sie: »Das ist der Highway, auf den mich die Schwestern im ersten Osterseminar hinwiesen. Zielstrebig führt mich die Straße aus den anfänglichen Verwirrungen heraus. Der Wald deutet auf die unklare Gefühlswelt. Eine neue Gemeinschaft mit Menschen symbolisieren die Lichtung und die Siedlung in der Sonne.« In der Trance erhielt sie bestärkende Gedanken: *»Peter stellt Rosen in blassem Apricot auf seinen Essplatz.«*

Apricot ist eine Farbe, die man bei besonderen Sonnenuntergängen entdecken kann, ebenso in den Himmeln niederländischer

Landschaftsmaler. Dieser Farbton war für sie immer mit einem hoffnungsvollen Gefühl verbunden gewesen. Inzwischen las Johanna sehr selbstbewusst in ihrer persönlichen Bildwelt. Erhielt sie Szenen im Traum, dann ›fühlte‹ sie entweder, was damit gesagt wurde, oder verstand, in welchem Buch die Aussage nachzuschlagen sei. Am nächsten Wochenende besuchten Gunnar und Johanna gemeinsam ein Konzert. Glücklich gingen sie jetzt Hand in Hand dorthin. Eine Woche später lud er sie zu sich ein. Sehr gespannt fuhr sie zu seinem Haus. Es war ein Zweifamilienhaus mit kleinen Wohnungen. Sie erkannte sofort den Wohnungstypus aus den nächtlichen Eingaben. Auf dem Dach befand sich eine Solaranlage. Die Dekoration an den Wänden ließ auf eine vergangene Geburtstagsparty schließen, aber die Einrichtung, die verschiedenen Vorhänge, die überhaupt nicht zu den Fenstern passten, verschlugen ihr die Sprache. Sie hatte wenig Ahnung von seinem Beruf, aber das sah nach bescheidenen Verhältnissen aus. Als es Abend war und er mit Lichtern für eine nette Stimmung sorgte, hatte sie sich schon etwas mit der Atmosphäre angefreundet. Sie lag in seinen Armen: »Wie gefällt es dir bei mir?« Johanna zögerte: »Wenn ich in Richtung der Fenster schaue, glaube ich, blind zu werden – da ...« Gunnar sah sie mit einer Mischung aus verlegenem Lächeln und unverhohlenem Erstaunen an: »Ja?« »Ich möchte ehrlich zu dir sein, aber es sieht wenig danach aus, als hätte sich jemand Gedanken darüber gemacht, wie man die Fenster am besten dekoriert.« Gunnar nickte nachdenklich, wobei Johanna an seinen Gesichtszügen nicht erkennen konnte, ob er ihr zustimmte. So fuhr sie fort: »Aber wenn ich mich mit geschlossenen Augen in deine Arme lege, dann spüre ich etwas, das ich nie mehr verlieren will.« Er schwieg, seine Augen glänzten, er umarmte sie kräftig. »Ich denke, es ist an der Zeit, einiges zu erzählen, was hinter mir liegt.«

Johanna sollte erst jetzt den Zusammenhang mit den Träumen aus der Septemberzeit erkennen. Es war der Monat, in dem seine Frau in eine eigene Wohnung zog. Das nicht volljährige Kind blieb beim Vater und das ältere im Alter von Melanie zog zum Studieren in eine andere Stadt.

Was sagte hierzu die Geistige Welt durch die Medien? (Pfingsten 1999): »Diese Beziehung wurde aus der Transzendenz zusammengeführt. Da ist ein Mann mit Hund, dein Mann, er hat braune Haare. Er wirkte auf deiner Seite und auf der Partnerseite half sein (Gunnars) Vater, die Mutter war sehr aufgeschlossen für alles. Sie sind glücklich über die Partnerschaft. Das haben sie von der anderen Seite sehr geschickt arrangiert.«

8.2 Das erste Versprechen der Geistigen Welt wird eingelöst.

Violette: »Mich wundert manchmal, wie unterschiedlich philosophische Schriftstücke im Bewusstsein der Leser aufgenommen werden.«

Jaune freute sich über seine aufmerksame Schülerin: »Wenn jemand überwiegend mit der linken Gehirnhälfte denkt, verarbeitet er die Texte analytisch und präzise. Ist dagegen eher die rechte Hemisphäre beteiligt, findet eine mehr kreativ-fantasievolle Umwandlung des Stoffes statt. Als Philosoph hatte ich in meiner früheren Existenz keine Probleme auf diesem Gebiet. Deshalb tut es mir gut, diese menschliche Entwicklung auf dem Gebiet zu verfolgen. In der Gegenwart untersucht man das Verarbeiten von Information. Zum Beispiel wurden noch vor Jahren unkonzentrierte, zugleich fantasievolle Menschen als lernschwach eingestuft. Damals hatte man noch kein Verständnis für die Gleichzeitigkeit mehrerer Gedankengänge.«

»Jaune, ich glaube überhaupt, die Gehirnforschung ist auf einem guten Weg, unseren Geheimnissen näher zu kommen. Über die besondere Fähigkeit des Gehirns hat bereits Platon etwas verraten. Kennst du die Stelle, in der Sokrates ganz deutlich die Möglichkeiten des Bewusstseins anspricht? Dass es offenkundig sei, wenn nichts ablenkt, keine Sinne, kein Schmerz, dass derjenige am vollkommensten etwas wahrnehmen kann, der sich nur der Gedanken bedient, ohne seine sinnliche Wahrnehmung zu verwenden? Nur so jemand könne ungetrübt erfassen, was von Augen und Ohren getrennt wahrgenommen werden kann. Er schreibt: ›Losgelöst von der eigenen verwirrenden Gestalt, die die Seele sogar daran hindert, Wahres und Einsicht zu erlangen, kann der starke Geist am ehesten, ohne den Leib miteinzubeziehen, etwas bewirken.‹«

»Ja, ich kenne diese viel interpretierte Stelle. Sie wird auch für die fast körperfeindliche Einstellung Platons hergenommen. Aber der Meditierende muss nur seinen Atem beobachten, dann bringt er den Körper zur Ruhe. Es ist dann ein Genuss, den Geist ganz entspannt einer Aufgabe nachgehen zu lassen, auch wenn sich diese an einem anderen Ort befindet. Das kann der in Versenkung Befindliche selbst erleben.«

Platon, Phaidon, 65E

Die Beziehung mit Gunnar entwickelte sich langsam. Nur eine Sache, die den Freund betraf, passte so gar nicht in das Bild. Lorette hatte sie darauf hingewiesen, dass sie wegen der Finanzen die geringsten Sorgen hätte. Bedeutete das vielleicht, dass sie gemeinsam durch ihr Zusammenkommen eine bessere finanzielle Grundlage schufen? Beim Anblick der Hauseinrichtung ging sie auch davon aus, dass das nötig war. Oder war er vom Typ Arnold, der gerne Bescheidenheit im Lebensstil demonstrierte, um die Neider auf Distanz zu halten? Es pendelte sich eine gewisse Regelmäßigkeit ein. Unter der Woche übte sie in der Nähe seines Wohnorts Tai-Chi, auf der Heimfahrt richtete sie es ein, bei ihm vorbeizufahren. Am Wochenende kam er zu ihr, denn seine Kinder liebten die sturmfreie Bude, die er ihnen hinterließ.

Eine Gewissensfrage hinsichtlich Gunnars seelischer Einstellung stand noch offen. Sie wollte überprüfen, ob er wirklich der zukünftige Partner sein könne. Sie durfte ihn nicht verletzen, er hatte schon genug durchgemacht. Bevor sie zu vertraut miteinander wurden, galt es seine geistigen Interessen kennenzulernen. Für den Fall der Missbilligung ihrer Ansichten und Erfahrungen zur Geistigen Welt gab es keine Zukunft, davon war sie fest überzeugt. Johanna erlebte besonders Ablehnung seitens der Ehemänner der Frauen, mit denen sie in den letzten Monaten zur Trance saß. Alles, was über Meditation hinausging, wurde argwöhnisch beäugt.

»Gunnar, wenn du dich auf diese spirituelle Reise begibst, wirst du dich verändern. Mein Thema hieß lange Zeit: Ist Hellsehen möglich? Inzwischen hat sich das Thema erweitert. Ich durfte erkennen, dass uns Seelen begleiten, die wir zu Lebzeiten kannten oder erst nach unserem Tode kennenlernen werden.« Sie verschwieg die Namen von Peter und Michael-Benjamin, um ihn nicht noch mehr zu verwirren. »Kannst du Dir vorstellen, mit mir in Trance zu sitzen und Eindrücke der Geistigen Welt zuzulassen?« »Ja,« sagte er ganz ruhig. »Es gab ein Erlebnis, nachdem mein Vater gestorben war. Er erschien mir recht bald im Traum. Er sprach mit mir über geschäftliche Dinge, die er anders gelöst hätte. Das Gespräch war im Traum so klar, genauso wie wir hier sitzen.« Für ihre bisherigen Besucher hatte sie ein Informationsblatt zusammengestellt, das die Gehirnfrequenzen bei der Versenkung sehr einfach beschreibt. Bestandteil waren die Phasen: Alpha, Beta, Theta, Delta. Sie zeigte es ihm. Gunnar war sofort verständlich, was seine neue Freundin ihm hier zeigte: »Du wirst lachen, das sind Dinge, die ich in meiner Diplomarbeit berührte. Da hatte ich Kontakt zu Medizinern und Biochemikern. Da würde ich gerne mitmachen, ich bin dir sogar sehr dankbar, dass ich daran teilhaben darf.« Das war doch überwältigend! Mit seiner Ernsthaftigkeit wollte er ihr Interesse an Trance nun begleiten. Er strahlte dabei genauso viel Normalität aus wie ihr erster Tutor in England. Sie stand auf und umarmte ihn. Sie hatte den Seelenpartner gefunden, alles andere war Nebensache. Sie zeigte ihm den letzten Film über Dürr und Popp zur Photonenforschung. Ihm konnte sie nun alle noch offen Fragen stellen, er kannte sich in Elektrotechnik und Physik aus. Sie zeigte ihm die Polaroids, die man vor einem Jahr in England gemacht hatte. Sie hörte zu, wenn er einfach, zugleich intelligent, erklärte, das tat gut. Sie war auf einmal nicht mehr die Dumme, die sich in Unbeweisbares verstieg. Sie brauchte nur sein Wissen aus dem Bereich sichtbarer und unsichtbarer Wellen anzuzapfen. Gleich begann sie die Fragen zu stellen, die sie so sehr beschäftigten:

»Weißt du, in England wurden wir darauf aufmerksam gemacht, dass man die Seele wie eine elektromagnetische Schwingung ansehen kann, ganz ähnlich wie Licht. Warum sieht man die Seele nicht?« Gunnar versuchte, ihr eine Antwort zu geben: »Wenn die Seele eine spezifische Frequenz ausstrahlen soll, muss man dazu sagen, wir Mensch haben nur Augen für sichtbares Licht. Das ist nur ein kleines Spektrum, das wir erkennen können. Für weitere elektromagnetische Schwingungen haben wir keine bewusste Wahrnehmung. Dafür bringe ich dir nächstes Mal eine Folie mit. Aber es gibt ein Beispiel, das jeder inzwischen kennt, die Wärmebilder, die man von Häusern herstellen kann. So ein Bild kommt durch eine Infrarotkamera zustande. Wir müssen die Auslesung einer Kamera zwischenschalten, um die Wärme an der Hauswand sichtbar zu machen. Das bedeutet für das Wahrnehmen des Objektes, dass es etwas ausstrahlt, was wir nicht erkennen können. Übrigens, das Wärmesehen ist im Tierreich möglich. Zum Beispiel bei der Biene, sie kann im Gegensatz zum Menschen das UV-Licht sehen. Die Biene hat das entwickelt, weil bei bedecktem Himmel die UV-Strahlung zur Orientierung dient. Der Mensch kann diese Wirkung nicht sehen, erst wenn es zu spät ist und er einen Sonnenbrand hat. Mit einer anderen elektromagnetischen Strahlung hat heute jeder zu tun. Es handelt sich um eine niedrigere Frequenz als Licht: das Mobiltelefon. Die Schwingung kann keiner sehen, aber das Mobiltelefon empfängt sie dennoch. Das Fazit ist, die Strahlung existiert und kann durch einen geeigneten Empfänger abgehört werden.« Johanna machte nebenher Notizen, sie wollte seine Erklärungen überdenken. Ermutigt von seiner einfachen, verständlichen Ausdrucksweise stellte sie die nächste Frage. »Ich muss zuerst etwas ausholen. Die Tutoren in England lehren uns, dass sich geistige Kräfte, also Seelen, in Lichtfarben nähern und wir für sie ebenso sichtbar sind. Zum Beispiel, letzten Februar beschrieb mir ein Medium, mit mir sei ein Geistiger Helfer in wunderbaren Farben zur Tür hereingekommen. Damals stand die Tutorin auf und trat in die strahlende Aura des Lichtwesens hinein. Sie begann mit der Kommunikation, indem sie mir die spirituelle Ebene erklärte. Soweit kann ich das Ereignis nachvollziehen. Das wurde mir durch meinen ersten Tutor bereits erklärt: Unsere Gehirnfrequenzen überlagern sich mit denen des Geistwesens. Durch die Schnittstellen erhalten die Medien Eindrücke. Aber bei mir ist die Kommunikation im Traum für die Geistige Welt am einfachsten. Kannst du mir folgenden Zusammenhang erklären: Bei Nahtodberichten wird immer mal wieder geschildert, dass sich die Seele blitzschnell wie ein Gedanke von einem Ort zum anderen bewegen könne.« »Ja! Wenn die Seele eine vergleichbare Frequenz wie Licht hat, oder eine Ähnlichkeit zu Licht hat, dann ist das verständlich, Licht kann sich schnell ausbreiten. Wir können sogar davon ausgehen, dass diese Geschwindigkeit der des Lichts nahekommt. Wir nähern uns der Relativitätstheorie, dem Raum-Zeit-Kontinuum: Wenn man Lichtgeschwindigkeit erreicht, gehen Raum und Zeit gegen Null.« Er trug sie mit seinem Wissen in einen Bereich der Theorie, den zu verstehen sie noch ›Zeit‹ benötigte.

»Willst du mitmachen, wenn wir in unserem nächsten Trancekreis zusammensitzen? Wäre dir der kommende Sonntag recht?« Er kam bereits am Samstagnachmittag. Sie kannte ein paradiesisches Tal, das Wetter war schön. Vorsichtig sprachen sie von einer Wanderung. Er hatte einen Rucksack dabei, der Inhalt war einfach, eine große Decke, eine Flasche Prosecco und zwei Gläser, das würde wohl kein langer Spaziergang werden. Die ›Aussicht‹ war zu schön.

Am Sonntagnachmittag saßen sie alle zusammen in ihrer kleinen Runde. Sie vertiefte sich wie gewohnt. Das Bild seines Hauses tauchte auf. Die Garage, das Baumaterial, jemand zeigte ihr schwere Granitplatten, die dort gelagert waren. Gemeinsam hoben sie diese hoch und trugen sie weg. Es wurde angesprochen, er solle seine Talente entwickeln, malen, Kulturelles genießen, nach außen wirken und seine Belastungen, symbolisch die Granitplatten, abgeben. Sie kam aus der Versenkung zurück und erzählte ihm davon. Er war begeistert, er hatte an ihr Veränderungen gesehen, auch seine Augen waren verändert nach diesem ersten Erlebnis. Johanna dankte ihren Geistigen Helfern. »Gunnar, das ist so, ich versenke mich, warte ab, was mir gesagt wird, um nachher darüber zu berichten. Meine bisherigen Versuche zu sprechen, während ich sehe, haben mich nicht zufriedengestellt. Meine Sorge ist dann, dass ich zu viel von mir einbringe.«

»Macht nichts, auch Zwerge haben klein angefangen!« Mit seiner frechen Art kaschierte er seine Verblüfftheit. Den so banal das Thema sich anhörte, es wurde ihm ein paar Monate später nochmals gesagt: »Sie tragen einen schweren Rucksack ...«

Johanna erfuhr (Medium Herbst 2000): »Dein neuer Partner gibt dir Ausgleich, er ist auch sehr fit im Denken, er ist wie ein Schwamm, der alles aufsaugt, was du an Wissen hast. Aber du sollst auch von ihm lernen.«

Was geschah hier? Der versprochene Partner war jetzt lebendige Wirklichkeit. Welch großer Gegensatz zum vergangenen Leben vor zwei Jahren war eingetreten! Johannas Zeit wurde nicht mehr von Alleinsein bestimmt. Sie war aber auch nicht so vermessen, die Begegnung mit Gunnar als selbstverständlich anzusehen. Es schien eine Ewigkeit vergangen zu sein seit der Prognose vergangene Pfingsten. Sie hatte inständig gehofft, irgendwann würde die Vorhersage eintreffen, in irgendeiner Gestalt. Jetzt war es ein überwältigendes Gefühl, das unter die Haut ging, sie war verliebt! Sie empfand das Ereignis auch als Erfüllung einer alten Prophezeiung. Die Aussage damals hieß: Die Liebe, die durch das Herz geht, kommt spät.

Gunnar wollte sich Zeit nehmen, um unter der Woche in seinem Haus gemeinsam regelmäßig zu üben. Ziemlich am Anfang ihrer gemeinsamen Praxis tauchte Johanna etwas verunsichert aus der Vertiefung auf: »Mir wurden Bilder eines Baggersees gezeigt, er hatte noch Erdaushub, ohne bereits landschaftlich schön angelegt zu sein. Das war nicht unser See. Darin schwamm ein kleiner Junge mit schwach aufgeblasenem Schwimmring. Er paddelte mit seinen kleinen Händen. Diese Bilder brachten mir eine Energie, die neben mir stand. Die Wirkung kam von einem großen hageren Mann mit schmalen Händen und langen Fingern.« Gunnar begann zögernd zu sprechen, es fiel ihm schwer, seine Worte zum Ausdruck zu bringen: »Möglich, dass das mein alter Herr gewesen ist, er war groß und hager.« »Denke nochmals an das Bild, das ich dir beschrieben habe, vielleicht ist die Beschreibung des Eindrucks nicht vollständig,« ermutigte ihn Johanna. »Das könnte sein, dass du mich gesehen hast. Mein Vater hat mir das Schwimmen beigebracht. Dazu sind wir an einen Baggersee gegangen.« »Der wirkte auf mich sehr bedrohlich,« warf sie ein. »Ja, das mit dem Schwimmenlernen wäre beinahe schiefgegangen. Am alten Schwimmgürtel löste sich der Verschluss und ich hatte Angst zu ertrinken.« Das war ein Anfang für das Paar. Trotzdem, Johanna war sehr erstaunt über die Deutlichkeit der Begegnung am ungewohnten Ort. Der Vater hatte das erschreckende Erlebnis verwendet, um seinen Sohn von der Anwesenheit zu überzeugen. Für beide war das ungewohnt.

Traum (Mai 1999):

»Ich sehe zwei Frauen, es ist ein Tal, es wird nach Norden von einem sanften Hügel, der zum Tal hin abfällt, begrenzt. Ich stehe unten auf der Skiabfahrt. Oben, auf einem der Hügel, stehen auch Tannenbäume, daneben sehe ich eine Skifahrerin. Beim Abfahren fährt sie der Begleiterin über die Ski, beide purzeln den Hang hinunter.«

Johanna vermutete bereits, dass sich dahinter seine Mutter verbarg. Was sagte Gunnar dazu? Er grinste: »Die Geschichte gehört zu mir. Das war meine sportliche Mutter, die mit ihrer Freundin zu Lebzeiten einen Ausflug unternahm. Dabei fuhr sie versehentlich über deren Skier. Es hätte beinahe einen Unfall gegeben, weshalb die Freundin ziemlich sauer war.« Johanna begründete ihm die Auswahl des Bildes: »Das war typisch für die Geistige Welt. Es wird von den unzähligen Ereignissen eines ausgewählt, das beim Empfänger ein Wiedererkennen, eine besondere Erinnerung, auslöst. Die Episode muss für ein Familienmitglied bekannt oder recherchierbar sein.« »Mit meiner Mutter habe ich viel erlebt.« Ihr Freund fing begeistert zu erzählen an. »Wir haben gern gemeinsame Bergtouren gemacht oder sind zusammen Ski gefahren. Erst im Alter begann sie mit Aquarellmalerei, deshalb hängen im ganzen Haus ihre Bilder.« »Ist das nicht herrlich? Deine Eltern sind über zehn Jahre verstorben, trotzdem ist jeder auf seine Weise zu Beginn unserer Partnerschaft mental wahrnehmbar. Für mich ist das wie eine Begrüßung. Sie waren bestimmt zu Lebzeiten meiner Denkweise gegenüber weniger aufgeschlossen. Bin gespannt, ob bei meinem nächsten Besuch im College weiteres bestätigt wird.«

*

Das harmonische Miteinander hatte kantige Randbedingungen. Gunnar war auch ein Vater, der jetzt versuchen wollte, für seine Kinder im Alter von sechzehn und achtzehn Jahren zu sorgen. Er führte den Haushalt, sorgte für die Finanzen, pflegte Haus und Garten, sein Beruf beanspruchte ihn mit einem Zehn-Stundentag. An einem Wochenende sah sie, dass er erst um sechzehn Uhr am Sonntag mit seinen Hausarbeiten fertig wurde. Sie sah entsetzt zu, wie sehr er sich übernahm. »Willst du nicht meditieren lernen? Nimm deine Sorgen mit in die Kontemplation hinein. Bitte darum, dass dir verständliche Schritte gezeigt werden und warte, was kommt.« Das hatte den Erfolg, dass er sich nach Hilfe im Haushalt umschauen wollte. Johanna grinste in sich hinein, der ›Hofstaat‹ entwickelte sich langsam. Eigentlich war in seinem Haus immer etwas los. Seine geschiedene Frau lieh einem Kind das Auto, damit es mit Freunden auf Ferienreise gehen konnte. Mitten in der Nacht erhielt Gunnar einen Anruf, ein Unglück war geschehen. Auf einer glücklicherweise leeren Straße hatte sich das Auto nachts überschlagen. Wie durch ein Wunder war keinem der jungen Leute etwas Bleibendes passiert. Sein anderes Kind befand sich auf einer vierwöchigen Tour durch die USA. Als das verunglückte Kind endlich wieder zu Hause eintraf, kam der Anruf des anderen. Es wollte vom 400 km entfernten Flughafen abgeholt werden, da die begleitende Freundin krank geworden sei. Er tat ihr leid. Ihm blieb im normalen Alltag schon viel zu wenig Zeit für Erholung.

*

Sie wollte ihm eine Geschichte aus der Philosophie erzählen: »Über zweitausend Jahre zuvor ging es Philipp II. von Mazedonien mit seinem Sohn Alexander (dem Großen) auch nicht besser. Der Vater feierte die

Hochzeit mit einer neuen Frau und hatte zu tief ins Glas geschaut. Beim Gang über eine Treppe stürzte er. Der Sohn fand das lächerlich und stellte sogleich den ganzen Feldherrn in Frage. Der Philosoph Aristoteles, der Erzieher des Jugendlichen, musste sich etwas einfallen lassen, um die misslungene Erziehung zu rechtfertigen. Die Argumentation klang so ähnlich: ›Ein junger Mensch ist kein guter Zuhörer für die Inhalte der Staatswissenschaft, damit ist die Philosophie der Gerechtigkeit gemeint. Er kann sich den Stoff zwar anhören, aber die praktische Erfahrung im Leben fehlt noch. Dem Jungen mangelte es auch an Reife, denn der Charakter muss sich erst noch herausbilden. Woran liegt das? Man folgt in diesem Alter den Leidenschaften, den Affekten, danach wählt man auch seine Ziele aus. Für die jungen Leute ist die Ansammlung von Wissen genauso nutzlos wie für den Vergnügungssüchtigen, der das Gute zwar will, aber nicht danach strebt es umzusetzen. Das Gute ist hier als das Synonym für das Höchste anzusehen. Zuerst muss Bewusstheit für das vernünftige Handeln geweckt werden, um die affektgesteuerte Ebene zu verlassen.‹ Aristoteles schrieb daraufhin ein Werk, in dem er die Lebens- und damit Erziehungskunst darlegt. Er ging von einer Dreiteilung der menschlichen Seelenanlage aus. Diese entwickelt sich von unten her. Beginnend mit dem vegetativen, dann zum empfindenden und weiter zum vernünftigen Seelenanteil. Im Laufe der Heranbildung unserer Persönlichkeit sollen die Affekte, die in das Handeln einfließen, immer mehr zur Ruhe kommen. Im privaten Haushalt trägt der Austausch in der Lebensgemeinschaft zur Entwicklung bei, Kinder, Frauen und Sklaven sind hier miteinbezogen. Durch das ergänzende Gesellschaftsleben wird das vernünftige Handeln auch auf die Politik ausgedehnt. Das Tugendhafte wirkt so in die Lebensexistenz hinein, weil der Mensch abzuwägen lernt, um die Extreme in seinen Taten zu vermeiden. Praktisch heißt das, in allen Herausforderungen, denen wir begegnen, sollen wir die Mitte anstreben: zwischen Unterwürfigkeit und Stolz die Freundlichkeit, zwischen Verantwortungslosigkeit und Aufopferung die Fürsorge, usw. So formt sich durch wirklich verinnerlichte Erfahrungen eine Haltung, in der zunehmend das richtige Maß eingeübt wird. Das Ziel dieser immer erneut zu gewinnenden Haltung ist die Glückseligkeit, die Eudaimonia. In diesem Begriff ist das Wort Daimon enthalten, darunter verstand der Grieche einen Geist, der uns im menschlichen Leben führt und eingreift.«

»Von diesem Wissen ist wenig in unserer Gesellschaft angekommen,« gab Gunnar zu bedenken. »Schade, dass das Gebiet nur durch das philosophische Fachgebiet zugänglich ist. Das hat fast religiöse Züge.« »Ja, zum Beispiel unterscheidet sich mein Verständnis von Daimonion vom intellektuellen Standpunkt. Der Gelehrte folgt der Spur des vernünftigen Seelenanteils und setzt das Daimonion, das bei Platon beschrieben wird, mit Gewissen gleich. Meiner Erfahrung nach ist aber die Zusammenarbeit mit der Geistigen Führung gemeint. Ich nehme die Übersetzung ›Gutgeistigkeit‹ wörtlich, der gute Geist, der uns begleitet. Je nach Veranlagung vernehmen wir ihn still oder auch hörbar. Ich bin froh, am Anfang meiner Entwicklung die Verbindung erfahren zu haben. Durch meine früh begonnene Meditationspraxis entdeckte ich nach einiger Zeit ein zunehmendes Glücksgefühl. Später fand ich bei den Schriften des Dalai Lama eine Bestätigung für den Zusammenhang. Mich wunderte nur, dass im Philosophiestudium so wenig über den beschriebenen Zustand der Eudaimonia gesprochen wurde. Erst als ich bei dem Philosophen Bien die Formulierung fand ›Die Eudaimonia ist ein sich selbst genügendes Glücksgefühl‹ wurde ich hellhörig. Der gleiche Sachverhalt aus zwei verschiedenen Fachgebieten wurde mir deutlich. Man ist sich in der Philosophie einig, dieser angestrebte Zustand der Eudaimonia ist nicht mit unserem Glücksbegriff zu vergleichen.

Beim Streben nach der Eudaimonia wird eine besonnene Lebenseinstellung angestrebt, die nicht mehr von Affekten angetrieben wird. Durch Meditation, Kontrolle der Handlungen wächst sie langsam heran, der Beginn des spirituellen Weges. Im Sinne des Aristoteles verwirklicht sich durch ein ausgewogenes Handeln die Tugend. Hier lauert wieder ein Missverstehen: Die Tugend der Antike ist ein Geschenk, das dem Menschen vor der Geburt gegeben wird. Diese Areté ist eine Kraft, die auf den Menschen einwirkt, ähnlich der Geistigen Führung, die durch Eudaimonia mit der Transzendenz verbindet. Der Philosoph Hegel bemühte sich um das Verständnis der Areté. Aristoteles ist sehr modern, er will durch seine Lebensschulung zu einem Handeln auffordern, das zunehmend zur Haltung wird. Der Philosoph Höffe beschreibt das wiederholte Bemühen als eine Kreisbewegung, die mit immer neuer Erfahrung betrieben wird. Der Bürger der Polis hatte so die Chance, durch die Herausforderungen der Gesellschaft sein Handeln auf die immer neu zu gewinnende Mitte auszurichten. Damit sollte dem Bewohner gelingen, seine kindliche Triebhaftigkeit hinter sich zu lassen und sich seelisch am Vernunftbetonten zu orientieren.«

»Johanna, ist dir klar, dass im Athen der Antike nur eine kleine Anzahl der Bevölkerung das Bürgerecht besaß? Wie erging es den Sklaven, Handwerkern und Frauen?« »Zunächst, in Platons Akademie konnten auch Frauen studieren und auch der Sklave hatte seine Freiheit, nämlich die, die für Erasmus die einzig gültige ist: Wahre Freiheit herrsche nur außerhalb irdischer Bedürfnisse, im Wunsch nach seelischer Entwicklung. Nur hier gilt der freie Wille. Übrigens, zum Weltbild der Griechen gehörte, dass der Sklave in der nächsten Existenz auch ein Herr werden kann.

Ein anderer Begriff aus der Antike ist mir noch wichtig. Die Vernunft ist an den Logos-Begriff gebunden. Das ist heute schwer zu verstehen, denn der Logos kann als eine Wirkkraft angesehen werden, die den Kosmos durchzieht und das Göttliche mit einbezieht. Die Übertragung aus dem Griechischen ins Johannesevangelium geht auch auf den Logos-Begriff zurück: ›Am Anfang war das Wort und das Wort war bei Gott‹. Das kommt mir einseitig vor, weil diese Vorstellung in Richtung Sprache gelenkt wird und den Anteil des Seelischen vergisst. Deshalb bleibt der schwer zu übertragende Begriff in einer reformierten Schweizer Bibelübersetzung bestehen: ›Am Anfang war der Logos und der Logos war bei Gott‹. Man darf nicht vergessen, dass Wortbedeutungen sich nicht einfach übertragen lassen, da sie abhängig vom Zeitgeist sind. Erasmus von Rotterdam wollte das Luther in einem Vermittlungsversuch nahe bringen. Er erklärte ihm, dass durch das Übersetzen der philosophischen Definitionen die Gefahr besteht, das Verständnis für den Zusammenhang der Philosophie der Antike zu verlieren. Das dir inzwischen bekannte Wort Daimonion ist ein Beispiel dafür. Es wird von Platon für die ›Innere Stimme‹ verwendet, in den deutschen Übersetzungen römischer Texte steht oft die Bezeichnung Dämon. Darunter ist zwar immer noch ein Geistiger Helfer zu verstehen, aber was löst der Begriff ›Dämon‹ heute beim Leser aus?« »Du hast recht, Johanna. Das Wort ›Dämon‹ ist etwas Beängstigendes geworden. Würde ich jemandem sagen, ich möchte mit ihm zusammenarbeiten, hält das jeder Gesunde für schwarze Magie.« »Siehst du, nur noch der negative

Aspekt ist übrig geblieben. Das gegenwärtige Denken reflektiert den Begriff gemäß unserem Weltbild. Das macht das Erklären der griechischen Philosophie so schwer. Was mich noch an Aristoteles so fasziniert, ist, dass er etwas zum gegenwärtigen Leben aussagt. Er fordert uns auf, im Gemeinschaftsleben aktiv zu werden. Durch die Auseinandersetzung verwirklichen wir die Seelenkräfte, das beschleunigt unseren Entwicklungsprozess, in dem wir stecken. Die Alltagsprobleme sind ein Teil der spirituellen Herausforderung. Sie spiegeln geradezu den geistigen Lernprozess. Wie steht es um meine Disziplin? Ist der Alltag so strukturiert, dass es Platz gibt für meine materielle Sicherheit, das emotionale Erleben und seelische Reifen?

Für uns beide gilt wohl: Wo ist die Mitte zwischen zu viel Aktivität und dem Zur-Ruhe-kommen? Wenn es uns beiden gelänge, die persönlichen Schwächen zu erkennen, könnten wir uns auf ein höheres Niveau begeben. Aber wir dürfen uns nichts vormachen. Wir arbeiten so lange nach unseren unbewussten Wünschen, bis wir selbst bereit sind zum Innehalten oder wir von außen gebremst werden.

Zurück zu deinen Kindern, sie wollen ihre eigenen Erfahrungen machen. Wenn sie mit deinem gut gemeinten Rat nichts anfangen können, kannst du nur auf die selbstgewählte kluge Entwicklung hoffen. Allerdings gehört zum Wachstum die Selbstständigkeit in den kleinen Dingen des Alltags. Ich glaube, da nimmst du ihnen zu viel ab. Sie entwickeln so keine innere Sicherheit für das, was sie bereits beherrschen. Sie kultivieren nur die Bequemlichkeit. Seit deiner Trennung müssen sie mit den neuen Anforderungen zurechtkommen.« Gunnar seufzte: »Ich muss darüber nachdenken, was zu tun ist, auch wie ich meinen Kindern in Zukunft mehr Selbstvertrauen geben kann.«

Johanna bezog ihre Kraft aus dem vergangenen Leben mit Peter. Seit seinem Tod war ihr zu Bewusstsein gekommen, in welch schrecklicher Einsamkeit er gelebt hatte. Das Selbstwertgefühl hing am Wohlstand seiner Herkunft. In einer Trancesitzung schrieb sie folgenden Dialog: ›Was hat dir im Leben deine Verwirklichung so schwergemacht?‹ – ›Ganz früh war ich ein dickes Kind, das die Hänseleien der anderen ertragen musste. Das hat mich bereits mit mangelnder Selbstachtung belastet. Dann bin ich in eine Rolle gelangt, von der ich annahm, das könnte mein Weg sein. Der Vater nahm mich zum Fischen mit, zeigte mir den

Umgang mit Kunden.‹ ›Die Liebe deiner Mutter? War sie dir sicher?‹ ›Ja, sie hat alles für mich getan, aber auch die Eifersucht meines Vaters bewirkt. Der hatte hohe Erwartungen, die Firma sollte weitergeführt werden. Deshalb studierte ich Betriebswirtschaft.‹ ›Ok, ich weiß, deine Welt waren die Sprachen. Darin warst du wirklich talentiert. Du sprachst Deutsch, Englisch, Französisch, Spanisch.‹ ›Die Konkurrenz wurde härter, der Markt hatte sich geändert, deshalb verkaufte er die Firma. Seine Versprechungen hielt er nicht ein, meine Pläne waren dahin, ich habe noch einiges versucht. Das war eine Demütigung, plötzlich nicht mehr Juniorchef zu sein, hielt ich nicht aus.‹ So war die Sicht aus der Transzendenz. Ihr verstorbener Mann wurde für etwas erzogen, das er später verloren hatte. Sie hatte Frau Brunner gefragt, warum er einen Beratungstermin bei ihr so vehement verweigerte, als es noch Zeit war. Sie hätte ihm vielleicht mehr dazu erklären können. Johanna hatte daraufhin von der Schweizerin erfahren, dass es die Kindheitsängste der Mutter waren, aber auch die Rolle, die ihm der Vater zuschob. Sie haben seine Lebenseinstellung für die Wirklichkeit überschattet. Folgerichtig nahm Peter an, durch dieses Medium erneut manipuliert zu werden. Damit war er in der Familienrolle gefangen und lehnte auch das ab, was ihm einen Weg zu erneutem Selbstbewusstsein zurückgegeben hätte. Nur bei den gemeinsamen Aufenthalten am See gewann er ein Stück Würde zurück. Ganz ähnlich sah das bei Gunnars Kindern aus, sie mussten langsam in die neuen Anforderungen hineinwachsen.

Auch die frisch Verliebten befanden sich inmitten ihrer Entwicklung, beiden war selbst noch zu wenig bewusst, wo sie in ihrem Leben standen. Es sollte noch eine Weile dauern, bis sie den Kern ihrer gemeinsamen Misere erfassten. Johanna hätte das aus der Krise mit Peter eigentlich bekannt sein müssen: »Was heißt das: ›Für mich selbstverantwortlich sorgen?‹ Kann ich das?« Auch wenn man den beiden das Problem erklärt hätte, waren sie noch nicht soweit, der Kern war nicht verstanden. Solch eine Erkenntnis muss durch eigene Erfahrung tief ins Innerste der Person vordringen, hinter alle Ausflüchte und Entschuldigungen gelangen. Sie hatte ihm nur sagen können, sie würden sich verändern, aber nicht wie und wann.

8.3 Der Seelenpartner

Aus einem Vortrag des *Dalai Lama:* »Eine leidvolle Entwicklung, die man begleitet von Freunden in angenehmen Verhältnissen durchleben darf, ist ein segensreicher Zustand. Solch gute Lebensumstände sollte man nicht ungenützt vergeuden.«

Der nächste Englandaufenthalt war geplant. Für dieses Seminar lud sie im Geiste Gunnars Eltern ein. Sie wünschte sich, mit ihnen über ein Medium eine Verbindung zu bekommen. Schweren Herzens ließ sie Gunnar zurück. Auf der Fahrt vom Flughafen zum College wollte der Taxifahrer wissen: »Was machen Sie eigentlich in diesem Schloss?« »Wir werden dort in philosophischer Hinsicht unterrichtet, den Beweis von Leben nach dem Tod zu erfahren. Wir arbeiten aber auch daran, unserer Intuition besser zu folgen.« »Das hört sich ziemlich normal an, mir wurde gesagt, dass ihr dort mit Geistern redet.« »Das hört sich sehr erschreckend an.« Johanna freute sich, in das Land des feinen Humors zurückgekehrt zu sein. Sie begann, durch die Frage motiviert, angeregt zu resümieren. Sie war hier nicht in eine fremdbestimmte Falle gegangen. Sie musste keine Geldsumme an eine Organisation bezahlen. Ihr Aufenthalt entsprach den Kosten einer Woche im Hotel. Die Tutoren erhielten nur eine kleine finanzielle Entschädigung. Johanna war froh, vor nun fast zwei Jahren einen Hinweis auf den Ort erhalten zu haben. Das Herkommen war freiwillig, von hier war ihr störanfälliges Boot aus der Studentenzeit in einen neuen Lebensabschnitt gestartet. Beim ersten Besuch war sie noch sehr verunsichert gewesen, weil sie nicht wusste, wie es im Leben sinnvoll weitergehen könnte. Inzwischen war sie eine glückliche, frisch verliebte Frau geworden, die ihre Freiheit wieder genießen konnte. Der Ort ließ sie die Unterstützung von Tutoren und Mitstudenten erleben. Sie hatte ihren Begleiter gefunden, Gunnar. Sie befand sich in einer Wandlung zu einem neuen Menschen. Das war eine tröstliche Erfahrung. Die Geistige Welt hat sie nie im Stich gelassen, aber auch Johanna hatte sich nicht aufgegeben. Beide Seiten der Existenz hatten zusammengewirkt. Sie erinnerte sich an Erasmus und den Streit um den freien Willen. Johanna hatte ihren freien Willen genutzt. Durch das Trauma und weil sie die Trauererfahrung zugelassen hatte, konnte die ihr unbekannte Seelenstärke wirken. Erhalten nicht alle geistige Hilfe? Sie kann erst wirksam werden, wenn der Suchende darum bittet. Sie war hilflos in der Meditation gesessen, um das ›Alltagsgeplapper‹, die Gedanken zur Ruhe zu bringen. Die Großmutter trug sie, die Helfer begleiteten den Weg. Ihr verstorbener Mann wurde zu ihrem Schutzengel.

Was würde in den Readings angesprochen werden? (Pfingsten 1999):

»Es gibt Wissen, das durch dich vermittelt werden will. Es handelt sich um ein Potential, das mit Lehren zu tun hat. Ein anderes Thema ist der Seelenpartner, ist er schon gekommen?« »Ja.« »Du bringst jetzt dein Leben mit ihm zusammen. Zukünftig wirst du besser mit der Geistigen Welt kommunizieren. Er hat eine Ahnung von den Dingen, die dich beschäftigen, aber er ist noch nicht in dieser Richtung tätig. Wenn das kommt, dann verwirklichst du das Ziel: Friede im Herzen, Friede im Leben. Damit ist gemeint, du bejahst dein Leben, so wie es ist. Ist sein Vater bereits in der Transzendenz?« »Ja.« »Der Vater ist sehr um ihn, er überschaut sein Tun im irdischen Leben. Er konnte seine Zuneigung zu Lebzeiten nicht richtig zeigen. Die Mutter hält sich im Hintergrund. Ihr müsst beide danach schauen, dass das, was passiert, für euch in Ordnung ist. Du bist besonnen, dann müsste es auch gelingen. Dann kannst du die vergangenen Ereignisse endgültig loslassen. Übrigens, die Freundschaft wurde aus der Geistigen Welt zusammengeführt. Da ist ein Mann mit braunen Haaren und einem Hund. Er wusste nicht, wie krank er war, er war plötzlich tot. Er half auf deiner Seite und auf der Partnerseite half der Vater, um euch zusammenzubringen. Die Mutter ist sehr aufgeschlossen für alles. Jetzt sind sie glücklich über die Beziehung. Das haben sie auf der anderen Seite sehr geschickt arrangiert.«

Johanna erinnerte sich an die eindringlichen Besuche gleich zu Beginn der Begegnung und fragte: »Das habe ich auch vermutet. Kannst du das in meinen Gedanken lesen?« »Nein, das sehe ich über meine Helfer. Das ist die Kommunikation mit der Geistigen Führung. Sie wirken auf mein in der Vorstellung selbst eingeteiltes Schema. Teile werden dann links oben oder rechts unten gegeben.« »Ich möchte dich nicht verletzen,« Johanna wusste, dass Gedankenlesen für ein Medium, das mit der Transzendenz kommunizierte, abzulehnen war. »Ich frage nach, das entspricht meinem Forscherdrang. Oft weiß ich etwas im Voraus.«

»Die Geistige Welt kann dir mental einiges übermitteln und wenn du hier das College besuchst, erhältst du die Bestätigung.«

Das zweite Medium beriet sie: »Da gab es viel Schwermut um dich, das hat sich verändert, weil du eine andere geworden bist. In der Meditation bist du gesessen, du wolltest nicht mehr fliehen und spielen! Jetzt gehst du endlich voran. Du bist auf dem Weg des Neuanfangs. Da ist ein sehr zartfühlender Mann, er beschützt dich. Das ist keine Vaterliebe, er möchte dich berühren. Etwas war zwischen euch, es war ein spezielles Band, aber er wurde geholt. Gern hätte er mit dir Pläne verwirklicht, diese Ziele wurden damit durchkreuzt. Er ging in den Tod, jedoch entschied er, dein Schutzengel zu sein. Das hat er gewählt, um sein Versprechen dennoch auszuführen. Ihr steht in einem ständigen Dialog. Du fragst, er antwortet. Diese Kommunikation ist wunderbar, ihr arbeitet gut zusammen. Er deutet auf Sterne?« »Ich befasse mich mit Sternen, mit der Astrologie.« »Er sagt, dein Schicksal war vorhergesagt.« Damit konnte Johanna nichts anfangen, wollte das Medium dabei nicht unterbrechen. »Wir sprechen von einem Lehrer. Bevor du hierherkamst, hast du deine Kurse bewusst ausgewählt. Es ist jetzt wichtig, mit der richtigen Arbeit zu beginnen. Der neue Freund erlebt durch dich eine gute Zeit, du warst das Beste, was ihm passieren konnte. Er war verunsichert und schätzte sich selbst zu wenig. Nun gibt er auch dir Zufriedenheit, jetzt kommt die Zuneigung von ihm und er kann sein Selbstbewusstsein ausstrahlen. Mittlerweile ist es Zeit für eine neue Liebe. Sie tut dir gut und ist von anderer Qualität. Der neue Partner wächst in seiner Selbsteinschätzung, da wächst etwas heran. Behalte den Gedanken an ein Lehrzentrum aufrecht. Das Lehren ist dein Ziel, denn du hast Geschenke von höheren Ebenen erhalten. In letzter Zeit bist du etwas desillusioniert worden und hast zu schweigen gelernt. Doch nun musst du wieder lernen zu sprechen.

Dein verstorbener Mann ist so froh, dass du den Partner gefunden hast. Es konnte nicht irgendjemand sein. Die Umstände eures Zusammentreffens waren sehr ungewöhnlich. Er ist darüber erleichtert, dein geistiger Begleiter geht den Weg mit dir weiter. Es wird Zeiten geben, da kommuniziert ihr miteinander oder du rufst ihn, wenn du ihn brauchst. Er hat auf der spirituellen Ebene neue Kontakte knüpfen können, mit denen er sich wohlfühlt.«

Voll Freude hörte sie, was da gesagt wurde: Die Begegnung der beiden Liebenden hatte die transzendente Welt herbeigeführt. Wieder einmal hörte sie hier die Bestätigungen der Träume: Peters Wunsch, sie zu begleiten, sein Einrichten in der Geistigen Welt, seine Impulse, den Partner zu finden. Merkwürdig, was die Medien ansprachen, war ihr irgendwie bekannt. Manches in den Durchgaben hörte sich fast selbstverständlich an. Für Johanna hatte sich ein langer Weg der Suche bewahrheitet.

Lehren? Hatte das mit ihren früheren Gedanken zu tun, als sie darüber sehr verärgert war, weil man alles nicht Rationale in die Ecke der Leichtgläubigen stecken wollte? Damals, 1984, verfolgte sie den Gedanken, ihre Interessen durch ein Philosophiestudium abzusichern. Langsam ahnte sie, welch wichtiger Baustein das Studium der praktischen Philosophie war. Im letzten August war ihr mitgeteilt worden, mit ihrem medialen Weg unterstütze sie den holistischen Ansatz zuhause.

Inzwischen bemerkte sie auch, durch die häufigen Aufenthalte, welch besondere Qualität die Träume im College hatten. Traum (Pfingsten 1999):

»Ich habe einen Freund, wir haben eine Wohnung samt Einrichtung und Lebensmittel erhalten. Auch die Ziffern der Kosten wurden benannt. Vom Kirchturm seines Wohnortes konnte man sie in nordwestliche Richtung sehen. Eine Straße führte mit einer Kurve den Berg hinauf.«

Sollte das bedeuten, Gunnar und sie würden eine neue Wohnung beziehen, deren Lage und Kosten bekannt waren?

Traum:

»Gunnar und ich stehen als Pagen vor einem Schloss. Hier lebt ein Adliger. Wir waren nicht sehr glücklich darüber, als Dienstboten gebunden zu sein. Wollten wir nicht nach Norden? Wir schauten uns an, das Haus war voller Unordnung. Wir entschieden uns dazu, den Herrscher zu entmachten.«

Der Adelige stand für eines seiner Kinder. Landkarten sind genordet. Bei Horoskopen ist der ›Norden‹ das Medium Coeli, der Ort, zu dem die Entwicklung durch das Schicksal hinzielt, die Individuation. Johanna wurde also darauf hingewiesen, dass die Zustände in Gunnars Zuhause geändert werden mussten. Das Ziel war die Verwirklichung ihrer beider Leben. Skeptisch dachte sie nach. Zu diesem Zeitpunkt wirkte das auf sie wie Egoismus, als hätten die Liebenden nur ihr Glück im Sinn. Sie telefonierten sehnsüchtig jeden Abend miteinander: »Komm das nächste Mal mit. Englisch ist ja eure Firmensprache, die Fachbegriffe hier lernst du schnell.« Zögernd erinnerte sie sich an die nächtlichen Bilder, sollte sie von ihrem Traum berichten, ihrer Rolle als dienendes Personal? Nein, das Thema war zu komplex. Gunnar war gezwungen diplomatisch zu handeln, die getrennte Frau wollte um das Sorgerecht streiten. An solchen Herausforderungen erlebte sie selbst, welches Geschenk die Wegbegleitung von Frau Hagen bedeutete. So verflog auch schnell der Wunsch nach einer Veränderung im Beruf. Wenn alle Sicherheiten wegbrächen, könnte ihr Verdienst zunächst die Grundlage für sie beide sein.

*

Er hatte eine Wette verloren, dafür hatte sie einen Wunsch frei. Sie wählte etwas Spezielles. »Suche nach einem Opernhaus, das zurzeit eine erstklassige Aufführung der Zauberflöte inszeniert. Hast du die gefunden, lass uns ein Wochenende in dieser Stadt verbringen.« Das fiel ihm leicht, am Tage darauf war alles gebucht. Begeistert fuhren sie zur Inszenierung nach Dresden. Der Ort war ihr bis dahin unbekannt gewesen. Dem Libretto zufolge findet Tamino, der suchende Prinz, das Bild einer schönen Frau, psychologisch gesehen seine Anima. Er soll diese Pamina, die bei Sarastro, dem Träger des Lichtes, gefangen gehalten wird, im Auftrag der Mondmutter befreien. Sonnenvater und Mondmutter wandeln im Verlauf der Suche ihre Entsprechungen von Gut und Böse. Tamino bekommt einen Reisegefährten zur Seite, Papageno, der bald seine Papagena findet. Dieses Paar repräsentiert unbeschwertes Leben, es sich gut gehen lassen, ohne allzu ehrgeizige Ziele. Bald darauf gehen die Gefährten Vogelhändler und Prinz getrennte Wege, das heißt, sie verfolgen unterschiedliche Lebensentwürfe. Tamino und Pamina finden zusammen, nachdem sie ihre Herausforderungen gemeistert haben. Ihnen wird erlaubt, den letzten Weg der Prüfungen zusammen zu gehen, bevor sie in die Lichtwelt, den Tempel, einziehen dürfen. »Gunnar, das ist unser Leben, wir haben einander nach schweren Zeiten getroffen. Den kommenden Weg meistern wir gemeinsam. Das wird nicht immer leicht sein, wir werden uns gegenseitig stützen und trösten können. Ich liebe diese Oper. Hierin verbergen sich Entsprechungen vieler Weisheitsliteraturen. Mir gefällt auch die angesprochene Welt der Schwierigkeiten, denn das gehört zu einem erfüllten Leben. Die Liebenden haben einander zwar gefunden, aber es folgen weitere Lernschritte.« Johanna war schön gekleidet, Gunnar sah schick aus, sie saßen auf dem Balkon. Etwas entfernt saß ein Milliardär aus ihrer Heimatstadt. Das war die Welt, zu der Arnold Zugang hatte. Sie erinnerte sich an die astrologische Beratung in der gemeinsamen Zeit. »Die Gesellschaft benötigt solche Persönlichkeiten, sie treiben etwas voran, vertreten Ideale, das kann auf Kosten des Privatlebens gehen. In diesem Umfeld können Sie nicht zu dem aufsteigen, was Sie verwirklichen wollen.« Johanna verstand ihren Astrologielehrer sofort. Seitdem sie zu ihrem Herzensweg gefunden hatte, fühlte sie sich im Einklang mit ihrem Leben. Sie dankte ihrem Freund für das Erlebnis. In einem Geschäft mit geschmackvollen Uhren kaufte sie ihm eine neue, das gesprungene Glas der alten wollte sie nicht mehr ansehen müssen. Inzwischen hatte sie ihn in der Firma besucht, er war Leiter einer Abteilung. Dort erlebte sie ihn in einem großen modernen Gebäude. Es erschien ihr sehr passend für die ungewöhnliche Technologie, mit der er zu tun hatte. Beim Betreten las sie staunend die Firmenschilder. Die oberste Etage war an eine Softwarefirma vermietet. Einer der Geschäftsführer hieß mit Vornamen Stefan, jener Mann, auf den sie das Medium in der Adventszeit aufmerksam gemacht hatte und mit dem ihr guter Freund Armin gerne zusammenarbeitete. Die unteren Geschosse waren durch das Unternehmen belegt, bei dem Gunnar angestellt war. Konnte es sein, dass man in der Geistigen Welt den Ort kannte, aber nicht wahrnahm, dass es sich um zwei verschiedene Firmen handelte?

Im kommenden Sommer 1999 machten die Kinder ihres Freundes Fortschritte und Rückschritte, es hatte manchmal den Charakter einer Springprozession. Seine Eltern versicherten durch kurzes Erscheinen in einem Traum die Fürsorge für ihre Enkelkinder. Die jungen Leute wollten endlich selbst bestimmen, welcher Weg für sie der richtige sei. Johannas Rolle wurde beargwöhnt.

Gunnars berufliches Umfeld zeigte Risse. Jetzt musste sie mitansehen, wie es auch in seinem Arbeitsleben die üblichen Schwierigkeiten gab. Im Betrieb sahen manche die Zeit der Scheidung als Einladung, an seinem Stuhl zu sägen. Seine Freundin beschloss, ihm beizustehen, um die Situation zu verbessern. Sie traf auf ein Gewirr aus Eifersucht, Neid und Überforderung. Traum:

Eine Stadt, sie ist ebenerdig am Wasser. Vor den Häusern sitzen zum Teil große Hunde, einer schaut mich an. In großer Eile gehen wir weiter, mein Freund hat einen alten Opel dort stehen. Die Hinterreifen sind durchstochen, das hindert uns nicht daran, auf ein Ziel zuzugehen. Wir müssen an einem Labyrinth aus Koniferenhecken vorbei, dann sehen wir eine sonnige Landschaft am Meer.

Johanna war so fasziniert vom Anblick des Traumes, dass sie die Szenen grafisch festhielt. Gunnar betrachtete das Bild: »Hier ziehen aber finstere Wolken am Himmel auf, ich kann darin einen ›Wolkenmann‹ erkennen. Hoffentlich bleiben wir von diesem Unwetter verschont, aber das Bild gefällt mir, ich werde es aufhängen.«

Wolkenmann

Zur Regeneration gönnten sich die Liebenden einfache Ausflüge mit Wanderungen zu ansprechenden Plätzen. Unternahmen Fahrten an alte Kulturorte, besuchten verwunschene Täler, Wiesen und Bäche mit plätscherndem Wasser. Beide erkannten, dass es wenig bedurfte, um glücklich zu sein. Oft überraschte er seine Freundin mit Karten für Veranstaltungen. Sie genoss das neue Leben, manches erinnerte an die Gemeinsamkeiten mit Arnold und Peter, nur alles stressfreier. Endlich erlebte sie Alltag und Partner wieder zusammen. Er ging mit ihr zu Vorlesungen oder erhielt Einladungen aus seinem beruflichen Umfeld, die sie nun gemeinsam wahrnahmen. Nach wissenschaftlichen Vorträgen konnte er vieles geduldig erklären, denn sein immenses Wissen bereicherte sie gerade im Bereich der Physik und Medizin. Ihre ländliche Diaspora neigte sich dem Ende zu.

»Was hältst du davon, wenn wir auf dem Weg nach Italien bei einem Schweizer Medium vorbeifahren?« »Das macht Sinn, dann habe ich auch Zeit die Beratung zu verdauen.« »Eine Beratung ist Wegleitung und keine Gardinenpredigt.« Sie fühlte sich eigenartig. Seit circa fünfzehn Jahren hatte sie Frau Brunner immer wieder aufgesucht. Eine Konsultation bei ihr stärkte ihr stets den Rücken. Welche Erfahrung erwartete Gunnar? Mit Peter war das nicht gelungen. Ihr neuer Partner vertraute ihr, jetzt hoffte sie, es möge zu keiner Enttäuschung führen. Nach einer Stunde kam er sehr wortkarg aus der Beratung zurück. Was war nur passiert? Sie hatten ihr Hotel in Italien schon fast erreicht, da hielt sie es nicht mehr aus. »Darf ich deine Beratungskassette hören?« »Wenn es sein muss, von mir aus.«

Frau Brunner (August 1999): »Sie tragen einen schweren Rucksack aus der Vergangenheit. Lassen Sie diesen zurück und gehen Sie befreit nach vorne. Sie sind es gewohnt, für andere viel mehr Verantwortung zu übernehmen, als das die nötige Rücksicht für Sie selbst erfordert. Schuldgefühle bremsen Sie, dadurch sehen Sie nur Ihren schweren Weg vor sich. Aber eigentlich sind Sie lebensfroh und sollen nach vorne schauen, um den Horizont im Auge zu behalten. Ich sehe Sie kleine Dinge basteln, mit denen Sie Kinder erfreuen. Ihre eigenen werden auch ihren Weg finden. Geben Sie für Gelungenes mehr Anerkennung. Ihr Ziel sollte sein, Klarheit in Ihre Lebensstruktur zu bringen, bejahen Sie mit ihrer Partnerin, was man teilen kann, lehnen Sie ab, was nichts bringt. Ihre Verstrickungen müssen Sie ganz behutsam auflösen.« »Super,« rief Johanna aus. »Das Gespräch war doch in Ordnung? Gunnar, ich verstehe nicht, warum es dir so schwer fällt, darüber zu sprechen?« »Weißt du, das ist nicht leicht zu verdauen, die Schwierigkeit der aktuellen Situation so drastisch gesagt zu bekommen. Eigentlich will ich am liebsten alles so lassen, wie es zurzeit ist. Die Prognose, wie die ungesunde Situation aufgelöst werden kann, ist für mich sehr zurückhaltend formuliert. Da stecken im Wesentlichen eigene Bemühungen und Anstrengungen dahinter.« »Ich glaube, du musst das nochmals anhören, denn sie sagt dir gerade, was dich daran hindert, Last abzugeben. Den Mitschnitt solcher Gespräche musste ich selbst immer wieder anhören.«

Sie erlebten einen abwechslungsreichen Urlaub, mit unvergesslichen Eindrücken zu der reichen alten Kulturgeschichte in dieser Gegend. Sie war fasziniert. Hier kam so vieles ihrer liebgewonnen Themen zusammen, die alte und die neue Architektur, die Archäologie und die Kunstgeschichte. Er war dafür glücklich, mit welchen Kenntnissen sie ihn zu Orten führte und auf die kunstwissenschaftlichen Details aufmerksam machte. Ihre Sichtweise entführte ihn in vergangene Jahrhunderte.

Die Renovierung seines Hauses stand an. Mit vielen Eimern Dispersionsfarbe kamen sie aus dem Urlaub zurück. Sie würden die Wohnfunktionen seines Zuhauses neu organisieren, Regale einziehen und Vorhänge aus italienischen Stoffen aufhängen. Der Anblick musste würdiger werden. Sie planten ein sehr rustikales Regal, das den Charakter des Hauses charmant zum Vorschein brachte. Die Einzelteile besorgten sie bei einem altbekannten Schreiner. So führte ein Umweg bei Thea vorbei, die sie gleich zum Essen einlud. Gunnar hatte keine Ahnung, bei welch wichtiger und wegweisender Verwandten von Johanna er zu Gast war. Er schaute sich um: verspielte Vorhänge, alte Möbel, Bilder in den unterschiedlichsten Rahmen, ausgewähltes Service, hier herrschte eine besondere Atmosphäre. Die beiden Frauen waren in der Küche und tauschten leise ihre Eindrücke aus: »Oh, Johanna, wo findest du nur immer diese gutaussehenden Männer?« »Dieses Mal hatte ich viel Glück, den haben meine geistigen Freunde für mich gesucht.« »Er ist irgendwie zurückhaltend, sehr sensibel.« Sie setzten sich zusammen an den Esstisch. »Thea, kannst du Peter fragen, ob ich die letzten Träume und Eingaben richtig verstanden habe?« Auch wenn manches persönlich gefärbt aussah, hatte sie das Gefühl, sie könne in den Antworten ermessen, ob das Gesagte seinem Redestil entsprach. Peter kam durch Theas Worte zum Vorschein: »Du machst es manchmal zu kompliziert! Bleib ruhig, nimm an, was gegeben wird, nichts ablehnen, nichts werten. Was da ist, geschehen lassen.« Thea fuhr in seinem Sinne fort: »Am liebsten sind ihm zurzeit noch die Träume. Du notierst, hinterher hast du Zeit, alles zu verarbeiten, sie führen dich zu intuitiven Lösungen.«

Gunnars Reading (England, März 2000): »Habt ihr das Haus umgeräumt? Sie wollen dir sagen, sie sind mit dir. Du ziehst Leute gerne auf und machst Spaß mit ihnen. Besonders deine Partnerin. Das tun die in der Geistigen Welt mit dir auch.«

Gunnar vertraute seinen Kindern und er wollte für sie da sein. Er konnte sich gut vorstellen, dass sie bald auf eigenen Beinen stehen würden. Er war ungeeignet für die Rolle der Nanny, sein Leben war die Wissenschaft. Er liebte die beiden sehr und hoffte, dass sie ihre persönliche Orientierung im herrschenden Zeitgeist finden würden. Manchmal waren die Richtungen schwer zu akzeptieren, dann griff er ein und half, den Weg in ihrem Leben zu ebnen. Johanna sah immer wieder deutlich, wovor sie Frau Hagen bewahren wollte. In ihrem Leben wäre das sicher schiefgegangen, sie hätte ihre eigenen Kinder bestimmt schwerlich loslassen können. Das nächste Weihnachten verbrachten beide getrennt. In der Nacht nach Heilig Abend weckte sie das Gefühl, jemand sitze an ihrem Bett und halte ihre Hand. Unsicher rief sie Gunnar an. Ihr Freund war erstaunt, denn ihm widerfuhr dasselbe: »Merkwürdig, ich bin heute Nacht wach geworden, weil ich dachte, jemand hätte sich auf meine Bettkante gesetzt.« Das wiederholte sich nach ein paar Tagen noch einmal. An einem Morgen sah er, wie sich neben ihm die Matratze etwas nach unten bog. Er wusste aber nicht, wer da war.

England (März 2000), Gunnars Reading: »Hast du ein spirituelles Erlebnis gehabt?«

Er kam aus einer Familie mit vier Kindern, zwei Schwestern und einem Bruder, den er 1990 verloren hatte. Der Verstorbene zeigte sich den beiden einmal, als sie am Wochenende Trance übten. Sein Bruder war für ihn durch Brille und Frisur schnell zu erkennen. Johanna nannte er seinen Namen. Er sei wegen ihres Partners gekommen, er möchte ihm bei der Wegfindung der Kinder den Rücken stärken. Zu Lebzeiten hatte auch er mit dem Vater ähnliche Erfahrungen. Überhaupt, im Frühjahr 2000 hatte das Paar bereits eine große Übereinstimmung gefunden. Er sah in der Trance um sie Wesen, die sie in der gleichzeitigen Versenkung vor ihrem inneren Auge wahrnahm. Manche Gesichter wurden ihnen immer bekannter. Später in England beschrieb ein Medium dieselben Erscheinungen (März 2000).

*

Johanna war bei einer Routineuntersuchung im Krankenhaus ihrer Heimatstadt. Der Arzt wollte ein Karzinom gesehen haben. Am liebsten hätte er sie gleich einem anderen Fachmann zugeführt. Sie redete sich heraus, wenn überhaupt, wolle sie diesen Eingriff in einer anderen Stadt machen lassen. Sie rief Gunnar an: »Da scheint bei mir etwas nicht in Ordnung zu sein. Der Mediziner hat etwas Beunruhigendes festgestellt.« »Ich kann mit einem Kollegen einer befreundeten Firma sprechen, er arbeitet mit einer Universität in den USA an einem Versuch.« Er rief in den folgenden Tagen zurück: »Falls wir nicht weiterkommen, besteht die Option, sich dort behandeln zu lassen. Zuerst klären wir das lieber hier an der Universität ab.« »Gut, dann werde ich schnellstmöglich einen Termin vereinbaren. Eine zweite Meinung hat immer schon gut getan.« Sie kannte auch einen guten Arzt, der sich nur auf Akupunktur beschränkte. Sie ließ sich dort bald unterstützend behandeln. Eine weitere Möglichkeit waren die eigenen heilenden Hände, das war ihr bereits länger bekannt. Von jetzt an legte sie sich selbst regelmäßig ihre Hände auf. Sie spürte den Knoten.

Am Wochenende teilte sie Gunnar ihren Entschluss mit: »Für mich ist meine Zeit an diesem Ort beendet. Es gibt zwei Varianten: Eine wäre, ich suche mir etwas Geeignetes auf dem Wohnungsmarkt zur Miete, die andere ist, du kaufst eine solche Wohnung, die uns in späterer Zeit als gemeinsames Zuhause dient.« »Muss das jetzt sein? Lass mich doch erst einmal mit meinen Kindern in Ruhe abwarten, wie sich deren Zukunft entwickelt. Das geht alles viel zu schnell.« »Kein Problem, dann bringe am nächsten Wochenende die passende Zeitung mit.« Nach ein paar Tagen der Anspannung träumte Johanna von einem Arztbesuch:

»Ich ging in eine etwas altmodische Praxis, dort wurden Untersuchungen gemacht, aber der Arzt fand nichts Beunruhigendes.«

So hatte sie das vage Gefühl erhalten, sie solle sich keine Sorgen machen. Sie glaubte zwar daran, aber könnte es nicht auch ein Wunschtraum sein? Alle Menschen träumten nachts genug, was den Alltag mit seinen Anforderungen ausglich. Sie konnte den Termin in der Uniklinik kaum erwarten. Zwei verschiedene Untersuchungen wurden durchgeführt. Am Schluss wurde das Resultat in einem Gespräch zusammengefasst: »Das war vielleicht eine Ablagerung, die jetzt nicht mehr zu sehen ist. Was sie auf alle Fälle gut gemacht haben, war, diese vorgeschlagene Untersuchung abzulehnen. Heute ist die Methode unüblich, das hat sich als gefährlich herausgestellt. Kommen Sie in zwei Jahren wieder.«

Johanna konnte ihr Glück kaum fassen. Sie verließ fast schwebend das Krankenhaus. Die Anspannung war verschwunden. Es war Frühjahr, sie genoss die unbekannte Umgebung, spazierte eine schöne Straße entlang. Die Bebauung war gemischt, mit alten Häusern der Gründerzeit und moderner Architektur. Der Klinikbesuch hatte sie in ein schönes Wohnviertel geführt. Zwischen den sehr alten Anwesen standen schicke Neubauten, umringt von Bäumen und Gärten. Sie sah von einem nahen Hügel auf die berühmte Kirche der Stadt. In diesem Moment erinnerte sie sich an den Traum, den sie ein dreiviertel Jahr zuvor im College erhalten hatte. In jenem Traumgesicht hatte sie vom Kirchturm herab auf dieses Stadtviertel gesehen. Die Himmelsrichtung stimmte, das nahm sie zum Anlass, sich etwas umzusehen. Am kommenden Wochenende begann Gunnar, die Zeitung genau zu studieren. Er entschied sich für den Kauf einer Wohnung. Die Entscheidung fiel auf zwei Appartements in der gewünschten Gegend. Gunnar wählte die ältere, aber hellere und auch günstigere Lösung. Nach der Besichtigung mit dem Makler freute sie sich, am Arbeitsplatz Waltraud voller Begeisterung von dem neuen, freundlichen Ort erzählen zu können: »Du, ich komme gerade aus einer sonnendurchfluteten Wohnung. Sie war so hell, selbst an Wintertagen werde ich mich dort wohlfühlen.« Sie beschlossen, nach dem nächsten Englandaufenthalt den Notarvertrag zu unterzeichnen. Für ihn war die Wohnung in der Gegend eine gute Wertanlage, die den beiden auch für die Zukunft neue Möglichkeiten eröffnete.

Am Geburtstag ihres Freundes wurden ihr im morgendlichen Traum zwei rote ›Geleeherzen‹ in die Hand gelegt. Sie war gespannt, was der Tag wohl bringen würde, auf alle Fälle stärkte es für den Abend. Sie saßen alle zusammen am Tisch in einer vertrauten Landgaststätte, wo sie bereits als verliebtes Paar bekannt waren, das dort seinen Zufluchtsort genoss. Bei bissigen Bemerkungen zählte sie innerlich neuerdings immer auf drei, um sich nicht vorschnell zu wehren. Der großspurige Freund der Tochter erklärte seine Pläne: »Ich werde einen Großhandel eröffnen und meinen Doktortitel nebenher machen, es kommt mir nicht auf den Profit an, ich brauche nicht so viel Geld.« Johanna sah mehr, er hatte noch nicht einmal seine Diplomarbeit bewältigt und träumte mit Gunnars Tochter von einem Kind. Es sah fast so aus, als wolle er bei Gunnars Tochter einziehen. Sie wusste genau, das würde nicht auf Gunnars Rücken ausgetragen werden.

England (August 2005): »Eine Frau aus der Geistigen Welt spricht von Gunnars Tochter, sie wurde in ihrer früheren Beziehung sehr unterdrückt. Sie ist froh, dass sie das Leben wieder genießt. Sie ist sehr clever und hat einen flexiblen Verstand.«

Am Ende der Hausrenovierung stand eine große Einladungsparty für die Jugendlichen an, um allen das neu gestaltete Haus zu zeigen. Es kamen die unterschiedlichsten Gäste aller Altersstufen. Es war viel Arbeit gewesen, wofür sie sich die Zeit wirklich aus den Rippen hatten schneiden müssen, aber es war auch eine Bestätigung, dass sie etwas richtig gemacht hatten. Gunnar sah an den Gästen seiner Kinder, wie auch in seiner Familie jeder ohne sein Zutun den eigenen Weg gehen würde. Johanna freute sich auf die schöne neue Wohnung, mit der ihr Freund und sie einen Rückzugsort bekamen.

8.4 Die Tür in diese Welt steht für alle offen.

»Jaune, in der Mathematik ist der Name Pythagoras bekannt, auch die Entstehung der europäischen Musik geht auf ihn zurück. Merkwürdig ist nur, dass so wenige über sein Leben und die ausführlichen Lebensregeln, die er seinen Jüngern mitgab, Bescheid wissen. Aus Sicht der Gegenwart ist die Empfehlung verwunderlich, keine Bohnen oder Belastendes zu essen, um die nächtlichen Traumbilder nicht zu stören.«

Darauf antwortet Jaune: »Du weißt, die Rolle der Mantik in der Antike wird in der heutigen Welt andauernd verdrängt. Pythagoras findet nur noch in der Mathematik und Musik Erwähnung, dabei wird seine holistische Philosophie beiseite geschoben. Zum Beispiel empfahl er aus triftigem Grund, sich vor allen Dingen in Acht zu nehmen, die die seherische Gabe beeinträchtigen können. Die Orakel der damaligen Zeit standen in hohem Kurs, sie wurden für politische Entscheidungen herangezogen. Heute wäre diese Einstellung ein Skandal.« Jaune führt das Gespräch weiter in Richtung gesellschaftlicher Regeln: »Seine Lehre schloss die Ernährung ein. In der altgriechischen Lebensweise war die vegetarische Kost sehr verbreitet. Das Thema ist also nicht neu, weshalb es normal war, den vorangeschrittenen Pythagoreern zu empfehlen, ganz auf Blutiges zu verzichten, um die Seelenreinheit durch herangelockte niedere Daimonen nicht zu stören. Neben dem schlechten Einfluss auf die Seele lag ihm das Leid der Tierwelt am Herzen. Er mahnte zu einem respektvollen Umgang mit Tier und Pflanze. So eine Ansicht findet sich sonst nur noch bei Naturvölkern, zum Beispiel auf Waigeo in Indonesien. Dort vertreten sie eine ähnliche Auffassung: ›Alles ist beseelt‹. Die Denkweise wird aus Unkenntnis belächelt. Dem modernen Menschen entsteht durch das fehlende Verständnis für verbindende Energie viel Schaden. Pythagoras macht den Zusammenhang noch heute nachvollziehbar. Die Ordnung der Geistigen Welt solle durch Ehrerbietung zu Gott, den Heroen und uns, den Daimonen, gepflegt werden. Diese Entsprechung dehnte er auch auf die Beziehungen des Irdischen aus: Eltern, Wohltäter und Gesetze gilt es zu respektieren.«

Violette seufzt: »In den gelebten Werten der Gesellschaft ist wenig von solch ethischer Weisheit übrig geblieben!«

Jaune: »Im Lebensverlauf des Philosophen kann man nachvollziehen, dass er zu den hoch entwickelten Seelen gehörte, die freiwillig ein irdisches Dasein auf sich nehmen. Zeitgleich bekamen auch die Chinesen durch Laotse und die Inder durch Buddha hohen Besuch. Diese Lehrer hätten sich auch auf der Erde begegnen können. Ihre Aussagen und Lehren sind bis heute erhalten. Übrigens, weißt du, dass Platon dreihundert Jahre später viel Geld für die erhältlichen Schriften des großen Vorbildes ausgab? Über 600 Jahre später fasst Iamblichos dessen Lehren erneut zusammen, er war ein begeisterter Anhänger. Die

Pythagoreer und die platonische Philosophie entsprechen sich in den Kernaussagen.«

Iamblichos, Pythagoras (99) (100) (106), Wissenschaftliche Buchgesellschaft Darmstadt 1985; Karin Alt, Opferkult und Vegetarismus, Berlin

Im Frühjahr flog Gunnar zum ersten Male mit seiner Freundin nach England. Zunächst überwältigte ihn die Schönheit des Schlosses inmitten des Parks. Er hatte Glück, er wurde einer besonderen Gruppe zugeteilt. Damit hatte er nicht gerechnet, den Unterricht leitete ein Professor für Psychologie. Dieser trat sehr bescheiden auf, sprach ruhig und konzentriert zu seinen Studenten. Wissenschaftliche Berührungsängste waren ihm fremd. Früher assistierte er einem Parapsychologen in Cambridge. Lewis, Johannas erster Tutor, wies sie auf seine Veröffentlichungen zum Thema Meditation, Traumerfahrung und Lebensschulung hin. Neugierig wurde Gunnar von Johanna beim Essen begrüßt: »Wie ist es dir inzwischen ergangen?« »Ich fühle mich von Anfang an akzeptiert. Mein Tutor ist ein sehr freundlicher Lehrer. In unserer Gruppe sind Menschen aller Schichten aus den verschiedensten Nationen. Wir gehen sehr unkompliziert miteinander um, dabei herrscht eine lockere Atmosphäre mit viel Spaß. Natürlich gibt es Regeln des Anstandes, aber an die hält sich jeder ohne großes Aufhebens. Die ersten Übungen befassten sich mit Meditation, dann mit Gedankenübertragung. Mich wundert hier vor allem, wie unbefangen sich die Mitstudenten auf ihre Wahrnehmungen der Geistigen Welt einlassen können.« Selbstverständlich wollte er auch ein Reading erfahren. Das hieß für ihn zunächst, einen Beratungstermin bei jemandem zu buchen, den er nicht kannte.

Gunnars Reading: »Hier ist ein Mann mit Luftnot, dein Vater.« »Er starb an einer Lungenentzündung.« »Du entwickelst deine Hellsichtigkeit. Hast du kürzlich ein ungewöhnliches Erlebnis gehabt?« »Kann ich mich nicht erinnern.« Er vergaß, das Weihnachtserlebnis zu erwähnen, das er zwei Monate zuvor hatte. Es war normal, dass man bei einer Beratung nicht gleich an ein so spezielles Ereignis aus dem Alltag denkt. Vielleicht hat man vergessen, das Ereignis zu notieren. »Euch fehlt das spiritualistische Leben. Sitzt du in einem Kreis?« »Ja, meine Partnerin sitzt mit mir.« »Gibt es eine Gruppe, die du unterrichtest?« »Nein.« »Dann wird das kommen. Du wirst mit einer spirituellen

Gemeinschaft zusammenkommen, ihr sitzt in einer Runde und diskutiert die Phänomene der Geistigen Welt. Kennst du deine Geistigen Helfer? Da gibt es einen indianischen Heiler, der mit dir arbeitet. Ich sehe auch eine japanische Frau, die möglicherweise zu deiner Partnerin gehört. Euch kann man schlecht trennen. Da ist ein alter weiser Mann aus dem Osten, er vermittelt Philosophie, er liebt die Einfachheit.« Jetzt bestätigte Gunnar den Hinweis: »Diese Frau, die Japanerin, habe ich mehrfach um meine Freundin gesehen.« Dies war für ihn eine denkwürdige Bestätigung. Obwohl Johanna nicht anwesend war, beschrieb das Medium zwei Wesen, die er in der Trance seiner Partnerin sah. Die Helfer blieben wohl länger bei den beiden, sie gaben ihnen Wissen aus der Transzendenz, solange es benötigt wurde. Die Tutorin fuhr fort, das persönliche Leben anzusprechen: »Du hast in der Vergangenheit viel Arbeit gehabt. Hinter dir liegt ein schweres Studium, du bist zur Arbeit gegangen und zu Hause ging die Belastung weiter. Ich sehe auch, du hast viel mit Papieren zu tun. Dein Vater ist sehr stolz auf dich.« Das tat Gunnar erneut gut. Nun bekam er selbst eine Botschaft des Vaters. Das war etwas anderes, denn bisher hatte er nur einen Mitschnitt mit Nachricht seiner Eltern erlebt, den ihm Johanna mitgebracht hatte.

Johanna wurde einer Tutorin zugeteilt, die astrologisch geschult war. Das machte diesen Aufenthalt besonders. Sie buchte bei ihr ein Reading, um eine Antwort auf die Frage zu finden, die sie schon lange beschäftigte: ›Wie lässt sich die recht kognitive Astrologie mit dem Kontakt zur Geistigen Welt verbinden?‹

Medium (März 2000): »Gibt es in der Familie einen Peter? War es ein schneller Tod? Denn er sagt mir: In einer Minute war ich hier, in der anderen dort. Das kam fast unvorbereitet, es war ein Schock. Ihm kam es fast wie ein Fehler vor. Er ist immer noch ein großer Teil deines Lebens, sehr interessiert an dem, wie du lebst. Er ist aber auch froh, dass du die neue Liebe gefunden hast. Er kann gut kommunizieren. Du musst darauf achten, dass auch der neue Partner gesprächiger wird. Das war in seiner früheren Beziehung bereits ein Problem. Du weißt, dass du über Organisationstalent verfügst, damit hilfst du ihm, Ordnung in sein Leben zu bringen. Peter erzählt mir, dass du umziehen wirst. Westlicher von dem Ort, an dem du jetzt lebst. Dort geht es offener zu, es ist eine Großstadt. Er möchte Sicherheit für dich und bald wirst du es viel besser haben. Es wird gut für dich. Ich spüre einen aufregenden Neuanfang. Gib die Telefonnummer nur an diejenigen weiter, auf die es dir ankommt.« Anschließend wurde das Gespräch mit ihrer Tutorin in Begriffen der Astrologie weitergeführt. Sie klärten den Umzug und die Veränderungen bei ihrer Arbeit. Das war für Johanna eine gelungene Vorführung. Es hatte etwas von Frau Brunners Arbeitsweise: Erst abwarten, welche Eingaben kommen und dann mit der Klientin in Rede und Antwort das zentrale Thema vertiefen.

Johannas Mitstudentinnen kamen aus Kanada, es war eine lustige Truppe, auch hier war der Umgangston erfrischend. Sie erlebte auch etwas Besonderes für sich, denn in einer gemeinsamen Trance zeigte sich für die Anwesenden erkennbar ihr Geistiger Führer. Diesem Begleiter hatten sie bereits zu Hause einen Namen gegeben. Übereinstimmend sah sie ihn vor dem geistigen Auge, Gunnar von außen. Übereinstimmend mit Gunnar sah sie ihn vor dem geistigen Auge, während ihr Partner ihn neben ihr sah. Auf alle Fälle tat das ihrer wissenschaftlichen Denkweise gut. Die Geistigen Helfer waren keine Illusion. Und Peter? Er wurde ganz selbstverständlich wahrgenommen. Er war ihre Kontrolle geworden, denn nicht jeder sollte auf geistiger Ebene in ihr Energiefeld hereinkommen können. In Gedanken, in den Träumen oder in der Trance schickte er ihr manchmal seinen braunen zotteligen Hund voraus. Dann legte er Rosen in aussagekräftigen Farben vor ihr geistiges Auge, einfach um zu zeigen, dass er da war. In den vergangen zwei Jahren war manches zur Normalität geworden, das in der Außenwelt bestimmt als verrückt eingestuft würde. Mit den Worten von Frau Brunner: »Sie sehen etwas, das man nicht wissen kann.«

Wie sollte es anders sein, am Abschlussabend stellten die KanadierInnen den Kontakt zur Transzendenz auf ihre Weise her. Im verdunkelten Raum erschienen verstorbene Häuptlinge und führten die Anwesenden in einen Tanz ein. Der Spaß mit der Geistigen Welt begann. Spätestens jetzt begriff Gunnar, was sie darunter verstand: »Hier habe ich so viel gelacht wie noch nie in meinem Leben.« Sehr glücklich kamen die beiden aus England in den Alltag zurück. Ihr Partner fand seinen eigenen Zugang in eine ungewohnte Welt.

Sein Selbstvertrauen wuchs, er kündigte seine Geldanlagen, ging zur Bank, um eine Hypothek zu beantragen und unterzeichnete den

Notarvertrag. Erstaunlich, mit welcher Schnelligkeit er geschäftliche Dinge löste, zu denen Johanna bisher keinen Zugang hatte. War das, wozu sie ihn gedrängt hatte, auch zu seinem Vorteil? Realistisch gesehen konnte er die Wohnung als gute Geldanlage ansehen, aber hatte sie ihn nicht manipuliert? Sie hatte zur transzendenten Ebene bewusstere Kontakte, vielleicht auch zu seinem Vater? Diese Seele aus der Transzendenz war in der Nachkriegszeit sehr geschäftstüchtig gewesen. In seiner damaligen Firma war er für die Finanzen zuständig. Tritt jemand in die Geistige Welt ein, nimmt er seine Fähigkeiten und Talente mit. Den Zusammenhang hatte sie bei öffentlichen Durchgaben im College beobachtet. Warum ist das frühere Leben des Vaters von Interesse? Gunnar hatte viel Geld in Aktien einer Autofirma angelegt, die er jetzt schweren Herzens seiner Partnerin zuliebe verkaufte, um die neue Wohnung zu finanzieren. Kurz danach gingen die Fehlentscheidungen eines Topmanagers des Autokonzerns durch die Presse, der Wert der Aktien verfiel. Was haben Wertpapiere mit Johannas Welt zu tun? Als der Verlust eintrat, hatte Gunnar bereits das Geld für den Kauf des Appartements verwendet. Peter hatte in ihrem letzten Reading gesagt, meine Frau braucht Sicherheit.

Das alte Zuhause musste ausgemistet werden. Es war ein Abschied und ein Neubeginn zugleich. Hier zeigte sich Peter nochmals in Träumen, die ihr vermittelten, wie auch sein Seelenleben vorankam.

Traum (August 2000):

»Peter hat eine junge Begleiterin. Die beiden, mein Freund und ich gehen zu viert aus. Es ist wie in einem Biergarten, allerdings kann man dort auf der überdachten Terrasse tanzen oder baden gehen. Beim Schwimmen freut es mich, wie das Wasser trägt. Ein Mann, den ich nicht sehe, beschreibt mir eine Szene, die mir aus unseren Spanienreisen bekannt ist, eine weite Landschaft mit Stauseen im Süden bei Córdoba. Buschrosen, die traumhaft riechen, er sollte sie stehen lassen, weil in der Dürre kaum etwas wächst. Er führt uns alle vier zu einem spanischen Landhotel mit dem üblichen guten Service. Mein Begleiter ist froh über unsere Gesellschaft. Peter bedankt sich für die schöne Zeit, als wir abreisen, sagt er mir:« »Es war eine magische Zeit für uns, für die bin ich dir sehr dankbar. Es war die schönste Zeit in meinem*

Leben. Wenn du zu uns kommst, wird es ein sehr leichter Tod sein. Wir sind da.«

Peter wurde bei diesem Besuch in der Geistigen Welt von einer Frau begleitet. Erleichtert stellte sie fest, er hatte sich dort eingelebt und wie sie sein Umfeld gefunden. Gunnar kam für das Wochenende. Sie standen früh auf, gingen Radfahren und schliefen nochmals zwei Stunden. Ein kurzer Schlaf mit Traum:

»Sehe eine Frau und einen Hund, er läuft auf mich zu. Eine Stimme sagt zu mir: Schau hier, deine Freundin! Dann sehe ich auf den Königspudel, denke verwundert, das war doch ein Satz, wie ihn Peter ausgesprochen hätte!? Dem Hund gebe ich ein Geldstück in sein Täschchen, es war sein Liebling aus unserer gemeinsamen Zeit.«

Die Münze weist auf den antiken Brauch hin, dem Verstorbenen eine Münze unter die Zunge zu legen, damit er den Fährmann ins Totenreich bezahlen kann. Peter vermittelte ihr etwas Grundlegendes. Von den vielen Hunden, die sein Leben begleitet hatten, hat nun auch das Wesen seines Lieblingshundes aus der gemeinsamen Zeit zu ihm gefunden. Er war ein halbes Jahr zuvor gestorben.

Bald würde sie die Wohnung verlassen, aber eine Begegnung im Traum war immer wieder möglich, nur nicht körperlich. Ihre Existenz ging in dieser materiellen Welt weiter. Sie schlief ein letztes Mal im alten Zuhause. Trotz des Trubels, den der Umzug mit sich brachte, kam es zu einer klaren Traumerinnerung (August 2000):

»Wir treffen uns in einem Ausstellungsgebäude, Peter bringt seine Begleiterin mit. Nachdem sie mir zu schnell gehen, verabreden wir uns am Ausgang. ›Wisst ihr, nachdem ich zu mir gefunden habe, kann ich das nun alleine machen.‹ Peters Kleidung ist etwas heruntergekommen, eine kaputte, schwarze Cordsamthose, ein zu enger, graumelierter Pulli! ›So hast du dich zu Lebzeiten nie angezogen,‹ sage ich zu ihm. ›Das war mir hier zu eng, zu traurig, ich bin froh, dich hier weggebracht zu haben.‹«

Er, dem gut gekleidet sein über alles ging, wollte mit dem viel zu kleinen Pulli, der schwarzen Kleidung, an seine beengten, tristen

Lebensumstände erinnern. Sie durfte auf seine Unterstützung in der neuen Stadt hoffen, aber musste dem vertrauten Wohnort Lebewohl sagen. Mancher der alten Freunde hätte weiterhin in Johanna die Gescheiterte gesehen. Marions Söhne bewältigten mit ihr alle Räum- und Renovierungsarbeiten. In die neue Wohnung zog ebenfalls eine von Peter gezogene Pflanze um. Sie erhielt einen zentralen Platz. Nach einem halben Jahr begann sie eine herrliche Blüte zu treiben. Diese Pflanzenart hatte sie noch nie blühen sehen. Ein betörender süßlicher Duft durchzog die Wohnung. Ähnlich der Feige vor zwei Jahren hatte auch diese Pflanze ihre Beziehung zur verstorbenen Person und begann nach geraumer Zeit ihre signifikante Veränderung.

Duftende Pflanze

Gunnar konnte es kaum erwarten, bald wieder nach England zu reisen. Im Herbst 2000 war es soweit. Er kam in eine Klasse für Heilen und Johanna fand Zugang zur Tranceheilung. Die Tutorin führte die Studenten aus der hellsichtigen Kontaktaufnahme zunächst in tiefere Ebenen. Die Lernwilligen sollten die Unterschiede der Bewusstseinsstufen bis zur tiefen Trance bewusster wahrnehmen. Anschließend bauten sie den Kontakt zur Geistigen Führung auf. Auch wenn Johanna den Weg nicht weiterverfolgen konnte, wurde daraus eine markante Erfahrung. Kam man so der zeitlosen Dimension der Ewigkeit näher?

Ein Fernsehsender hatte sich angekündigt, um angeblich über das College zu berichten. Die Tutoren waren zwiegespalten. Die einen befürchteten lächerlich dazustehen, die anderen erhofften sich mehr Publicity. Das war eine Gratwanderung! Ein hellsichtiges Medium sieht, was vor sich geht, aber wie will man das mit einer Filmkamera vermitteln? »Was sieht man später im Fernsehen? Eine ältere Dame in Trance versunken, sitzend auf einem Stuhl und vielleicht hört man sie etwas im Dialekt aussprechen? Das könnten sie auch in einem Heil- und Pflegeheim machen,« konstatierte Gunnar. Medizinische Kameras waren sein Gebiet: »Das müsste man differenzierter erfassen. Kontakte über eine Bildverarbeitung herstellen, die elektrische Felder in Farben umsetzt, so wie du das einmal erfahren hast.« »Das stimmt, es gehört so viel dazu. Das eigentümliche Körpergefühl, wenn man in Trance sitzt und die Energie eines Helfers sieht. Das muss man selbst erleben,« bestätigte ihm Johanna. »Diese Felder sind mit gewöhnlichem Auge nicht sichtbar. Bei meiner letzten Übung habe ich erlebt, wie mich der Helfer überlagerte. Er war groß und schlank und seine Hände habe ich vor meinem inneren Auge gesehen. Wir erfahren das übereinstimmend. Wie will man die Kraft vermitteln, die ich der Mitstudentin gab? Sie spürte Kälte, wo meine Finger Wärme bekamen, dann wieder eine Hitze ohne sichtbare Quelle.«

Im Anschluss an eine gewohnte Trance-Demonstration auf der Bühne hatte auch Johanna Lust auf ein paar freche Fragen. Sie schlossen die bekannten Vorurteile ein, fern solcher Erfahrungen: »Wenn ich mit den Geistwesen spreche, halte ich sie auf ihrem Weg ins Licht nicht auf oder binde sie an unsere Welt?« – »Blödsinn, es ist wie mit einer Taube. Sie setzt sich auf deine Hand und kann, wenn sie will, weiterfliegen. Wir können eine Taube hier nur festhalten, indem wir sie in einen Käfig einsperren, das habe ich bei geistiger Energie aber noch nicht erlebt. Im übertragenen Sinne ist ein Festhalten möglich. Wenn die Verstorbenen die Trauer der Hinterbliebenen mitansehen müssen, dann leiden sie mit. Der ›Vogel‹ weiß, hier muss ich jemanden versorgen, um seinen Kummer zu lindern. Bindungen an Verstorbene entstehen nicht durch die Kommunikation, sondern durch unbewältigtes Leid.«»Danke.« Johanna hoffte, dieses Missverständnis würde irgendwann verschwinden. Sie selbst hörte in ihren Readings mit regelmäßiger Wiederholung die Bitte, sie möge doch ihre Schwiegermutter durch Gebete unterstützen. Sie hatte den Sinn in ihrem Leben verloren. Ihr war bewusst, wie einsam die Witwe lebte, nur Grabbesuche und die Tradition, einen Hund zu halten, gaben Inhalt. Die angebotene Hilfe der Schwiegertochter wurde entsetzt abgelehnt.

In diesem Kursprogramm wurde einmal mehr das Deuten der inneren Bilder thematisiert. Wie schlecht wir darin sind, zeigt sich, wenn beispielsweise zwei Leute dasselbe Bild, den Sämann von van Gogh, beschreiben müssten. Beide sehen die Maltechnik, die Farben, die Anordnung wo Baum und Sämann stehen, die Darstellung von Sonne, Feld und Himmel. Aber können sie das gleich gut in Worte fassen? Auf die Medialität übertragen bedeutet das, die Geistige Welt zeigt uns in Sekundenschnelle ein Bild. Wie beschreibt man den komplexen Eindruck, woran erinnert man sich, wenn das Bild verschwindet? Nur durch ausführliches Trainieren der Wahrnehmung kann solche Information richtig fließen. Das nächste Problem besteht darin, dass es nicht für jeden machbar ist, eine Situation zu sehen und diese anschließend zu benennen.

In diesem Seminar besuchten viele ihrer verstorbenen Familienmitglieder väterlicher- und mütterlicherseits die Übungsstunden. Jetzt da ihr Leidensdruck überwunden war, ließ Peter den Seelen aus dem Familienverband den Vortritt. Ihre Tutorin sprach sie erstaunt an: »Du hast aber eine starke Familie.« »Ich freue mich sehr darüber, diese Verwandten habe ich zu Lebzeiten nicht kennengelernt.« Der Älteste war der Bruder ihrer Großmutter, er hieß Wilhelm, er starb Ende der zwanziger Jahre. Ein anderer Kontakt war der Vater ihrer Mutter. Er drückte sein Bedauern aus, dass er die eigene Tochter in der Jugend nur aus der Geistigen Welt heraus hatte unterstützen können.

Das Beeindruckendste im Verlauf der Woche erlebte Gunnar, es wurde zu seinem Initialerlebnis. Aufgeregt traf er beim Essen ein: »Ich hatte heute eine sehr außergewöhnliche Erfahrung. Schau da drüben am Tisch, diese unscheinbare Frau ist aus meiner Gruppe. Vorher bei der Übung zu medialen Durchgaben hat sie zunächst das Bild einer Frau vom Kontinent wahrgenommen. Dann sprach sie von einem kleinen Hund, den diese bei sich hatte, niemand konnte das einordnen. Als keiner der Anwesenden das für sich in Anspruch nehmen wollte, stimmte sich unser Tutor in den Kontakt ein. Er erhielt eine Wahrnehmung, die er an die Tafel schrieb: nämlich die Worte Rhine und hard. Lustig für mich war daran, wie er die englischen Worte zu Hilfe nahm, die ins Deutsche übersetzt Rhein und hart bedeuten. Das heißt, er als Engländer hat den Namen ›Reinhardt‹ auf Deutsch gehört, konnte ihn aber nur auf Englisch wiedergeben. Erst jetzt klingelte es bei mir, alles zusammen ergab den deutschen Namen Reinhardt, eine Frau und ihr Hund. Das war die langjährige Lebensgefährtin meines verstorbenen Bruders. Die Freundin lebt noch, aber mein Bruder hat mit Hilfe des Bildes eine Botschaft für mich gebracht.«

Der Wissenschaftler in ihm hatte ein unvergessliches Erlebnis: »Welch übergeordnetes Bewusstsein, welch höhere Macht spricht mich Krümel mit einer Aussage an? Woher kommt es in diesem gigantischen Universum mit seinen Milliarden von Milchstraßen zu dieser Übereinstimmung? Das ist nicht beweisbar.«

8.5 Spiritualität im Alltag

»Weißt du, Violette, wir haben schon viel über den Weg zur Glückseligkeit, der Eudaimonia, gesprochen. Im irdischen Dasein geht es darum, diesen Weg zu erkennen!«

»Jaune, das Vertrauen wächst in mir, dass meine Seele durch die Tugend, die Areté, gestärkt wird. In der kommenden Existenz soll es mir gelingen, das Schlechte zu wandeln oder zumindest die Chance zu erkennen, daran stark zu werden. Inzwischen weiß ich, wer mutlos ist, steht noch am Anfang der Suche. Das Ziel ist meine Seelenkraft. Auf der Erde gibt es Phasen der Erholung, die werde ich genießen. Dann kommen die Herausforderungen hinzu, an denen reife ich. Wenn ich sie bestehe, ergibt sich ein Gefühl der himmlischen Belohnung. Nicht die

Menschen applaudieren, sondern die Geistige Welt schickt mir weitere Tugend, weil ich mich würdig verhalte. Jaune, auch wenn ich mich wiederhole, für mich steckt alles in dieser unscheinbaren Geschichte des Glaukon, die das Wesentliche ausdrückt: Die Lebensmuster werden gezeigt, nach Vernunft wird gewählt.«

»Violette, auf der Erde begegnest du extremen Auffassungen zwischen ›Ich bestimme, was in meinem Leben geschieht!‹ und ›Ich glaube, dass alles vorherbestimmt ist.‹ Die feinen Töne, die Verbindung zur Transzendenz durch die Wirkkraft der Seele, werden leicht übersehen. Im Rahmen deiner Lebenstendenz hast du Freiheit, das ist der freie Wille. So wirst du zum entsprechenden Leben hingezogen. Eine gewählte Existenz ist mehr als ein Stein, der dem Newtonschen Gesetz folgt.«

Plotin, Die Vorsehung I, Bd. Va (44); Enneade III,2, Von der Vorsehung (I)

Zwei Vorhersagen ihrer ersten Readings hatten sich inzwischen erfüllt. Sie hatte den neuen Partner gefunden und war umgezogen. Nur die angekündigte Veränderung in ihrem Berufsleben stand noch bevor. Eine weitere mediale Prognose sprach sogar von einer Beförderung und mehr Gehalt. Sie würde sehen, was kommt. Es fing recht harmlos an. Um ein zweites berufliches Standbein aufzubauen, bot sie berufsbezogene Kurse an der Volkshochschule an. Das führte wieder einmal zu einer Überlastung, denn wegen der neuen Wohnung fuhr sie täglich einen weiten Weg zur Arbeit. Dann lief in einem Kurs etwas schief, zwei Teilnehmer stellten ihre Fähigkeiten massiv infrage. Solche Angriffe saßen tief und raubten ihr sogar den Schlaf. Sie fühlte sich verunsichert und angegriffen. An der Stelle, wo sie besser mit Lockerheit reagieren sollte, ließ sie sich in eine übergenaue Wissensvermittlung hineintreiben. Sie benötigte dringend Hilfe und fuhr deshalb in die Schweiz zu Frau Brunner:

(Herbst 2001): »So können Sie nicht weitermachen, Sie verbluten sonst an Ihren Verletzungen. Es ist an der Zeit, dass Sie sich für Ihre Leistung selbst anerkennen. Gehen Sie von jetzt an die Tage danach an, ob Sie diese in gutem Gefühl verbracht haben. Sie geben denen, die etwas von Ihnen wollen, genug. Denen, die sie nur in Frage stellen, geben sie nichts, die lassen Sie links liegen. Der Umzug war wesentlich, damit wird auch eine neue Arbeitsstelle auf Sie zukommen. Sie müssen den Weg noch weitergehen, bis Sie zu Ihrer Individualität ganz ja gesagt haben. Akzeptieren Sie sich denn selbst. Es wird Zeit, Ihre alte Wunde zu schließen!«

Johanna spürte, wie sie aufatmete. Nach alter Manier hatte sie angenommen, ihre Fähigkeiten wären ungenügend. Das Hauptproblem ihrer Jugend war zurückgekommen. Warum schaffte sie es nicht die Erfolgreiche auszustrahlen? Weil die berufstätige Frau viel zu wenig zur Ruhe kam, verlor sie leicht die Kraft, in ihrer Mitte zu bleiben, anders ausgedrückt, zu sich zu stehen. Das Medium hatte sie darauf hingewiesen, aber wie sollte Johanna die Mechanismen unterbrechen? Durch die Infragestellung bezweifelte sie die Qualität ihrer Kurse, darauf reagierte sie durch mehr Perfektion, um Anerkennung zu erlangen. Immer wieder geriet sie in ähnliche Fallen. Ihr Ziel, den Ansprüchen der zwei Kursteilnehmer zu genügen, wurde von diesen geschickt untergraben. Auch wenn sie längst wusste, dass diejenigen, die wenig geben, das Meiste fordern, wurde ihr ›die Energie geraubt‹. Schließlich führte das dazu, dass sie sich bis zur Erschöpfung alles abverlangte. Das war ein persönliches Problem, das konnten die spirituellen Begleiter nicht für sie lösen. Sie erhielt einen Traum (Herbst 2001):

»Ein Haus in einem Tal, dort werde ich Kunstkurse geben, doch ich denke, dafür reichen meine Fähigkeiten nicht aus. Deshalb übernehmen Leute von Übersee die Aufgabe (einer hatte dort seine Wurzeln). Schaue den Lehrern zu, dann wird mir das zu langweilig. Kann es nicht mehr mitansehen, wie sie ohne grundlegendes Verständnis arbeiten, daraufhin bespritze ich sie mit Wasser, damit Leben in die Gruppe kommt.«

So sah also der Lösungsvorschlag der Geistigen Welt aus. Johanna sollte endlich zu ihrer unkonventionellen Lebenseinstellung und ihren Gefühlen (Wasser) stehen, denn ihr Können stand außer Frage. Diese Szene vermittelte ebenfalls, wie es den weniger Talentierten gelang, sich geschickt aufzublähen, damit man ihnen den Vortritt ließ. Wurden die Träume durch den Umzug seltener? Nein, sie dienten weiterhin zur Hilfestellung für den Alltag! Einmal verabredeten Gunnar und Johanna am Wochenende einen Besuch bei Familienangehörigen. Sein betagter Onkel und ihre Eltern wohnten in der gleichen Stadt, gemeinsam plante das Paar mit Johannas Auto dorthin zu fahren. In der vorhergehenden Nacht träumte sie Merkwürdiges:

> *»Ich sehe eine Art Steckdose. Zwei senkrecht stehende Rechtecke mit waagrechten Zeilen, dazwischen befindet sich ein Schlitz. Für diese Öffnung gibt es einen Schlüssel mit trapezförmiger Grundfläche, daran ist eine Feder angehängt.«*

Sie hatte keine Ahnung, was es mit dem ungewöhnlichen Bild auf sich hatte. Für alle Fälle galt es, den Eindruck festzuhalten, sie zeichnete es in das Traumtagebuch. Als sie am Sonntag zu ihrer Besuchsrundreise aufbrachen, da zeigte die Temperaturanzeige des Motors immer wieder eine Überhitzung an. Im Leerlauf, zum Beispiel, an einer Ampel, fiel die Temperatur ab. Der Freund hatte Sorge, dass ihr Auto Schaden nehmen könne. Sie hielten in die Nähe einer Werkstatt an. »Du, Gunnar, ich hatte letzte Nacht einen Traum, mir wurde eine merkwürdige Steckdose gezeigt. Gib mir mal deinen Kuli, das muss ich dir schnell aufzeichnen.« Sie wiederholte ihre Zeichnung. Sie nahm an, dass sich dahinter ein technischer Hinweis verbarg, aber mit Autos kannte sie sich zu wenig aus. Gunnar dagegen hatte bereits in seinen Jugendjahren Fahrzeuge zerlegt. Er schaute interessiert auf die Skizze: »Das sieht wie das Kästchen für die Autosicherungen aus.« Während Johanna keine Ahnung hatte, wo sich diese befanden, öffnete er geschickt die Verkleidung. »Die eine Sicherung ist kaputt, aber da ist ein Ersatz dabei. Ich kann die alte durch eine neue ersetzen.« Vorsichtig fuhren sie weiter. Sie hatten noch über 50 km zu fahren, das Problem tauchte nicht mehr auf. Ungläubig und still sahen sie einander an, was erlebten sie hier? Johanna hörte in der Botschaft insgeheim Zusätzliches: Keine Überlastung mehr annehmen! Das Auto symbolisiert einmal die Persönlichkeit des Besitzers, aber im praktischen Leben war es für den Weg zur Arbeit unverzichtbar. Sie träumte:

> *»Ein Marder beißt in die Schläuche meines Autos.«*

Sie wunderte sich nicht mehr, sie war vorgewarnt. Zwei Wochen später, morgens auf dem Weg ins Büro, leuchtete eine rote Lampe auf. Sie rief in der Werkstatt an: »Schauen Sie bitte gleich nach einem Marderbiss.« Nachmittags stand der reparierte PKW wieder auf ihrem Parkplatz. Sie konnte gleich damit heimfahren. Hatte sie das ihrem

Schutzengel zu verdanken? Peter sorgte aber nicht nur für ihr Auto, sondern deutete auch auf ihr Befinden hin. Traum (Januar 2002):

> »Ich sehe Peter in erholten Zustand, sehr jugendlich, vor mir. Bekannte begrüßen ihn, es geht um eine Wohnung. Dann um ein gemeinsames Essen mit meinen Eltern und Kollegen, alle sitzen zusammen am Tisch. Sie bestellen und damit es reibungslos abläuft, übernehme ich den größten Teil der Rechnung. Alle verspeisen ihr serviertes Essen, nur für mich ist nicht einmal eine Beilage übrig.«

Das war für sie die Botschaft, ihre Bedürfnisse wurden weder im Elternhaus noch in ihrem beruflichen Umfeld ausreichend erfüllt. Sie trug bereitwillig die Kosten. Die Zeit zu Gehen war gekommen. Der Wechsel war sogar dringend, sie durfte sich nicht hinter einer Bequemlichkeit verstecken, denn die Tätigkeit ›nährte‹ sie nicht mehr. Den Prognosen zufolge hatte sie Aussicht auf eine neue Beschäftigung mit höherem Einkommen, nahe der Wohnung. Traum:

> »Ich bin bei meinem Vorgesetzten im Büro. Dort sehe ich in einen Ordner und lese den Zeitpunkt meiner Verabschiedung. Plötzlich ist dieses Papier verschwunden, ich durchsuche alles, um ihm den Termin zeigen zu können. Habe kein gutes Gefühl zu ihm.«

Der Chef zeigte eine verständliche Reaktion, denn durch Johannas Weggehen kamen seine betrieblichen Strukturen durcheinander. Aber bei diesem Geschäftsführer kam das einer Majestätsbeleidigung gleich. Aus dem Traum hörte sie ebenfalls heraus, dass der Termin für die Veränderung bereits existierte, zumindest in der Geistigen Welt. Dann kam Schwung in die Sache, denn ihr häufiges Ausgehen mit Gunnar hatte etwas Gutes, sie machte neue Bekanntschaften. Gerade erfolgreiche Leute wirkten durch die stille zurückhaltende Art geradezu anziehend. Sie erkannte diese sofort an ihrer Fähigkeit, gut zuhören zu können, irgendwie ergab sich daraus der berufliche Kontakt. Sie fand eine neue Stelle, weil jemand wegen Krankheit kurz vor dem Ruhestand stand. Man benötigte sie dringend. Für den Weg des beruflichen Abschieds dachten sich die spirituellen Freunde einen besonderen Traum aus:

»Um meinen Hals hängt eine Schildkröte. Sie spricht mich an: ›Wer bist du denn?‹ Ein unbeschreibliches Gefühl von Spaß und Liebe geht mit der Frage einher. Dann sehe ich mich an einem Strand in einer alten Stadt, dort hat mein Begleiter mit mir Duftöle ausprobiert, meine Wahl fiel auf Myrrhe.«

Das unbeschreibliche Gefühl ist das in der Geistigen Welt mögliche Erleben. Die Myrrhe verweist auf eine mystische Symbolik, die Ägypter nennen sie die Tränen des Horusknaben. Myrrhe diente auch der Gesundheits- und Schönheitspflege. Die Schildkröte deutete auf zweierlei in Johannas Biografie. Sie besaß seit der Studentenzeit eine edel geformte, metallene Handtasche für festliche Anlässe, die man an einer silbernen Kette umhängte. Eine weitere Begebenheit sprach auf die gemeinsame Zeit mit Peter. Ein Besucher am See schenkte ihnen einmal eine Wasserschildkröte mit den Worten: »Sie wird sich bei euch wohlfühlen.« Johanna taufte sie Ludmilla, weil sie von weither kam. Alle freuten sich riesig, wenn sie sich zeigte. Die Botschaft des geistigen Begleiters war, sie solle sich folgendes vornehmen: nach den Tränen ... Schönheit ... festliche Anlässe ... wohlfühlen ... riesige Freude!

8.6   Hier sein bedeutet, unsere Seele zu leben.

»Violette, kennst du die provokante Aussage Plotins: ›Selbst die höhere Macht wird sich nicht für die einsetzen, die sich nicht zur Wehr setzen‹? In Auseinandersetzungen, sagt die göttliche Ordnung, werden diejenigen Unterstützung bekommen, die bereit sind, sich zu wehren, nicht wer um Hilfe betet. In der Landwirtschaft ist das nicht anders, wer pflügt, wird ernten. Wer mit seinem Körper Schindluder treibt, riskiert seine Gesundheit.« Jaune trägt das Zitat vor und führt die Gedanken in Richtung der leicht missverstandenen Astrologie weiter. »Die Sternengötter, Jupiter, Venus und so weiter, sind für das Geschick zuständig, indem sie einen Lebensweg vorgeben. Diese Vorsehung gilt es zu entdecken und zu bejahen. Meistens hadern die Geborenen zu Lebensbeginn mit ihrem unbekannten Auftrag. Lassen sich von den Affekten antreiben, handeln nach eigenem Gutdünken und vergessen dabei ganz, Geduld zu entwickeln. Das führt in der Regel zu einer sehr widersprüchlichen Lebenssituation. Einerseits ist man mit seinem Los unzufrieden, andererseits schaut man auf die Sterne oder nach einer sonstigen Hilfe. Jetzt entsteht das, was allgemein Schicksal genannt wird. Wer gegen die Ordnung des Kosmos lebt, erhält eine Korrektur, um seinen seelischen Weg verfolgen zu können.«

»Jaune, ich fasse das auf meine Weise zusammen,« antwortet Violette. »Plotin spricht über den Weltplan, das Wesen des Logos. Er mahnt an, ein tätiges Leben zu führen, selbst wenn der Lebenssinn einem noch wenig entschlüsselt ist. Vor den Extremen soll man sich hüten und den alltäglichen Verpflichtungen nachkommen. Die Lebensprobleme sollen durch ausgewogenes Handeln mit Geduld gelöst werden. Das im Sternenbild gezeichnete Schicksal ist schwer zu entziffern, aber die Lebenstendenz ist angezeigt. Bildlich gesprochen: Es handelt sich um eine Art Libretto, der hierfür engagierte Opernsänger legt seine Fähigkeiten an den Tag. Ziel ist es, seine ›Aufführung‹ zu meistern. Naturwissenschaftlich ausgedrückt: Das Horoskop entspricht mehr einer Rahmenstruktur, ähnlich der Bionik. In diesem Fachgebiet wird zum Beispiel ein Blatt nach Struktur und Gattung untersucht, während die Entwicklung von äußeren Bedingungen abhängt.«

»Sehr gut, Violette, wenn du dein neues Leben wählst, kannst du mithelfen, der Astrologie den nötigen Stellenwert zurückzugeben.«

Plotin, Die Vorsehung I, Bd. Va (I) (8); Enneade III, 2,9

Gunnar war ehrgeizig und Halbheiten lagen ihm schon gar nicht. Leidenschaftlich ging er neuen technischen Lösungen nach. Mit seiner Fähigkeit hatte er sich in der Vergangenheit bereits bewiesen. Der Umgang im Betrieb war kameradschaftlich. Die leitenden Angestellten und Mitarbeiter verkehrten gesellschaftlich miteinander, leider schienen auch politische Spielchen dazuzugehören. Aber was tut man, wenn die Regeln verletzt werden? Die Chefs tricksten, der eine, um die Bilanz der Firma besser dastehen zu lassen, der andere Vorgesetzte wickelte einen Auftrag über eine ausländische Firma ab, an der er Teilhaber war. Die Machenschaften fanden noch eine Steigerung, einige der Ingenieure wollte man an eine weitere Firma ›verkaufen‹ für den Preis ihres jeweiligen Jahresgehalts. Gunnar hatte berechtigte Sorge, dass man zwar Leistung, aber auch seine Abteilung verkleinern wollte. Er beschloss, rechtzeitig zu handeln. Er sah sich um, ob neue Kapitalgeber Interesse an zukunftsfähigen Entwicklungen hätten. Er fand sie. Die Firmenzentrale erhielt seine Kündigung, um das berufliche Drama zu beenden. Doch es kam anders. Das Bild mit dem Wolkenmann wurde geradezu das passende Bühnenbild, das ›Unwetter‹ brach über das Paar herein. Der Weg durch den dargestellten Irrgarten aus Hecken begann. Später flogen die verborgenen Machenschaften der Chefs auf, aber zunächst rächten sich die Vorgesetzten. Gunnar wurde mit vollen Bezügen sieben Monate lang vom Arbeitsplatz freigestellt. So glaubte man zu verhindern, dass er im Vorfeld für eine neue Firma tätig würde.

Endlich fand Johanna die Zeit, Arnold von den letzten Ereignissen zu berichten. Sie hoffte, einen Rat zu bekommen. Nachdem sie sich über die vergangenen Monate erzählt hatten, sprach Arnold von seiner Zukunft: »Bald habe ich sehr viel Zeit zum Fliegen. Aber zuvor möchte ich daran mitwirken, unsere Firma mit so wenig Schaden für die Region wie möglich zu verkaufen. Der Konzern will uns loswerden, angeblich zu wenig Profit.« »Das kommt mir bekannt vor, bei meinem Freund sollte die Bilanz durch das Transferieren der Mitarbeiter geschönt werden. Eigentlich geht es um Fehlentscheidungen, die die Angestellten ausbaden müssen. Mein Freund Gunnar wollte bereits im Auftrag der neuen Kapitalgeber eine Forschungsabteilung aufbauen, denn seine früheren Mitarbeiter haben ebenfalls gekündigt. Er will sie nicht verlieren, sie sind ein eingespieltes Team. Leider wollen seine Chefs ihn zu Hause isolieren, während er an Aufbau denkt. Eine einvernehmliche Lösung ist nicht in Sicht.« »Das ist Arbeitsverhinderung, du kennst meine Rede, alles dreht sich immer nur um Firmenpolitik und Kasse machen, so behindern sich die Betriebe selbst. Langfristige Ziele rechnen sich nicht mehr. Ein verantwortungsvoller Chef muss doch bereit sein, den Leuten den Rücken freizuhalten zum Wohle der Firma. Ein Unternehmen muss in erster Linie ein Ort sein, an dem wir mindestens acht Stunden unseres Alltags sinnvoll zubringen können. Gute Mitarbeiter nehmen eine Problemlösung mit nach Hause, sie entwickeln in Gedanken weiter, das funktioniert auf lange Sicht nur durch Wertschätzung! Aber ich sehe das bei meinen Vorgesetzten, sie sind abhängig vom Lebensstandard. Manche setzen ihre eigenen materiellen Ziele so hoch, dass sie nur noch rücksichtslos hinterher klettern können. Die beruflichen und gesellschaftlichen Wichtigkeiten sehe ich für immer unbedeutender an.« Johanna staunte: »Du kannst dir eine Zukunft ohne deinen Beruf vorstellen?« »Ja, das Segelfliegen fordert mich heraus, da erlebe ich mich. Inzwischen wird die mir verbleibende Zeit immer weniger. Mein Bedürfnis nach Wesentlichem geht vor.« In diesem Moment spürte sie seine vertraute Persönlichkeit und ihre innere Verbindung sehr stark. Bilder über den Spaß, den sie miteinander gehabt hatten, tauchten in ihr auf, sie lächelte. »Besuche uns, wenn du in der Nähe bist.«

Nachts beobachtete sie Träume zum Leben von Gunnar:

»Im Haus bei Gunnar sind Elektriker, sie arbeiten daran, ihn vom Strom, vom Elektrizitätsnetz abzutrennen!«

Vermutlich ging das über das Symbolische hinaus. Tage zuvor hatte ihn ein früherer Mitarbeiter aufgesucht, mit der Bitte um ein Arbeitszeugnis. Er gehörte nicht zu den Vertrauten. Tage darauf stellte Gunnar Störungen beim Telefonieren fest. Anrufe bei der Schadensstelle halfen nicht weiter. Johanna erzählte von ihrer nächtlichen Eingebung. »Das ist gut möglich, dass da jemand tätig war. Meine Kollegen kennen sich mit elektronischen Bauteilen aus.« Gunnar richtete sich ein Büro in einer kleinen Wohnung ein. Niemand wusste davon, dort konnte er unabhängig planen und telefonieren.

Traum: »Ein Freund, der mit den neuen Kapitalgebern verkehrte, lud uns zum Essen ein. Wir kamen um 19 Uhr dort an, doch die vornehme Gesellschaft hatte sich zu einem anderen Lokal aufgemacht. Das Fest fand ohne uns statt. Wir fuhren mit meinem Auto zu Gunnars Büro, vollgepackt mit Kisten. Die Gäste sahen uns zu, keiner glaubte uns, dass wir den Umzug allein schaffen würden.«

Diesem sehr freundlichen Bekannten hatte ihr Partner bis dahin fast blind vertraut. Die nächtlichen Bilder wiesen auf dessen Doppelrolle hin. Er hatte sowohl Kontakte zu den alten Chefs als auch zu den innovativen Geldgebern. Der Hinweis im Traum war deutlich genug, Misstrauen dieser Person gegenüber war angesagt. Es kamen auch weitere Warnungen zu den neuen Kapitalgebern und ihrem Vorhaben.

Traum: »Ich sehe ein altes vornehmes Haus mit zwei Flügeln. Es war das Gebäude, das für die neue Firma angemietet werden sollte. Erben der dort beheimateten Familie schieben einen Sarg von einem Gebäudeteil in den nächsten. Sie wollen nicht, dass man den Sarg findet. Dann kommen die Gäste für die Bestattung, doch die Begräbnisfeier wird ihnen vorenthalten.«

Dieser Traum war schwer zu deuten, erst Jahre später wurde der Inhalt vollkommen verständlich. Vorsicht war nötig. Gunnar sollte offensichtlich getäuscht werden. Das vornehme Haus bezog sich auf die neue Firma. Erben, Kapitalgeber, darunter kann sich jeder etwas vorstellen. Der verschobene Sarg: ›Da war eine Leiche im Keller‹, die man nicht finden sollte. Den ›Beerdigungsgästen‹, also Gunnars Belegschaft, verheimlichte man die Hintergründe, es sollte keine Feier geben. Johanna war inzwischen mit der humorvollen Bebilderung der Geistigen Welt vertraut. Das Paar ahnte die Zwecke des Unternehmens, so wurde der Wunsch ihres Partners nach sinnvoller Technologie untergraben. Die Lawine war ausgelöst, die zukünftigen Mitarbeiter rechneten fest mit den neuen Arbeitsstellen. Er musste gute Miene zum bösen Spiel machen.

»Hole fünf seiner Kollegen zu mir, weil der Leiter der Firma das angefangene Haus nicht zu Ende bauen will. Die finanzierende Bank will kein Geld überweisen. Es muss mit einem Koffer von der einen zur anderen getragen werden. Am Tag darauf findet eine Geschäftsbesprechung mit den Vorgesetzten statt, es geht nur um Kleider.«

Ihr Partner nannte die neue Arbeitsgruppe ›die Auffanggesellschaft‹. Er fühlte sich in einem Dilemma, denn er fühlte sich dafür verantwortlich, die Mitarbeiter in die neue Firma mitgezogen zu haben. Die Ziele der Kapitalgeber blieben verborgen (den Sarg verstecken), so arbeiteten die Mitarbeiter, ohne das entsprechende Kundenprofil zu kennen. Das hatte einsame Kämpfe im Management für Gunnar zufolge. Seine Gesundheit nahm ihm das übel.

»Bin in einem Wohnzimmer, die Mutter meines Freundes redet mit mir. Ihr Sohn ist ein technisches Genie. Dann wendet sich sein Vater an mich: Er hat wohl Verständnis für die Technik, deshalb zeigt er mir einen alten Artikel, die Zeitung heißt nach dem Erscheinungsort. Dorthin habe sein Sohn private und geschäftliche Beziehungen. In der Pressemitteilung wurde die Erfindung, sein altes IC, ein Lach-IC, besprochen« (IC heißt

Integrated Circle, gebräuchlich in der Umgangssprache ist Mikrochip).

Es war nicht schwer, die Botschaft umzusetzen. Das Wichtigste im Leben, den Humor, sollte er behalten!

Plötzlich kam Hilfe aus ganz anderer Richtung. Theas Tochter war am Telefon: »Du, Johanna, hättet ihr dazu Lust, für mich Klienten zu spielen? Meine bisherigen Probanden haben leider abgesagt.« Sie ließ sich gerade zur Therapeutin für Familienaufstellungen ausbilden. Die ausbildende Psychologin war durch eigene Fernsehsendungen bekannt. Bei dieser Methode werden die Rollen der Familie an Vertreter übergeben, um Gefühlen und Verhaltensmustern auf den Grund zu gehen. Das Paar wartete gespannt auf den Abend und wurde nicht enttäuscht. Sie saßen in einer Gruppe, die bereit war, die familiäre Situation Gunnars aufzustellen.

Ihm führte man nun anschaulich die Familienstruktur vor. Nachdem die Aussagen der ›Kinder‹ deutlich wurden, kam die ›geschiedene Frau‹ hinzu, zuletzt nahm die ›Freundin‹ ihre Stelle ein. Er sah zu, wie sehr er sich in seinem Leben durch Frau und Nachwuchs ziehen, aber auch schieben ließ. Johanna wurde eindringlich gesagt, welch ungesunde Rolle sie längst einnahm, indem sie ihm Kraft gab. Gunnar verfing sich in seiner ›Zerreißprobe‹. Ein Kind verlor sich bereits auf dem inneren Weg, den Vater im Klammergriff zu halten. Gleichzeitig opferte es unbewusst seine ganze Lebensenergie, um die Mutter mitzuziehen. Zugleich lebte das Paar die eigenen familiären Strukturen weiter. Sie saßen in einer psychologischen Falle, als Gegengewicht zum Umfeld war gerade wichtig, an sich zu denken. Welch erstaunliches Resultat! Gunnar wurde ermahnt seine Situation schnell aufzulösen, dazu waren neue Pfade nötig, um das Kind aus der gefährlichen Schieflage zu entlassen. Er musste jetzt seine Kinder ziehen lassen, die Konstellation würde sonst ihre Entwicklung hemmen. Von außen sah es vielleicht danach aus, dieses Paar verfolge nur eigennützige Ziele. Aber aus therapeutischer Sicht wurde es für die beiden höchste Zeit, sich wie ein würdevolles Paar zu behaupten. Sie behielten das beeindruckende Gruppenbild in Erinnerung. Gunnar erkannte die nötige Veränderung. Das Haus fand schnell einen Käufer, er zog in sein Büro.

Seine Eltern verfolgten das Geschehen:

»Seine Mutter zeigt mir ihre Verbindungen nach Ostdeutschland. Sie will mich noch auf etwas Ungewöhnliches hinweisen. Ein bestimmtes Familienmitglied, erzählt sie mir, habe eine Beziehung zum Adel. Dann erinnert sie mich, beim Auflösen des Haushalts auch die schönen Stoffe und Handarbeiten aus ihrer Zeit einzupacken. Ihr erging es in der Nachkriegszeit ähnlich, sie wollte durch den Hausbau versuchen, ihrem Leben seine Würde zurückzugeben.«

Gunnar deckte später den Hintergrund der Trauminformation auf. Es handelte sich um eine eheliche Verbindung aus der Elterngeneration. Die Textilien verpackte Johanna sorgfältig, um dem Wunsch der Mutter nachzukommen.

Seine Eltern sorgten sich in dieser Zeit sehr, das wollten sie durch ihr Kommen ausdrücken. Wie hält man so ein Hamsterrad aus? Johanna sah in einer Urlaubsanzeige einen See in Italien, der ihr für eine kurze Erholung geeignet erschien. Sie fuhren zu einem Kurzurlaub. Wieder zuhause zurück, kam die Trauminformation:

»Sehe eine Frau, die Karzinome hatte. Sie trug nach der Chemotherapie eine Perücke. Sie begrüßte und umarmte mich. Mein Freund und ich gehen eine wilde Felsenlandschaft entlang bis zu einem Wasserfall. Er springt hinein, badet darin und kommt wieder heraus. Dann laufen wir den Trampelpfad am Wasser vorbei, dort sehe ich Berge, Busverkehr, Leute die im Bus singen, vor uns ein Berg, geschaffen für eine Wanderung.«

»Gunnar, hatte deine Mutter nach der Chemotherapie eine Perücke?« »Ja, ihr fielen die Haare auf einmal komplett aus.« »Dann sah ich deine Mutter,« daraufhin erzählte Johanna den Traum. Er enthielt wohl eine nachhaltige Botschaft für den Sohn und führte dazu, dass dieser ein paar Tage später eine Annonce entdeckte. An dem schönen Urlaubssee verkaufte jemand Ferienappartements, der vorherige Besitzer des Baulandes sorgte für die Instandhaltung und die Sauberkeit seiner Anlage. Nach kurzer Überlegung waren sie sicher, das Richtige für sich gefunden zu haben. Johanna erkannte die von der Mutter im Traum beschriebene Natur. Dieses Feriendomizil bauten sie in ihre Lebensstruktur ein, dort fuhren sie an allen freien Tagen hin, um den Alltag zu vergessen. Auch ihre Englandaufenthalte setzten sie fort. 2004 waren sie wieder einmal im College und konsultierten die Medien.

Das Medium: »Ich sehe Landwirtschaft, gibt es da Pferde?« Gunnar wusste nicht, wie er dies einordnen sollte. Denn das war die Methode seines Vaters gewesen, Geld für die Zukunft anzulegen. Aber das Medium schien mit der Energie der Mutter weiterzuarbeiten: »Die Mutter ist stark und möchte, dass die Dinge korrekt laufen. Sie steht etwas im Hintergrund, gab es da Differenzen in der Familie?« »Nein,« meinte Johanna, »sie ließ dem Vater gerne den Vortritt.« »Sie konnte Energie haben, sie riss die anderen mit, wenn sie etwas wollte, Ideen, Veränderungen, dann war sie es, die dich ermutigt hat, deine Ziele zu erfüllen. Sie zeigt mir, wie sie einen Schal um den Kopf wickelte, um ihre Haare zu kaschieren. Sie hat an einem Wettbewerb mitgemacht, da gab es eine Auszeichnung dafür. Die sei in deinem Besitz. Es gibt da etwas wie einen Schrein, dort sind auch Fotos, deine Mutter sagt, dass das kleine Ding da liegt.« »Das ist der Vitrinenteil eines Schranks. Sie war Gewinnerin eines Abfahrtslaufes und das war ihre Auszeichnung. Dort bewahren wir Fotos und Andenken von Verstorbenen und geistigen Lehrern auf,« sagte Johanna. Nach einer kurzen Pause richtete sich das Medium erneut an Gunnar: »Zuhause und Arbeit werden in deinem Leben zusammenkommen, du sollst ruhig abwarten, sie sagt mir, die rechtlichen Querelen mit der alten Firma hätten bald ein Ende. Sie ist so stolz auf das, was du inzwischen geleistet hast. Es sei wie damals, als du mit ihr beim Bergsteigen gewesen bist, schon als Kind hattest du Durchhaltewillen.« Erstaunt hörte Johanna durch das Medium, wie seine Mutter ihr gemeinsames Leben aufmerksam beobachtete. Tröstlich war, dass die Forderungen der früheren Firma, der er angeblich geschadet hatte, bald beigelegt wurden.

Ein Jahr später waren Gunnar und Johanna schon eine Zeitlang verheiratet. Er liebte sie sehr und sie liebte ihn. Es war ein hoffnungsvoller Neubeginn. Aber sie sorgte sich aus astrologischer Sicht um ihn. Die zukünftigen Aspekte verhießen für die nächste Zeit nichts Gutes.

England, August 2005. Das Medium sagte: »Dein Mann hat anderen noch viel zu sagen.« Johannas Herz machte innerlich einen Luftsprung, erleichtert fiel eine Last von ihr ab. Die Botschaft hieß damit, er habe keine lebensgefährliche Veränderung zu befürchten, durch Krankheit oder einen Unfall. Trotzdem wusste sie, etwas kam auf sie zu. »Dein Mann ist etwas zu rigide, er muss beweglicher werden, um mit anderen klar zu kommen. Hat er einen Sohn?« Das Medium nennt seinen Namen. »Um den macht er sich große Sorgen. Ich höre eine Orgel und Glocken, das kann zweierlei bedeuten: Hochzeit oder Beerdigung.« Johanna nahm wahr, wie vorsichtig das Medium sich äußerte. »Eine Frau spricht lobend von seiner Tochter und dass sie das Leben wieder genießen kann.«

Ein weiteres Medium unterstützte Johannas Zuversicht: »Du hast dein Glück jetzt gefunden, Peter zeigt mir einen See mit Bäumen, hohe Berge, dort spielen Kinder und es gibt Häuser und Hotels. Seid ihr dort in den Ferien gewesen?« »Nicht mit ihm, das ist das Feriendomizil in Italien, das mein Mann und ich vor geraumer Zeit gekauft haben.« »Dein Mann arbeitet schwer. Er sollte dringend Last abgeben. Ist er selbständig?« »Nein, er betreut eine Abteilung.« »Da ist viel schiefgegangen in den letzten Monaten. Selbst wenn er zu Hause ist, arbeitet er weiter. Ich möchte dich nicht beunruhigen, aber wenn er die Last nicht freiwillig abgibt, wird er dazu gezwungen werden. In seinem Alter wird es Zeit, sich mehr zurückzuhalten. Er muss zur Vernunft kommen, er leistet zu viel. Wichtig für euch ist, ihr sitzt zusammen in Trance, das wird wichtig für andere.«

Der Trost bestand in den von den Medien angedeuteten Veränderungen. Sie relativierten Johannas schlimme Befürchtungen vor der Osterzeit 2006.

Traum (Januar 2006): »Ein Hund springt mir entgegen, er freut sich, mich zu sehen. Dann liegt ein Kind in meinen Armen, es sagt mir, ab jetzt gehe es wieder aufwärts, irgendwie auch für Gunnar. Am Ende haben wir eine schöne Zeit. Ganz am Ende sterbe ich mehrmals. Das Kind lacht mich an, es sieht aus wie ein Gnom und dann wird es wieder zu einem Kind. Wir fahren mit dem Bus zur Straßenbahn. Wir müssen lange warten, wir wollen mit der Linie 16 fahren. Dann kommt dieser Wagen und er ist vollständig ausgebaut, für alle Bedürfnisse eingerichtet.«

Die Bilder taten sehr gut. Peter hatte ›seinen Hund vorgeschickt‹. Er, der nun bereits sieben Jahre wie ein Schutzengel für sie sorgte, konnte ihr sagen, dass sich ihre Lebensaufgabe entwickeln würde und sie bräuchte keine Angst vor dem Tod haben. Die Krise ihres Mannes würde zu meistern sein. Wie ihr schon öfters versichert wurde, erhalte sie Hilfe aus der Geistigen Welt, falls es nötig werde. Die Linienfahrzeuge des öffentlichen Verkehrs deuteten ihr an, dass ihr Weg geplant sei, auch wenn sie vom Bus in die Straßenbahn umsteigen musste. Das bezog sich auf die Partnerschaften. In Neuburg fuhr nur der Bus. Am Wohnort mit Gunnar gab es eine Straßenbahn. Die Zahl 16 verwies auf Gunnar, seinen Geburtstag. Das hieß, mit ihm würde sie nach einer gewissen Wartezeit auf den beabsichtigten Weg geführt. Die gute Ausstattung des Wagens zeigte, dass sie gut versorgt seien. Die Straßenbahn fährt bis zur ›Endstation‹.

Traum (Pfingsten 2006): »Ich stehe im Keller meiner alten Firma, die Wände sind gemauert und halten stand, während sich der Boden in braunen Schlamm auflöst.«

Als sie aufwachte, war Johanna sofort klar, das verheißt nichts Gutes für Gunnar. Ihrem Gefühl nach hatte es mit seiner Arbeit zu tun, die ›Grundfeste‹ lösten sich auf. Es ist, als ob man den inneren Grund verlöre, nur ihre Stabilität, die Mauern der alten Firma, könne man erhalten. Gerne wollte sie ihn zum anberaumten Treffen mit den Vorgesetzten begleiten, aber der Traum warnte sie davor und riet ihr, in ihren vier Wänden zu bleiben. Noch am Nachmittag erhielt sie einen Anruf, es war die Stimme ihres Mannes: »Sie haben mich heute meinen Auflösungsvertrag unterschreiben lassen.« Das war zum Teil ein großer Schock, zum anderen Teil eine große Erleichterung. Jetzt hatte sich das erwartete Unglück zu erkennen gegeben, seine gute Gesamtkonstitution hatte ihn bisher beschützt. Wie vom Blitz getroffen, verlor Gunnar seine Mitarbeiter und das Potential seiner beruflichen Entwicklung. Er war 54 Jahre alt.

Johanna musste jetzt handeln, in ihren Aufzeichnungen kramte sie die Adresse einer Klinik heraus, die ihr passend zu sein schien. Sie vereinbarten einen Termin, Gunnar vertraute der empfohlenen Behandlung. Er ließ sich für einige Wochen einweisen. Währenddessen hatte das junge Ehepaar allerdings ein finanzielles Problem. Wie sollten sie die hohen Unterhaltskosten für die geschiedene Frau stemmen, die er damals bei der Scheidung freiwillig übernommen hatte? Sie beide würden klar kommen, aber den Lebensunterhalt für eine dritte Person aufzubringen, das war schwer!

Nach drei Wochen nahm Gunnar, immer noch sehr angeschlagen an einer kleinen Gottesdienstfeier teil. Am Ende stand der Priester auf und ging an jedem Teilnehmer langsam vorbei. Dann blieb er vor Gunnar stehen. Er beugte sich zu ihm und sagte leise und eindringlich: »Ihnen wird geholfen!« Der Patient spürte eine eigenartige Kraft hinter diesen Worten, das gab ihm Hoffnung. Gunnar war immer noch in der Klinik, anfangs sollten sie keinen Kontakt pflegen. Eines Abends rief seine Tochter an: »Es ist unfassbar,« sagte sie nur, sie schluchzte. »Was ist unfassbar?« »Meine Mutter … meine Mutter ist gestorben.« Die Todesursache war ein Blutgerinnsel. Die Embolie hatte zum Tode geführt. Alle kamen zur Beerdigung, Gunnar unterbrach den Klinikaufenthalt. Der Schock über diese Plötzlichkeit erfasste sie alle.

Nach Abschluss der Behandlung kam ihr Mann aus der Klinik zurück und ein zaghafter Alltag begann. Bewerbungen? Scheußlichkeiten mit Ämtern? All das ging Johanna auf die Nerven. Sie erinnerte ihn auch daran, dass er es im Grunde gewusst hatte: »Hast du mir nicht immer gesagt, dass du mit 54 Jahren damit rechnen musst, dass man dich zum Abschuss freigibt, damit du für deine Firma nicht zu teuer wirst?« »Ja! Da war meine Intuition wohl mal wieder richtig. Immerhin habe ich vorgesorgt.« »Deine Kinder sind in ihren Berufen angekommen. Du bist für niemanden mehr finanziell verantwortlich! Von daher kannst du loslassen. Hör auf, dich weiterhin zu übernehmen.« Er seufzte. »Ich weiß. Trotzdem … Es fällt mir schwer, diesen Beruf loszulassen. Das letzte Patent … wenn ich da nicht mein Auge drauf habe, werden sie das wohl verschusseln.« Er war so sehr an seine Arbeit in Ehre und Pflicht gebunden, dass er den Patentanwalt weiter unterstützte, obwohl ihm gekündigt worden war. Mit seinem letzten Abfindungsgehalt wurde ihm auch das Schreiben für das neu erteilte Patent zugestellt. Johanna strich ihm zärtlich übers Haar. »Lass uns in die Berge fahren«, bat sie. »Es liegt Schnee, dort wird es wunderschön sein. Schließlich haben wir dort einen Rückzugsort geschaffen, an dem man alles hinter sich lassen kann. Und genau das brauchen wir jetzt.« Später kam einer der ältesten Mitarbeiter in ihre Träume:

»Er steht mit mir auf einem Bauernhof in seiner Heimatstadt. Ich erkenne ihn sofort. Er will sich bei mir entschuldigen: ›Es war Verrat. Sie haben zu mir gesagt, sie müssen die Abteilung schließen, wenn ich nicht mit ihnen kooperiere und die finanziellen Kürzungen seien unumgänglich. Das habe ich ihnen geglaubt und handelte für die verbleibenden fünf Kollegen der Gruppe.‹«

Sie behielt die Information für sich. Jahre später wurde der Traum bestätigt. Sie traf den jüngsten Mitarbeiter des Arbeitsteams beim Einkaufen: »Der, der ihm in den Rücken gefallen ist, musste inzwischen auch einsehen, welcher Fehler das war. Die Kollegen haben nicht gemerkt, wie sich Gunnar damals vor sie stellte und die politischen Querelen von ihnen abhielt, damit sie in Ruhe ihrer Arbeit nachgehen konnten.«

*

Was hieß das für ihre mediale Entwicklung? Ihr Gespür, die Träume und die Astrologie erblühten zu einem guten Handwerkszeug. Ebenso half das, ihr Leben positiv auszurichten. Auf ihren Mann kamen chancenreiche Zeiten zu. Die Angebote kamen und doch wurde irgendwie nichts daraus. Um ihn zu beruhigen, sagte sie zu ihm: »Die Konstellation Anfang April 2007 wird dir eine letzte große Chance bringen. Auf diesen Zug musst du unbedingt aufspringen, egal wie er aussieht.« Dann wurde es April, es kam eins zum anderen. Am Arbeitsplatz sprach sie ein Kollege an: »Du, da gibt es einen Kurs, überlege schon dauernd, ob mich das in meiner Selbstständigkeit nicht fördern würde. Mich schreckt nur die üble Rechnerei ab. Da gibt es ein Institut, das einen längeren Kurs anbietet, der auf einem Architektur- oder Ingenieursstudium aufbaut.« »Weißt du, da höre ich ganz interessiert zu, Rechnen ist nämlich Gunnars Sache.« Im gleichen Moment bemerkte sie, dass dieser Kollege der Bote der letzten großen Chance war. Sie bedrängte Gunnar, das Fortbildungsangebot zu nutzen. Zwei Tage Kurs waren schon vergangen, dennoch bat die Kursleitung ihn mitzumachen, trotz der verspäteten Zusage. Am nächsten Morgen saß er bereits mit anderen netten Teilnehmern im Seminarraum. Sehr bewegte Berufsleben kamen hier zusammen. Diese Gruppe tat ihm gut. Bald entdeckte er auch, wie viele seiner bisherigen Kenntnisse hier hineinpassten. Je mehr er sich in das Gebiet vertiefte, umso mehr fesselte es ihn. Zaghaft ging er die ersten

Schritte in die neue Selbstständigkeit. Die Vergangenheit wollte er hinter sich lassen, alte Erinnerungen rissen nur die vernarbten Wunden auf. Aber wer würde das verstehen? Mit seinem Erfindergeist war er in große Höhen aufgestiegen, aber an der Politik der Firmen gescheitert und schmerzhaft abgestürzt.

Johannas Leben wurde von einer weiteren Veränderung getroffen. Das Jahr 2006 brachte noch einen Absturz mit. Arnold verunglückte tödlich bei einem Flug, der zum Wunschtraum der Segelflieger gehört. Er besuchte sie in ihren Träumen, sie unternahmen zusammen ihre gewohnten Ausflüge.

9 Sterben und Werden

9.1 Göttliche Ordnung

»Violette, vielleicht besteht der Irrtum im Verständnis der Propheterie darin, dass die Menschen das vermeintlich Gute anstreben. Sie tragen die Rechtfertigung für ihr ›gutes Tun‹ vor sich her, auch wenn sich das zum Schaden für andere auswirkt. Im Grunde schaden sie dabei ihrer eigenen Entwicklung. Plotin sorgt sich über die religiösen Eiferer. Grundsätzlich: Die Gebote führen nicht zum Herstellen der göttlichen Ordnung! Sie gehören zur dualen Welt, wie Gut und Böse. Diese Gebote bilden einen Gegensatz zu der Unvollkommenheit des Suchenden. Ganz im Sinne des Wortes Jesus' ›Wer ohne Sünde ist, der hebe den ersten Stein‹. Die Gebote können nicht das hohe Prinzip der Gerechtigkeit wieder herstellen, sondern die Wesen sollen sich zum Wertigen hinentwickeln.«

»Jaune, das ist schwer zu verstehen.«

»Violette, es dreht sich um unsere seelische Entwicklung, die wir beim freien Willen kennengelernt haben. Der göttliche Plan tritt nicht von außen an die Existierenden heran. Wenn er zu aufgesetztem Verhalten führt, strebt man etwas an, das ins Gute wie ins Schlechte entgleiten kann. Das liegt daran, dass die Wesen frei gemäß ihrer Neigung entscheiden, wie sie mit dem seelisch Förderlichen umgehen. Allein das Gute strebt zur Glückseligkeit. Deshalb können auch der tüchtigen Seele, die im Besitz der Areté ist, die widrigen Verhältnisse nichts antun. Wer diesen Weg erkennt, dem bedeutet die Armut und das Kranksein nichts. Der akzeptiert die Bedingungen als erzwungene heilsame Entwicklung. Ordnen kann nur, wer die ganze kosmische Ordnung im Blick hat. Das heißt, er muss vor allem Beseelten Respekt haben und das bezieht sich auf die ganze Schöpfung.«

Plotin, Die Vorsehung I, Bd. Va, (37–57) (Plotin betont, dass die nicht wesenhaft Guten das Ordnungsgesetz nicht erkennen können. Er äußert sich gegensätzlich zu Epikur, der das Bedürfnis nach dem Guten vor das Ordnungsgesetz stellt.) Anmerkungen Bd. Vb; Enneade III,2

Johanna bewunderte ihre Mutter, sie hatte im Nachkriegsdeutschland das Familienleben organisiert. Dabei überforderte sie sich, gleichzeitig

Ehe, Beruf, Kinder und Haushalt zu bewältigten. Im Laufe der Zeit wurde sie zu einer ernsten Frau, die nach außen Stärke und Pflichtbewusstsein zeigte, aber innerlich sehr unglücklich blieb. Die kleine Nachzüglerin wurde langsam erwachsen und ging eigene Wege, die ältere Tochter war weit weggezogen. Es wurde still im Haus, ihr Mann mochte den Schwiegersohn nicht. Das führte zu kurzen gegenseitigen Besuchen. Gab es jemanden, bei dem sich die Mutter ehrlich aussprechen konnte? Seit dem Jahr 1999 wurde die Tochter immer wieder von den Medien auf die Verfassung der Mutter angesprochen. Warum war ihr beiderseitiges Verhältnis so schwierig?

»Bereits als Kind hattest du einen starken Willen, du warst ein unabhängiges Kind, das nicht darauf wartete, dass man ihm sagte, was für es richtig ist. Das bedeutete viel Stress für deine Mutter, die das in diesem Leben lernen musste.« (Pfingsten 1998).

Im Verlauf eines Gesprächs, als Frau Brunner sie an die alte psychische Wunde erinnerte, tauchten langsam Bilder auf: »Ich weiß, mir wurde immer gesagt, ich solle mich nicht so wichtig nehmen, was ich erlebe, gehe anderen auch so.« »Inzwischen wissen wir in der Gesellschaft, dass nicht gelebter Schmerz das Mitgefühl verhindert.« Johanna schwieg. Eine Szene ihrer frühen Jugend fiel ihr plötzlich wieder ein. Auch das Medium schwieg. Schließlich begann Johanna zu sprechen: »Es gibt eine böse Erinnerung an meine Kindheit. Da forderte ich die Zuneigung meiner Mutter geradezu heraus. Wir waren auf dem Nachhauseweg. Irgendetwas wollte ich von ihr. Ich habe mich als Kleinkind in diesen Schmerz hineingesteigert. Das Weinen verselbständigte sich, ich war außer mir vor Trauer. Da ging die Mutter weiter. Ich drohte sie bereits aus den Augen zu verlieren, da stand ich auf, lief ihr nach. Ich hatte nur einen Wunsch: in den Arm genommen zu werden und die Liebe der Mama zu spüren, nachdem ich sie verloren hatte. Mir hätte das geholfen mich wiederzufinden. Diese Chance hat die auf Haltung bedachte Frau versäumt. Ihr war der Auftritt vor den Nachbarn höchst unangenehm, sie wollte nicht als die Versagerin in der Erziehung dastehen. Noch heute kann ich so ein verzweifeltes Weinen, das mir das Alleinsein eines Kindes vermittelt, schlecht anhören. Ich höre mich selbst darin. Es geht mir durch Mark und Bein.« »Ihre Mutter ist eine sehr korrekte Frau, innerlich unsicher, sie war der Meinung, das Richtige zu tun. Sie können mit Ihrer Mutter über das sprechen, was Ihnen aus der Beziehung Belastendes einfällt. Selbst wenn sie nicht anwesend ist, es erreicht sie doch,« bestätigte Frau Brunner.

Zu ihrem Vater zog es sie weniger hin, aber praktische Fähigkeiten konnte die Tochter bei ihm abschauen. Er baute ihr ein Puppenhaus. Es wurde ihr zweites Zuhause, mit dem sie stundenlang ihre Welt inszenierte. Von diesem zweistöckigen Wohnhaus kann sie noch heute jeden Winkel beschreiben. In diese Welt zog sie sich manchmal komplett zurück. Frau Brunner erklärte ihr bei einem der ersten Besuche den Hintergrund: »Ihr Vater konnte mit seinen Gefühlen wenig anfangen.« »Lag das am Krieg?« »Nein, er durfte sich in der Jugend nicht ausleben. Es war eine andere Zeit. Er spürte, dass etwas in ihm zu kurz kam. Er sieht jetzt, wie frei die eigenen Kinder leben, während es bei ihm hieß, das darfst du, das darfst du nicht. Er vermisst das Sich-ausleben-können.« Johanna wollte ehrlich sein: »Die Zuneigung zu ihm fällt mir schwer.« »Sie benötigen einen günstigen Moment, um mit ihm über sein Geburtshoroskop zu sprechen. Er hat einen Sinn für die nicht alltäglichen Dinge.« »Ja.« Johanna erinnerte sich, dass er tatsächlich diesen Sinn besaß und sogar sein Radix beschreiben konnte. Einmal hatte er Sonderbares berichtet: »Er erzählte mir, dass er eine ungewöhnliche Heilung erlebt hatte. Er war als Kind beim Spielen in der Scheune vom oberen Boden hinuntergefallen und danach stellte sich sein Wachstum ein. Auf seinen Konfirmandenfotos war er noch klein, er reicht den anderen Kindern gerade zur Brust. Viel später, nachdem es keine Besserung gab, ist meine Oma mit ihm zu einem Heiler gegangen. Er wuchs von da an wieder.«

Die Mutter konnte den verschlungenen Wegen der jüngeren Tochter nicht entnehmen, welch konsequente Linie diese verfolgte. Ganz im Gegenteil, sie war zwischen Sorgen und Hoffnung, ob aus dem Kind etwas werden könne, hin- und hergerissen. Als sie endlich schwarz auf weiß sah, welchen Erfolg Johanna im Alter von 29 Jahren hatte, freute sie sich und war stolz auf sie. Aber diese Anerkennung berührte die Tochter irgendwie nicht mehr, diese hatte den Wunsch auf Wertschätzung auf andere übertragen. Vierzehn Jahre später beunruhigten die Mutter erneute Gedanken um das Kind. Der Schwiegersohn war gestorben. Aber die Tochter löste das auf unerwartete und überraschende Weise. Sie ging weiter zur Arbeit und verbrachte viele Wochen in England. Sie bewunderte die Fähigkeit, so stilbewusst zu leben, aber der Umgang mit Geld war ihr zu locker. War das wirklich nötig? Irgendwie war zu befürchten, dass sie in weitere schwierige Männerbeziehungen geriet. Vielleicht war die Tochter gar in eine Sekte geraten? Eigentlich staunte die Mutter letztendlich über sie und vor allem darüber, welche Wandlung die Krise bewirkte. Das Kind kam sogar zurück und sprach mit ihr über ihr beiderseits schwieriges Verhältnis. Irgendwie waren sie immer wie zwei Kapitäne auf einem Segelschiff: »Wer darf steuern?« Die Richtung der Jüngsten blieb ihr fremd.

Johannas Mutter hatte im Frühjahr 1998 eine Operation, noch bevor die Tochter mit regelmäßigen Reisen nach England begann. Es war ein großer Tumor. Er war gutartig, aber die Ärzte wollten eine Niere entfernen. Johanna fuhr ins Krankenhaus. Da lag eine Frau, die sie fast nicht wiedererkannte. Sehr erschrocken sah sie das aufgequollene Gesicht. Die Augen öffneten und schlossen sich. Die Narkose wirkte nach, sie schlief immer wieder ein. Solange sie noch nicht richtig bei Bewusstsein blieb, konnte Johanna durch geistiges Heilen gute Energien um sie aufbauen. Vielleicht tat das gut. Die mediale Tochter bat die geistigen Freunde um Hilfe. Nach einer Woche fuhr ihre Mutter in eine Reha-Maßnahme. Sie kam schnell wieder auf die Beine.

Johanna fuhr in die Schweiz zu Frau Brunner. Irgendwie musste sie einen Umgang mit ihrer Hilflosigkeit finden: »Wie kann ich meiner Mama am besten helfen?« »Für Ihre Mutter wird es Zeit, sich aus dem Schatten ihres Mannes herauszulösen. Zu lange hat sie hinter ihm gestanden. Sie war nie richtig selbstständig.« »Diese Sicht überrascht mich, sie entscheidet in unserer Familie. Sie tritt in Gesellschaft immer als die Dominante auf.« Frau Brunner widersprach: »Sie nahm viel zu viel Rücksicht auf ihren Mann! Sie hat sich nie selbstständig neben ihn gestellt. Das müsste sie ändern. Der Körper wird alt, aber der Geist ist jung. Diese Ablösung ist nötig, um ihre Gesundheit zu bewahren.«

Nach den zwei ersten Englandaufenthalten nahm Johanna ihre Mutter zur Seite. Sie ließ sie die kurze Sequenz von Frau Brunner hören. Die alte Dame war tief beeindruckt, aber auch erschrocken. »In England habe ich außerdem gehört, dass du keine weiteren Komplikationen haben wirst. Du bist auf dem Weg der Genesung.« Die Mutter freute sich mit der Zeit immer mehr über die Besuche der Tochter, besonders wenn sie Aufgaben aus ihrem Beruf mitbrachte. Das gab ihr ein Gefühl der Wertschätzung, das schwierige Kind reagierte begeistert auf die ungekünstelten Lösungen. Die alte Dame konnte mit ihrem Geschmack und ihrer Reife sogar sehr fachmännische Aussagen machen, die ihre Tochter anerkennend vernahm. Sie unternahmen kleine Ausflüge. Die durften nur nicht zu lange dauern, die Eifersucht ihres Mannes hielt sie weiter in Schach. Dann im August meldete sich die Schwester Ulrike am Telefon. Sie klang ziemlich verärgert: »Könntest du bitte aufhören, unsere Mutter so zu beunruhigen! Du überforderst die arme Frau mit deinen Ansichten. Sie muss ganz alleine bestimmen, welche Veränderungen sie in ihrem Leben will.« Johanna ließ sich nicht so leicht einschüchtern. Was passte der Schwester nicht? »Im Gegensatz zu dir wohne ich schließlich nur eine Autostunde entfernt. Ich kann doch sehen, wie ihr meine Besuche Abwechslung geben und sie aufmuntern.« »Um dich macht sie sich nur Sorgen, bei unseren Aufenthalten kann sie sich freuen. Vielleicht wäre es besser gewesen, du hättest geheiratet und Kinder bekommen,« hörte sie Ulrike mit überlegenem Ton sagen. »Uns vertrauen die Eltern, während du ihnen keine Freude gemacht hast. Weißt du eigentlich, was es heißt, sich um jemanden zu kümmern?« Johanna war erschüttert über diese Denkweise: »Glaubst du, das Leben ist ein Supermarkt, in dem man sich nur zu bedienen braucht? Im Grunde wirfst du mir meine Andersartigkeit vor. Du bist damals schon eifersüchtig auf meine Erlebnisse mit Arnold gewesen.« Sie wollte mehr sagen, aber sie hatte zu schweigen gelernt. Das war kein Gespräch auf Augenhöhe mehr, sondern eine Ablehnung ihrer Persönlichkeit. Oder kurz gesagt: Eifersucht, die hier in sehr moderatem Ton vorgetragen wurde. Johanna wird bald von ihrem verstorbenen Cousin hören, wie die Geistige Welt sie beobachtet:

(Februar 1999): »Als Kind warst du sehr schüchtern, aber auch schwierig. Dann erwähnt er eine Schwester, sie sei das völlige Gegenteil zu dir, wenn sie euch Geschwister sehen, stehen sie manchmal dabei und lachen. Aber eine Sache hättet ihr gemeinsam, eure Starrköpfigkeit.«

Längst Verstorbene ihrer Familie kamen in England zur Sprache. Für die Mutter war das etwas unangenehm. Immer wieder holte die Tochter alte Fotoalben heraus. Diese Johanna wollte so viele Erinnerungen wie möglich wecken.«Mutti, du bist die einzige, die mir zum Leben der Verwandten etwas sagen kann! Wer sind die Leute auf den Bildern? Lass uns Namen darunterschreiben.« Manchmal wusste das wirklich niemand mehr, nach einem Album hatte die Mutter genug: »Lass mich in Ruhe!« Nicht weil ihr die Familienangehörigen egal waren, sondern weil sie diesem Hokuspokus, den ihre Tochter da in England betrieb, misstraute. Dabei war ihr das Thema Ahnenforschung nicht fremd, sie hatte für die Verwandten in den USA den Stammbaum bis ins 17. Jahrhundert nachgeprüft.

Während solcher Unterhaltungen stellte sich die Tochter die Eltern vor, wie sie irgendwann auf ganz andere Weise mit ihnen kommunizieren würde. Oder werden sie mir dann auch ausweichen? So ein Gespräch lag hoffentlich noch in weiter Zukunft.

Um einem der stillen Wochenenden zu entfliehen, war sie zu einem Vortragsseminar über tibetische Medizin gefahren. Der Vortragende, ein Internist, erzählte zur Auflockerung eine persönliche Geschichte: wie er zum wiederholten Male eine Nierenkolik bekam, aber diese ereignete sich in den Bergen des Himalaya. In ihrer Not brachten die Mönche den Arzt zu einem Heiler. Der behandelte den Europäer über mehrere Stunden durch Gespräche, Räuchereien und Ähnliches. Am Ende spuckte der Schamane zwei Kugeln aus.»Ich wurde für geheilt erklärt, das Ereignis war vor elf Jahren. Seither hatte ich keine Beschwerden mehr.« Das alternative Heilwissen war faszinierend. Johanna nahm sich vor, auf dem Rückweg bei ihren Eltern vorbeizufahren. Besuch war anwesend, alle saßen um den Kaffeetisch. Sie wollte gerne etwas von diesem Seminar erzählen. Nach einem kurzen Versuch stellte sie fest, es interessierte eigentlich niemanden. Der Mutter waren die Auffassungen der Tochter in Gegenwart der Gäste etwas peinlich. Sie lehnte diese ab. Mit den unkonventionellen Hypothesen passte man nicht in ihre Welt. Das war Spinnerei, wie sie der Vater manchmal an den Tag legte. Ungewöhnliche Ansichten lehnte die Mutter bei beiden ab. Das fiel einer der Verwandten auf. Sie bestätigte ihr das Problem:»Wenn ihr in Gesellschaft seid, wehrt sie ab, was du sagst. So stark ist das noch nie in Erscheinung getreten.«Bei einer Tranceübung sah Johanna ihr Elternhaus (Januar 1999):»Sehe meine Mutter, wie sie vor mir steht und sehr unglücklich ausschaut. Sie ist verzweifelt, wie sie die Situation meistern soll. Die Lippen sind blass, der Lippenstift ist abgegangen.«

Offensichtlich durchlebte sie gerade eine schwierige Situation. Für Johanna gab es nur durch die Medien, die die psychische Verfassung ihrer Mutter ansprachen, einen Zugang zur deren Not. Einmal wurde sie erschreckt Zeuge, wie sich die Mutter nicht mehr zu helfen wusste. Sie waren im Keller, etwas war ihr missglückt. Angst, Wut über den fehlenden Zusammenhalt in diesen fünfundfünfzig Ehejahren brachen auf einmal aus ihr heraus. Die Tochter wollte sie trösten und ihr helfen. Sie nahm sie in die Arme und bat sie, in die Energie der Kraftübertragung zu vertrauen: »Deine verstorbene Mutter gibt dir Heilung, genau so wurde das mir zuteil.« Plötzlich machte ihr die Mutter ein ganz unerwartetes Geschenk: »Weißt du, ich verstehe das alles nicht, was du tust, aber ich versuche es!« Gerne würde sie der Jüngsten vertrauen, aber deren Leben hatte etwas Unstetes. Sie versprach sich von Ulrikes Vorschlägen mehr. Nach ein paar Monaten hatte die Tochter wieder einen Mann kennengelernt, auf welches Drama würde sie jetzt zusteuern? Das Kind erzählte bei einem Besuch von ihrem neuen Glück: »Ich habe einen sehr netten Mann kennengelernt. Dieses Mal ist das eine Herzensbeziehung.« »Da bin ich skeptisch, erzählen kann man viel. Glaubst du wirklich den Versprechungen irgendeines Mannes? Glaubst du etwa, dass Liebesromane wahr werden können? Ist er geschieden?« »Er war verheiratet und hat zwei Kinder.« Die Mutter schüttelte grimmig den Kopf. »Warum willst du dich wieder belasten?« »Mit meiner Intuition habe ich den Richtigen gefunden«, beharrte Johanna. Seufzend stand die Mama auf, um neuen Kaffee einzuschenken. »Ich will doch nur, dass es keine weiteren Enttäuschungen in deinem Leben gibt.« Damit war das Gespräch beendet. Die Tochter zog sich traurig zurück, nicht wegen des Unverständnisses, sondern weil die Mutter so wenig von ihrer Welt annehmen konnte.

Im Herbst 2000 erkrankte der Vater. Er kam in die Klinik, ein Bypass wurde gelegt. Ihre Mutter, die von auswärts mit dem Bus anreiste, lief sich buchstäblich die Füße für ihn wund. Johannas Ziele, dem Elternpaar aus der Gefangenschaft herauszuhelfen, wurden auf Eis gelegt. Warum vertraute die Mutter so wenig ihrer Autorität? Die Anläufe zur Unterstützung der Mutter kosteten einige Kraft, aber diese musste ganz allein Verantwortung für ihr altes Leben übernehmen. Die Chance der Ablösung von dem, was sie behinderte und krank machte, war verpasst. Frau Brunner hatte recht, in der Beziehung zu ihrem Mann war sie immer die Unterlegene. Johanna sah nun zum zweiten Mal in ihrem Leben mit an, was psychische Gefangenschaft mit einem geliebten Menschen anrichtet. Ganz ähnlich war es Peter ergangen, auch er konnte kein Gefühl für den Freiraum entwickeln, den seine Seele zur Selbstentfaltung nötig hatte. Johanna tröstete sich mit einer Regel aus dem Buddhismus: »Das Vertrauen an den Lehrer muss aufgebaut werden oder anders gesagt: Man kann nur Menschen helfen, die einem vertrauen.« Waltraud tröstete sie mit den Worten: »Für die Eltern können wir nicht verantwortlich gemacht werden, wir können nur für sie beten.«

Die Gesundheit des Vaters stabilisierte sich wieder, dann stürzte die Mutter unglücklich und brach sich einen Arm. Jetzt wurde sie ins Krankenhaus gebracht. Immer wieder fuhr Johanna die längere Anfahrt zu dem einsamen Paar, sie fühlte sich restlos überfordert. Sie rief bei der Schwester an: »Warum organisieren wir nicht eine Betreuung für den Haushalt?« Ungerührt schlug diese vor: »Du bist doch unverheiratet, hast keine Kinder, du könntest doch nach der Arbeit bei den Eltern vorbeischauen und das Wochenende dort zubringen.« In ihren Träumen sah sie die Mutter des öfteren in Gefahr, ermordet zu werden. Das entsprach dem Hinweis, dass sie von außen bedroht wurde.

Traum (Februar 2002): »Wir stehen in einem Kreis. Eine gläubige katholische Frau steht neben mir, sie trägt einen schwarzen Schleier. Sie ist gezwungen, mir ihre Hand zu geben. Sie soll mir die Aufwartung machen.«

Im April 2002 starb Johannas Mutter morgens im Krankenhaus. Sechs Wochen davor war sie über einen Teppich gestürzt, nach drei Wochen rief sie an und bat Johanna um Hilfe. Die Tochter kam und fand eine von den Schmerzen stark mitgenommene Frau. »Sollen wir dich in die Klinik bringen, damit man herausfindet, was dir fehlt?« Sie weigerte sich, weggebracht zu werden. »Nein«, wiederholte sie immer wieder störrisch. »Nein, ich will dort nicht hin.« Sie ahnte, dass es keine Rückkehr gab. Über die nächsten Feiertage kam die Schwester mit der Nichte angereist, nach ein paar Tagen wurde die Mutter ins Hospital gebracht. Dort verließ sie in der ersten und einzigen Nacht ihren Körper.

Sie hatte noch ihre Enkelin gesehen, dann war es für sie soweit. Sie wollte nie zum Pflegefall werden. Am Morgen stand die Tochter sehr gefasst und überrascht vor ihrer Mutter. Johanna hatte aus astrologischer Sicht das sichere Gefühl, sie hätte eine Heilung zu erwarten, manchmal kommt es aber anders. Der Transit entsprach der Erlösung. In ihrer Kindheit und Jugendzeit wollte Johanna gerne erklärt bekommen, wie das mit dem Sterben sei. Die lähmende Angst konnte niemand mit ihr teilen. Der Psychologe fing sie damals auf: »Sie haben die Panik nicht mehr ausgehalten, dann haben Sie sich verschlossen. Gefühle und Worte gingen von nun an getrennte Wege.« Es ist nicht gut, diese Angst zu verdrängen.

Traum: »Gunnars Mutter und ich befinden uns in einem dunklen Gebiet einer Stadt. Sie erzählt mir, wie sie in der schweren Zeit, als sie die Krankheit niederdrückte, zum Ausgleich malte. Sie spricht mich an: ›Wir müssen selbst etwas für uns tun, das uns in der Dunkelheit einer Lebenssituation wieder Licht gibt.‹«

Es war Zeit für die Beerdigung. Johanna wünschte sich, diesen Abschied mit Würde zu gestalten. Sie verbarg ihre Gefühle hinter einer freundlichen Fassade. In den Augen der Gäste hatte der plötzliche Tod natürlich nichts Positives. Alle waren überrascht, dass sie so früh gehen musste. Die geliebte Mutter hatte ein schnelles Ende nach einer langen Leidenszeit gefunden. Kaum zwei Wochen später bekam die Tochter diesen Traum:

»Wir betreten ein Geschäft und wollen unsere Fahrräder reparieren lassen. Es befindet sich in einer Straße mit höchstens dreistöckigen Häusern. Meine Großmutter holt mich unten am Eingang ab. Sie zeigt mir eine Treppe nach oben: ›Geh hinauf!‹ Meine Mutter zeigt mir ihr Gesicht ganz deutlich. Sie liegt in einem Zimmer gleich gegenüber der Treppe. Die Oma hinter mir spricht: ›Wir haben sie erst einmal hierher gebracht, sie soll sich hier erholen.‹ In Sorge, dass es ihr schlecht geht, salbe ich ihre Knie mit einer wohltuenden Creme, ich tue das gerne, wie zu Lebzeiten. ›Jetzt geht es mir besser,‹ sagt sie zu mir. In ihr Gesicht kommt Farbe zurück. Es ist zwar noch wächsern, aber sie steht auf und geht in eine helle Welt.«

Eine Woche später: »Meine Eltern sind auf dem Mond. Wasser wird hier nach oben transportiert. Meine Mutter sagt mir, dass meine Schwester nicht recht hätte, sie wisse gar nicht, was noch komme.«

Die Symbolik vermittelte der Tochter das Verhältnis ihrer Eltern. Wasser auf den Mond transportieren deutet auf das schwierige Gefühlsleben der beiden hin. Der Mond entspricht astrologisch dem Gefühl. Ihre Mutter hätte zu Lebzeiten auch sagen können: ›Ich könnte diesen Mann auf den Mond schießen!‹

Der Tod ihrer Mutter bestätigte, wie sehr sie für den Zusammenhalt der Familie gesorgt hatte. Doch das sollte sich innerhalb kürzester Zeit ändern. Hinter Johannas Rücken waren die Strippen bereits gezogen worden. Ulrike hatte eine vorläufige Vollmacht angefertigt. Im Todesfall und darüber hinaus sollte die ältere Schwester alles regeln.

Traum: »Man will mich verprügeln, ich flüchte auf das WC. Dort steht eine Vitrine, ähnlich den Automaten am Eingang von Einkaufscentern. Ich werfe ein Geldstück hinein, dann kann ich mir ein Schmuckstück auswählen.«

Ulrike nahm nach dem Todesereignis allen Schmuck mit sich. Sie war der Meinung, das sei der Wunsch der Mutter, aber hätte diese nicht gerne auch der jüngeren Tochter ein Schmuckstück hinterlassen? Die ältere Schwester ahnte nicht, dass aus Sicht der Geistigen Welt der Wunsch bestand, die Ordnung zu bewahren. Der Traum verriet, auf der Toilette erledigen wir unsere Bedürfnisse, sie muss einen geringen Preis zahlen und kann dann den Bedürfnissen nachkommen. Sie darf sich etwas aussuchen.

Fünf Wochen nach dem Tode ihrer Mutter:

»Meine Mutter spricht mit mir. Wir stehen uns an einer Küchentheke gegenüber, sie sagt: ›Diese Verwandte konnte ich nicht richtig einschätzen, sie war nett und um mich bemüht.‹ Sie wollte mir ihre Zurückhaltung gegenüber der Frau meines verstorbenen Cousins erklären. Ich antwortete darauf, für mich untypisch: ›Du musst dich in sie hineinversetzen.‹ Anschließend, als wolle sie sich wegen ihrer Einschätzung von Gunnar entschuldigen: ›Ich dachte, du wirst wieder enttäuscht!‹«

Johanna fragte bei der Frau ihres Cousins nach: »Ja, ich hätte gerne mit deiner Mutter eine Freundschaft geführt, aber sie hat sie nie richtig in Gang kommen lassen.« Dem Traum nach wollte die Mutter zwei ihrer Irrtümer klären, auch ihre Einschätzung von Gunnar. Denn Männer, die ›enttäuschen‹, war ihr Lebensproblem. Ein Vierteljahr später folgte ein sehr ausführlicher Traum:

>*Ich komme in ein Haus, es ist ein nüchternes klassizistisches Gebäude. Neue Teile kommen hinzu, hier würde ein Zimmer 150 Euro kosten. Mich kostet die Übernachtung dort nichts. Der Wirt, es ist mein Großvater, empfängt mich im oberen Stockwerk. Ich staune über die hellen Wandvertäfelungen, sie sind ganz nach meinem Geschmack. Bin erstaunt, denn unten im Keller steht Wasser. Mir fällt auf, dort leben die Tiere. In der zweiten Etage komme ich in einen großen Raum, dort wohnt die Familie. Es werden mir die Bilderbücher gezeigt, die meine Großmutter mir geschenkt hatte, auch der alte Verlagsname wurde erwähnt, meine Mutter steht im Hintergrund. Sie erzählt, dass Anni, ihre bereits verstorbene Cousine, gesungen hätte, dann sehe ich weitere mir unbekannte Verwandte, ich hatte den Eindruck bekommen, sie sind eine stolze Familie.«*

In Johannas Kindheit gefielen die erwähnten Bilderbücher einer Verwandten so sehr, dass sie diese Kostbarkeiten mitnahm. Darüber war ihre Mutter sehr traurig, so dass sie beschloss der Jüngsten ähnliche zu kaufen. Johanna freuten die nächtlichen Traumgesichte, weil diese überzeugend zeigten, wie gut ihre Mutter in der Geistigen Welt angekommen war. Ihre Familie hatte sie empfangen. Es war erstaunlich, wie schnell sie sich in den Träumen austauschen konnten. Die Vermutung lag nahe, da haben die erfahrenen Kommunikatoren Großmutter und Peter mitgewirkt. Ein Dreivierteljahr später:

>*Begegne meiner Mutter, sie ist sehr elegant gekleidet. Wir sehen uns, dann geht jeder seinen Weg weiter. Ihr gutes Aussehen freut mich sehr. Zu Hause schaue ich im Briefkasten nach, darin liegen lauter goldglitzernde Briefe.«*

9.2 Das Böse begehrt man, weil man es für gut hält.

»Violette, ich habe einen Abschnitt aus dem Menon dabei. Der Dialog zeigt das sogenannte Böse aus Sicht von Sokrates. Er wendet wieder einmal die Hebammenkunst an, die Mäeutik. Seine Gesprächsführung wird so bezeichnet, weil er seinem Schüler zur Einsicht, der ›Geburt‹ neuer Gedanken verhelfen will. Menon beginnt mit dem Lehrer über Tugend zu sprechen, dann führt der Dialog zum Verständnis von Gut und Böse. Sokrates will wissen, ob man von einer Begierde nach Gutem und Bösem ausgehen kann. ›Ja‹, antwortet Menon. ›Der eine verwendet es für seine Dienste, der andere wie eine Waffe.‹ – ›Menon, meinst du wirklich, dass demjenigen, der das Böse für sich nützt, bewusst ist, dass es böse ist?‹- ›Nein, Sokrates, das kann ich mir nicht vorstellen.‹- ›Menon, dann ist doch der Gedankenschluss der folgende: Wer das Böse nicht erkennt, glaubt von sich selbst, er handle nach dem Guten. Wenn aber jemand Leid und Schmerz verbreitet, muss er dann nicht das Unglück der anderen erkennen?‹ ›Ich glaube, diese halten ihre Tat für nützlich.‹ ›Gut, Menon, niemand will das ausgelöste Unrecht verantworten. Wer schlecht handelt, sieht nicht, dass er sich selbst Leid zufügt, denn welcher Mensch wünscht schon, unglücklich zu sein?‹

Das Gespäch führt zum Thema Tugend. Menon: ›Kann ich mir diese erwerben?‹ ›Deiner Meinung nach, so hast du dich geäußert, Menon, besteht die Tugend in der Fähigkeit, das Gute anzustreben.‹ Menon ist von Haus aus ein Patrizier und genießt seine vornehme Geburt. Sie reden über gutes Leben und Wohlstand weiter, bis sie zum Schlusspunkt kommen. Nun zählt Sokrates die Bestandteile auf: Tugend muss Gerechtigkeit, Besonnenheit und Frömmigkeit beinhalten, sie darf nicht umgekehrt zum Teilstück erklärt werden. Das Gespräch endet mit dem Schluss, dass die Tugend nichts Lehrbares oder Natürliches ist, sondern ein göttliches Geschenk.«

»Jaune, man könnte den Dialog zusammengefasst so ausdrücken: Wer böse handelt, würde das nicht tun, wenn er wüsste, was er tut.«

»Sehr schön, Violette. An anderer Stelle haben wir bereits formuliert, gut sein zu dürfen ist ein Geschenk.«

Platon, Menon 70A-100C

Nach diesem plötzlichen Trauerfall kam der verwitwete Vater erwartungsgemäß nicht gut zurecht. Die jüngere Tochter versuchte, für ihn ein würdiges Umfeld am Wohnort zu schaffen. Ulrike fand, ihre Schwester sei dazu unfähig. Sie stellte alle Möglichkeiten infrage. Welchen Plan verfolgte sie? Den einsamen Witwer noch ein Jahr im früheren Haus wohnen zu lassen, bis er freiwillig zu ihr ziehen würde. So war es hinter Johannas Rücken geplant und so führte es Ulrike durch. Der einsame Vater wohnte ein paar Tage bei der Schwester, anschließend zog er in eine betreute Wohnung, die ihr Schwager gekauft hatte. Johanna wurde in haarsträubende Konflikte verwickelt. Man wollte dafür sorgen, dass sie den Kontakt zu ihrem Vater aufgab. Gleich nach dem Tode seiner Frau übertrug der Witwer durch eine Generalvollmacht alle Entscheidungen auf die ältere Tochter, nur durch einen Widerruf war er in der Lage das zu verändern. Immobilien wurden verkauft, ohne an Johanna eine bereits vollzogene Schenkung auszuzahlen. Man erklärte ihr, der Schwager verwaltete das Geld bis zum Lebensende seines Schwiegervaters. Nach eineinhalb Jahren erhielt Johanna einen alarmierenden Traum:

>*Ich befinde mich in einem Jugendstil-Hotel in Berlin, es stand noch vor der Renovierung. Mein Schwager hat es gekauft, deshalb zeigt mir meine Schwester die Anlage. Sie führt mich herum, sie weist stolz auf den großen quadratischen Garten mit Pavillons in den Ecken des Grundstücks. Die Architektur ist geradezu historisch perfekt erhalten.«*

Diese Bilder deuteten darauf hin, dass die Erbschaft, Johannas Anteil eingeschlossen, in einer Immobilie angelegt werden sollte. Es wurde Zeit zu handeln. Mehrmals hatte sie auf der einen Seite Übereinstimmung gefunden, ihre erteilte Schenkung auszuzahlen und war zufrieden zurückgefahren. Zu Hause erfuhr Johanna am Telefon von der anderen Seite, sie habe etwas falsch verstanden.

Ihr Vater erklärte: »Ulrike muss entscheiden, ob das finanziell so geht.« Die Schwester antwortete gelassen: »Die Papiere verwalte ich, aber unser Vater entscheidet selbst.« Eine Einigung scheiterte. In vielen Variationen führte man Johanna deren Hilflosigkeit in der Familie vor. Die sonst so vertraute Nichte kaufte sich einen Sportwagen und hatte keine Zeit ihre Tante zu treffen, weil ein Friseurtermin Vorrang hatte. Das Verwirrspiel machte sie misstrauisch, ihre Nerven waren am Ende.

Sie litt unter massiven psychosomatischen Störungen. Zuerst Tinnitus, dann folgten nervlich bedingte Magen- und Darmkrämpfe, so dass sie sich morgens nach dem Aufstehen zuerst übergeben musste. Ulrike: »Kein Wunder, dass es dir so schlecht geht. Du gehörst zu denen, die das Gras wachsen hören.« Um Stabilität zurückzugewinnen, wählte Johanna gesellschaftliche Hilfestellungen: Yoga und Psychotherapie. Die Ärztin diagnostizierte: »Sie haben sich ein ›Gebäude‹ errichtet, für das Ihnen die Schwester gerne das Fundament entziehen möchte. Es kostet Sie viel Kraft, sich immer wieder neu zu positionieren. Die Spiele Ihrer Schwester setzen Sie ins Unrecht.« Diese Bestärkung tat gut. Aber den Rat auf das Geld zu verzichten nahm sie nicht an. In Zukunft beschloss sie, mutiger aufzutreten. Irgendwie schien das auch zu gelingen, denn Ulrike lenkte ein. Sie bat die Jüngere, einen Vertrag abzufassen, um ihren Erbteil auszahlen zu können.

Träume, in denen die geistigen Freunde sie aufforderten, Ruhe zu bewahren (Frühjahr 2004):

»Ich ruhe mich aus, ich sehe Typisches aus meinem Leben, das ich immer gerne getan habe: Reisen, Einkaufen, in einem schönen Hotel wohnen. Ein junger Mann kommt vorbei, er nennt mich Mutter. Sympathie und Wärme gehen von ihm aus. Es ist Michael-Benjamin.«

Das war ein liebenswerter Gruß. Peter schickte einen Traum mit Bildern des Sees und Ludmilla. Er wollte ihr zeigen, dass er nach wie vor sah, was vor sich geht. Auch ihre Mutter war nicht weit.

»Meine Mutter begegnet mir im alten Elternhaus auf der Treppe. Sie hat ein Christrosengebinde in der Hand. Sie freut sich daran und beschreibt im vertrauten Ton, dass sie ihr gefallen, weil sie so langsam aufblühen. Sie erinnert mich an ihr vorangegangenes Leben und den Wunsch, dass sie in diesem Gebäude bis zum Schluss leben wollte. Sie wäre dort weniger isoliert gewesen als im neu gebauten Haus. Anschließend tauscht sie mit mir Brillantohrringe.«

Johanna hört eines Nachts ihre Stimme zwei Jahre nach dem Tod. *»Du wirst dein Geld erhalten!«* Im Sommer reiste Johanna zur Rückendeckung für die nächtlichen Visionen in die Schweiz. Frau Brunner bestätigte sie: »Es ist, als nehmen Sie einen Telefonhörer in die Hand, um mit Ihrer

Mutter zu sprechen.« Zur Vorbereitung für die Verhandlungen beriet sie das Medium: »Wir studieren drei Sätze ein. Mit diesen Entgegnungen führen Sie immer wieder auf den Ausgangspunkt des Problems zurück. Sie dürfen den verwirrenden Taktiken in keiner Weise erliegen.« Das tat gut, denn hätte das Medium sie unterstützt, wenn daran moralische Zweifel bestünden? Astrologisch suchte Johanna einen zukünftig günstigen Zeitraum im September. Vor der Abreise wollte sie noch Theas Einschätzung erfahren: »Möchtest du Ulrike medial fragen, warum sie sich weigert, den Erbteil auszubezahlen?« »Ja, ich versuche es.« Thea wurde still, nach einer Weile: »Ich muss immer zum Teppich schauen,« hörte Johanna. Dann nachgefragt: »Was hast du denn unter dem Teppich?« Die Freundin antwortete in der Rolle der Schwester triumphierend: »Es ist dort versteckt, hier kann man es keinesfalls finden. Dort soll es bleiben, es ist für Melanie bestimmt.« Auf der anderen Seite des Hörers wurde es still. »Jetzt komme ich nicht mehr weiter.« »Danke, Thea. Das Tolle an unserem einfachen Gespräch ist, du bestätigst meine Befürchtung, das Geld soll dem Zugriff entzogen werden. Der gutwillige Mensch in mir will bis heute nicht wahrhaben, was Ulrike mit mir tut.«

Am Abend telefonierte sie mit ihrem Schwager. »Kannst du mir den gewünschten Vertragstext diktieren?« »Ja, gerne, vielleicht können wir jetzt endlich unsere Probleme lösen ...« »Danke, so werde ich das Schreiben fertigstellen und mitbringen.« »Bis morgen, wir treffen uns bei meinem Vater.« Sie machte die Reise, um vor Ort von ihrem Schwager zu erfahren: »In dem Vertrag haben wir Entscheidendes vergessen. Wir müssen diesen Text neu schreiben, aber heute habe ich dafür keine Zeit mehr.« Nachdem die Verwandten gegangen waren, nahm Johanna die Korrekturen auf und schrieb von Hand zweimal den gewünschten Text ab, jetzt enthielt er die nötigen Ergänzungen. Ihr Vater war sichtlich erleichtert, endlich zu einer Lösung gekommen zu sein, er unterschrieb beide Schriftstücke. Für alle Beteiligten war eine nervenaufreibende Sache erst einmal zu Ende.

Nach Ablauf der vereinbarten Frist geschah nichts, das Geld blieb aus. Johanna musste einen Rechtsanwalt um Rat fragen. Ulrike erklärte am Telefon: »Wir haben neue Vertragstexte verfasst, zerreiße die alten, durch die Handschrift wirken sie unordentlich.« Der Anwalt lachte darüber: »Ihr handschriftlicher Vertrag kann nicht angefochten werden.

Aber ich muss jetzt vorsichtig vorgehen, Ihre Verwandtschaft hat das geschickt eingefädelt, denn mein Brief muss an Ihren Vater gehen.« Das Geld wurde nach Eintreffen des Anwaltschreibens sofort überwiesen. Durch diese Vorgänge erinnerte sie sich an den merkwürdigen Satz des Schwagers beim Verkauf ihres Hausanteils: »Wenn du befürchtest, kein Geld zu bekommen, dann musst du gegen deinen Vater klagen, so einfach ist das.« Das hatten sie erreicht, Johanna stand in den Augen des Papas als geldgierig da. Sie hatte ihm einen großen Schmerz zugefügt, den er gar nicht richtig verstand. Er rief sie an, um ihr mitzuteilen, für ihr zukünftiges Erbe habe sie nur noch den Pflichtteil zu erwarten. Sie nahm ihm das nicht übel. Sie hatte gewonnen und verloren. Johanna besann sich auf ihre Fähigkeiten und bisherigen Leistungen und bemerkte, dass sie wohl für die Verstorbenen da war. Das Erkämpfte war im Grunde dem Gerechtigkeitsempfinden ihrer Mutter geschuldet. In den Träumen wurde sie bestärkt, ihre Mutter wollte nicht, dass man Johanna so misshandelte. Traum (Oktober 2004):

> »Fliege mit meiner Mutter auf eine Baleareninsel. Bin mit ihr in einer Stadt, dann verlieren wir uns aus den Augen. Dort suche ich nach einem einfachen kleinen Auto, mit dem sie unterwegs ist. Anschließend fahre ich mit der Straßenbahn nach Hause, in das Ferienappartement. Dort höre ich den Satz: ›Lass dich nicht ins Bockshorn jagen.‹ Kaufe für uns beide zwei neue Tickets für den Heimflug.«

Es war eine Reise wie in der frühen Jugend und doch entsprach diese auch der Gegenwart. Auf der Insel durfte ihre Mutter endlich Auto fahren, ein Wunsch, den sie sich zu Lebzeiten nie erfüllt hatte. Nach dem ›geführten Weg‹ mit der Straßenbahn sorgte die Tochter für die Heimreise. Auch wenn ihre Verwandtschaft nichts mehr von ihr wissen wollte, empfahl Frau Brunner, den Vater weiterhin zu besuchen. Gunnar organisierte mit seiner Partnerin die Fahrten so kurzfristig, dass sie sicher sein konnten, die Familie der Schwester in dieser Zeit nicht anzutreffen. Der Kontakt durfte nicht abbrechen. Der Vater freute sich über die Besuche, denn er fühlte sich dort in der Fremde sehr einsam. Bei einem Telefonat erzählte er Johanna ganz aufgeregt eine Geschichte, die ihm wichtig war: »Ich war außerhalb der Ortschaft mit meinem Rollstuhl unterwegs und kam an einer hohen Bordkante nicht weiter. Ich war in einer so verzweifelten

Lage, denn zum Umdrehen war der Gehweg zu schmal. Die hohe Kante konnte ich nicht bewältigen, das Elektromobil wäre sonst umgekippt. Weißt du, Johanna, da habe ich deine Mutter gesehen, die mir sagte: ›Ich hole Hilfe.‹ Dann kam ein junger Mann, der mich weiterschob. Leider hielt Ulrike das für Fantastereien. ›Nein‹, sagte seine jüngere Tochter, ›ich bin sicher, dass du die Mutti richtig gesehen hast.‹«

Gunnar hatte bereits 2004 in England vorgeschlagen: »Lass uns doch zu Mitgliedern im College werden!« »Du weißt schon, das ist mühevoll, sich durch das Wissen hindurch zu arbeiten. Am Ende jeder Lektion erwartet uns ein Prüfungstext, den wir selbst in Englisch verfassen müssen.« Sie beschlossen, sich nun endlich durch das Basiswissen der Spiritualisten hindurch zu arbeiten. Von da an erhielten sie jeden Monat per Email Aufgaben und Fragen dazu. Eine Tutorin korrespondierte mit ihnen übers Internet. Im August 2005 besuchten sie gemeinsam das College. Sie hatten sich die Zugehörigkeit zu den Spiritualisten durch Prüfungen erarbeitet und bestanden. War das kommende Reading eine Belohnung?

»Ist dein Vater in der Geistigen Welt?« Die Ratsuchende verneinte. »Hier ist ein Mann vom Lande, attraktiv, großartiges Lachen.« Peter übermittelte dem Medium für ihn Typisches, damit Johanna wusste, wer hinter der Botschaft steht: »Spüre in der Brust einen Schmerz. Er liebte es, mit den Händen zu arbeiten. Dann ist da eine Großmutter, sie sagt: Mutters Mutter, eine sehr entschiedene Frau. Sie tat, was getan werden musste. Sie ist so stolz auf dich, auf das Leben, das du jetzt führen kannst. Sie konnte in ihrer Zeit nicht tun, wie sie wollte. Sie lebte in der Großstadt, sie zeigt mir Ladengeschäfte. Sie klatscht Beifall. Das sind herzliche Leute. Sie lieben dich. (Die Tutorin hält Peter für den Großvater.) Sie sagen mir auch, du bist noch nicht richtig zuhause angekommen. Du willst noch etwas erreichen. Die letzten fünf Jahre hattest du Probleme, da gab es etwas, das du wie einen Dolch im Rücken gespürt hast. Du wolltest davonrennen. Die Menschen deines Umfeldes waren nicht sehr nett. Aber das sind deine Probleme, deine Helfer können sie weder lösen noch ändern. Du bist eben sehr empfindlich. Mir wird jetzt ein großer dunkler Hund gezeigt.« Johanna bestätigte das Medium: »Das ist der Hund, der zu meinem früheren Partner gehört.« »Die beiden sorgen sich um deinen Vater«, fuhr das Medium fort, und nannte nach der Schwierigkeit ihn einzuordnen nun auch Peters Namen. »Der Vater ist sehr einsam an seinem Wohnort. Peter sagt, dass seine verstorbene Frau ihm geholfen hat klarzukommen (Rollstuhl – Gehweg). Er würde liebend gerne wieder mehr in seiner Heimat leben. Er muss so gelitten haben. Er wird wohl umziehen.« Das löste in der Ratsuchenden Skepsis aus, aber das Medium sprach weiter: »Ich weiß zwar nicht, was da los ist, aber deine Schwester übt enormen Druck auf ihn aus.« »Meine Schwester ist notariell bevollmächtigt, alle Entscheidungen für ihn zu treffen und seine Finanzen zu verwalten.« »Sie versuchen, ihm aus der Geistigen Welt zu helfen. Dein Vater hat Peter einmal so herzlich begrüßt, das hat er nicht vergessen. Die Schwester muss damit rechnen, dass euer Vater sehr alt wird. Sie manipuliert die Leute um sich herum, halte also ruhig Distanz zu ihr.« »Danke, Danke.« »Ich hoffe, ich habe dir geholfen.«

Durch eine Mitstudentin kam eine weitere Botschaft: »Hier ist ein Kontakt, es ist deine Mutter, sie erinnert dich, wie sie dir Puppenkleider nähte und mit ihrem Mann das schöne Puppenhaus baute. Sie spricht von Finanzen, die viel Ärger machen.« Johanna war in zweierlei Hinsicht glücklich, dass ihre Mutter auf diesem Weg Kontakt suchte. Sie fand im College einen Weg, der zu Lebzeiten unvorstellbar gewesen wäre und sie nahm der Tochter den Weg über den Rechtsanwalt nicht übel, hätte sie sonst den Kontakt gesucht?

Im Reading mit einer weiteren Tutorin wurde sie auf ein Problem ihres spirituellen Kreises aufmerksam gemacht, das sie sehr verunsichert hatte: »Du hast einen ›Circle‹ geleitet, aber da war jemand, der da nicht hingehörte. Da hat die Geistige Welt rasch eingegriffen und für dich den Kreis aufgelöst. Es wird zu Freundschaften in einer größeren Stadt kommen. Dort wird einmal ein neuer Kreis entstehen. Ein gut aussehender Mann sagt, du wirst das alles verstehen, wenn das Neue beginnt. Was du lernst, wirst du anderen vermitteln. Der Mann, der mit mir kommuniziert, ist um die Fünfzig gewesen, als er starb. Jetzt sagt er mir gerade: ›Ich habe wirklich gut ausgesehen!‹ Johanna musste lachen und erklärte dem Medium: ›Weißt du, für meine Probleme habe ich eine Therapeutin aufgesucht. Einmal bat sie mich, ein Bild meines verstorbenen Mannes zu zeigen. Nachdem sie das Bild angesehen hatte, nickte sie anerkennend:‹ ›Ihr Mann hat aber sehr gut ausgesehen!‹« Jetzt musste auch das

Medium herzlich lachen. »Er hat wirklich einen Sinn für Humor. Anscheinend gibt er zurück, was er gehört hat. Wenn ich in seinen Körper hineinspüre, bekomme ich schreckliche Rückenschmerzen. Er sagt, er war ein Narr, er war zu sehr mit sich beschäftigt. Er sorgte sich schon um dich, aber konnte das zu wenig zeigen. Am Ende seines Lebens war er sehr einsam, er war es so gewohnt, mit dir zu sprechen und sich auf dich zu verlassen. Er ging ins Krankenhaus, er fühlte, dass er sterben würde. Doch du hast dein Glück jetzt gefunden.«

Der Sommeraufenthalt war vorbei und Johanna kam zurück nach Deutschland. Sie wollte gleich mit ihrem Vater telefonieren. Niemand nahm den Hörer ab, was war da los? Irgendwann nahm sie ihren Mut zusammen und kontaktierte ihre Cousine. »Rate mal, wer neben mir sitzt.« Johanna wusste es sofort: »Papa!« Silvia und ihr Onkel hatten schon in früherer Zeit ein gutes Verhältnis gehabt. Er war für eine Woche bei ihr zu Besuch. Johanna beschloss, die zwei Stunden Autofahrt auf sich zu nehmen, um ihn zu sehen. Ein paar Monate später rief Ulrike an, ihr Vater wolle eine Aussöhnung aller Beteiligten. Allerdings solle Johanna die Reise allein machen. Aus astrologischer Sicht sah die Einladung nach Provokation aus. Die jüngere Schwester wollte sich von ihrer Familie nichts mehr vormachen lassen. Die Zusammenkunft geriet äußerst merkwürdig. Nach einigen steifen Floskeln nahm die Unterhaltung an Deutlichkeit zu: »Dein Verhalten ist so anders als früher. Lässt du dich von deinem Freund manipulieren?«, erkundigte sich ihr Schwager. Ihre Schwester fügte hinzu: »Er hat doch offensichtlich Schwierigkeiten in seinem Leben, in die er dich mit hineinzieht.« Ihr Vater saß lächelnd an der Seite, er registrierte nicht, welchen Tenor die beiden verfolgten. Er war sehr dick geworden und wirkte abwesend. Möglich, dass er Psychopharmaka bekam. Die beiden Gastgeber ließen nicht locker, es war, als wollten sie die Besucherin in die Enge treiben. »Du, wir erkennen dich nicht wieder.« Was wollten sie? Ging es um ihre offensichtlich bekannt gewordenen spirituellen Kontakte? Sie blieb ruhig und ließ sich zu keiner Reaktion hinreißen. »Wir überlegen uns manchmal, ob du noch zurechnungsfähig bist.« Hoppla, das war deutlich! Was war ihr nächstes Ziel? Versöhnung sah anders aus. Johanna beschloss, das Thema zu beenden und endlich anzusprechen, worum es doch eigentlich ging: »Es ist alles nicht so schlimm, wir sind doch da, um die Streitigkeiten zu beenden!« Sie reichten sich die Hand. Nach einem gemeinschaftlichen Essen verließ sie die Runde.

Traum: »Ich sehe aus einem Hotel vom ersten Stock auf eine Terrasse eines Restaurants. Dort steht Gunnar mit meiner Mutter. Das Restaurant ist umgeben von Bäumen, dazwischen stehen schöne Häuser. Dann steht meine Mutter vor uns und möchte mich beruhigen: ›Es ist genug da! Ihr könntet euch ein Haus bauen.‹«

Natürlich war Johanna über den klaren, entschiedenen Auftritt erfreut. Es war ein Traum, den man nicht aufschreiben musste, weil sie ihn richtig real erlebte. Ein Haus bauen? Wie meinte sie das? Mit dem verbleibenden Erbe würde das nicht funktionieren. Johanna betrachtete die Aussage zunächst symbolisch: Sie solle sich an ihren Fähigkeiten freuen und ihre Persönlichkeit gemeinsam mit ihrem Mann entwickeln. Mit ihrem Mann war sie sich darüber einig, dass sich diese Aufregungen mit Verwandtschaft und Rechtsanwalt nicht mehr wiederholen sollten. Sie hatten in jeder Beziehung genug. Trotzdem... der Traum blieb ihr als nicht ganz schlüssig in Erinnerung, denn weitere Immobilienträume kamen. Normalerweise sahen die Häuser, die ihre Persönlichkeit betrafen, in den nächtlichen Bildern anders aus. Ein Jahr später bekam ihr Vater wieder eine Einladung von Nichte Silvia. Dieses Mal buchte sie für ihren Onkel ein Appartement in einem Seniorenheim, denn der alte Herr war zeitweilig auf den Rollstuhl angewiesen. Tagsüber konnte er die Gelegenheit nutzen, seine Nichte und ihren Mann zu besuchen. Er kam im August, in der gleichen Zeit war Gunnar in einer psychotherapeutischen Klinik. Johanna hatte also genügend Zeit, ihren Vater in der schönen kleinen Wohnung mit Terasse zum Garten zu besuchen. Er lebte sichtlich auf. »Wie gefällt dir mein Appartement?« Er schaute sie an: »Ich werde hier bleiben, ich habe genug von der Einsamkeit bei deiner Schwester. Im Nachbarzimmer wohnt mein alter Schulkamerad. Du kennst ihn, wir haben ihn in deiner Kindheit in seiner Werkstatt besucht. Silvia und ihr Mann werden mich besuchen.« Schon kurz danach forderte er Ulrike auf, ihm seine Möbel und persönlichen Sachen zu bringen. Schwager und Schwester empörten sich wegen der zu hohen Kosten. Johanna, die in jener Zeit größte Sorgen um Gunnar durchlebte, durfte seit langem wieder über ihre Familie lachen. Sie sah die Sorge der

Schwester um das Geld, denn ab einer gewissen Zeit ›zahlen‹ die Erben. Dann überschätzte Ulrike ihre Beziehung zum Vater, ein großer Fehler! Sie war seit Jahren gewohnt, den alten Herrn finanziell zu beraten. Nachdem sie ihn mehrmals darauf hingewiesen hatte, diese Art zu leben könne er sich nicht leisten und ihn immer rigoroser dazu aufforderte, zurückzukehren, handelte er. Ihr Vater wachte langsam auf, die Psychopharmaka wurden abgesetzt, er wollte nicht mehr für dumm verkauft werden. Er übertrug alle Vollmachten auf Silvia. Welch kluger Schachzug, jetzt wurde auch Johannas Rolle in der Verwandtschaft hinterfragt. Endlich durfte sie die Gemeinsamkeiten in der Familie wieder leben. Es war ganz so, als säßen sie am Kaffeetisch bei Tante Gertrud und würden sich all die vergessenen Geschichten erzählen. Waren ihre Mutter und ihre Tante im Hintergrund anwesend? Es hatte etwas vom Schlussbild bei Asterix und Obelix.

Silvia war nüchtern veranlagt. Themen wie Hellsichtigkeit hatte sie nie verfolgt, aber einmal als Johanna aus England berichtete, erinnerte sie sich an ein markantes Erlebnis. »Unsere Mutter verstarb auf einer Fernreise. In dieser Nacht ging die Schlafzimmertür auf, ich wurde wach und sah die gedrückte Türklinke. Am anderen Morgen erzählte meine Tochter ganz verwundert, das Licht sei in der Dunkelheit angegangen. Dann kam der Anruf meines Vaters.« Johanna reagierte erfreut: »Das zeigt doch, dass solche Fragestellungen in unserer Familie vorkommen.«

Silvia agierte als Geschenk des Himmels. Frühere berufliche Fähigkeiten kamen zum Vorschein, sie konnte mit Geldgeschäften umgehen! Woher nahm sie nur die Energie, alles zu durchforsten, alle Konten zu überprüfen, alles Verdeckte (Theas Teppich) ans Licht zu bringen? Ein halbes Jahr arbeitete sie sich durch alte Papiere, um dann befriedigt festzustellen: »Es ist genug da!« Sie bat Johanna zu sich und erklärte ihr die finanziellen Vorgänge. »Weißt du, meine Aufgabe ist es nicht, euer Geld anzulegen, aber was ich entdeckt habe, musst du wissen. Um ein Haar wärst du um deinen Erbteil gebracht worden. Wir werden für deinen Vater einen Teil anlegen, das genügt. Bei seinem Lebensstil reicht das, bis er hundert Jahre alt ist. Deinen Vater werde ich bitten, an dich das Gleiche zu übertragen, was sich Ulrike bereits gesichert hat.« Silvia war erleichtert, für Ordnung in den Verhältnissen gesorgt zu haben. Der Kusine war es ein Bedürfnis aus Liebe zur Verwandtschaft, Gerechtigkeit herzustellen. Das hatte Johanna nicht erwartet, obwohl das Medium ein Jahr zuvor von Umzug sprach. Letztendlich bekam sie die versprochenen Brillantohrringe.

In diesem Heim erlebte Johannas Vater eine sehr schöne Zeit. Endlich zog er in die Nachbarschaft seiner jüngeren Tochter und ihr Verhältnis konnte sich entspannen. Sie besuchte ihn jeden Tag. Er lag schon längere Zeit im Bett, das er nicht mehr verlassen konnte, bis er eines Tages starke Schmerzen in der Brust bekam. Er wurde ins Krankenhaus gebracht. Johanna saß bei ihrem bewusstlosen Vater am Bett. Die Ärzte kamen. Der Oberarzt blickte in ihr Gesicht, sie ahnte bereits, was nun kommen würde. »Wir können den Zustand nicht verbessern, nur erhalten. Daher muss ich Sie als nächste Angehörige bitten, eine Entscheidung zu treffen.« »So wie es jetzt ist, lebt er, ohne Angst haben zu müssen. Ich möchte keine weiteren Maßnahmen.« Johanna hatte sich innerlich auf den Augenblick vorbereitet, sie spürte seinen Lebenskampf. Sie blieb die ganze Nacht am Bett und hörte seinem schweren Atmen zu. Dabei ging sie in Gedanken alle Erinnerungen an ihre alte Heimatstadt durch. Zu allen Personen, zu allen Häusern und Straßen fielen der erstaunten Johanna die entsprechenden Namen ein. Ihr war, als unterhielten sie sich mit ihm im Geiste. Der Körper kämpfte, die Seele hatte keine Angst. Wenn es für ihren Vater an der Zeit war, durfte er gehen.

Bei der Beerdigung trafen sich die nahen Verwandten. Sie sah Thea, denn mit ihr war ein Treffen gar nicht mehr so einfach. Oft war sie auf Reisen und bei Freunden. Sie schickten liebevolle Gedanken an die Verstorbenen. »Thea, kannst du einen Kontakt zu Frau Hagen versuchen?« »Ich probiere es, sprich mich nach einer Minute an.« Johanna sprach zu Thea und hoffte dabei inständig, dass ihre Worte durch Thea zum Medium gelangen würden. »Ich möchte Ihnen danken. Sie haben mich vor vielen Dingen bewahrt und immer den Weg gewiesen. Danke für Ihre wichtigen Weichenstellungen. Sie haben mir dazu verholfen, auf Kurs zu bleiben. Sie wussten Bescheid, dass ich im Leben selbstständig bleiben muss. Nur so waren die glücklichen Voraussetzungen möglich, mich unabhängig und unkonventionell zu entwickeln.« Mit einem Mal glänzten Theas Augen, sie strahlten Sanftheit und Milde aus.

Johanna sah die glänzenden Augen der Verwandten an, aus deren Mund nun die Antwort kam: »Es war nicht leicht! Jetzt sehen Sie ab und zu das Licht, es geht noch weiter!«

Die Begegnung tat den Freundinnen gut. Die vertraute Kommunikation mit der anderen Welt zu erfahren, war für beide in dieser Qualität selten. Thea besuchte bald ihre Verwandte. Johanna war unglaublich glücklich. Sie setzten sich zusammen auf die Eckbank und tranken Kaffee. Johanna atmete einen wohlbekannten Duft ein und fragte: »Nimmst du auch den Chrysanthemengeruch wahr? War das Peter?« Thea nahm Kontakt zu Peter auf, in entrüstetem Ton hörte Johanna: »Ich bringe dir doch immer Rosen!« Johanna musste lachen, dann wurde sie wieder ernst. Sie wollte es jetzt wagen, zwei der großen Fragen zu stellen, die sie schon länger beschäftigten: »Wie sehen sie uns von der Geistigen Welt aus? Wie sammeln sie in ihrer Welt die Informationen?« Theas Blick war auf die Zimmerwand gerichtet. Die Antwort kam langsam: »Das ist nicht so einfach. Das ist ein bisschen so ähnlich wie das Muster deiner Hose.« »Diese Hose trage ich immer bei der Trance.« Es war ein Stoff, der im Grunde schwarz war und mit einem sichtbaren weißen Faden waren Quadrate in den Stoff eingewoben. Die Verwandte schaute auf die Flecken: »Das sieht nach Bällchen aus. Damit will ich sagen, wenn eine Seele durch mich sieht, dann fallen meine Augen auf Dinge, die sehe ich sonst gar nicht. Jetzt entdecke ich in seinem Sinne das Muster auf deiner Hose. Peter scheint das als passendes Bild zu erkennen.« Johanna verstand nicht ganz. »Brauchen sie dich zum Sehen?« Thea nickte. »Ohne Kommunikator sitzen sie in den Bällchen. Ich als Medium bin jemand, durch den sich die Wahrnehmung auf etwas konzentriert.« Thea suchte ein Beispiel: »Einmal versetzte ich mich in Tagore, den indischen Dichter, dann nahm ich alles wahr, was flog: Die Biene sah ich beispielsweise plötzlich ganz anders. Dann wurde ich zu allem übrigen hingezogen, was flog: den Blättern, dem Wind. Es ist eine Art übergeordnetes Bewusstsein, in das wir einfließen.« Thea schaute nach oben zur Gardinenstange: »Peter möchte wissen, was das da oben ist?« Die Freundin schaute konzentriert an eine Stelle, waren ihre Augen nicht in Ordnung? Sah sie mit seinen Augen zwischen Decke und Wand? »Sind das Fledermäuse?« »Nein,« antwortete Johanna lachend, »da habe ich mit Kunstblumen den Vorhang befestigt.« Johanna erkannte durch die gerichtete Sehweise, dass Peter durch die schlechter gewordenen Augen der älteren Freundin ›sah‹. Dann erzählte Johanna: »Der See ist nicht mehr schön. Er wurde an einen Fischereiverein verpachtet.« Peter antwortet durch Thea: »Wir hätten ein Häuschen auf der Insel bauen sollen!« Sie dachte nach: »Ja, eines, in dem man hätte wohnen können!« Thea fuhr fort: »Er liebt deine blauen Augen, er sieht auf deine Ohrringe.« »Die hat mir meine Mutter geschenkt.« »Du trägst sie mit Würde«, schloss ihr Gast.

9.3 Weil es Gutes in der Welt gibt muss es auch Schlechtes geben.

»Die Welt erlebt viel Leidvolles. Mir ist manchmal bange davor, dort hineingezogen zu werden, Jaune.«

»Violette, diese Sorge will ich dir nehmen. Wir haben letztens über die göttliche Ordnung gesprochen. Erinnerst du dich? Zu Beginn nochmals: Das Übel in der Welt entsteht durch das Handeln der Menschen. Die jeweiligen Seelen haben Anteil an der Allseele und haben auch ihre ganz einzigartigen Eigenschaften. Plotin bietet eine überraschende Perspektive an: ›Betrachte dich ähnlich einer Pflanze, die gemäß den Bedingungen ihres Standorts heranwächst. Ist sie daran schuld, dass sie so oder so gedeiht? Vielleicht ist sie gar nicht vollkommen, aber sie hat alles für ihr Leben Nötige erhalten, um so zu werden wie sie ist. Unsere Existenz folgt dem Plan (Logos) der Allseele und die wieder orientiert sich an der nächst höheren Ebene (Hypostase). In dieses allumfassend Existierende gehört die Teilseele, das heißt für dich, du bist ein Teil mit all deinen Eigenschaften, ganz gleich wie du dich entscheidest. Gutes und Schlechtes begegnen sich in der Welt, als wären sie zwei Brüder, die denselben Vater haben.‹«

Plotin, Von der Vorsehung II, Bd. Va,(1)(7)(12)(14), (Der Begriff Weltplan entspricht laut Anmerkungen zur Übersetzung in Bd. Vb dem rationalen Plan, dem Logos.) Enneade III,3

Um selbstbewusster die Astrologie anwenden zu können, hatte Johanna nach dem Schicksal von Gunnar und Arnold eine neue dreijährige Astrologieausbildung begonnen. Sie war auf einen Lehrer gestoßen, der zu ihren Auffassungen passte. Sie wollte ihn kennenlernen und fuhr mit Gunnar zu einer persönlichen Beratung. Ihr Blick wanderte durch den

Raum, neben der beruhigenden Aussicht auf eine Weidelandschaft entdeckte sie neben dem Fenster ein Bild von Sri Yugteschwar, dem geistigen Lehrer Yoganandas. Verwundert hier an das Vorbild aus der Jugendzeit erinnert zu werden, wartete sie die Beratung ab. Im Gespräch hörte sie von ihren praktischen Lebensfähigkeiten und die Bitte, ihre Selbstzweifel aufzugeben. Er erinnerte sie: »Sie benötigen den erlebbaren Kontakt zur Erde. Sie arbeiten gerne mit Material.« Gunnar hörte das natürlich nicht so bewusst, er konzentrierte sich auf seine Informationen, die ihn im Beruf weiterbringen würden. Johanna verfolgte im Stillen für sich den Gedanken aus der astrologischen Beratung: ›Wohnen mit Kontakt zur Erde.‹ In einer Region, die sie und Gunnar immer zu Beginn ihrer Freundschaft aufgesucht hatten, wollte sie ihren kommenden Geburtstag feiern. Nach über zehn Jahren fuhren sie wieder in dieses Feriengebiet. Das gemietete Haus gefiel den beiden, aber es war alt und renovierungsbedürftig. Beide waren sich einig, ein Haus muss moderne Energiestandards aufweisen. Die Gegend war hinreißend. »Gunnar, hier sollten wir ein Haus kaufen oder bauen.« Er sah die Idee recht kritisch: »Willst du mir erklären, wie du das finanzierst?« »Wenn du nicht überzeugt bist, dann vereinbare einen Termin mit dem Astrologen. Du hast bestimmt weitere Fragen.« Gunnar rief termingerecht den Beratungslehrer an, er hoffte auf Unterstützung, seiner Frau diesen Unsinn ausreden zu können. Der erste Satz der Konsultation hieß: »Sie tragen sich zurzeit mit dem Gedanken an einen Hausbau!« Gunnar war nicht nur sprachlos, er war völlig geplättet. »Ziehen Sie die Verwirklichung der Ziele so schnell wie möglich durch.« Er erkundigte sich noch wegen der Bauplätze, die sie sich nacheinander angeschaut hatten. Inzwischen wusste er ja, wie wichtig die Uhrzeit bei der ersten Begegnung mit einer Sache war, deshalb konnte er hier sehr differenziert nachfragen. Er wählte den Bauplatz aus, sie war sehr glücklich über seine Entscheidung. Sie begannen nun ihr Haus zu planen. Träume und die Beratung gaben das Gefühl, dass das Paar diesen Schritt wagen sollte. Die Planung und der Hausbau waren zu keinem Zeitpunkt schwierig oder führten zu einem Konflikt. Die Handwerker bauten ein solides Heim.

Johanna war gleich zu Beginn des Wechsels zu der neuen Arbeitsstelle eine Kollegin aufgefallen und zuerst hatte sie diese nur aus der Ferne beobachtet. Sie konnte an ihr das Zielstrebige, Unbeschwerte,

Sprachbegabte beobachten und fasste Vertrauen. Sie nahm Kontakt auf. Das Bild, das Ursula beim ersten Eindruck hinterließ, sollte Bestand haben. Durch eigene Krisen herausgefordert, führte ihr geistiger Weg zur Familienaufstellung. Sie stand Johannas Welt sehr nahe und beteiligte sich bald am Trancekreis. Das war fast wie in Neuburg, dort hatte sie Unterstützung von Waltraud erfahren, hier bekam sie Zuspruch für ihre Anschauungen von Ursula. Welch unerklärliches Glück!

Die Freundinnen gaben einander Orientierung. Nach ein paar Jahren sagte Ursula einmal zu Johanna: »Ich bewundere dich, welche Energie dich dein Beruf kostet und du hältst trotzdem durch.« »Ich bin materialistisch erzogen worden, da gehört der erarbeitete Wohlstand dazu,« sagte sie laut. Innerlich dachte sie über den Satz nach: ›Kann es sein, dass ich nicht merke, wie sehr ich mich wieder übernehme? Höre ich hier eine Mahnung, die Belastung zu reduzieren?‹ Ihrer Freundin antwortete sie: »Oft fühle ich meine Mutter in mir. Mit ihren Augen erlebe ich den Beruf und frage dann schon, ob sie sich im Beruf auch soviel gefallen lassen hätte.« Sie erinnerte sich dabei an die Beratungen, die ihr dieses Gefühl der mütterlichen Nähe bestätigten. »Wenn ich mich durchsetze, spüre ich ihre Bewunderung darüber, wie ich das mache. Bleibe ich aber hinter den eigenen Fähigkeiten zurück, nehme ich ihren Blick wahr, mit dem sie mir früher eine Lebensweisheit zu vermitteln versuchte. Ihre stille Weisheit habe ich geradezu bewundert, z.B. ›Schlage nie die Tür zu einem Menschen zu.‹ Sie wusste das, ohne Pythagoras gelesen zu haben.« »Das Gefühl kenne ich,« entgegnete Ursula. »Mir ging es nicht anders, als ich die Briefe meines Vaters aus der Kriegszeit an meine Mutter abtippte. Für mich war seine Energie sehr deutlich spürbar. Der Mama und mir taten die Abende, an denen sie seine Schrift entzifferte und mir alles diktierte, sehr gut. Wenn wir die Verstorbenen achten, Verborgenes endlich anerkennen, erhalten wir so viel Kraft von den Ahnen.« Johanna wusste genau, wie die Freundin das verstand. Sie musste nur an die Readings denken, die ihr die Liebe ihrer Großmutter nahe brachten. Sie konnte die Ermutigung zu diesen Gefühlen endlich zulassen. »Weißt du noch? Wir saßen einmal miteinander in Trance und dein Vater hat mir die Verwandten gezeigt, um die er sich nach dem Krieg gekümmert hat.« Ursula nahm die Erinnerung auf: »Ich war tief gerührt, wie er den Familien seiner Brüder helfen wollte, die damals in Not waren.« Die Freundin fuhr fort, sprach über ihre Lebensphilosophie: »Für eine Familie ist so ein Zusammenhalt eine wichtige Verbindung für später. Auch wenn Schlimmes geschieht, selbst nach dem Tode können wir ihre Leistung anerkennen und die Ahnen ehren.« Johanna erinnerte sich an den entsprechenden Zuspruch aus einer Beratung: »Ein sehr reifes und weises Medium sagte mir einmal, wir können wundervolle Dinge erzielen, wenn wir der Geistigen Welt erlauben uns zu helfen. Auch wenn wir alt sind, wir sind immer noch ihre Kinder, denen sie beim Spielen zusehen.«

Eines Abends saß Johanna in ihrem Arbeitszimmer, um Papiere für den kommenden Tag fertigzustellen. Das Telefon klingelte: »Hier ist Thea.« Sie erzählte ganz aufgeregt von einer neuen Bekanntschaft. »Er steht meinen spirituellen Themen so aufgeschlossen gegenüber, vielleicht kann er mich in der medialen Tätigkeit unterstützen.« »Gib mir seine Daten, wir können dann besser sehen, ob sein Weg zu dir passt. Ich stelle dir etwas über seinen Charakter zusammen. Was machen deine Durchgaben? Du willst doch irgendwann mehr an die Öffentlichkeit treten?« »Es ist schwierig«, reagierte die Freundin ausweichend. »Die Klienten finden über Bekannte zu mir, wenn ich diese besuche, das reicht. Hier in Deutschland ist das alles nicht so leicht für mich.« »Willst du nicht als Medium in unserem Raum arbeiten?« »Ehrlich gesagt habe ich mich sehr zurückgezogen seit dem plötzlichen Tod meiner geliebten jüngsten Tochter. Das ist für mich schwer zu verkraften. Sie war eine große Stütze für mich.« Johanna erinnerte sich: »Sie hat schon als Kindergartenkind für uns immer Geschenke gemacht.« »Ja, einmal hat sie mir mit zehn Jahren ein Kleid genäht, war das nicht herzig? Aber ich spreche viel mit ihr.« Es war als würde Thea durch die traurigen Gedanken in sich versinken. Stille trat ein. Plötzlich sagte sie. »Kannst du mit dem Wort ›Fischotter‹ etwas anfangen? Das hat mir Peter gerade gesagt. Was ist das? Meine Muttersprache ist ja nicht Deutsch, deshalb verwundert mich das Wort, das ich noch nie benutzt habe.« Johanna reagierte erfreut. »Er sagt Fischotter?! Hinter dem Wort verbirgt sich eine ganze Geschichte. Im vorletzten Sommer, den wir gemeinsam am See verbrachten, habe ich das Tier unter einem Baum am Wasser gesehen. Diese Tiere galten damals in der Gegend als ausgestorben. Peter und der Schwiegervater haben mich ausgelacht, mit dem

Argument, eine Städterin verwechsle das schon einmal. Mich freut das sehr, das ist wie eine ›Postkarte‹ von Peter.« Als sie den Hörer aufgelegt hatte, kamen Gedanken: »Du sollst wissen, wir sind um dich.« Peter hatte sich mal wieder in seiner witzigen und kommunikativen Art bemerkbar gemacht. Nicht viel anders erging es ihrer neuen Freundin Ursula, auch sie bekam eine überraschende Durchgabe. Bei einem Geburtstag begegneten sich Johannas Freundinnen. Die Verwandte konnte ihren Blick nicht mehr vom Halsschmuck der Kollegin wenden, ohne zuvor den Satz zu sagen: »Die Kette ist von deiner Mutter. Sie freut sich, dass du sie trägst. Sie findet die Collier an deinem Hals so schön und freut sich, wenn du es trägst.« »Woher weißt du das?« Ursula wusste aus Erzählungen über Thea Bescheid, aber das so unvermittelt und passend erleben zu dürfen, bewirkte eine Gänsehaut. »Was gibt dir nur diesen Einblick? Denn das Schmuckstück war das einzige, das nach einem Einbruch übrig blieb, weil sie es gerade selbst trug.«

Bei einem der nächsten Besuche tauschten die beiden befreundeten Kolleginnen ihre Erfahrungen aus. Ursula hatte die Fähigkeit Beratungsgespräche gut führen zu können, während Johanna in den Horoskopen in einen Dialog der ›Planetengötter‹ eintreten konnte. Sie nannte es selbst ihr astrologisches Denken und wusste zugleich, wie lächerlich man sich vor den falschen Zuhörern damit machen konnte. »Johanna, ich werde immer neugieriger auf die Astrologie. Du hast mir schon öfters Dinge gesagt, die dann ganz überraschenderweise eingetreten sind. Zum Beispiel hast du vor der Zeit angekündigt, wann mein Sohn in eine dauerhafte Partnerschaft eintreten wird. Das war für mich damals noch unvorstellbar. Aber wenn es möglich ist, den richtigen Zeitpunkt zu finden und das auch noch erlernbar ist, möchte ich das auch konnen. Ich beginne mich ernsthaft für Astrologie zu interessieren,« erklärte Ursula entschlossen. »Das ist meiner Meinung nach eine der Stärken dieser Lehre. Besonders, wenn es darum geht, den richtigen Zeitpunkt zur Verwirklichung einer Sache zu finden. Dieses Denken wird im Alten Testament so schön formuliert (Prediger Salomo, 3): ›Alles hat seine Zeit...klagen und tanzen...‹ Möchtest du bei einem guten Lehrer hineinschnuppern, bei dem ich alles systematischer betrachten gelernt habe?« »Ja, eine gute Ausbildung hat mir in der Familienaufstellung bereits eine solide Basis gegeben.«

Johanna freute sich darauf, in der Freundin eine Gesprächspartnerin auf Augenhöhe zu bekommen: »Für jede Aufgabenstellung bietet die Mantik das passende System an. I-Ging, Medien, Astrologie... Die Aussagen werden dem Medium oder dem Fragenden gegeben. Das geistige Niveau des Mediums muss für dich stimmen und es ist auch nicht immer leicht für den Klienten sich an die Prognosen heranzutasten. Ich selbst habe mich schon nach solchen Vorhersagen wie ein irrender Hohlkopf gefühlt. Ich wollte über die Zukunft Bescheid wissen, aber es fiel mir schwer, damit umzugehen, was vor der Zeit gesagt wurde. Falsch Verstandenes kann auch verwechselt werden. Zum Beispiel wurde mir etwas zu Partnerschaft und Frankreich gesagt. Das ›hängte ich etwas zu hoch‹, weil Arnold ja viele Beziehungen ins Ausland hatte. Möglicherweise wollte Peter nur an unsere Beziehung und die inspirierenden Reisen erinnern. Das wurde vom Medium nicht weiter entwickelt, weil bei mir schlicht die Resonanz fehlte. Ich war nur irritiert. Erst als ich den Stellenwert der Astrologie erkannte, fand ich zu den passenden Daten. Aber die Sterndeuter haben es auch nicht leicht. Beim einen Klienten führt der Transit zur ersehnten ehelichen Verbindung, beim anderen nur zu den Schwierigkeiten auf dem Gebiet. An wem liegt nun die falsche, unerfüllte Vorhersage? Die Medien haben da einen sehr schweren Stand, zwischen wundersamer und erlebbarer Wirklichkeit.« Ursula hatte in der Vergangenheit eigene Erfahrungen gemacht: »Du hast mir übrigens schon früher einmal eine gute Empfehlung gegeben. Zum Beispiel, als ich mir mit meinem Sohn nicht mehr zu helfen wusste, bin ich zu Frau Brunner gefahren. Ohne Beratung hätte ich mich der Schuldgefühle wegen falsch verhalten. Das Gespräch mit dieser Dame hat mich sehr gestützt. Sie verhalf mir dazu, seine Neuorientierung zuzulassen, das war einfach eine Befreiung für mich. Ich konnte mir nicht vorstellen, wie sich die Verhältnisse entwickeln, aber der Hinweis, sich nicht einzumischen, hat mir als Mutter Rückhalt gegeben. Mein Kind benötigte zwar Hilfe, aber nicht das Abnehmen seines eigenen Handelns. Er konnte so sein eigenes Gespür dafür entwickeln, welche Richtung zu ihm passt. Meine Aufgabe beschränkte sich auf Gespräche, die er auch mit weiteren Personen führte. Nur so entdeckte er seine eigene Lebenskraft, die zu seinem Lebenssinn führt. Das muss aus einem selbst kommen, sonst bleibt das ein Strohfeuer,« sagte die Freundin sehr überzeugt und fügte noch hinzu: »Deswegen lehne ich auch eine

Unterstützung aus falscher Motivation ab. Sie verhindert eventuell, dass jemand ›die Wirkkraft seines Schicksals spürt‹. Durch deine positiven Erfahrungen bekam ich Vertrauen in die Beratung.« Johanna nickte: »Ein gutes Medium weiß, was für den Ratsuchenden gerade anliegt, weist sogar darauf hin. Es hat das Bedürfnis nach falscher Bewunderung verloren. Aufgabe ist allein, die Eingabe des Helfers vertrauensvoll weiterzugeben.« Ursula fragte: »Wie siehst du das im Vergleich zur Astrologie?« »Das Lesen des Sternbildes erfordert eine Menge Grundlagen, die für eher mental starke Personen geeignet sind. Sie liefern das schematische Geburtsbild des Klienten. Der weise Psychologe meiner Jugend hat mich schon früh darauf hingewiesen, dass das Horoskop den Einklang der Seele mit dem kosmischen Auftrag darstellt. Ein guter Astrologe muss die Lebenstendenz, die Chance der Begabung und die zugehörigen Schwierigkeiten richtig deuten können. Er oder ein Medium, kann etwas falsch verstehen oder auslegen. Da darf man nicht leichtgläubig sein. Ich kenne auch schlechte Beispiele. Eine Freundin aus Neuburg bekam von einem medialen Mann gesagt, dass sie nicht mehr lange zu leben habe.« »Wenn dir jemand so ›gescheit‹ daherkommt, musst du gehen. Was richtet das mit den Menschen an,« antwortete Ursula entsetzt. »Johanna, ich glaube so jemand ist unreif, die Aussage erzeugt Angst und Druck.« »Genauso sieht das ein guter Astrologe, Stephen Arroyo: ›Beraten ist die Kunst, keinen Rat zu geben‹. Man muss den Leuten Mut machen, sich dieser Dominanz zu entziehen. Das kann dir beim Arzt ebenfalls geschehen. Es tut gut mitzudenken: ›Trifft das Gesagte auf mich zu?‹ Auch mich haben bereits Arztbesuche und die dabei gemachten Diagnosen in Angst versetzt und der nächste erklärte mir, es sei alles in Ordnung. Er bekräftigte sogar meine Entscheidung, die Behandlung abzulehnen sei richtig gewesen. Wie schon formuliert, es ist wie beim Mediziner, begegnest du dem falschen, kannst du binnen kurzem deine Gesundheit oder dein Leben ruinieren. Aber wenn du einen schlechten Berater findest, heißt das nicht, dass alle schlecht sind.«

Der Sommer 2012 kam. Wie in ihrem vorletzten Reading acht Jahre zuvor gesagt worden war: Großmutter und Peter kamen zusammen, um ihr beizustehen. War das nicht geradezu der Auftakt einer Märchenerzählung? Die beiden hatten den direktesten Anteil an ihrer Kommunikation und es waren noch weitere Helfer im Hintergrund.

Gunnar und seine Frau hatten überlegt, endlich wieder einen Aufenthalt in England zu buchen. Johanna betrachtete bereits im Frühjahr ihr Horoskop, aber die Transite zu ihrem Radix erschienen ihr nicht passend. Außer einem kleinen Ausflug ins Feriendomizil lehnte sie jede weitere Unternehmung ab. Die schwierigen Konstellationen schrieb sie wie immer auf einen Zettel und hängte sie zur Erinnerung über ihren Schreibtisch. In der Woche, die aus verschiedenen Gründen recht problematisch zu sein drohte, gingen sie oft zu Fuß ins Schwimmbad. Bereits acht Tage davor hatte sie in den Bergen die gewohnte Kondition vermisst. Umso mehr wollte sie mit Wassergymnastik ihre Leistungsfähigkeit trainieren. Es war heiß, das Paar ging nach dem Schwimmbadbesuch hintereinander auf einem schmalen Fußweg am Fluss entlang, zurück zur ihrer Wohnung. Sie verlor das Bewusstsein...

Sie glaubte, aus einer kurzen Ohnmacht zu erwachen, als Gunnar neben ihr am Krankenhausbett stand. Bewusstlos zu werden war ihr nicht unbekannt, das war ihr in der Jugend häufiger passiert. Sie dachte, man hätte sie ins nahe Krankenhaus gebracht. Denn die letzte Erinnerung waren die Bilder, wie sie beide am Fluss entlang gingen. Ihr Mann stand wortkarg am Bett. Warum erzählte er nicht gleich, was passiert war? Nein, er verabschiedete sich bald. Sehr müde lag sie da und war unfähig, etwas zum Trinken zu holen. Langsam realisierte sie, wo sie sich befand. Sie sah die Schläuche, die zu ihrem Körper führten, das musste die Intensivstation sein. Sie fühlte einen aufgedunsenen Leib und raue Zähne. Sie schloss immer wieder die Augen. Die Fantasien waren angenehm. Sie flog durch die Welt, sah Landschaften, alles von oben und fand schöne Farbharmonien in ihren Träumen. Vor dem inneren Auge entstand ein origineller Kinderspielplatz, den sie am liebsten gleich entworfen und gezeichnet hätte. Diese Bilder waren ganz anders, als die aus der Medialität bekannten. Lag das an den Medikamenten?

Beim nächsten Besuch war Gunnar, der immer noch unter Schock stand, endlich bereit zu sprechen. Es war höchste Zeit, denn Johanna war bereits ungeduldig. Sie wünschte sich, Gunnar solle sich geduldig zu ihr setzen. Mit zitternden Lippen und Kinn begann er: »Du bist wohl zusammengesunken. Auf dem engen Gehweg bin ich vorausgegangen. Irgendwann drehte ich mich um, dann sah ich dich mit blauen Lippen am Boden. Ich schrie sofort um Hilfe, das war unser Glück. Inzwischen habe ich gelernt, um Hilfe zu rufen. Eine Frau aus einem Haus gegenüber hat uns gesehen, sie rief sofort den Notarzt und konnte die richtige Straße nennen. Ich muss so gebrüllt haben, dass ein Mann, der ehrenamtlich beim Roten Kreuz arbeitet, meine Schreie auf dem entfernten Radweg hörte. Er kam vom Fluss hochgerannt. Er fing sofort mit der richtigen Herzdruckmassage an, bis der Notarzt eintraf. Der Defibrillator wurde mehrfach angesetzt, Adrenalin wurde gespritzt. Nach einer Viertelstunde schlug das Herz wieder und man fuhr dich in die Klinik. Stundenlang wurdest du behandelt. Ich wartete draußen auf dem Flur. Dein Körper wurde in ein künstliches Koma versetzt, bei 33 Grad. Tag für Tag habe ich gewartet, dass dein Bewusstsein zurückkommt. Für mich waren das sehr schlimme Tage. Dann wollte ich möglichst viele über den Ernst der Lage informieren und habe mich an deinen Schreibtisch gesetzt. Entdeckte den Zettel, auf den du den schwierigen Zeitraum notiert hast, das hat gepasst! Weißt du, es ist so schwer mitansehen zu müssen, wenn es dem Partner schlecht geht. Selbst als du aufgewacht bist, konnte ich noch nicht einschätzen, was uns beide erwartet. Du warst zunächst wie benebelt, deine Worte hörten sich so undeutlich an, da wusste ich noch nicht, ob dir der Rollstuhl bevorsteht oder du ein Pflegefall wirst. Aber dann verdrängte ich die Szenarien bewusst.« »Hättest du dich aufgegeben, wenn ich nicht zurückgekommen wäre?« fragte Johanna. »Ich glaube nicht. In aussichtslosen Situationen Hilfe zu bekommen, das haben wir beide schon erfahren, im Beruf, beim Erbe. Man muss lernen, darum zu bitten. Inzwischen weiß ich, dass mich die Hoffnung auf Hilfe von Selbsttötung abhalten kann,« seufzte Gunnar. »Bin ich froh, dass wir rechtzeitig im April unsere Vollmachten angefertigt haben. Damals hieltest du mich für übervorsichtig,« erinnerte ihn seine Frau. »Die Papiere trug ich immer bei mir, falls eine Entscheidung anstünde. Übrigens: Alle sagen, du hast einen Schutzengel gehabt!« Johanna lächelte: »Glauben sie das oder ist das eine Floskel?« »Deine geistige Abwesenheit dauerte fünf Tage!« »Daran erinnere ich mich gar nicht. Es tut mir leid, welchen Kummer ich dir heute Morgen verursacht habe. Ich wollte keinen Defibrillator, wie das der Pfleger angekündigt hatte. Dann rief mich unser Hausarzt an. Er erzählte davon, wie er jahrelang als Notarzt unterwegs war. Er sagte eindringlich, mein Erlebnis sei ein Sechser im Lotto gewesen, so eine Chance bekomme ich nie wieder. Deshalb habe ich dem Eingriff zugestimmt.« »Weißt du, ich habe die Endlichkeit des Seins spüren müssen. Das war schrecklich,« seufzte Gunnar ehrfurchtsvoll. »Das Sein ist nicht endlich, unser körperliches Leben schon,« verbesserte ihn Johanna. Ganz irdisch antwortete Gunnar: »Aber an diesem Leben hänge ich und meine Bitten, du mögest wieder aufwachen, wurden erhört.« »Jetzt hast du ähnliches erlebt wie ich vor 15 Jahren. Wärst du nach England gegangen?« fragte Johanna hoffnungsvoll. Denn sie kannte durch die Medien auch Peters Sicht: ›Er, dein früherer Mann, hatte befürchtet, nicht mehr mit dir kommunizieren zu können.‹ »Den Verstorbenen ist das Leben der Hinterbliebenen wichtig. Sie wollen uns in unserer Verzweiflung beistehen,« insistierte Johanna. »Wahrscheinlich schon,« sagte Gunnar sehr zögernd, aber ehrlich.

Viele alte Freunde riefen an. Die meisten waren erstaunt über die Aussage: »Das Erlebnis hat mir gutgetan. Jetzt weiß ich, wie es ist, von einem Augenblick zum anderen hinübergehen zu dürfen.« So ähnlich hatte Peter sein typisches Sterbeerlebnis immer den Medien beschrieben. Gunnar erlebte das Gegenteil: ›Der Tod kommt plötzlich und unerwartet.‹ Sie rief ihre liebe Freundin an: »Thea, kannst du bitte Frau Hagen fragen, was falsch lief?« »Warte einen Moment, ich versuche es... ich höre: Abstand! Sagt dir das etwas?« antwortete Thea zögernd. Johanna freute sich, das Wort des verstorbenen Mediums brachte wieder ganz typisch für sie alles auf den Punkt. Sie hatte sich in den vergangenen Jahren zu sehr mitreißen lassen. Glücklich lag sie jetzt in ihren Kissen des Krankenhausbettes. Sie spürte, das war ein entscheidendes Ereignis, bei dem ihr auch dieses Mal die Geistige Welt beistand, Zeit und Ort hatten für die Rettung gepasst. Die letzten Jahre hatte sie einen Alltag mit so vielen Verpflichtungen gelebt, dass das für das Ehepaar zur Folge hatte, immer weniger die nötige Ruhe einzuüben. Sie begannen an ihrer Zeit für Meditation und Trance zu sparen, bis sie meinten, ohne diese ›geistige Medizin‹ leben zu können. Sie engagierten sich und fühlten sich belohnt, wenn sie alle Belastungen möglichst geschickt lösten. Es ähnelte bereits dem Kampf von Herakles mit der Hydra. In dem Mythos schlägt der Held einen Schlangenkopf ab, zwei neue wachsen nach. Das Sinnbild soll die Gestressten davor warnen, sich in Probleme hineinziehen zu lassen, die man besser mit Distanz löst. Auch aus Sicht von Aristoteles waren die beiden auf zwei Extreme zugesteuert:

Rastlosigkeit und Trägheit. Ihr Pendel schlug nur noch in eine Richtung aus. Waren sie jetzt reifer geworden, die Mitte zu suchen?

Ursula kam ans Krankenbett, für Johanna die richtige Besucherin, die zu dem Stichwort von Frau Hagen etwas ausführen konnte. »Wie verstehst du den Hinweis, den mir Frau Hagen durch Thea ausrichten ließ? Mein Problem sei gewesen: ›Zu wenig Abstand‹?« »Ja,« lächelte Ursula wissend. »Das sagt mir viel! Es ist nicht wichtig, dass die Menschen um mich herum meinen Vorstellungen entsprechen. Ich muss mehr Distanz gewinnen. Höre auf die Signale deines Körpers! Und betrachte den Partner, die Firma, mit mehr Distanz. Lasse dich nicht zu sehr in die Sorge um die anderen hineinziehen, dadurch achtet man sein Umfeld. Wer sich zu viel um andere kümmerst, erzeugt eine Art Fremdsteuerung,« formulierte Ursula therapeutisch. Johanna notierte die Sätze sofort ins Tagebuch, dann fuhr sie neugierig fort: »Hast du etwas wahrnehmen können, während meiner Zeit im Koma?« »Auch das. Ich habe gefragt, wo du bist und wie es dir geht. Da sah ich dich in meinem Geiste in einer Gruppe Menschen ganz vergnügt tanzen, aber ich wusste nicht, wie es ausgeht.« Ursula hatte keine Vorstellung, wie sehr der Tanz zu ihrer Freundin passte. Das hatte sich kaum in dieses Leben ausgewirkt.

Ich sah dich Tanzen.

Gleich nach dem medizinischen Eingriff taufte sie das technische Gerät Michael. Der starke Namen erinnerte sie immer an den Neffen in der Geistigen Welt. Nach allem, was sie erlebt hatte, war die positive Beziehung zu einer Sache – ob technisch oder biologisch – qualitätserhaltend. Bei ihrer Entlassung erinnerte sie der Arzt daran, wie gut alles für sie gelaufen war: »Ihren Rettern haben Sie sehr viel zu verdanken, sie haben schnell und richtig gehandelt, so sind Sie ohne Einbußen im Bewusstsein zurückgekehrt.«

Bald würde sie den Beruf aufgeben, die fremdgesteuerten Anstrengungen waren einfach Gift für sie. Irgendwann würde ihr Bewusstsein den Körper verlassen und wer würde sie dann erwarten? Ihre Freunde in der Geistigen Welt hatten versprochen, da zu sein, wenn es soweit sei. Doch zuvor wollte sie noch eine dringende Aufgabe erledigen. Der Frühruhestand gab ihr jetzt die Gelegenheit.

9.4 Die Verwirklichung

»Immer wieder, wenn ich aus dem Leib aufwache in mich selbst, lasse das andere hinter mir und trete ein in mein Selbst; sehe eine wunderbar gewaltige Schönheit und vertraue in solchem Augenblick...«

»Die Schönheit der Worte strahlt durch die Übersetzung Richard Harders hindurch. Plotin beginnt diese Schrift über den Abstieg der Seele mit dem Gewahrwerden seines Seins im höheren Selbst. Er spricht von der Schönheit und seinem Aufgehen in dieser Geborgenheit, die sein Wesen in der Geistigen Welt erfährt. Nur das Auf- und Absteigen im Geistigen ist ihm ein Rätsel. Um den Zuhörern den Gegensatz der beiden Welten zu erklären, greift er auf die Symbolik der vorherigen Philosophen zurück. Sie sprechen über ›Haft‹, ›Lösung aus den Fesseln‹, ›Richterspruch‹, ›Los‹, ›Schicksal und Zwang‹.«

Plotin, Der Abstieg der Seele in die Leibeswelt, Bd. Ia, (1)(4)(5)(6); Enneade IV,8

Johanna tappte noch immer im Dunkeln, was Geistige Führung wirklich bedeuten könne. Ihr Handeln wurde geleitet, unmerklich entwickelte sich die Aufgabe. Sie selbst zweifelte: »Bin ich noch in der Lage zu hellsichtigen Träumen?« Die Frage wurde gehört. Sie benötigte Vertrauen in die innere Führung. Inzwischen war sie bereits daran gewöhnt, zu Peters Geburtstagen erstaunliche Träume zu erhalten. An diesem Maitag, ein

Jahr vor dem Ruhestand, übermittelte ihr eine Seele ein sehr eindrucksvolles Traumerlebnis:

> »Gunnar, das muss ich erzählen: Jemand zeigte mir Polen auf einer Landkarte. Oben war Danzig zu sehen, rechts davon, zum Meer hin, die Landgewinnung, etwas weiter rechts die Grenze, ziemlich gerade gezogen. Dann weiter unten nach Westen die Stadt Breslau. Dann zwei Flüsse, die parallel in Richtung 10 Uhr und 4 Uhr irgendwelche Hügel eingrenzten. Der Besucher sagte mir, ich solle westlich von Straßburg suchen, da komme er her. Er zeigte auf eine zerstörte Kathedrale seitlich von Straßburg. Dann den Ort ...oz! Mehr konnte ich nicht verstehen. Er zeigte ein Haus, es hatte unten eine Garagentür mit zwei Flügeln. Darin haben es sich die Leute gemütlich gemacht, links sah ich eine Essecke, ähnlich einer Wohnküche, und rechts wurden Autos repariert.«

»Johanna, was ist das für eine rätselhafte Nachricht? Wen kennen wir aus Polen? Straßburg liegt im Westen von uns.« »Ich weiß das selbst, dass Straßburg nicht in Polen liegt, aber es war alles so klar, dass darin eine Botschaft verschlüsselt sein muss.« Sie begann, sich für den nächsten Tag vorzubereiten. Mit einem Mal wurde sie gewahr, dass sie in zwei Tagen bei ihrer nächsten Veranstaltung wieder mit einem jungen Mann zusammentreffen würde, der in Polen geboren war. Sie stand zwei Tage später in der Eingangshalle vor einer politischen Karte von Europa. Der junge Mann, an den sie im Zusammenhang mit dem Traum gedacht hatte, kam gerade zufällig hinzu, sie begrüßten sich. »Na, Oliver, wie geht es dir?« »Gut, und Ihnen?« »Ich schaue gerade diese Karte an, wo kommen denn deine Eltern her?« »Hier seitlich von Danzig, an der Grenze, hier ist das ehemalige Königsberg, und hier wurden meine Eltern geboren.« Er deutete auf die Karte unterhalb der geraden Grenze. »Hier ist die Stadt Lodz und hier ist Breslau. Dort in der Nähe besuchen wir häufig einen Ort, meine Tante lebt dort.« »Gibt es dort alte Häuser, die mit einem Flügeltor geöffnet werden und in dem unteren Teil Werkstätten eingerichtet haben?« »Ja, das passt zu der Gegend. Dort gibt es so alte Häuser aus der Zeit vor dem Krieg. Einmal wurde die ganze Straße gesperrt, um dort einen Film vor historischer Kulisse zu drehen.« Sie unterhielten sich ausgiebig. War hier jemand um Oliver besorgt? Der junge Mann wollte seine Ausbildung wechseln. Dazu hatte sie ein unangenehmes Gefühl: »Oliver, du kommst in deiner jetzigen Situation bestimmt über deine Schwierigkeiten hinweg, hast du nicht inzwischen Freunde gefunden?« Johanna behielt für sich, dass es einen Zusammenhang mit ihren nächtlichen Bildern gab. Zu Hause wollte sie die Orte des Traumes näher betrachten und mit ihren Aufschrieben vergleichen. Die Flüsse entsprachen vielleicht der Oder und der Weichsel. Der Ort, sie hatte ›...oz‹ verstanden, hieß der Karte nach wohl Lodz. Die Herkunft des nächtlichen Besuchers sei nordöstlich von Straßburg. Mit der zerstörten ›Kathedrale‹ wollte er möglicherweise auf zerstörte Burgen und Kirchen des Deutschordengebietes hinweisen. Da gab der Geschichtsatlas bestimmt mehr dazu her. ›Der Ort liegt seitlich von Straßburg,‹ hatte ihr nächtlicher Besucher gesagt und Oliver hatte auf das Gebiet darüber gedeutet. Die Geistige Welt wusste, der Geschichtsatlas gehörte zu Johannas Lieblingsbüchern. Sie schlug ihn vor jeder Reise auf, um die Highlights der Gegend zu studieren. Verblüfft stellte sie fest, dass sie auf Anhieb die einzige Karte gefunden hatte, auf der der Ort ›Strasburg‹, das heutige Brodnica, zu finden war. Nur mit einfachem ›s‹ geschrieben.

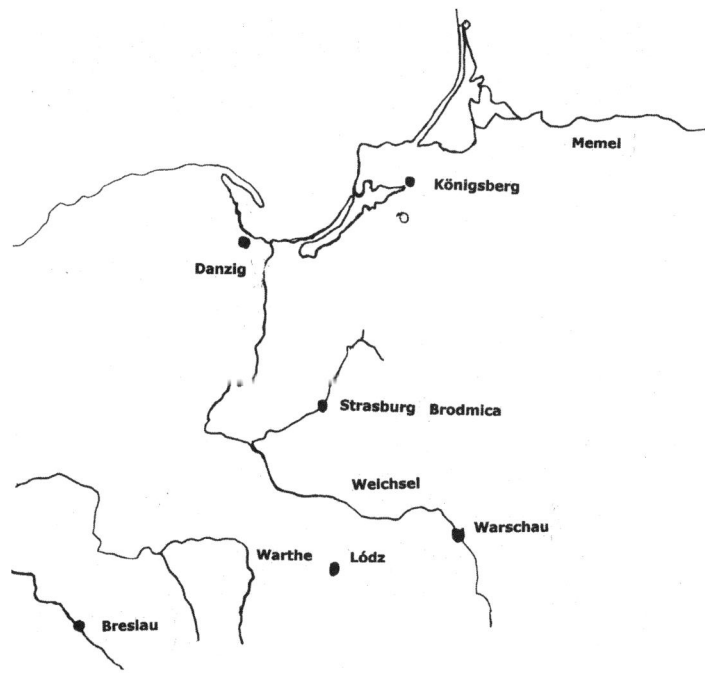

Karte von Polen

Das außergewöhnliche Erlebnis machte ihr Mut, das zukünftige Projekt zu bewältigen. Die Stimme in ihren Gedanken: »Wenn wir wollen, geben wir dir Worte, die dich in deiner Wegfindung weiter unterstützen.« Sind die Phänomene erklärbar? Alice Bailey behandelt das Thema in ihrem Buch ›Intuition und Intellekt‹. Sie erinnert den rational orientierten Menschen des 20. Jahrhunderts daran, seine Intuition zu nutzen. Dabei hilft ihm die regelmäßig geübte Meditation beim Lesen der mental erlebbaren Bilder. Sie verwendet das Wort ›geistiges Lesen‹, das auf Englisch ›Reading‹ genannt wird.

Über zweitausend Jahre zuvor behandelte Platon im Parmenides den Dialog, der die Verbindung der Transzendenz zur Materie als Beziehung ›**des Einen zum Vielen**‹ wiedergibt. Man sollte das, was unter der Ideenlehre von Platon verstanden wird, weiterverfolgen. Sein Schüler Aristoteles hat die Relation von der Form, Eidos, zur Materie in seiner ›Metaphysik‹ weiter behandelt, dem Lieblingsbuch Plotins. Der Philosoph fasst das in der Aussage zusammen, die wie das Koan in der Zen-Meditation wirkt: »Ein einheitlicher Ursprung macht aus dem All einen Organismus, welcher EINES-VIELES ist, und AUS-ALLEN-EINES.«

Der Psychologe David Fontana beschreibt einen entsprechenden Vorstellungsprozess. Die westliche Psychologie gehe davon aus, dass Symbole ihre Kraft aus der Assoziation erhalten. Das wiederum anders betrachtet bedeutet, Symbole können unsere Fantasie anregen und dadurch verborgene Bewusstseinsschichten berühren. Im Zusammenhang mit dem Symbolischen hinterfragt Fontana nun auch das Wort ›unbewusst‹. Er bezieht sich dabei auf C.G.Jung, der ein Wort für symbolisch hält, wenn sich mehr dahinter verbirgt als nur die Bedeutung. Johanna sollte Jahre zuvor in den Kursen bei Lewis persönliche Sinnbilder für die Kommunikation mit der Geistigen Welt entwickeln. Der Tutor forderte die Studenten damals auf, Symbole zu zeichnen, derer sich die Transzendenz bei einer Durchgabe bedienen kann. Eines ihrer typischen Beispiele war die eine gelbfarbene Linie. So kann aus einem innerlich erlebten Bild ein individuelles aussagekräftiges Symbol werden. Die Übung dazu funktioniert auch in die andere Richtung. Johanna hatte das ausprobiert. Sie legte eine Karte aus Fontanas Archetypensammlung auf den Nachttisch, um ihre Träume zu beeinflussen. Das nennt man heute Traumincubation. Passend zum Symbol entstanden nächtliche Bilder.

Um den Gedanken in Beziehung zu Platons Ideenlehre zu setzen, heißt das: Aus dem ›Urgrund‹ entwickelte sich für Johanna eine ›Ansicht‹ oder Projektion. Die geistige Kraft wirkt in das Bewusstsein hinein. Vergleichbares kann man beim Hören von Ravels Musikstücken erfahren, die ohne Kenntnis der Titel entsprechende Bilder auslösen. Die Erklärung wird später nochmals im Zusammenhang mit Rudolf Steiner angesprochen. David Fontana fragt weiter: »Wie und wo können wir uns das ›Unbewusste‹ vorstellen?« Er erinnert daran, dass das Wort nicht mehr als eine Definition sei, die hinterfragt werden kann. Er stellt die grundsätzliche Frage, ob das Wort wirklich die verborgenen Bereiche des Geistes erklärt. Er meint, nein, es verdeutliche in keinem wissenschaftlichen Sinne das, wofür das Wort ›unbewusst‹ steht. Woher kommen denn die Erinnerungen und Träume? Fontana verweist auf das Gebiet der Meditation, um Entsprechendes zu erleben. In diesem Rahmen betritt man einen Vorstellungsraum.

Bd. Va (37); Enneade III,8; David Fontana, Kursbuch Meditation, Frankfurt 1996, S. 45ff

*

Endlich saß Johanna am Schreibtisch, blickte aus dem Fenster in das weite Tal. Lächelnd freute sie sich über den neu entstandenen Arbeitsplatz. Sie war jetzt eine Frau im Ruhestand. Mit Beginn ihres Rückzugs aus dem Berufsleben ordnete sie ihre Tagebücher, um das seit langem geplante Manuskript zu verwirklichen. Über die letzten vierzig Jahre hatte sich viel Material angehäuft. Die gesammelten Mitschnitte ihrer Medienbesuche waren zu einer beträchtlichen Zahl angewachsen. Sie hörte noch einmal in die kostbaren Beratungen durch die Medien hinein. Las die Kommunikation mit ihrem verstorbenen Mann, sah die Orientierung durch die Astrologie, freute sich über die Aussöhnung mit den Heimgegangenen.

Sollte das nicht tröstend für die Mitmenschen sein? Besonders solche Inhalte der Durchgaben, die die Verstorbenen erst nach ihrem Übergang erkennen konnten, mussten die Leser nachdenklich machen! Da gab es ein unscheinbares Beispiel: die Auszeichnung von Gunnars Mutter für ein gewonnenes Skirennen. Johanna bewahrte sie damals in der Vitrine ihrer Wohnung auf. Hinter den dunklen Scheiben hatte Gunnars

Partnerin Bilder und Andenken an Selige arrangiert. Auf diesen Ort und Gegenstand machte das Medium (2005) fünfzehn Jahre nach dem Tod seiner Mutter aufmerksam. Die Wohnung wurde erst zehn Jahre nach deren Tod bezogen. Die Durchgabe war ein kostbares Beispiel ihrer aufgezeichneten Schätze.

Durch Peter und ihre Mutter erlebte Johanna, dass Verstorbene ihre Ansichten in der Transzendenz korrigierten. Diese veränderte Sicht zum jeweiligen Thema wurde durch Medien an die Trauernde übermittelt. Besonders die intensive Wirkung ihrer Mutter wurde ihr erst beim Lesen in den alten Tagebuchtexten bewusst. Johanna geriet oft ins Staunen über die Traumaufzeichnungen, die der Alltag bereits verdrängt hatte. Manche Details in den Träumen enträtselten sich erst später in der Zukunft. Inzwischen war durch die letzten Berufsjahre Distanz eingetreten. Schnell erkannte die gereifte Frau die erkennbare Wegleitung hinter dem Alltag.

*

Gunnar und Johanna kamen aus dem Ferienhaus zurück, einem guten Ort für Träume. Dort konnten beide wieder gut schlafen und sich an die Trauminhalte erinnern. In diesem reichen Angebot erfuhr sie Bestätigendes für die kommenden Monate. Kurz nach dem Geburtstag ihrer Mutter:

> »Ich bin mit meinen Eltern auf einem Reiterhof bei Bremen, dann sehen wir auf Palmen und Meer. Meerurlaub liebte mein Vater. Er hat eine Suite gemietet mit drei Schlafzimmern. Das hat mich verblüfft, ich frage ihn, ob er sich wegen des Preises erkundigt hätte. Nein, so wäre das schon in Ordnung. Der Ausflug kam für mich überraschend. Er dauerte fünf Tage. Dafür wollte ich mir Kleidung kaufen. Im Schlaf war mir bewusst, dass dies nach meinem Herzstillstand war und nach meinem beruflichen Rückzug. Denn an der nächsten Besprechung im alten Büro, wurde mir gesagt, solle ich nicht mehr teilnehmen. Im Hotel genoss ich den schönen Blick auf das Meer mit seinen Wellen, davor sehe ich Palmen. Ich sagte, bei der Wahl meines Zimmers war das der Grund, warum ich hierher wollte.«

Diese Begegnung sollte sie an die Aussöhnung mit der Vergangenheit erinnern. Ihr Vater hatte eine Suite gebucht, ohne nach dem Preis zu fragen. Die Eltern zeigten durch den überraschenden Besuch, dass sie beide verschwenderisch handelten. Sehr erstaunlich! Denn besonders ihr Vater hatte Johanna immer unwirtschaftlichen Umgang mit Geld vorgeworfen, er hatte ihre Fähigkeit im Umgang mit Geld geradezu bezweifelt. Das Resultat ist bekannt, sie vertrauten Ulrike mehr. Im Traum tat ihr Vater genau das, was er ihr früher vorwarf. Er wollte sich entschuldigen. Sie wünschten ihr ein gutes Leben (Hotel). Sie kamen zu dritt (drei Schlafzimmer), denn Peter war dabei. Das zeigte er durch die Aussicht aus dem zuletzt geträumten Hotelzimmer. Es entsprach dem auf den Kanaren.

Kanarisches Appartement

Der nächste Traum erneuerte die Bestätigung, dass sie Hilfe aus der Geistigen Welt erhalte.

> »Ein junger Mann im Alter zwischen 30 und 40 Jahren sagt mir, dass er bei der Überarbeitung des Buches helfen wird, wenn die zähe Zeit der Korrekturen kommt. Es wären weitere ›Personen‹ im Hintergrund, die mir beistehen durch ihre Eingaben. Ich solle mich nur zurücklehnen.«

Sie hatte sich in der letzten Zeit gefragt, war Michael-Benjamin noch um sie? Er wäre jetzt zwischen dreißig und vierzig Jahren alt. Der nächste Traum war unvergesslich:

>»Bin in einem Krankenhaus zur Untersuchung und erzähle von meinen Erlebnissen. Zwei Ärzte, ein Mann und eine Frau, stehen am Eingang eines alten Hauses. Die Frau gibt mir ein kleines Pixibuch. Die gab es in meiner Kindheit für eine D-Mark. Es hat den Titel ›Ewigkeit‹. Mir ist, als solle ich diesen Gedanken beim Schreiben so einfach wie möglich mit einschließen, wie dies der Preis impliziert. Es muss sich um Verstorbene handeln, denn die Ärzte standen links in der Sonne, dem Ort für Verstorbene. Das Treffen fand auf einem Burggelände statt. Rechts im Schatten befand sich ein Ruinenteil. Ein großer Saal war noch erhalten, dort besuchten Gunnar und ich eine Versammlung mit philosophischen Vorträgen. Wir sehen ein, dass das für uns zu kopflastig wird. Wir bedienen uns am Buffet mit süßen Stückchen und verlassen über eine Wiese das Gelände.«

Das Motiv Ewigkeit kannte Johanna aus dem ersten Collegeaufenthalt. Ein Gefühl von sie durchziehende Ewigkeit, als sie für sich in ihrem Zimmer lag. Das Thema ist schwer mit unserem Alltagsbewusstsein zu erfassen. Weiter wies der Traum darauf hin, nur wenige Zitate aus der Philosophie zu verwenden. Das waren ›die süßen Stückchen am Buffet‹. Durch das Ärztepaar, von dem sie das einfachste aller Bücher bekam, das Pixibuch mit dem anspruchsvollen Titel ›Ewigkeit‹, wurde Johanna an das Seminar in Schneverdingen erinnert. Sie begegnete dem Ehepaar aus England beim Besuch des Dalai Lama. Später, im Fernkurs, den der dortige Geshe leitete, erhielten die Studenten folgenden besonderen Satz aus dem Lamrim:

>»Mein persönliches Bewusstsein, das Klare und Erkennende in mir selbst, ist ein ununterbrochenes Kontinuum, das weder Anfang noch Ende besitzt.«

Zu guter Letzt kam ein Traum anlässlich Peters Geburtstag:

>»Es wird mir ein märchenhafter Vorsonnenaufgang aus meiner ländlichen Umgebung gezeigt, den ich gerne fotografiert hätte. Ich fahre nach Hause, um meinen Fotoapparat zu holen. Als ich zurückkomme, ist alles in apricotfarbenen Nebel getaucht, meine Lieblingsfarbe.«

Aus den Aurosomafarben entnahm sie die Deutung: ›Eine neue Zeit darf jetzt beginnen.‹ Sofort dachte sie an den Maler Philipp Otto Runge, den bedeutenden Maler der deutschen Romantik. In einem Katalog der Hamburger Kunsthalle fand sie ›Der große Morgen‹, 1809, und die ›Cherubsglorie‹, 1809. Im Bild der Glorie zeichnete Runge die Gesichter der ›Genien‹, dem römischen Begriff für Geistige Helfer. Ähnlich der Anordnung in einer Sonnenblume erscheinen sie radial angeordnet nach außen vergrößert, Kopf an Kopf. Der Künstler hatte sich in seinem kurzen Leben als Maler die Aufgabe gestellt, die Mystik von Jakob Böhme durch Wandschmuck zu vermitteln. Der Traum bekräftigte sie auch in dem Gefühl, sie müsse die Quelle in sich finden, intuitiv unabhängig von fremder Hilfe. Denn der Nebel ist das Sinnbild für Meditation: Wenn man außen nichts erkennen kann, nach innen schauen.

Beim Lesen der Tagebücher stieß sie auf den Satz Peters: »Fische in deinen Büchern, dort findest du, was du suchst.« (Pfingsten 98). Sie war inzwischen offen für geistige Wegleitung, spürte wie der Satz in ihr klang. So fiel ihr eine Aufzeichnung über ein Gespräch mit Thea in die Hände. Peter beschrieb damals durch die Freundin, wie sich die Sichtweise in der Geistigen Welt entwickelt. Damals fragte sie: »Wie sehen sie uns aus der Transzendenz? Wie sammeln sie dort ihre Informationen?« Diese Frage beschäftigte Johanna bis dahin. Thea schaute während des Gesprächs an eine Stelle: »Das ist nicht einfach. Das ist wie bei deiner Hose.« Dort waren auf schwarzem Grund weiße Quadrate in den Stoff eingewoben. Thea fuhr fort: »Es ist etwas wie Bällchen.« Dieses Gespräch blieb ihr beim Schreiben in Erinnerung und wollte ihr nicht mehr aus dem Kopf. Sie entschied sich, so geführt zu suchen, genauso hatte sie das beim Beispiel Strasburg gemacht. Sie ahnte, so etwas schon einmal gesehen zu haben, beim letzten Umzug, als die Bücher aussortiert werden mussten. Es war eines, das ihr Peter hinterlassen hatte. Es war ein schmales Buch mit drei Vorträgen von Rudolf Steiner, gehalten in Dornach vom 20. bis 22. Januar 1917. Sie hatte das Heft rasch gefunden, blätterte es durch, sah die gestrichelten Kreise, dort waren die ›Bällchen‹ abgebildet. Thea kannte die Schrift nicht.

Die Zeichnung setzt sich aus Kreisen, den ›Bällchen‹, zusammen. Sie stellen die sich überschneidenden Kreise von *Archai,* dem Zeitgeist, und *Archangeloi,* dem Geistigen Helfer, dar. Rudolf Steiner spricht hier von unserer Reife, unserem *hellen Bewusstsein,* mit dem wir uns in diese Welt vorarbeiten. Im Vortrag betont er eine verlorengegangene Anlage der Menschen, die sie früher noch besaßen, als sie an ein Leben nach dem Tod glaubten. Johanna erinnerte sich an ihren letzten USA-Besuch, die ›Cliff Dwellings der Anasazi‹. Unter der Erde hatten die Indianer runde Versammlungsräume gebaut, die Kivas. War jemand gestorben, wurde er dort hingesetzt, die trockene Luft mumifizierte ihn. Solche Höhlen mit Verstorbenen gab es auch auf den Kanaren. Die Hinterbliebenen konnten sich neben ihre Mumien setzen, um mit ihnen zu kommunizieren, wenn sie Rat suchten. Steiner erinnert im Vortrag daran, die Träume über die Verstorbenen wie eine Art Austausch zu verstehen. Diese Entdeckung überwältigte Johanna. Oberflächlich hatte sie von den Anthroposophen gehört, dass sie bei solch geistigen Gesprächen vor erdnahen Seelen warnen. Deshalb hatte sie sich nie weiter für diese Lehre interessiert, aber was sie hier las, war das Gegenteil. Sie war ergriffen, denn die Schrift Steiners bestätigte, was einen Teil ihrer Entwicklung ausmachte. Ihre gesammelten Traumerlebnisse und auch die erlebte Gedankenführung fanden Bestätigung in einem 100 Jahre alten Vortrag. Der Redner sprach von einem ›dritten Zustand zwischen Schlafen und Wachen‹, das erinnerte an die Spiritualisten, an das Versenken aus dem Wachzustand bis hin zum Fast-Schlaf, der Trance. Im College beobachtete sie die medial Trainierten, die im versenkten Zustand zwischen Klienten und Verstorbenen kommunizieren können. Die Theosophie, die Anthroposophie und die Spiritualisten gingen ab dem späten 19. Jahrhundert getrennte Wege. Umso erstaunlicher für Johanna, dass sie hier auf Ähnlichkeiten zu der von ihr studierten Praxis stieß. Steiner wünschte sich damals für die Zukunft, dass die Verbindung mit den Verstorbenen möglich sein könne. Man könne ihnen auch vorlesen, um sich ihnen zu nähern. Andererseits können sie genauso in die Gedanken der Lebenden eintreten. Er verweist aber auch auf die Schwierigkeiten, die beim Austausch zwischen der Geistigen Welt und unserer Wahrnehmung entstehen können. Denn die Kommunikation mit der Transzendenz muss in das menschliche Bewusstsein umgesetzt werden (siehe oben: Platon – Fontana – C.G.Jung).

Rudolf Steiner, Vorträge vor Mitgliedern der anthroposophischen Gesellschaft (Das Geheimnis des Lebens nach dem Tod, Dornach 20.-22.1.1917, http://fvn-archiv.net/PDF/GA/GA174.pdf)

Tief gerührt stellte sie fest, dass Peter damals aus der Geistigen Welt heraus über ein Bild kommunizierte, das sie erst später bewusst erkennen sollte. Jetzt war sie froh, dass ihr Suchen in Deutschland keine isolierte Anschauung zu sein schien. Aber woher stammte das Wissen? Sie ging wieder auf die Suche nach den Quellen. Nahm sie darin die Rezeption des Buddhismus oder der antiken Philosophie wahr? Plötzlich tat sich eine neue Tür auf. Sie stieß auf eine Biografie von Plotin, die aus Sicht seines Schülers Porphyrios geschrieben war *(Plotins Schriften, Vc, Meiner Vlg, Hamburg)*. Der Schüler war ein Universalgelehrter, der in den Jahren um 300 die Texte seines Lehrers bearbeitete. Ihm haben wir es zu verdanken, dass die Schriften komplett erhalten und herausgegeben wurden. Begeistert berichtet Porphyrios über den Lehrer und dessen Leben. Geboren in Ägypten um 205, gehörte er zu den drei bedeutenden Schülern seines Lehrers Ammonios in Alexandria. Plotin begründete in Rom eine Akademie, die der geistigen Tradition Platons und Aristoteles folgte. Ähnlich wie Sokrates hat Plotin sein Wissen zunächst mündlich an seine Schüler weitergegeben. Erst auf deren Drängen formulierte er das Gesagte schriftlich. Beim Lesen der Biografie fielen Johanna Zusammenhänge zu den Techniken auf, die sie bei den Spiritualisten kennengelernt hatte. Ohne die entsprechenden Erfahrungen wäre sie sicherlich über die Textstellen hinweggegangen, so wie es die meisten Philologen taten.

Das erste Beispiel erinnerte sie an das ›inspirierte Sprechen oder Schreiben‹ im College. Porphyrios berichtet anerkennend über seinen Lehrer, der eine zukünftige Rede mental vorbereitete. Anschließend sprach oder schrieb er, als existiere der Text bereits an anderer Stelle. Das zweite Beispiel erinnerte an das Phänomen ›Overshadowing‹: ein Leuchten um Plotins Haupt, das ihm ein schönes Antlitz verlieh, wenn er sprach. Sie hatte es miterlebt, wenn sie gemeinsam mit den erfahrenen englischen Studenten beim Sprechen eines Trancemediums ein Leuchten um den Kopf erkennen konnte. Manchmal verjüngte sich das Aussehen oder ein fremdes Gesicht zeigte sich auf dem des Mediums.

Im Verzeichnis seiner Schriften fand sie den Arbeitstitel: ›Der Abstieg der Seele in die Leibeswelt‹ (Bd Ia). Das weckte sofort die Neugier auf die Texte. Das hörte sich vielversprechend an, das einsame Kind von vor fünfundfünfzig Jahren wurde wieder aufgeweckt. Damals suchte es verzweifelt in seiner Erinnerung nach dem Weg, der es in das Leben geführt hatte. Den Zusammenhang konnte das kindliche Bewusstsein nicht erkennen. Später wurde sie manchmal für das Interesse belächelt. Sie hatte durchgehalten und durfte gereift den Philosophen finden, der all die vermissten Themen in der Antike bearbeitet hatte.

Plotins Weltbild ließ sich mit Steiners ›Bällchen‹ problemlos verbinden. In zwei Schriften erklärt er folgendes: ›Von unserer weltlichen Existenz der Sinnenwelt gelangt die Seele in die Weltseele...‹

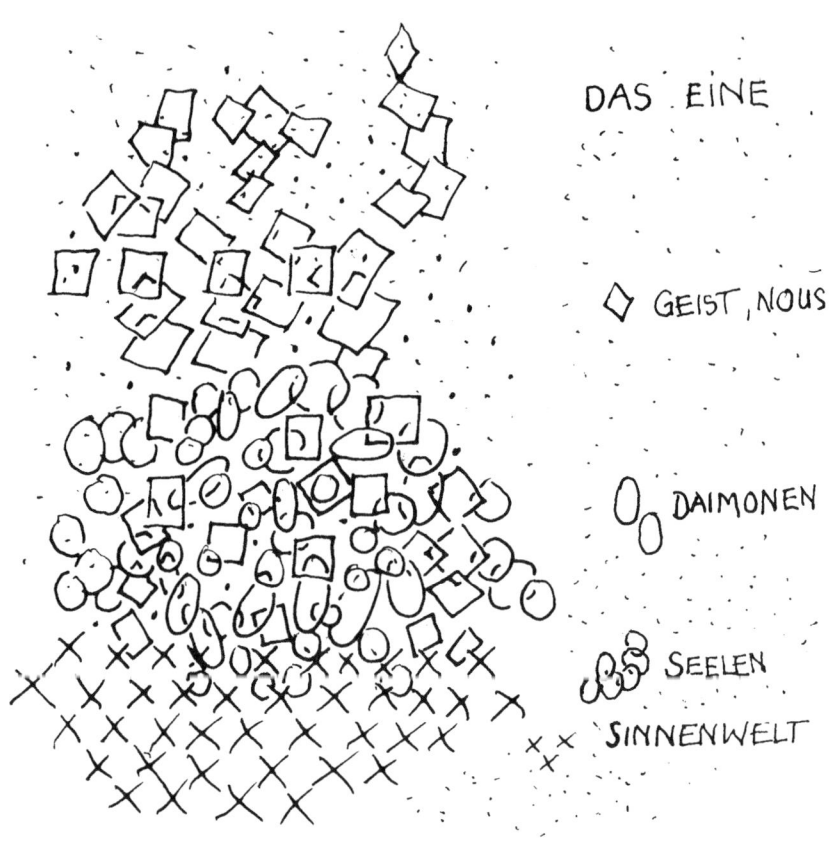

Seinsstufen nach Plotin

Bd. Ia, Geist, Ideen und Seiendes; Enneade V9; Bd. IIIa, gegen die Gnostiker; Enneade II,9

Porphyrios schildert noch ein ungewöhnliches Erlebnis, das Johanna mit den Optionen der Geistigen Welt verbinden konnte. Die Suchende erkannte in dem Bericht Wesentliches, das auf die hohe Verwirklichung von Plotins Lehre hinwies: Ein ägyptischer Priester kam nach Rom. Als er mit Plotin bekannt wurde, bat er den Philosophen sein Können zeigen zu dürfen. An einem geeigneten Ort, nach einer Zeremonie, bat der Priester die Geistige Führung Plotins, sich zu zeigen. Alle Anwesenden erlebten eine überwältigende Erscheinung, die aus einer höheren Ebene als die der Daimonen zu ihnen kam.

Nach diesem Erlebnis verfasste Plotin die Schrift ›Der Daimon, der uns erloste,‹ *Bd. Ia; Enneade III,4; Bd. Vc (56–59)*

Johanna fühlte sich zu den neu entdeckten Büchern hingeführt. In den Enneaden fand sie die Inhalte des lang gesuchten Themenbereichs. Studium und die Praxis der Spiritualisten trugen dazu bei, die zuverlässigen Quellentexte in ihrer Güte zu erkennen. Glücklich schaute sie auf ihre geistigen Hände, eine unvollständige Kette, die sich von der Geburt bis zum Tod fortsetzt, würde sie sich irgendwann schließen lassen. ›Entelechie‹, sagt der Altgrieche: ›Der Anfang trägt das Ende in sich‹. Peter hatte ihr vor Jahren einen Traum geschenkt, der schon lange ein Sinnbild in sich trug, das Leben einfach annehmen zu können:

> »*Peter ist mit mir in Stansted im Schloss, es stehen alle Türen offen. Ich reinige mich hier von der Vergangenheit mit Wasser und Seife. Er sagt:* ›*Wir sind keine Geister, ihr macht das nur aus uns. Das ist abwertend, wir sind Bewusstsein, reden mit euch, haben sinnliches Verstehen, erleben und genießen.*‹ ›*Läuft das auf einen neuen Ahnenkult hinaus?*‹ ›*In Maßen, einfach um ein Zwiegespräch führen zu können. Denke über den Satz nach: Du bist wohl von allen guten Geistern verlassen!*‹«

10   Mediale Durchgaben

In diesem Kapitel veröffentlicht Johanna eine Auswahl ihrer Aufzeichnungen, die von den Besuchen bei englischen Medien aus der Zeit 1998–2006 stammen. Der Leser hat die Möglichkeit zitierte Durchgaben im Zusammenhang zu lesen.

Was leistet ein gutes Medium? Johanna hat in England erfahren, dass die Medien Informationen übermittelten, für die es keinen physikalisch beschreibbaren Weg gab. Diese Frauen und Männer kannten Johannas Leben nicht, nur einen verabredeten Besuchstermin für das Reading. Besonders Namen, die zuvor nicht gefallen waren, hörte sie mit Überraschung. Einmal hörte sie den Namen eines Wilhelm. Johanna konnte damit nichts anfangen, deshalb entwickelte das Medium die Botschaft nicht. Später erfuhr sie, dass die Großmutter diesen Bruder früh verloren hatte. Ihre Mutter besaß ein Bild von ihm aus den Zwanziger Jahren.

Johanna war im College eine Unbekannte, oft wurde sie für eine Schwedin gehalten. Da jede Woche von einem neuen Kursleiter organisiert wurde, der sich seine unterstützenden Medien dazu selbstverantwortlich auswählte, traf sie auf immer neue Hellsichtige. Jedem dieser Lehrmedien wurden Gruppen von bis zu zehn Schülern zugeordnet. Unterrichtssprache war und ist Englisch und die Schüler kommen aus Australien, Neuseeland, Südafrika, Kanada, USA, Schottland, Irland, aus skandinavischen Ländern oder vom Kontinent. Auf Grund eines Fragebogens wurden die Schüler je nach Wünschen und Fähigkeiten einem Tutor zugeteilt. Zu Beginn der Unterichtswoche am Samstag stellten sich alle Medien vor. Für sie war es eine Anerkennung, auf Grund ihrer Fähigkeiten am College eine Woche arbeiten zu können. Am Tag darauf buchte man bei einem der unterrichtenden Medien ein ›Reading‹ während des Aufenthalts. Dies war die Chance, anerkannte Medien zu konsultieren. Mit Bedacht wählte Johanna unbekannte Namen aus. Gegen eine Gebühr erhielt sie nur einen Zettel mit Ort, Datum und Zeit für die Besprechung, denn Anonymität ist bei dieser Arbeit wichtig. Ziel des Spiritualismus ist es, das Leben nach dem Tod zu beweisen. Mit Johannas kritischer Denkweise legte sie viel Wert auf wirkliche Erkenntnisse, die das Medium durch nichts als die Geistige Welt erfahren konnte. Dauer einer Konsultation war in der Regel zwischen zwanzig und dreißig Minuten. Sofern man eine Aufzeichnung haben wollte, musste man ein entsprechendes Gerät dabei haben. Durch die vielen Kurse, die sie im Laufe von sieben Jahren dort belegte, wuchs die Sammlung auf ungefähr 30 Aufnahmen an.

Ein Medium wird mit einer seiner medialen Techniken (Overshadowing, Trance) eine Verbindung (Link) zwischen dem Fragenden und der Welt herstellen. Damit ist es ein Mittler zwischen den Welten, der Transzendenz und der vertrauten materiellen. Die Eingaben müssen durch das Bewusstsein des Mediums umgesetzt werden. Deshalb entspricht die Botschaft auch dem Reifegrad des Mediums, dieses sollte ein Gespür für den Klienten haben. Wird ein Link aufgebaut, was nicht selbstverständlich ist, wird der Kontakt durch die Größe, das Geschlecht, die Eigenschaften zu seinen Lebzeiten, Gedenktage, den Wohnort oder die Todesart verifiziert. Die Seelen in der Geistigen Welt vermitteln ihre Sicht auf die Dinge. Sie sind nun nicht mehr die Gefangenen ihrer Lebensrolle, das kann sie reifer wirken lassen. Von ihren Schuldgefühlen wurden sie entlastet. Das lässt sie korrekter oder humorvoller erscheinen, sie sind aber noch keine Alleswissende oder Heilige. Eine Botschaft macht nur Sinn, wenn der Ratsuchende die Information einordnen kann. Bei den Engländern kommt deshalb immer die Frage: »Können Sie damit etwas anfangen?« (Can you place it?). Die Antwort muss dann ja oder nein sein, denn diese Spur, der das Medium folgt, muss dann eventuell gründlicher verfolgt werden. Natürlich hat auch das Medium Geistige Helfer, mit denen es schon lange zusammenarbeitet. Dem Klienten wird aus der Ebene der Verwandten übermittelt, manchmal auch aus der Ebene der Helfer. Aus der Ebene der Schutzengel werden in Krisenzeiten Chancen für die Entwicklung erklärt: »Wie verhält sich die Situation, was ist mein nächster Schritt, was sind meine Schwierigkeiten in dieser Entwicklung?«

Wenn der Kontakt stabil ist, übersteht das Medium die Störung von Unterbrechungen, der Ratsuchende will vielleicht konkrete Detailfragen an das Medium stellen. Das Medium erhält weitere Eingaben aus der Geistigen Welt. Das Medium Frau Brunner war beratungsorientiert, sie fasste Hilfen für Johannas persönliche Problemstellungen zu einer Botschaft zusammen.

Es ist nicht immer leicht, mit medialen Botschaften umzugehen. Nur weil aus der Transzendenz eine Position vermittelt wird, muss das nicht der für den Fragenden entscheidende Weg sein. Die Seelen haben unterschiedliche Ansichten, das kann man den Durchgaben eventuell auch entnehmen. Die Entwicklung findet hier auf der Erde statt, zu den hiesigen Bedingungen. Wir brauchen Geduld mit den Veränderungen, denn die Natur macht keine Sprünge. Das Medium kann auch Fehler in der Umsetzung der Eingaben machen, bei der Wiedergabe seiner übermittelten Sinneseindrücke. Das kann der Leser durch die Bilder seiner eigenen Träumen nachvollziehen. Manchmal sehen wir erst im Laufe der Zeit den Sinn für eine Herausforderung, das Bewusstsein dafür muss noch heranreifen.

Wie im Buch ersichtlich, machte es Sinn, verschiedene Aussagen von Medien, Astrologen, Handlesern miteinander zu vergleichen, um schwachen Beratungen kein zu großes Gewicht zu geben. Pragmatisch gesehen kostet ein Umzug, eine berufliche oder finanzielle Veränderung viel Geld, warum sollte man sich nicht aus unterschiedlichen Blickwinkeln beraten lassen? Solche Konsultationen werden bis in die Spitzen der Gesellschaft herangezogen. Da es aber ein Tabu ist, bekennt man sich nicht öffentlich dazu. Sonja wurde einmal auf ein scheinbar gutes Medium in der Nähe ihrer Heimatstadt aufmerksam gemacht. Bei dem Termin wurde sie mit Karten beraten. Das Medium erkannte Richtiges, gab auch Hinweise zu beruflichen und partnerschaftlichen Problemen. Dabei vermischten sich wohl die Eindrücke. Wäre Sonja dem Rat gefolgt, hätte sie ihr Leben binnen drei Monaten ruinieren können. Selbstkritik und realistische Sehweise ist dringend nötig. Im College hätte ein schwaches Medium wenig Chance dort zu unterrichten.

In dieser Geschichte wird Johanna von einer unermüdlichen Suche angetrieben, um ihre Schuldgefühle zu überwinden. Hatte sie durch ihre Veränderungen, durch ihre Reise den Tod des Partners beschleunigt? Dieser Tod hinterließ eine tiefe Wunde, die sie nicht einfach heilen konnte. Sie durfte auf diesem Weg erfahren, dass der verstorbene Partner aktiv Namen, Beurteilungen, Kenntnisse, Erinnerungen durch das Medium zu vermitteln versuchte. Niemand konnte dem Medium gesagt haben, wie es privat um sie stand.

Diese Sammlung führte zu weiteren erstaunlichen Aussagen: zum Beispiel das Thema Sohn, der bei ihrer Schwester nicht zur Welt kam, aber trotzdem die Nähe zur Familie suchte. Weder Johanna noch Peter hatten mit einer beendeten Schwangerschaft in ihrem Leben zu tun. So wurde ›der Sohn‹ erwähnt, das Medium wusste manchmal nicht, ob er zu ihnen gehört. Immer wieder wurde die Ratsuchende gebeten, im Gespräch mit ihm zu bleiben. Nach einigen Durchgaben, wurde sie von der starken Rolle des verstorbenen Partners und ihrer Großmutter überzeugt. Anschließend erhielten auch diejenigen, die sich im Hintergrund hielten, eine Chance Botschaften zu übermitteln.

Wie schon erwähnt, meldeten sich überraschenderweise auch andere Verwandte und Bekannte, die Johanna nur aus Fotoalben im Nachhinein erkennen konnte. Es ging des öfteren über die enge Partnerbeziehung hinaus. Johanna erhielt in den Seminaren Grundkenntnisse, die persönlich nachvollziehbar machten, was ein gutes Medium vermitteln kann.

Überwältigend ist, dass sich die Prognosen über viele Jahre hinweg bewahrheitet haben, oder von verschiedenen Medien übereinstimmend gemacht wurden. Ihr Wunsch, einen Partner zu finden, der über die intellektuelle und geistige Fähigkeit verfügt, die Erlebnisse mit ihr zu erkunden, wurde erfüllt. Er gab oft Rückendeckung, reiste selbst später mehrere Male in das College mit und hat die für ihn entsprechenden Erlebnisse gemacht.

10.1 (Pfingsten 1998) Fische weiter in deinen Büchern.

Pfingsten 98: »Ich weiß nicht, aus welchem Land du kommst. Es werden mir Bilder von Industrie gezeigt, dort hat ein Mann gearbeitet, der um dich ist und dich unterstützen möchte. Jetzt vor zwei Jahren hat sich dein Leben geändert. Damit es dir deutlich ist, das musste sein, da es bereits in eine Art Selbstzerstörung überging. In deiner Familie herrscht ein großes Pflichtgefühl. Wenn man die Hierarchie der Familie betrachtet, komme ich bei der Generation deines Vaters an. Dieser Mann hatte kein hohes Alter, als er starb.« (War das ihr Onkel oder ihr Cousin, auch von ihm hatte sie einen Traum nach seinem Tode erhalten) Sie sagte deshalb: »Im Moment weiß ich nicht, wer es sein könnte.«

»In Vaters Generation, ich höre Bäcker, Edward (er hieß Eugen). Es gab eine große Liebe zu Büchern, er liebte Bücher.«

Sie dachte nach, sollte das auf ihren Onkel hindeuten? Von ihm wusste sie, dass der Vater Bäcker war. Sie wusste aber nichts über seine Ausbildung, erst als sie bald darauf ihre Eltern erzählen ließ, erschloss sich ihr die Information. Er hatte nach dem Abitur eine Buchbinderlehre gemacht, kunstvolle Bücher waren seine Leidenschaft, später nach dem Krieg hatte er sich in seinem schönen Zuhause ein Büro eingerichtet.

»Mir werden dunkle Möbel gezeigt, ein Büro, sehr gepflegt, eine freundliche Atmosphäre. Er sagt mir, du denkst darüber nach, wie es in deiner Arbeit weitergehen soll. Lange hat dich Vergangenes festgehalten. Erst seit einem Jahr gehst du vorwärts. Die Großmutter kommt näher, eine große mütterliche Liebe geht von ihr aus, in der Zukunft wird es für dich besser werden. Sie war sehr großzügig, eine kleine Frau, ein Geruch von Veilchen ging von ihr aus. Sie erzählt mir von Schwierigkeiten in der Familie, es gibt keine einfache Verständigung, dieses Auseinanderleben hat bereits angefangen, als du jung warst. Sie betont, es ist dein gutes Recht, ein Individuum zu bleiben. Seit dem letzten Jahr bist du etwas ganz neu angegangen. Sie ist so enthusiastisch, klatscht in die Hände, das hast du gut gemacht, aber lass die Vergangenheit, wo sie hingehört. Ich sehe Bäume, einen Abhang. Die Kommunikation mit der Geistigen Welt ist im Kommen. Hast du einen Umzug gehabt?« – »Nein.«

»Es sieht so aus, als komme das. Auf die Gefühlsebene Acht geben, die Farben der Aura deuten auf Heilkraft hin, du musst damit weitermachen. Du hast einen Riecher für bestimmte Bedingungen und erahnst, was kommt. Du liest viel, philosophische, technische Bücher, Tagebücher. Für die Arbeit brauchst du deinen Verstand. Aber du bist noch nicht an der richtigen Stelle deines Lebens angekommen, da gibt es ein Unerfülltsein. Im August gibt es weitere Möglichkeiten.« »Im August werde ich hier sein!« »Da klärt sich schon einiges, du wirst den Arbeitsplatz wechseln, die Finanzen ändern sich, es gibt neue Gelegenheiten. Jemand spricht übers Fischen zu mir, es herrscht eine angenehme Ruhe, vor mir ist Wasser, es sind Erinnerungen eines Mannes, er hat ein liebenswertes Lächeln, er strahlt Glücklichsein und Zufriedenheit aus. Ich habe das Gefühl, dieser Mann war nicht alt, er verwöhnt dich, er ist ein Teil von dir, er bittet dich, in den Büchern zu fischen, du wirst die Wahrheit dort finden. Bei ihm ist auch ein junges Leben, eine Fehlgeburt, er ist bei ihm. Er bittet dich, sei nicht so selbstkritisch, vor allem sei frei, wir bringen dich voran. Dieser liebenswerte Mann ist immer mit ihnen, er hat seinen Weg im Geiste gefunden. Er betont ein Schmuckstück, einen Ring.«

Das Medium schaute Johannas Hände an, da steckte ein Diamantring an der rechten Hand. »Er spricht von einem Ehering, oh, ihr tragt sie hier, wir Engländer tragen sie links. Er gibt mir noch Festtage, der Mai?« »Da hatte er seinen Geburtstag.« – »Er hat ein wunderbares Lächeln, er ist sehr glücklich.«

10.2 (Pfingsten 1998) Du kamst auf dem Strahl von Meister Kuthumi.

»Die Seele räsoniert mit den Elixieren.« Johanna sah die Flaschen in Ruhe an, die Farben waren faszinierend, in einer waren genau die zwei Farben drin, die ihr bei ihren nächtlichen Schlafstörungen zu guter Letzt immer zur Ruhe verhalfen: Violett und Gelb. Als sie zu dieser ersten griff, sagte das Medium pfeifend »Das wundert mich nicht«. »Wir beginnen zuerst mit der spirituellen Ebene, dann kommt die persönliche. Die gelbe Farbe zeigt, du kamst auf dem Strahl des Meisters Kuthumi: Er steht für dein intellektuelles Suchen und das Streben nach Weisheit. Die zweite Flasche ist die alte Seele, du kommst um andere zu lehren, der Wahrheit zuliebe. Es geht darum, altes Wissen in die Gegenwart zu bringen. Nur was trägt, überzeugt dich. Es geht darum, das göttliche Gesetz zu erkennen, dieses weiterzugeben und lehren zu können. Bevor du das aber kannst, musst du erkennen, dass du viel Wissen in dir hast, um das größere Verständnis dafür in diesem Leben auch zu entwickeln. ›Dein Wille geschehe – nicht mein Wille‹ (bewusst zitiert aus dem Vaterunser). Du hast eine Herausforderung zu bestehen gehabt, du musstest dich öffnen, um mehr Wissen aus der Geistigen Welt in dir aufzunehmen. Du wurdest zum Suchen geschickt

Du hast auch eine Meisterflasche gewählt, das zeigt, du wirst an den Punkt geführt, an dem höhere Sphären durch dich wirken können. Du wirst in Zukunft sensitiver werden müssen. Dein Mitleid wird in Zukunft größer, es ist wichtig, dass du deinen Gefühlen vertraust, das stärkt deine

Intuition, die göttliche Liebe ist das Ziel. Du erhältst zur Zeit viel mentale Energie, um dich für die Arbeit zu stärken.« Dabei lachte sie.

Das stimmte, Johannas Leben hatte sich sehr verändert. Während sie früher von Unruhe getrieben wurde, war es ihr plötzlich möglich, stundenlang zu lesen und zu schreiben. Früher, im Studium, las sie ihre Bücher am besten in der Straßenbahn oder als Bibliotheksaufsicht. Hätte sie das zu Hause gemacht, wäre sie dick geworden, weil ihr Blick genauso oft in die Bücher wie in den Kühlschrank fiel.

»Wir kommen jetzt zur genetischen Veranlagung in deiner Familie, da besteht die Tendenz zu Asthma, Schlaganfall, Problemen im Halsbereich und mit den Augen. Du musst das nicht entwickeln, aber am Ende deines Lebens kommt etwas davon zum Tragen.« Johanna überlegte: »Sprechen kann mich bis zur Erschöpfung aussaugen, diese Empfindlichkeit war nach Peters Tod ein ganz neues Gefühl. Wenn mir jemand mit Fragen aus Neugier zu nahe kam, dann schnürte das regelrecht meinen Hals zu.« »Du hast auch die Tendenz, für andere zu viel zu geben, du solltest dich nicht bis zur Erschöpfung auslaugen. Du hattest immer einen starken Willen, sogar als Kind.« – »Oh, ja, meine Mutter hat sehr darunter gelitten.« »Aber das war verständlich, du warst die alte Seele und deine Mutter sollte in diesem Leben stark werden. Du warst das unabhängige Wesen, du wolltest nicht, dass sie dir sagten, was du zu tun hast. Das bedeutet natürlich für die Eltern Stress, aber jetzt kannst du das Verhältnis entspannen.

Da ist ein Mann in der Geistigen Welt, er ist sehr aufmerksam und verfolgt, was mit dir geschieht, er übergießt dich mit Liebe, er hat klare Augen, er wirkt in seiner Erscheinung jünger, sein Tod war sehr schnell, er kam überraschend. Aber das war ein Ereignis wie geplant, damit du schnell in diese Kommunikation einsteigen konntest. Du hast einen Weg gefunden zu ihm zu sprechen, das hat ihm gut getan, deshalb diese Liebe. Du machst jetzt den Frieden mit deinem Leben, du findest auch den Weg zu deiner Mutter...

Da ist jemand, der um den Bereich der Nierengegend eine Operation benötigt...Gibt es ein junges Leben um dich, hier im Leben?« »Ja, meine Nichte.« »Sie wird dir behilflich sein, mit deiner Mutter besser in Kontakt zu kommen, indem ihr voneinander sprecht. Gibt es einen Gedenktag im August?« – »Ja, da bin ich verreist und habe meinen Partner sich selbst überlassen.« »Er sagt, darüber sollst du dir keine Vorwürfe mehr machen. Es war eine Entscheidung von euch beiden. Nütze die Zeit, um mit deiner Mutter zurechtzukommen.

Wähle nochmals vier Flaschen…Da kommt eine neue Liebe in dein Leben, dann kannst du die letzten Tränen loslassen. Arbeit und dein Zuhause ändern sich, dann wird dein Leben zu dem, was du dir ersehnt hast, es ist eine Art Ernte. Die besseren Zeiten kommen noch. Du wirst keinen Partner akzeptieren, der das nicht mir dir teilt, er wird mit dir das Spirituelle teilen, er ist geradezu das Gegenstück zu dir, dein Seelenpartner, ein anderer hätte gar keine Chance, das würde nicht funktionieren. Möchtest du mit Massage oder Osteopathie arbeiten? Du könntest deine Heilkräfte besser anwenden. Du wirst es sehen. Insgesamt wird dein Weg auch finanziell gut weitergehen. Darüber mache ich mir die wenigsten Sorgen.«

10.3 (Juli 1998) Verstorbene aus dem Umfeld

Das Medium beginnt mit einem schönen Gebet. Sie begleitete die Psychic Art-Gruppe medial, als Johanna in einem Kurs Porträts von Verstorbenen malte. »Da gab es ein junges Mädchen aus deiner Schulzeit, sie ist durch einen Autounfall ums Leben gekommen, jetzt ist sie wieder fröhlich. Wenn die Information zu dir kommt, wirst du sehr betroffen sein. Es kommen noch die Namen Erika und Margret. Sie hatte so brünette Haare, das Mädchen hast du wohl gestern gezeichnet?« »Ja, daran erinnere ich mich, als Symbol kam der Autounfall.« »Du hast nur nicht gewusst, dass sie es war. Deine Großmutter kommt nun näher.« »Ist es die väterlicherseits oder mütterlicherseits?« »Ich höre Mutters Mutter.« »Ist das ein Problem, wenn ich den einen Kontakt zu Gunsten des anderen vernachlässige?« »Die Mutter der Mutter fühlt sich dir nahe, mach dir keine Sorgen, wenn du dich für einen Kontakt entscheidest. In der Geistigen Welt ist das anders. Sie will dir sagen, dass ihr ein Problem miteinander habt, mach dich ihr verträglicher, sie ist nicht immer leicht im Umgang, das weiß die Großmutter, ihr ging es auch so. Der Großvater kommt auch heran, er sagt, er und sie kannten sich kaum, er habe viel zu wenig für sie tun können, er wollte ihr in ihrem Leben aus der jenseitigen Welt heraus immer beistehen. Sein Tod war gewaltsam (Er starb an seiner Kriegsverletzung aus dem ersten Weltkrieg). Die

Großmutter erzählt von ihrem harten Leben, da ist noch jemand im Hintergrund, der sich nicht zu erkennen gibt, hatte sie noch einen Partner, vielleicht einen Freund? (Johannas Mutter stritt dies ab, als sie später dazu befragt wurde, war es vielleicht der Bruder? Eine Männerhilfe ist naheliegend, denn die Oma führte Wirtschaft und Metzgerei als Witwe weiter, um ihren Töchtern eine gute Ausbildung zu ermöglichen). Die Großmutter genießt es, um dich zu sein, sie freut sich über deine Möglichkeiten, die sie nicht hatte. Das ist deine Chance, die sie dir von Herzen wünscht. Hast du einmal Kleider geschneidert? Diese auch präsentiert? Das hat ihr gefallen, da war sie mit dabei, das konnte sie durch dich erleben (Um sich einen sicheren Job zu ermöglichen, dehnte die Enkelin das Studium in Richtung Mode aus. Hätte es mit der Berufsanstellung nicht geklappt, wäre noch eine zweite Möglichkeit offen gestanden, unter anderem in der Grafik einer Meisterschule für Mode.). Damals hast du etwas erreicht, du bist dann einen anderen Weg gegangen, das waren alles Erfahrungen, damals hattest du mehr Freunde. Jetzt bist du sehr isoliert, dein Herz wurde gebrochen, da war die Oma bei dir, die Narbe ist noch da, es war eine Lektion, die nötig für dein Leben war, das hast du gut gemacht. Du solltest dich wieder mehr zeigen, so wie hier auf der Plattform im College.« »Wie soll es in meinem Leben beruflich weitergehen?« »Bleibe im Beruf und bringe deine Fähigkeiten dort ein, wenn du dich dann später in den Ruhestand zurückziehst, wirst du das Begonnene weiter verwirklichen, du wirst geführt.«

10.4 (August 1998) Verwandlungen

»Stelle mir eine konkrete Frage.« – »Wie geht es in meinem Leben weiter? An meinem Wohnort bin ich durch meine Interessen sehr isoliert. Wie könnte ein deutscher Weg des Spiritualismus aussehen?«

»Das erste, was ich sagen muss, du sollst mit Farben arbeiten, du hast ein Bild eines Tutors gemacht. Da warst du, wo du hingehörst. Die Aura mehr erforschen und mit dem Gespür für Symbolik bereichern. Das Vorbild hierzu sind bei uns die Aura-Bilder von Harold Sharp. Mit der Farbe erkennst du intuitiv die Bereiche der Ausstrahlung, du lässt dann die Symbole einfließen und beginnst damit, die Person vor dir zu erfassen. Mit dir ist auch ein philosophisch denkender Helfer, er lässt dir innere Stärke, Weisheit und Philosophie zukommen.«

»Aus den Notizen, Aufschrieben, die ich sammle, möchte ich später ein Buch schreiben!« »Das wird aber noch mindestens 10 Jahre dauern, es geht in Richtung von Philosophie, für diese Reise bist du vorbereitet. Die Helfer wissen, was du für diese Reise benötigst. Diese Reise begann vor zweieinhalb Jahren, da entwickelten sich deine Fähigkeiten in einem holistischen Sinne. Aber du hast auch bereits schon im Alter von 23 Jahren eine traumatische Veränderung gehabt, die dich in Kontakt mit der Geistigen Welt brachte. Du hast sie mit deren Hilfe und deiner Intuition überstanden. In zehn Monaten werden die Ziele konkreter, du wirst Freunde finden, mit denen es sich zusammenarbeiten lässt. Du hast eine sehr gut ausgebildete intuitive Seite. Du hörst manchmal, was die geistigen Begleiter sagen. Dabei sind auch die Farben hilfreich, vertraue in den Umgang mit ihnen. Du wirst auch Kurse geben mit einer kleinen Teilnehmerzahl. Da gab es einen Bruch in der Partnerschaft, aber er ist immer noch bei dir, auch nachts. Bezweifle das nicht. Er hat ein wunderbares Lächeln, er ist humorvoll. Sein Sterben war ein Schock für beide, es ging ganz schnell. Deine Gebete haben ihm geholfen, er sagt, das war nicht sein Fehler. Er hat sich wieder gefangen. Du fühlst auch seine Umarmung, er hatte so eine Art, einen von hinten zu überraschen. Er wird weiter auf dich aufpassen, er konnte planen, er möchte helfen, dass du deine Ziele verwirklichst. In drei Jahren gibt es eine tiefergehende neue Partnerschaft. Ich höre Mutter. Ist sie in der Geistigen Welt?« –»Nein.« »Ah, sie lebt. Du sollst über die Dinge schweigen, sie muss ihre Probleme jetzt selbst lösen. Hast du einen Sohn?« –»Nein.« – »Ich bekomme Sohn und Schwester.« »Ja, meine Schwester hat einen nicht geborenen Sohn. Was immer damit verbunden ist, du hast es richtig verstanden.«

»Für deine persönliche Medialität muss ich noch etwas anfügen. Es ist Hellfühligkeit und Overshadowing. Wenn du in Trance gehst, dein Denken abgeschaltet ist, dann musst du denen vertrauen, die bei dir sind. Die Leute vor dir sehen dann jemanden, auf dir oder in der Aura, der für sie kommt, die Mutter oder sonst einen Besucher. Das Buch, das du schreibst, bezieht sich auf die Transformation in deinem Leben.

10.5 (August 1998) Er würde dich ganz anders anziehen.

»Gut, dass du das aufzeichnest, gerade bei einem guten ›Sitting‹ wird manches erst hinterher nachvollziehbar. Zuerst muss ich sagen, du musst am tieferen Sinn der Medialität arbeiten. Du solltest dich darauf konzentrieren, wie sich deine hellsichtigen Erfahrungen auf dich ausgewirkt haben und auswirken. Du kamst durch ein Trauma zum Spiritualismus. In der Zwischenzeit hattest du persönliche Eingebungen. Ein Mann an meiner Seite betet dich geradezu an. Sein Charakter lässt sich als sensibel, aber auch als extrovertiert, beschreiben. Er hatte eine Art holistischen Zugang zur Welt. Er war kein Spiritualist, er wusste eigentlich gar nicht, wer er war, aber er brauchte viel Zeit für sich selbst und er war sehr intelligent. Er hat ein breites Grinsen.

Er hat einiges unternommen, um Kontakt zu dir herzustellen, du fühlst ihn oft um dich. Sein Tod kam sehr unerwartet, er war eine Zeitbombe, es gab keine Wahl. Er dankt dir, dass du ihn gehen ließest. Seit dieser Zeit hat sich dein Lebensstil sehr verändert, das hat er beobachtet. Ich kann dich, so wie du aussiehst, fast nicht anschauen. Was du trägst, gefällt ihm gar nicht (schwarze Jeans und ein weißes T-Shirt mit feinen schwarzen Linien). Die Farben hätten ihm nicht gefallen. Für ihn war es wichtig, passend für die jeweilige Gelegenheit angezogen zu sein. Er liebte es, wenn du gut ausgesehen hast, darauf war er stolz. So wie du jetzt angezogen bist, hättest du seiner Meinung nach im Garten arbeiten können (am See), aber er wäre mit dir so nicht ausgegangen. Er will dich damit nicht kritisieren, sondern zeigen, wie sehr er dich beobachtet.

Du musst eine tiefe bedeutungsvolle Zusage zu deinem philosophischen Leben gemacht haben. Er sagt mir, er wusste, wie intelligent du warst, er fühlt deine Kraft hinter sich. Du beschleunigst deinen Wissenszuwachs gerade sehr. Machst du irgendwelche Kurse?« »Hier im College machte ich dieses Jahr bereits einige und ich werde für weitere Seminare hier bleiben.« »Dann verstehe ich das. Er sagte mir, er musste mit dem Zustand des Todes erst zurechtkommen. Er merkte, er war plötzlich in einer anderen Welt. Dein Annähern an die Geistige Welt ist auch für ihn ein neues Aufwachen. Ihr findet nun beide euren Weg. Schaue auf das Ganze, du kannst heilen, du bist ein theoretisch arbeitender Mensch. Mit deiner Medialität hast du während deiner

Trauer deine Gesundheit bewahrt. Was heißt das nun für deine Position, dies an andere weiterzugeben? Das muss erst transformiert werden, das wird noch ein langer Weg, aber es wird von Qualität sein, wenn es soweit ist. In Deutschland benötigt ihr den holistisch philosophischen Ansatz.

In welcher Gruppe bist du jetzt? Es würde mir sehr gefallen, wenn du diese Auragrafik verfolgst. Die Porträts bringen dich gerade nicht weiter (Woher wusste sie von den Psychic Art-Versuchen?). Das hat damit zu tun, dass du zu sehr an dem zweifelst, was deine Intuition bringt. Dein Medium ist Farbe! Es ist gut, wenn dein kreatives Selbst zum Zug kommen kann. Dann kannst du leichter ja sagen zu deinen Eingebungen. Harold Sharp kann aus der Geistigen Welt wie ein Tutor zu dir sein. Zeig den Leuten ihr inneres Muster!

Aber ich muss dir auch sagen, du hast deinen Schmerz noch nicht geheilt. Mit Farben kannst du auch heilen, mache dein eigenes Lexikon und teile die Farben auch in Sektionen von Körper, Gefühl, Mentalem und Spirituellem. Wahrscheinlich werden die Geistigen Helfer dafür sorgen, dass du umziehen kannst. Hast du Freunde in Frankreich?« (Johanna fuhr öfters durch Frankreich).

»Kann ich noch eine Frage stellen?« »Ja, natürlich.« »Wie kann ich es anstellen, dass ich meinen Wohnort verlassen kann?« »Nichts verändert sich vor März, wir arbeiten mit dem im Sanskrit erwähnten Zeit-Rad. Wir müssen sehen, wo uns das Rad hinführt. Da habe ich das Gefühl eines Vaters, er war sehr zielstrebig.« »Mein Vater lebt.« »Trotzdem muss ich mit dem Vatergefühl weitermachen, da gibt es einen Mann, er starb an einem Karzinom.« »Mein Onkel, mein Cousin?« »Er kommt aus der Familienverbindung ...«.

Das Medium kommt erneut auf Peter zu sprechen und fährt dann fort: »Du brauchst keine Kerze für ihn anzuzünden, die gibt er dir zurück, denn er ist in der Helligkeit. Seine Sorge war, dass er nicht mehr mit dir kommunizieren könne. Den Teil mit erdgebundenen Geistern und Dunkelheit vergiss einfach.« »Das war eine Ansicht, die er von seiner früheren Freundin, die bei den Anthroposophen arbeitete, übernahm.« Das Medium weiter: »Ich solle dir sagen, es war gut, dass du ihn losgelassen hast. Er dankt dir dafür. Du hättest sonst alles getan, um ihn im Leben zu halten.« »Nach seinem Tod habe ich meditiert und viel für

seine geistige Entwicklung gebetet, dazu gehörten auch die Kerzen.«
»Nun, das hat offensichtlich gewirkt. Wenn du ihn sehen würdest wie ich ihn sehe, wärst du entzückt.«

10.6 (August 1998) Die Kindheit war hart, aber auf gesundem Boden.

Sie wollte ein Aura-Graph von diesem Medium, das ihr am Sonntag sehr positiv aufgefallen war. Sie brachte nicht das Perfekte, sondern Typisches, fast Karikierendes, in die Gesichter bei der ›Psychic Art-Demonstration‹ ein. Jetzt, in Johannas Gegenwart, hantierte sie mit einem Bügeleisen, brachte die Wachsfarbe zum Schmelzen, zog sie mit dem Eisen über das präparierte Papier. Diese Maltechnik, Enkaustik genannt, ließ farbige Strukturen entstehen. Sie sprach mittels ihrer Medialität während des Malens Wissenswertes aus Geistiger Welt für den Klienten an.

»Du hast eine künstlerische Fähigkeit. Die gelbe Farbe zeigt, wie sehr du intellektuell tätig bist.« Während sie die Farbe Gelb auftrug, sprach sie das passende Thema auch an. »Wir müssen die Dinge kommen lassen, zuerst arbeite ich das Bild aus, dann kommt mehr zur Aussage. Da sehe ich aber auch heilerische Fähigkeiten, die du bereits anwendest.« »Ja, durch Bücher über geistiges Heilen sind mir die Energien von farbigem Licht bekannt. Das wende ich bereits an.« »Hast du Interesse am Heilen als Beruf?« »Nein, das darf ich nicht, meine Anstellung wäre dadurch gefährdet.« »Gibt es bei euch immer noch diese Vorurteile? Die Leute in Deutschland beziehen den Begriff Heilen auf mehr als wir. Meine Arbeit bringt mich manchmal in den deutschsprachigen Raum der Schweiz, dort fiel mir auf, wie hart die Leute mit sich umgehen. Du hast inzwischen gelernt, dass du dich annehmen darfst. Ich erhalte die Bestätigung, dass du das mit dir schon richtig machst. Wer ist Sternzeichen Stier?« »Mein verstorbener Mann.« »Der 13. eines Monats, du sollst etwas loslassen?« »An einem 13. starb er, im letzten September.« »Kannst du nicht mit Aromatherapie arbeiten?« »Alles Ungewöhnliche bringt meine Anstellung in Gefahr.« »Du warst eine Zeit lang fast wie eingeschlossen. Wusstest du nicht, wie es weitergehen soll? Du bist einerseits sehr geerdet, du akzeptierst Veränderungen. Du brauchst aber auch die Luft zum Leben. Deine Kindheit war solide, vielleicht etwas zu kalt, aber das sorgte für eine solide Grundlage, wie ein harter Fels. Bei uns gibt es dazu ein Sprichwort: ›Die fette Katze liegt nur am Feuer‹. Das Gegenteil davon hat dich dazu gebracht, dich zu entdecken. Du musstest früh auf die Suche gehen, was hilft mir weiter? Natürlich denkt jeder, das war die schwerste Zeit in meinem Leben. Aber du hast dich immer nach der Botschaft gefragt, was lehrt mich das? Das hast du bereits als Kind gelernt. Astrologisch muss es bei dir ein Erdzeichen geben?« »Ja, Mond, Mars, Mondknoten im Steinbock.« »Aber du brauchst auch Luft.« »Sonne und Aszendent in der Waage.« Das Medium betrachtet seine Enkaustik: »In dem Bild ist in der Mitte eine Lücke entstanden, da konnte ich einfach nichts hineinsetzen. Hier unten sehe ich einen leidenschaftlichen, wütenden Zug. Den benötigst du, um nicht ›überfahren‹ zu werden, diese Wut blockiert dich in keiner Weise.

Hier im Bild ist eine Gestalt. Früher war das Liebesleben oft mit Enttäuschungen verbunden. Die gespenstische Figur löst sich einerseits auf, hier gegenüber kommt aber jemand auf dich zu. Den kennst du aber noch nicht. Vielleicht wissen sie in der Geistigen Welt noch nichts genaues.« Das Medium sah in die Enkaustik-Strukturen hinein, normalerweise würde man sagen: Sie sah das mit viel Fantasie. »Egal, was die transzendente Welt für dich arrangiert, du musst das selbst wollen, es muss passen. In deiner Welt der Kommunikation sehe ich Purpur und Amethyst, dann sehe ich auch viel Romantisches. Der Lavendel bringt mich zu Schlafstörungen.« »Durch Affirmationen kann ich mich zum Schlafen bringen,« antwortete die erstaunte Johanna. Das Detailwissen war zutreffend. »Du hast viel an dir gearbeitet, du gehst deinen Weg.«

10.7 (August 1998) Der Philosoph im Hintergrund

Bei dieser Beratung saßen fünf Studenten um das männliche Medium herum. Er ging in Trance. Die Schüler bildeten einen Kreis um das Kabinett, eine Art Holzschrein, wie in einem Trancecirle. Sie wurden nacheinander angesprochen: »Da sitzt ein Mann, sage deinen Namen...« Dieser erhielt dann eine Botschaft zu seinem Leben. »Da sitzt eine Frau...« Das Medium verfuhr auf ähnliche Weise. Dann veränderte sich das Medium in einer Art Overshadowing, eine andere Stimme kam durch das Medium hindurch. Die Sprache wurde sehr energisch: »Willst du verstehen, dass wir dich führen und lenken, du sollst ein Leitbild sein, du bist eine starke Person, du sollst helfen, dass sich die entwickeln können, die dich aufsuchen. Ich arbeite mit dir schon so lange zusammen, du musst fleißig sein, folge deinem Herzen, du kannst Geist sehen, du kannst ihn fühlen, erlaube mir, durch dich zu sprechen, du wirst feststellen, dass Gott einen Zweck für dich hat.« »Ich habe so oft an mir gezweifelt,« antwortete Johanna. »Du brauchst nicht zweifeln...« Die Stimme wurde sanfter. »Ich suche Menschen um mich herum, die mich unterstützen können.« Johanna war so gerührt, dass sie weinte. Das Geistwesen zog sich nach einer Weile aus dem Medium zurück. Nach einer paar Minuten kam das vorherrschende Geistwesen des Tutors zurück. »Das war deine Verbindung aus Holland, dein Geistiger Helfer wollte selbst zu dir sprechen. Hast du eine Frage?« »Zurzeit sammle ich das Wissen, das das College hier vermittelt. Meine nächste Stufe ist, Leute zu finden, die diese Aufgabe mit mir teilen.« »Die wirst du finden, du musst selbst die Annonce für dein Ansinnen werden. Es wird eine kleine Gruppe geben, weil dir Leute gebracht werden. Du hast hohe Ideale und große Gefühle, aber vergiss nicht, du bist hier um zu lernen, Erfahrungen zu machen und wiederum daraus zu lernen. Erwarte nicht nur von den anderen, wir sollten das meiste von uns erwarten. Gehe diesen Weg, dann kannst du das Wissen und die Weisheit ausstrahlen. Das gilt für euch alle, zweifelt nicht immer an euren Fähigkeiten. Lebt in der Gegenwart. Jetzt will ich zu dem Mann links sprechen, da gab es Trauer in der letzten Zeit...«

10.8 (August 1998) Die Großmutter war eine starke Frau.

...

»Ich hatte schon einmal ein Reading mit Aurosomaflaschen bei dir.« »Weißt du noch die Flaschen, die du letztes Mal hattest?« Johanna fing an zu suchen, eine ganz bestimmte, die sie aber nicht fand. Das Medium schien sie nicht dabei zuhaben: »Du hast jetzt neue Flaschen gewählt. Fangen wir hiermit an. Du sollst mehr Anstrengung in deine spirituelle Arbeit legen. Es geht darum, den spirituellen Lehrer zu entwickeln. Du wirst eine kleine Entwicklungsgruppe aufbauen, die wirst du bekommen, sogar da, wo du lebst. Du hast Wissen, das du vermitteln willst. Es geht Schritt für Schritt. Hier zeigen sich auch die Veränderungen, die du diese Woche erfahren hast, die Kommunikation will kommen.

Mit Peter war es wie mit Hänsel und Gretel: Sie gingen im Wald verloren, waren Gefangene in der Situation, haben sich befreit und fanden aus der Dunkelheit ins Licht. Das Bewusstsein der Welt verändert sich. Du bist auch auf diesem Weg, denn du bist darin geschult, Wesentliches aus den Philosophien aufzusaugen. Du gehst in die richtige Richtung. Übrigens hat sich auch dein Energiezustand verbessert, du bist ausgeglichener geworden. Machst du etwas mit Körperübungen?« »Ja, ich mache Tai-Chi unter Anleitung.« Du brauchst dringend emotionale Ausgeglichenheit, der Partner, der kommt, muss diese Arbeit mit dir teilen. Übrigens, in früherer Zeit warst du viel einsamer als nach seinem (Peters) Tod. Ihr wart in dieser Partnerschaft beide einsam, so sehr ihr auch versucht habt, diese für euch passend zu gestalten. Eure Seelen haben sich nicht gegenseitig ernährt. Im letzten Jahr bist du innerlich sehr gewachsen. Nach seinem Übergang seid ihr euch näher gekommen.« Johanna ist sehr erstaunt, wie es dem Medium gelingen konnte, die emotionalen Phasen des Paares so treffsicher zu beschreiben. Sie beide versuchten wirklich, miteinander eine funktionierende Partnerschaft zu leben. Aber seit Peters Gang in die Transzendenz gelang das besser. Johanna genoss in diesem Augenblick sehr, über etwas zu sprechen, das es für Ungeübte gar nicht gab, eine verbesserte Beziehung nach dem Tode. Das Medium fuhr fort: »Er hat immer versucht, mit dir Kontakt zu halten. Er sagt mir, ihr wart nicht zusammen, als er starb. Der August wird immer ein besonderer Monat sein... Jetzt zu deiner Großmutter, sie war eine kleine Frau, kleiner als du. Sie konnte allein sein. Ihr Partner starb früh. Sie hat eine starke Verbindung zu dir und du hast von ihr viel Liebe erhalten. Sie macht mich auf eine Verbindung zu einem sehr smarten Mann aufmerksam, der jetzt im Ausland lebt. Er hat zwar eine Freundin, die kleiner ist als du und braune Haare hat. Aber diese Verbindung zu dir ist noch nicht beendet. Pass auf, er könnte um die Oktoberzeit zu Besuch kommen (Arnold kam auf einen Wochenendbesuch). Deine Großmutter sagt, sie hätte es besser gefunden, wenn du mit ihm zusammengeblieben wärst. Da gibt es auch einen künstlerisch arbeitenden Mann, der begegnet dir in der Zwischenzeit... Die Großmutter macht sich Sorgen um deine Mutter. Du sollst nach ihr schauen, im Winter wird es ihr wieder schlechter gehen, sie wird aber noch nicht sterben. Sie sollte sich mehr um ihr Wohlergehen kümmern. Da gab es einen Wilhelm, er starb nach dem ersten Weltkrieg, vor seinem Tod ist er noch sehr abgemagert.« Johanna erfuhr über diesen Bruder erst zu Hause, als sie sein Bild in den Fotoalben entdeckte. »Dein Vater hat zwei Schwestern, eine wie du, die andere ist kräftig. Sie zeigt mir ein Bild, wo alle im Nationaldress darauf sind.« Das war ein Familienbild, die Großeltern mit Tante Gertrud und Tante Elisabeth in Seemannsbekleidung. »Jetzt kommt Peter, er steckt dir einen Ring an den Finger. Es wird jemand kommen, der etwas von deinem früheren Partner und etwas von der Großmutter hat.«

10.9 (August 1998) Wir haben getanzt. (Website)

1. »Ein freundlicher Mann begrüßte mich, er gibt ein schönes Gefühl willkommen zu sein. Er sorgt sich sehr um dich, er betet dich geradezu an.« »Warum macht er das nur, es ist mir schon unangenehm.« »Er sagt mir, es spiele für ihn keine Rolle, was sie denkt, er drückt aus, was **er** denkt. Ich muss nun drei Jahre zurückgehen, zu einer Zeit, da gab es große familiäre Schwierigkeiten. Diese waren nicht leicht zu lösen, da hast du sehr unabhängig gehandelt, du hast deine Gedanken gen Himmel geschickt, sie sollten dir helfen, dich inspirieren. Das war der richtige Weg.

Nun soll ich einen Vater erwähnen, ist es dein Vater?« »Nein, der lebt noch. Sein Vater?« »Er sagte das Wort Vater, du weißt wahrscheinlich gar nicht, dass der in die Geistige Welt gegangen ist. Ihr habt keinen Kontakt mehr gehabt. Er sagt: Wir denken beide gleich, das ist Ok, das ist eine doppelte Verstärkung, wir haben beide die gleiche Meinung.

Er zeigt mir eine Brücke, du hast viele Brücken überquert, das war die Wichtigste. Du sollst dein erfahrenes Wissen anderen zukommen lassen. Das ist etwas, was du weiter geben willst, wie kommt man aus der Trauer heraus!

Er ist stolz, wie du das gemeistert hast. Er erinnert mich daran, dass deine Familie wieder zusammenkommen soll. Da gibt es zwei Jüngere (Kinder), diesem glücklichen Zusammentreffen solltest du eine Chance geben. (In der Lebensgeschichte wurde diese Einzelheit verändert.)

2. Gibt es eine Verbindung nach Südafrika? Es könnte ein Kurzurlaub in der Zukunft sein. Es ist, als kennen diese Leute deinen Vater.

Wenn wir deine Entwicklung betrachten, dann hast du immer eine gedankliche Verbindung in die Geistige Welt, dieses so vermittelte Wissen ist auch für andere bestimmt.

Die Farben deiner Aura lassen auf einen guten Zugang zu Arbeit mit Farben schließen. Die blaue Farbe, die dich umgibt, zeigt an, dass Heilkraft einen weiteren Spielraum in deinem Leben bekommen soll.

3. Der Mann, der am Herz schnell starb, das ging ganz schnell. (Herzinfarkt oder Lungenentzündung? Johanna weiß, von der Aufzeichnung des Anrufbeantworters, dass ihr Mann beim Telefonieren zusammenbrach.) Der Schock war auf beiden Seiten groß, es tat ihm weh, welche Tragödie dies ausgelöst hatte. Er wäre froh gewesen, wenn er etwas für die Hinterbliebenen hätte tun können. Er war krank, als das passierte, er war glücklicherweise nicht allein. Er hatte noch gerufen, dann ging es ganz schnell.

Er teilt mit dir so viel. Er legt vor dich die schönsten Rosen, aber die die du ihm geschenkt hast, behält er. Er sagt: Mutter! Ist das Deutsch? Ach du kommst aus Deutschland. (Es war die schottische Woche, die meisten Studenten kamen von dort.) Du hast Kontakt zu deiner Mutter? ... Er sagt, er wollte seine Mutter kontaktieren, um ihr Leid zu mildern, aber sie will das nicht wissen, sie ist auf so etwas nicht vorbereitet, du solltest ihr in Gedanken Heilung schicken.

Jetzt bringt er die Freude über Musik herüber, er lässt mich Musik hören, dann sagt er: »Wir haben getanzt, es war ein so liebenswürdiges miteinander tanzen.« – »Bei seiner Beerdigung ließ ich kanarische Liebeslieder laufen, die mochten wir beide sehr. Erst Monate später habe ich sie im Frühjahr wieder aufgelegt. Dann habe ich mich im Raum bewegt, als wäre er da.« »Er war kein richtiger Tänzer, ich spüre förmlich die Bewegung, er möchte dir die Zweifel nehmen. Wenn wir die Geistige Welt zulassen, dann können sie uns helfen.«

»Er zeigt mir Wasser, er zeigt eine Erinnerung, eine Menge grüne Vegetation und wieder Wasser, es prickelt auf meinem Gesicht, dieser Ort muss wunderschön gewesen sein, dieses klare Wasser, es muss kalt gewesen sein, es sieht aus wie Gebirgswasser.« Johanna sieht in sich, das Seewasser, es war besonders im Frühsommer smaragdgrün. Das

Medium fuhr fort: »Darum herum sehe ich Büsche und Bäume, er sagt: ›Diese Erinnerung kann uns niemand nehmen, es war vergnügt sein und Liebe, das wird nie vergessen, es war eine magische Zeit.‹ Es spielt keine Rolle wie lange das dauert.«

Nimmst du Kurse in einem historischen Gebäude? Du gehst dahin, um mehrere Wochen Unterricht zu nehmen.« Nach langem hin und her sagt Johanna: »Er meint wahrscheinlich das College hier, weil das in diesem Jahr bis September meine siebte Woche hier im College ist.« »Du nimmst hier verschiedene Arten von Wissen auf, er bestätigt mir, dass das der richtige Weg ist.«

»Gut, mein schlechtes Gewissen hat sich schon gemeldet, ob es nicht etwas übertrieben ist.«

»Er ist dein direktes Sprachrohr, das ist für dich keine Fantasie mehr. Es sind auch andere Helfer da, aber er vermittelt meistens. Er sagt: ›Nur weil er tot ist, ist er nicht allwissend! Wenn er es nicht weiß, weiß er jemand den er fragen kann.‹« Johanna hörte den verborgenen Witz: die Definition für Professor. Das Medium kam langsam zum Ende: »Das, was du erlebst, ist schwer anderen mitzuteilen. Wenn du angegriffen wirst, vergiss nicht zu sagen, du hast ihm geholfen. Diese Zusammenarbeit ist etwas sehr Schönes. Er hat sich dadurch sehr schnell in die Geistige Welt einfügen können. Mit dieser Haltung ist es nicht leicht, vor anderen zu bestehen, merke dir die Antwort ist: ›Ich habe Peter geholfen!‹« »Jetzt hast du seinen Namen genannt, das hast du nicht von mir gehört.« »Habe ich das? Nun, dieser Vater ist noch nicht lange tot, ich fühle die Präsenz des Vaters... »Danke für das wunderbare Reading.« »Meine Helfer sind clever.«

10.10 (August 1998) Ich sehe dein Buch.

»Vor 4–5 Jahren kam die Geistige Welt auf dich zu, um deine Suche auszudehnen. Du hast auf akademischem Weg etwas erreicht. Dieses Wissen könntest du weitergeben. Deine spirituelle Ebene entwickelt sich zu mehr Hellfühlig- und Hellsichtigkeit. Arbeitest du bereits medial?« »Mein Wunsch ist es, eine kleine spirituelle Gruppe aufzubauen.« »Die Leute werden zu dir hingezogen. Hier kommt deine Großmutter mütterlicherseits. Auf ihre Weise war sie für ihre Zeit modern denkend. Ihr habt Ähnlichkeit miteinander. Sie freut sich sehr über deine Aktivitäten, sie wächst mit dir, sie liebt diese Haltung. Sie lebte woanders als du jetzt. Aber wo immer du hinreist, sie ist mit dir. Du hast Dinge in deine Haare gesteckt, das zeigt sie mir (Johanna besaß eine ganze Schublade mit Haarschmuck, passend zu ihren Kleidern.). Sie liebt klassische Musik, auch wenn du sie hörst. Sie zeigt eine Kirche..? Sprach sie zu Leuten?« »Nein, das gehört zu meiner Aufgabe.« »Deine spirituelle Arbeit geht in Richtung philosophischer Auffassungen. Das wird dem Spiritualismus guttun, auch dein kritisches Denken. Du hast einen Zug in alternative Heilmethoden. In deinem Voranschreiten wurdest du gestoppt. Sprich zu den Leuten als Johanna, auch wenn es dir vorkommt, dass du das gar nicht bist.«

Das Medium nennt den Namen von Johannas Heimatstadt und fährt im Sinne von der Großmutter fort: »Sie sagt, dort liegen ihr vier Menschen am Herzen. Deine Mutter benötigt ihre Energie gerade besonders, sie will ihr helfen. Es sind ihre Gefühle, die ihren Körper zur Zeit angreifen. Im letzten Oktober/November gab sie dir viel Energie, sie trug dich. Jetzt sagt sie etwas von einer Kruger Coin... Südafrika?«

»Das hat das Medium gestern auch zu mir gesagt.« »Da wollen dich Geistwesen aufmerksam machen,« fährt das Medium fort. »Es kann auch eine Münze sein, die man zum Schmuckstück machte.

Kennst du jemand, der wie ein Richter in eine Robe gekleidet ist? Bist du auch an Philosophie interessiert? Er will durch dich sprechen. Ich werde um mehr Information bitten. Er sagt: »Ich bin sehr angetan von dieser Seele, meine Zeit ist nicht begrenzt, ich bin da, wenn es soweit ist, in ihre Gedanken gehe ich hinein, wenn immer es nötig ist. Wir sind nicht von der Zeit begrenzt.« Johanna wurde neugierig: »Was sagt er über das Buch?«

»Eigentlich ist das nicht meine Art zu kommunizieren, aber ich schaue, was ich bekomme. Sagt dir das Wort Expansion etwas?« Johanna ahnte, was das Stichwort intendierte: »Bei mir geht es um Medialität und wie wichtig diese für die Entwicklung sein kann und meine Erfahrungen.« »Oh ja«, das Medium ist jetzt ganz aufgeregt. »Er zeigt mir ein blasses gelbes Cover, es geht darum Ideen zu korrigieren. Man muss dich geradezu ermutigen. Dinge, die nicht richtig verstanden wurden, sollen durch einfaches Verständnis der Wirklichkeit neu formuliert werden. Jetzt übernimmt dein Helfer, was ich sage: ›Du musst das schreiben, du erhältst dafür die Unterstützung, du erhältst die seelische Übereinkunft mit der Geistigen Welt, du sollst keine anderen Ansichten übernehmen. Es gibt nichts Überzeugenderes als die eigene Erfahrung.‹

Ich mag, was ich mit dir fühle, eine Unternehmung ins Unbekannte? Aufbruch in Neues, erfreue dich an dem, was du vorhast.«

10.11 (November 1998) Deiner Mutter geht es nicht gut.

»Deiner Mutter geht es nicht gut.« Auf die Verschlechterung im Winter wurde Johanna bereits zuvor hingewiesen, siehe das Reading: (August 1998) Die Großmutter war eine starke Frau.

»Im Moment gehst du durch eine Veränderung, du siehst noch nicht die Wirklichkeit, die damit verbunden ist, es ist aber eine positive Veränderung. Gedanken beschäftigen dich, die deinen Beruf betreffen, wie viel zu arbeiten ist,... du musst deine Finanzen bewerten, das beschäftigt dich zur Zeit.« (Johanna verfolgte seit mehreren Monaten den Gedanken weniger zu arbeiten, um mehr Zeit für die spirituellen Themen zu haben.) »Hast du ein Kind verloren?« »Nein.« »Da gibt es Kind, das verloren ging, dann ist das eine Botschaft für jemanden, der darüber nicht weggekommen ist. Du kennst die Leute, da gibt es eine Person in Spirit, erwähne ihnen gegenüber, dass dieses Kind bei jemandem ist, der vorausging... (Freunde ihrer Eltern hatten ein Enkelkind bekommen. Dem Kind ging es so schlecht, dass die Großmutter das Kind ein Jahr im Krankenhaus betreute, bis zu seinem Tode. Johanna hatte keine direkte Verbindung zu ihnen.) »Du selbst fühlst dich wie vor einer großen Wand, was tue ich denn da? Viele Leute um dich herum glauben ja, das ist Hokuspokus, Fantasie, aber du beeindruckst andere trotzdem. Das ist die Pionierarbeit. Du wirst ein Buch schreiben, das andere aufrütteln soll. ... hast du Kontakt zu Leuten, die mit Italien zu tun haben? (Gunnar, den sie damals noch nicht kannte, hatte mit Kollegen einen alten Bauernhof in Italien gekauft und nach dem Auseinanderbrechen der Kameradschaft verkauft.). Eine Beziehung wird kommen... Aber du musst mehr nach deiner Energie schauen, weil das alles ein wenig viel um dich herum ist. Ich muss dich nochmals auf deine Mutter aufmerksam machen. Sie hat viel Kummer, sie sucht nach ihrem Leben, was mache ich nur hier im Leben... auf deine Vorstellungen ist sie schon neugierig, aber die Tradition herrscht vor.«

(Johanna erfuhr wieder einmal aus Sicht der Medien, dass ihre Mutter sehr traurig war.)

10.12 (Februar 1999) Der Weg der Weisheit geht durch das Herz.

»Du fühltest dich gezogen, geschoben und motiviert, mit der Geistigen Welt zusammenzukommen. Hier gab es großen Kummer in den letzten achzehn Monaten. Du hast dich nach mehr Verständnis gesehnt, du warst wie gefangen. Deine Empfindlichkeit ist groß. Ich musste aufstehen, um mit den wunderbaren Farben, die dich umgeben in Kontakt zu kommen. Es waren sieben schwere Jahre davor, die nun hinter dir liegen, du wolltest davonlaufen, aber du warst gefangen in der Situation. Aus Sicht unserer Arbeit wollen wir unsere Nase nicht in alles hineinstecken. In deinem Beruf hast du viel Mentales zu leisten, du bist sehr ehrgeizig. Da sind Berge von Bücher.« »Das ist einmal mein Studium, dann ist es auch eine anstrengende Arbeit. Mein Wunsch ist eigentlich, vergangenes, zum Teil verlorenes Wissen zum Thema Leben nach dem Tode zusammenzutragen.«

»Dann verstehe ich das besser, es war ein so schönes Licht, das mit dir hereinkam. Das war nicht Wissen, das war Weisheit. Manchmal müssen wir unsere eigenen Gaben zeigen. Der Geist trennt nicht in unsere Kategorien. Es geht um die Weisheit in dir. Die verschiedenen Religionen haben unterschiedliche Zugänge, aber das ist nicht, was in dir angelegt ist. Man kann auch sagen, wenn man zu viel in den Kochtopf hinein tut, wird das Resultat nicht unbedingt besser. Du nimmst das Wissen gedanklich auf, vielleicht auch zu viel. Versuche den einfachen Weg zu gehen. Du meditierst sehr viel. Um dich ist neben anderen Helfern einer mit einer orangefarbenen Robe. Er lässt dir ausrichten, dass sein Einfluss dir zur Wahrheit verhilft. Weisheit hat viele Quellen, man braucht sie nicht aufzusplittern. Du wirst dich entwickeln. Am Sandelholz erkennst du ihn. Er sagt du würdest etwas Neues beginnen.« »Ja, ich habe mich zu einem buddhistischen Fernkurs angemeldet aus der Linie der Dalai Lama-Schule.« »Vergiss nicht, dass die Weisheit die Essenz ist, egal welcher Weg dorthin führt. Das ist der goldene Weg der Weisheit, er geht durch das Herz. Die ethischen Studien solltest du nicht übertreiben, dabei auch nicht adaptieren, was nicht deine Sache ist.« (Diese Botschaft bekräftigte Johanna, dass das Seminar einer weiteren buddhistischen Schule, das sie nach Weihnachten besuchte, ihrem Weg zuwiderlief.).

»Wenn du dir den Weg zu schwer machst, stehst du in der Gefahr, vom Weg abzukommen. Gesetze, Krisen, das ist von Menschen gemacht. Du bist nie den einfachen Weg gegangen, jetzt kannst du damit anfangen, dein Lebenspuzzle zusammenzusetzen. Teile gerade jetzt nicht in verschiedene Straßen auf, denn das Wesentliche für das Herz ist das innere Licht, das kann keiner zerstören. Gehe gut mit dir um, sei lieb zu dir, folge den Gefühlen, arbeite nicht gegen deine Empfindungen. Wir sind alle verschieden. Dein Weg ist Weisheit und Wahrheit. Das war wichtig, mit dir dein spirituelles Potential zu besprechen. Vergiss nicht: Wahrheit kommt nicht nur aus Büchern, es hat auch eine Quelle. Komme zu deiner kreativen Quelle zurück. Es gab viele Veränderungen, die dich angegriffen haben.« (Die Aussagen brachten auf einfache Weise Ordnung in ihr Suchen.).

»Hier ist ein Mann, gut angezogen, nicht groß, lässig, er ist so stolz auf dich, ein väterliches Gefühl kommt mit ihm, er kommt aus der Vaterseite. Er sagt: ›Als Kind warst du sehr schüchtern, aber auch schwierig.‹ Dann erwähnt er eine Schwester, sie sei das völlige Gegenteil zu dir, wenn sie uns sehen, stehen sie manchmal dabei und lachen.« (Das Medium deutet auf die verschiedenen Ansichten der Schwestern hin, wenn es um das Wohl der Mutter geht.). »Aber eine Sache hättet ihr gemeinsam, eure Starrköpfigkeit. Warst du erkältet? Schone jetzt deine Stimme etwas. Er bringt eine Katze mit, sein Leben ging sehr schnell zu Ende. Er spricht von einer Margarita, die er traf.« »Das sagt mir jetzt nichts, da werde ich nachfragen.« »Er nennt mir Oktober.« (Jetzt war Johanna sicher, es war ihr Cousin.) »Das ist mein Geburtstag.« »Du sollst deine Energien etwas schonen, du forderst zu viel von dir. Jetzt kommt noch ein Mann, er ließ dem anderen den Fortritt. Er ist kleiner als der Vorgänger.« (Es trifft zu, die beiden hatten während ihrer irdischen Existenz einen Größenunterschied von zehn Zentimetern, sind sich aber nie begegnet.) »Er steht dir sehr nahe, er gibt mir den Namen Armin, den mochte er sehr. Jetzt noch den Monat Mai.« (Peters Geburtstag) »Am Ende seines Lebens wurde ihm schwindlig, dann fiel er um. Er hielt sich in diesem Reading zurück, damit das vorherige zur Sprache kommen konnte. Er war kein Romantiker, aber jetzt legt er dir ein Schokoladenherz in deine Hand. Er sagt, wir haben viel gelacht, wir hatten aber auch unsere Probleme, er bedankt sich für deine Geduld: Sie hatte Geduld!«

10.13 (Februar 1999) Öffne die Tür.

»Die Wesen, mit denen wir in Verbindung treten, sind Ansprechpartner innerhalb der Familie. Sie übermitteln uns die Möglichkeiten, die wir in unserem Leben haben. Sie beschreiben nicht die Zukunft.

Hier ist ein Herr, der eine enge Beziehung zu dir hat, er war noch nicht sehr alt, als er starb. Dem ging eine leidvolle Zeit voraus, er war im Krankenhaus, es wurden Untersuchungen gemacht. Du warst seine Stärke, deine Gedanken waren bei ihm, auch wenn du nicht körperlich anwesend warst. Du hast gebetet und gebetet. Er sagt mir, dass du zu Lebzeiten niemals ermessen kannst, wie deine Tätigkeit zu Lebzeiten seinen Werdegang nach dem Tod vorbereitet hat. Er wurde empfangen und das war wunderschön.« (Vergleichbar mit der Aussage von Frau Brunner im November 1997.)

»Er ist ein humorvoller Mann, er war damals so verpeilt. Jetzt sieht er klarer. Es kommt nicht auf die Zeit an, die man miteinander verbringt, als Summe spielt sie keine Rolle, sondern die Qualität ist das Entscheidende. Seine Erlebnisse sind keine Erinnerung, sondern ein Gefühl, das er mitnehmen konnte, das der Weiterentwicklung dient.« (In den Träumen sagte ihr Peter immer: ›Es ist alles Erleben.‹) »Habt ihr einen Sohn?« »Nein, es ist der ungeborene Sohn meiner Schwester.« »Bitte sei auch weiterhin für den Neffen tätig. Du wolltest alleine sein, nun ist es Zeit, die Tür zur Außenwelt wieder zu öffnen, sich nicht zu verschließen. Sei so wie damals, als wir uns begegneten, da war spontane Anziehung, das sollen andere auch sehen. Das bist du wirklich. Da ist auch ein unsicheres Mädchen, das darf sich ruhig zeigen, man darf ruhig hinter die Fassade der selbstsicheren Frau schauen. Da gab es Hindernisse, treffe jetzt keine vorschnellen Entscheidungen, in drei Monaten wirst du Klarheit in der Situation haben. Da gibt es Eifersucht in der Gruppe, mit denen du zur Trance sitzt, wenn du in diese Richtung Licht sendest, kannst du die Energie für die Frau ändern. Du wirst mehr zum Lehrer für andere....

Da ist eine Dame, sehr klug und aufgeweckt, sie hatte selbst im Alter noch das kleine Mädchen in ihren Augen. Sie möchte ein Teil dieses Lebens sein. Die Art mit Büchern zu arbeiten, sei typisch für deinen Perfektionismus.

Die Arbeit, die du jetzt machst, wird sich in der Qualität vertiefen, sowohl privat als auch beruflich. Führst du Tagebuch?« »Ja.« »Das muss zu deinem und zum Wohle anderer in Buchform gebracht werden. Übrigens sagt der nette Mann von vorher, dass er gestern dabei war (Es war eine Tranceübung zur Heilung.). Es ist nicht wichtig zu spüren, wer daran alles beteiligt war. Er ist sehr gerne hier. Du warst schon einmal hier? Er lernt hier, er erkennt, wie nutzlos die materiellen Dinge waren. Er ist froh, wenn er hier ist, die Dinge mit meinen Augen zu sehen. In der Weihnachtszeit ging es dir nicht gut, erst warst du der Meinung, einen guten Ort gefunden zu haben, aber das klappte nicht. Du wolltest, dass es zu Ende gehe, äußerlich hattest du Haltung bewahrt. Als die Neujahrsglocken läuteten, war er bei dir. Er ist sehr aufgeregt, er möchte dir nun auch sagen, dass er sich vergewissert hat, wer die Geistigen Helfer sind, die mit mir arbeiten.« (Vor seinem Tod sagte Peter zu Johanna: ›Ich glaube du machst da etwas falsch.‹) »Ein Orientale, der dir seine Philosophie nahe bringen will. Er hat eine Feder, mit der berührt er dich manchmal. Trance wird für deine Arbeit gut sein. Das Beste soll noch kommen! Auch Aromatherapie, er führt dir Düfte zu bei der Meditation. Gehe mit deiner Inspiration.« »Ich habe den Eindruck, da ist auch ein anderer Helfer um mich.« »Das ist sehr wahrscheinlich, sie überlagern ihre Aura, um sie zu verstärken. Du hast, was du brauchst, um deinen Weg zu entwickeln.«

10.14 (Pfingsten 1999) Du gehst auf ein erfülltes Leben zu.

»Das erste, was ich hier sehe, ist deine Fähigkeit zu heilen, das ist wichtig. Die Dame, die ich hier wahrnehme, fühlt sich mütterlich an.« »Meine Mutter lebt noch.« »Dann ist das die Großmutter, die hier auf dich wartet. Sie möchte dir alle Liebe zukommen lassen. Mit ihr geht so ein wärmendes Gefühl einher. Sie möchte dir sagen, gehe liebevoll mit dir um und überstürze nichts. Du bist sehr emotional gewesen. Sie steht hinter dir und legt ihre Hände auf deinen Schultern. Sie hilft dich zu heilen. Da ist die Rede von zwei Jungs.« »Das kann ich nicht einordnen.«

»Da sehe ich landwirtschaftliche Verhältnisse.« (Der Wechsel von der Großmutter kam sehr abrupt, so dass Johanna nicht die Jungs der Mitarbeiter am See verorten konnte. Dadurch veränderte das Medium das Thema.) »Eine geistige Erfülltheit ist um dich. Hellsichtigkeit ist in dir gut angelegt, du könntest so arbeiten. Du machst noch keine privaten Beratungen, aber das ist etwas sehr Natürliches, was mit dir einhergeht. Nun, da ich das ermutigt habe, komme ich auf einen jungen Mann zu sprechen.« (Jung ist relativ, Peter kam öfters jünger herüber, als er damals war, das Medium selbst war um die Siebzig.) »Es ist immer noch eine Herzensverbindung: ›Sagen Sie ihr, dass ich sie immer noch liebe, es waren schöne Zeiten.‹ Er hat einen wachen Verstand, sehr sensitiv, er starb sehr schnell. Er sagt, du seist sein Lichtblick gewesen. Er nennt den Namen: Peter. Er ist noch nicht lange verstorben. Er: ›Ich nehme deine Gedanken auf. Du machst das richtig, was du da planst.‹ Er sagt das nicht nur so, er weiß das. Er ist immer noch um dich, er sieht übrigens gut aus. Du arbeitest an deiner Kommunikationsfähigkeit, er sagt, du bist sehr zielstrebig und emotional, auch wenn du nicht immer ankommst. Gibt es Pläne für einen Umzug? Warte noch vier Monate, das kommt ganz plötzlich. Seine Mutter macht ihm Sorgen, ihre Gesundheit ist nicht die beste.« (Ihre Schwiegermutter bekam später Diabetes.).

»Übrigens, wenn du einmal nach Schottland gehst, wirst du dort von der Energie sehr überrascht sein. Die heiligen mystischen Plätze der Westküste werden dich fesseln, ziehe das in Betracht, vielleicht für ein paar Ferientage.« (Das Medium konnte nicht wissen, dass Johanna in der Zeit mit Arnold heilige Plätze geomantisch vermessen hatte.).

»Da gibt es Bücher über Goethe, die Zitate gefallen dir. Peter ist spirituell interessiert, das war auch in ihm angelegt. Du wirst auf ein erfülltes Leben zugehen. Siehst du manchmal Schatten? Das ist er. Er will auf dich aufpassen. Er ist wie ein Schutzengel für dich. Das Gefühl ist gut, wenn wir Verstorbene spüren. Er nennt mir August?« »Das waren die letzte Tage mit ihm.« »Er spricht über den Monat August, der immer eine Erinnerung bleibt. Es gibt die Zeit zu sterben, Zeit geboren zu werden. Heute morgen habe ich den Song ›Green leaves of summer‹ gesungen, in dieses Geschehen können wir nicht eingreifen, das ist natürliches Gesetz, wenn das geschieht. Jetzt zu deinem neuen Partner, hast du irgendwelche Zweifel? Ich muss dir sagen, er hatte ein sehr unglückliches Leben. Er war verheiratet und das war keine gute Zeit. Er ist manchmal unsicher. Er hat zwei Kinder. Versichere ihm, dass alles in Ordnung ist. Er ist sehr kreativ, wenn er etwas angreift, tut er das gut.«

10.15 (Pfingsten 1999) Seine Eltern begrüßen mich.

»Du entwickelst dich als Trancemedium. Die Trance vertieft sich, die Kommunikation wird besser. Da gibt es Wissen, das durch dich vermittelt werden will. Es handelt sich um ein Potential, das mit Lehren zu tun hat. Die Kreativität, die du im Beruf einbringst, verändert sich ebenfalls. Du gehst die Dinge aus neuer Sicht an. Die Gesundheit war Anfang des Jahres angegriffen, auch ein nervöser Magen ist sichtbar. Da gibt es das Thema Seelenpartner, ist er schon gekommen? Du bringst jetzt dein Leben mit ihm zusammen, jetzt wohnt ihr noch nicht zusammen. Zukünftig wird deine Kommunikation mit der Geistigen Welt besser, er hat eine Ahnung von den Dingen, die dich beschäftigen, aber ist noch nicht tätig in dieser Richtung. Wenn das kommt, dann verwirklicht sich dein Ziel: Friede im Herzen, Friede im Leben.

Hat er seinen Vater in der Transzendenz? Sein Vater ist sehr um ihn, er überschaut sein Tun im irdischen Leben. Er konnte seine Zuneigung im Leben nicht so recht zeigen. Die Mutter hält sich noch im Hintergrund. Ihr müsst beide danach schauen, dass das, was passiert, für euch beide in Ordnung ist. Mit deiner besonnenen Art müsste dir das auch gelingen. Dann kannst du die vergangenen Ereignisse loslassen. Diese Beziehung wurde aus der Geistigen Welt zusammengeführt. Da ist ein Mann mit Hund, er hat braune Haare. Er wusste nicht, wie krank er war. Er war von jetzt auf nachher tot. »Er wirkte auf deiner Seite und auf der Partnerseite half sein Vater, die Mutter war sehr aufgeschlossen für alles. Sie sind glücklich über die Beziehung. Das haben sie in der Geistigen Welt sehr geschickt arrangiert.«

Johanna fragt nach: »Das liest du jetzt nicht aus meinen Gedanken, weil es das ist, was ich vermute.« »Nein, das sehe ich über meine Helfer. Teile dessen, was mir gegeben wird, sind dort, dann Teile dort, das ist die Kommunikation mit den Helfern.« (Kapitel 8.3) »Ich möchte dich nicht verletzen, das ist mein Forscherdrang. In meinen eigenen Wahrnehmungen weiß ich oft etwas im Voraus.« »Die Geistige Welt kann dir mental etwas übermitteln, und wenn du hier bist, erhältst du die Bestätigung.«

10.16 (Pfingsten 1999) Der Schutzengel

»Da gab es viel Schwermut um dich, das hat sich verändert, weil du dich gewandelt hast. In deiner Meditation bist du gesessen, du wolltest nicht mehr fliehen, spielen! Jetzt gehst du für dich voran. Du bist auf dem Weg des Neuanfangs. Da ist ein sehr zartfühlender Mann, er beschützt dich. Das ist keine Vaterliebe, er möchte dich beschützen. Das ist wie früher, er möchte dich berühren. Etwas zwischen euch war speziell, wie ein Band. Er wurde geholt, die Pläne, die er mit dir verwirklichen wollte, wurden damit durchkreuzt. Er ging in den Tod. Aber er hat sich dafür entschieden, dein Schutzengel zu sein. Er hat das gewählt, um ein Versprechen auszuführen.« (Siehe Beratung mit Frau Brunner Frühjahr 1998.). »Ihr korrespondiert, wie wenn man in einem Dialog schreibt. Du fragst, er antwortet. Diese Kommunikation ist wunderbar, ihr arbeitet gut zusammen.« (Für Johanna entsprach die Wahrnehmung des Mediums einer Punktlandung. Sie sprach die geschriebenen Dialoge an.)

»Er möchte an Frankreich erinnern. Er sagt etwas von Sternen.« »Ich befasse mich mit Sternen, mit Astrologie.« »Er sagt, dein Schicksal war vorhergesagt. Wir sprechen von einem Lehrer, bevor du hierherkamst, hast du deine Kurse bewusst ausgewählt. Es ist wichtig, jetzt mit der richtigen Arbeit zu beginnen.« (Johanna wusste aus ihrer eigenen Sicht, dass das zu einer späteren Zeit gehört, die sie in ihrem Horoskop auf sich zukommen sah.)

»Er spricht von einer Zeit vor eurer Begegnung und der schweren Zeit, die das für ihn bedeutet hat.« Das Medium nennt den damaligen Wohnort. »Seine Mutter benötigt jetzt Heilung. Ihr Geburtstag ist im Juli, sie vermisst ihn sehr. Sie ist sehr traurig, jede Erinnerung an ihn tut ihr gut. Hier ist eine Frau namens Martha. Die Großmutter hat einen starker Charakter.« »Da muss ich jetzt nachfragen, weil ich immer dachte, sie würde mit Vornamen Martha heißen, sie heißt aber anders.« »Sie sagt, der Name gehört zu ihr, du weißt, wer sie ist. Sie war stark, sie hatte sich niemandem gebeugt. Sie tat, was getan werden musste, sie war unabhängig! Jetzt ist sie sehr in Sorge um die Gesundheit ihrer Tochter. Deine Mutter hielt sich für unabhängig, aber sie ist es nicht. Sie benötigt Hilfe, es ist als würden ihre Glieder steif.

Da ist jetzt der neue Partner, das wird eine gute Zeit, es war das Beste, was ihm passieren konnte. Er war unsicher und schätzte sich nicht. Er gibt dir auch Zufriedenheit, jetzt kommt die Liebe von ihm, er kann nun mehr Selbstbewusstsein ausstrahlen. Nun kommt eine neue Liebe, die dir gut tut, diese ist jetzt von anderer Qualität. Dein Mann aus der Geistigen Welt sagt: ›Wir waren zusammen.‹ Der neue Partner wächst in seiner Selbsteinschätzung, da wächst etwas heran. Behalte den Gedanken an ein Lehrzentrum aufrecht. Das Lehren ist dein Ziel. Du hast Geschenke von höheren Ebenen erhalten. In letzter Zeit bist du desillusioniert worden und du hast gelernt, deinen Mund zu halten.

Da gibt es jemanden mit einem Ungleichgewicht, das aus der Ohrgegend kommt.« »Ja, das ist seine Kusine.« »Er schickt ihr Heilung, er ist von ihr sehr begeistert, er sagt, wenn du nicht wusstest, zu wem du gehen sollst, konntest du zu ihr gehen. Er hat eine große Hingabe an sie, sie verdient das.« (Peter deutet auf die vollzogene Tumoroperation hin, Sonja wollte anschließend dem Trancekreis nicht mehr angehören.). »Er ist so froh, dass du den Partner gefunden hast. Es konnte nicht irgendjemand sein. Die Umstände eures Zusammentreffens waren sehr ungewöhnlich. Er ist sehr erleichtert darüber, dein früherer Mann geht den Weg mit dir weiter. Es wird Zeiten geben, da kommuniziert ihr miteinander, rufe ihn, wenn du ihn brauchst. Er hat auf der geistigen Ebene neue Kontakte knüpfen können, mit denen er sich wohlfühlt. Deine Entwicklung bringt in Erinnerung, dass unser Leben einen Zweck hat, ein Diamant zu werden.«

(Peter zeigte sich in den Träumen mit Begleitung.)

10.17 (März 2000) Assessment

»Die Besucher aus der Geistigen Welt sagen nur ihre Meinung, so wie sie das zu Lebzeiten auch gemacht hätten. Am Ende deines Lebens ist es deine Verantwortung, wie du dieses Leben gelebt hast. Du fragst dich eine ganze Reihe Dinge zum Leben in der Transzendenz. Es ist, als wartest du auf etwas. Da ist ein Mann, der dich aus jungen Jahren kennt, du warst damals ein kleines Kind. War das dein Vater?« »Nein, der lebt noch.« »Es ist ein väterlicher Instinkt, Großvater väterlicherseits? Du warst damals klein, er war stark, seine Hände schmerzten am Ende seines Lebens. Er sagt, du hättest gerne mehr mit deinem Leben gemacht.

Es gab Hindernisse und die Leute lehnen sich gerne an dich an. Es gibt eine starke Verbindung zu deiner Mutter und doch ist es, als wäre da aber auch eine Distanz.« »Mir wurde oft gesagt, dass es meiner Mutter in ihrem Leben nicht gut geht, dass sie meine Unterstützung braucht. Deshalb schicke ich ihr jeden Morgen geistige Heilung. Sie sollte eigentlich mein Kind sein. Ich fühle mich für sie verantwortlich.«

»Du bist sehr mitfühlend, aber es ist auch manchmal gut, sich zurückzuhalten. Es darf nicht auf deine Kosten gehen. Du benötigst Zeit für dich, du breitest nicht alles vor deinen Mitmenschen aus. Du hast auch dein Vertrauen in deine Mitmenschen verloren. Du bist etwas zurückhaltender geworden. Am liebsten würde ich dir das wieder wegnehmen, dass du wieder frei und unbeschwerter wirst. Es ist wichtig, was du sagst. Manche bewundern dich, andere neiden dir deine Fähigkeit, deine Meinung zu sagen. Lass die Probleme, die du hast, die der anderen sein, ich fühle, du brauchst einfach Zeit für dich, um zu deinen Gedanken zu kommen, was ist für dich wichtig im Leben, da willst du hin.«

»Durch den Tod meines Partners lernte ich zu Verstorbenen zu sprechen. Das führte jedoch zu Problemen in meinem Beruf, eine derartige Nebentätigkeit wurde mir untersagt.«

»Mit deinem Partner hattest du damals mehr als die übliche Zeit am Tage miteinander verbracht. Du warst der Lebensmittelpunkt für ihn. Du hast viel in die Partnerschaft investiert, dich verantwortlich für ihn gefühlt. Wenn etwas falsch lief, so wie eine Krankheit, dann hat er das nicht zugegeben. Ich möchte auf Landschaft schauen …« Johanna erzählt von ihrem gemeinsamen Seeleben. »Ich spüre dabei keine Kinder. Das hat euch noch enger aneinander lehnen lassen. Obwohl es gut zwischen euch war, hast du die Hauptlast getragen. Jetzt spüre ich so ein Aus-der-Tür-gehen-und-nicht-mehr-zurückkommen. Als das passierte, wart ihr nicht beieinander. Kannst du verstehen, er meinte, er tat das Richtige. Er hat dir nicht alles gesagt.«

»Ich war verreist und ihm ging es schlecht. Das hat er vor mir verschwiegen. Als ich zurückkam, lag er bereits im Koma.«

»Er akzeptiert, wie das alles ging, es war für euch das Richtige, egal was andere sagen. Er hatte seine Beschränkungen nicht verändern können. Er hätte sein Leben in Ordnung bringen müssen, was er nicht tat.

Das muss jeder auf seine Weise tun, das ist jetzt seine stille Akzeptanz, er macht daraus keine große Sache. Nun ist er an der Reihe, er möchte dich unterstützen und dich selbständig entwickeln kannst. In deinem spirituellen Leben möchte er dir helfen. War es kalt, als er starb?« »Nein, aber um meine Trauer auszuhalten, saß ich nachts zur Meditation auf dem Balkon. Trug einen Fellmantel, um nicht zu erfrieren.« »Das muss ihn beeindruckt haben.« »In zwei Wochen wird der Vertrag für das neue Appartement unterzeichnet, ist das in Ordnung so?« »Mach das, wenn etwas sein soll, dann geht es schnell, weil alles zusammenpasst. Da sind wir bei der Eingangsfeststellung, es wird Zeit, dass du etwas für dich tust.«

10.18 (Februar 2000) Astrologie verfeinert deine Prognosen.

»Dein Vater war in der letzten Zeit niedergeschlagen. Er hatte Angst, er müsse sterben. Jemand, der mir das sagt, war sehr besorgt um ihn. Er, der mir das sagt, war nicht einfach, er konnte seine Gefühle nicht zeigen. Gibt es in der Familie einen Peter? Als er starb, ging das schnell? Denn er sagt mir, eine Minute war ich hier, die andere dort. Er war darauf nicht vorbereitet. Das war ein Schock und er dachte, das sei ein Fehler gewesen. Er ist aber immer noch ein großer Teil deines Lebens, sehr interessiert an dem, was du tust. Er ist aber auch sehr froh, dass du eine neue Liebe gefunden hast. Er: ›Sie war meine Frau. Sie sorgte sich, arbeitete hart.‹ Er hielt sich anfänglich zurück, aber er kann gut kommunizieren. Du musst darauf achten, dass dein neuer Partner ebenfalls gesprächiger wird. Das war auch in seiner früheren Beziehung ein Problem.« (Nach der ersten Begegnung hatte Johanna den Traum: Heilige Katerina, Nothelferin bei Sprachschwierigkeiten, hilf uns.) »Von dir geht eine heilsame Energie aus, von der auch dein neuer Partner profitiert. Du musst wissen, dass du Organisationstalent hast, was ihm hilft, sein Leben wieder in Ordnung zu bringen. Peter sagt, dass du umziehen wirst, westlicher von dem Ort, wo du jetzt lebst. Dort geht es offener zu, es ist eine Großstadt. Ihr sollt alle Entscheidungen im Mai treffen. Er weiß, dass du Sicherheit benötigst, er sagt, es wir gut für dich, es ist aufregend, ein Neuanfang. Die Telefonnummer sollst du nur an wenige geben, an die, auf die es dir ankommt. Seiner Mutter geht es nicht gut, das dauert bereits drei Jahre, sie hat kein Leben und keine Motivation für irgendetwas.

Er hat seine Verwandten getroffen. Er hilft jungen Menschen, die in die Geistige Welt kommen.« (Johanna war froh über die Bestätigung, sie hatte schon früher in ihren Träumen von seinen Aufgaben erfahren.) Dein Beruf kann sich nochmals verbessern, du erreichst etwas, das sich auch finanziell positiv auswirkt. Du kannst dich auf deine Fähigkeiten verlassen, du kannst ruhig zeigen, was du kannst. Glaube ruhig an deine Selbstheilkräfte, er macht sich jetzt keine Sorgen mehr.« (Johanna hatte sich die Hände aufgelegt und war nach der Untersuchung im Krankenhaus ohne Befund auf die neue Wohnung gestoßen.).

10.19 (März 2000) Reading für Gunnar: Dein Vater ist sehr stolz auf dich.

Gunnar erhielt ein Reading: »Hier ist ein Mann mit Luftnot, dein Vater. Du entwickelst deine Hellsichtigkeit. Hast du kürzlich ein ungewöhnliches Erlebnis gehabt?« »Kann mich nicht erinnern.« »Euch fehlt das spiritualistische Leben. Sitzt du in einer Gruppe?« »Ja, meine Partnerin sitzt mit mir.« »Gibt es eine Gruppe, die du unterrichtest?« »Nein.« »Dann wird das kommen. Du wirst mit einer Gruppe zusammenkommen, ihr sitzt in einer Runde und diskutiert die Phänomene der spirituellen Welt.

Kennst du deine Helfer? Da gibt es einen indianischen Heiler, der mit dir arbeitet. Euch kann man schlecht trennen. Da gibt es eine japanische Frau, die möglicherweise zu deiner Partnerin gehört.« Gunnar antwortete: »Diese Frau habe ich mehrfach gesehen.« »Da ist ein alter weiser Mann aus dem Osten, er ist an Philosophie interessiert, er liebt die Einfachheit.« (Er wird Februar 99 ähnlich erwähnt.).

»Du hast in der Vergangenheit viel Arbeit gehabt, du hast ein schweres Studium hinter dich gebracht, dann warst du arbeiten und musstest zu Hause weiter arbeiten. Ich sehe auch, dass du viel mit Papieren zu tun hast. Dein Vater ist sehr stolz auf dich.

Möchtest du deine medialen Fähigkeiten weiter entwickeln? Leider habt ihr in Deutschland keine idealen Bedingungen. Du kannst nur geduldig abwarten und dich nicht unter Druck setzen. Habt ihr das Haus umgeräumt?« »Ja.« »Sie wollen dir sagen, sie sind mit dir. Du ziehst Leute gerne auf und machst Spaß mit ihnen. Besonders deine Partnerin. Das tun die in der Geistigen Welt mit dir auch.«

10.20 (Herbst 2000) Die Charakteristik des Buchs wird beschrieben.

»Ein Mann, groß, er konnte seine Gefühle nicht immer zeigen. Er hatte praktische Fähigkeiten.« (Das Medium meint damit die Arbeit mit den Händen.) »Er wohnte nicht in der Großstadt, das war eher eine Kleinstadt. Die Leute kannten ihn dort gut. Er kannte mich sehr gut, sein Tod war durch die Brust spürbar, dann ein Schmerz aus der Herzgegend. Er war zwar krank, aber die Krankheit, die zum Tode führte, war kurz. Er war mittleren Alters, du hast dich sehr um ihn gesorgt. Das war ein Sich-um-den-anderen-sorgen. Jetzt habe ich das Gefühl, dich küssen zu wollen.« Das Medium fängt an zu lachen, alle lachen zusammen. »Er lacht und seine Augen schauen mich sehr verschmitzt an. Er hatte einen gehörigen Sinn für Humor. Jetzt würde ich meine Arme um dich legen. Er ist der richtige Mann. Ja, wir haben den richtigen identifiziert. Er hatte früher viel Energie, er war auch sehr kreativ. Seit seinem Hinübergehen bist du durch eine ›Mühle‹ gegangen (Nichts war mehr wie zuvor.). Man würde dir das heute gar nicht mehr ansehen. Er hätte dich gerne mehr abgesichert zurückgelassen, das bedauert er. Du seist aber sehr schnell wieder auf deinen Füßen gestanden und das hat ihm gut getan. Er hatte so eine Art, sich von hinten anzuschleichen, um dich zu umarmen. Er will wie ein Vater deine Sicherheit. Die Beziehung, in die du jetzt hineinwächst, hat wie zufällig begonnen, aber das war kein Zufall. Da war eine sofortige Anziehung, dein früherer Partner sagt, das waren die gleichen Wellenlängen. Das ist so eine Art Bestätigung. Er ist keineswegs eifersüchtig, sondern er hat jetzt ein gutes Gefühl, dass dein Leben wieder in Ordnung kommt. Dein neuer Partner gibt dir Ausgleich, er ist auch sehr fit im Denken, er ist wie ein Schwamm, der alles aufsaugt, was du an Wissen hast. Aber du sollst auch von ihm lernen. Studierst du etwas zurzeit?« »Nein.« »Er zeigt mir ein großes Buch, darin sehe ich dich schreiben. Es ist ein Weisheitsbuch, ein wenig prophetisch (philosophisch?), dann auch über Medialität. Das ist nicht leicht zu erkennen. Es ist ein Rahmenwerk. Man erhält daraus Unterweisung... Aha, du schreibst! Es soll die Dinge bekräftigen, die du erfahren hast. Es geht um Medialität, dir wurde etwas vorhergesagt, dann wurde es bestätigt. Wenn ich das richtig sehe, sollst du erklären, wie deine Medialität arbeitet. Du teilst das mit anderen, es geht um ein tieferes Verstehen....(Das Medium verfolgt die Buchidee)... Ok, ganz genau. Du hast ein Tagebuch, das ist die Grundlage, du erhältst dann die Inspiration, es ist ein helles Licht. Du bringst das Puzzle zusammen. Er hatte in seinem Leben die Füße nicht immer auf dem Grund, aber für diese Arbeit brauchst du das. Du brauchst auch eine Gruppe, es ist ja dein Wunsch, Wissen weiterzugeben. Eine Gruppe bringt dir Rückhalt. Die Restriktion in deinem Land solltest du berücksichtigen. Deine künstlerische Arbeit wird sich dadurch auch verändern. Du reproduzierst nicht, du lässt dich inspirieren, bringe Bilder hinein, die die Inspiration zeigen. Da höre ich Nürnberg!« »Das ist die Herkunft der Großmutter.« Deine Arbeit heilt auch Kinder. Benötigt deine Mutter Heilung? Deine Großmutter konnte energisch sein. Wenn sie ein Ziel verfolgte, erreichte sie das auch. Wenn du deiner Intuition folgst, kannst du deine Ziele auch erreichen. Musik war gut für sie und ist es auch für dich.«

10.21 (Ostern 2004) Gunnar, Johanna hilft bei der Übersetzung.

Johanna hilft in der Übersetzung, sitzt dabei. »Landwirtschaft?« Gunnar zögert, weil das die Methode des Vaters war, Geld anzulegen. »Gibt es da Pferde? Die Mutter ist stark und möchte, dass die Dinge korrekt laufen. Sie steht etwas im Hintergrund, gab es da Differenzen in der Familie?« »Nein, sie lässt dem Vater hier gerne den Vortritt.« »Sie konnte Energie haben, sie riss die anderen mit, wenn sie etwas wollte, Ideen, Veränderungen, dann war sie es, die dich ermutigt hat, deine Ziele zu erfüllen. Sie zeigt mir, wie sie einen Schal, um den Kopf wickelte um ihre Haare zu kaschieren. Sie hat an einem Wettbewerb mitgemacht, da gab es eine Auszeichnung dafür. Die sei in deinem Besitz. Es gibt da etwas, wie ein Schrein, dort sind auch Fotos, deine Mutter sagt, dass das kleine Ding dort liegt.«

»Das ist der Vitrinenteil eines Schranks. In dem bewahren wir Fotos und Andenken von Verstorbenen und geistigen Lehrern auf,« erklärt Johanna. Das Medium spricht weiter zu Gunnar: »Zuhause und Arbeit werden zusammenkommen in deinem Leben. Jetzt kommt eine Tante Gertrud.« Gunnar und Johanna sind irritiert, weil sie entdecken, dass sie beide eine Tante mit diesem Namen haben. Peter kommt mit eigenen Verifikationen hinzu, er denkt wohl, es wäre an der Zeit sich einzubringen. Er brachte den geliebten Tennissport in das Bewusstsein des Mediums, seine Todesumstände und die Beobachtungen zu ihrem frischgewählten Feriendomizil.

Das Medium spürt, dass die Kontakte zu Johanna hinüberwechseln und kommt nochmal auf die Energie der Mutter zu sprechen, die für Gunnar etwas mitzuteilen hat. »Du musst ganz ruhig abwarten, die rechtlichen Querelen mit der alten Firma haben bald ein Ende. Sie ist so stolz auf das, was du inzwischen geleistet hast. Es ist wie damals, als du noch ein Kind warst. Kein Berg war zu hoch, du hast bereits als Kind durchgehalten.«

10.22 (August 2005) Ein gut aussehender Mann

»Ist dein Vater in der Geistigen Welt? Ein Mann vom Lande, attraktiv, großartiges Lachen. Ich spüre in der Brust einen Schmerz. Er liebte es, mit den Händen zu arbeiten. Dann ist da eine Großmutter, Mutters Mutter, eine sehr entschiedene Frau. Sie tat, was getan werden musste, sie ist so stolz auf dich, das Leben, das du führen konntest. Sie konnte in ihrer Zeit nicht, wie sie gern wollte. Sie lebte in der Großstadt, sie zeigt mit Ladengeschäfte. Sie klatscht Beifall. Das sind herzliche Leute. Sie lieben dich.«

(Das Medium interpretiert zu diesem Zeitpunkt Peter als Großvater auf dem Land und sieht die zielstrebige Großmutter in der Großstadt. Interessant ist trotzdem, mit welcher Selbstverständlichkeit Johannas Hauptkommunikatoren ihre typischen Verifikationen einbringen. Sie hält sich bewusst zurück, um zu sehen, wie sich das Gespräch entwickelt.)

»Sie sagen mir, dass du dich noch nicht richtig zu Hause fühlst. Du willst noch etwas erreichen. Die letzten fünf Jahre hattest du Probleme, da gab es etwas: »Wie ein Dolch in deinem Rücken.« Du wolltest davonrennen. Die Menschen um dich herum waren nicht sehr nett. Aber diese Probleme können sie dir nicht nehmen. Sie können dein Leben nicht ändern. Du bist sehr empfindlich. Mir wird jetzt ein großer, dunkler Hund gezeigt.« Johanna muss lächeln, Peter scheint sich mit der Großvaterrolle nicht zufriedenzugeben. Sie erklärt dem Medium: »Das ist der Hund, der zu meinem früheren Partner gehört.«

»Du hast einen spirituellen Kreis geleitet, aber da war jemand, der da nicht hingehörte. Da hat die Geistige Welt rasch eingegriffen und für dich den Kreis aufgelöst. Es kommen neue Freundschaften.« (Johanna hatte Probleme mit einem Besucher ihres spirituellen Kreises. Er erkannte keine Gefahr bei seinen Experimenten. Er zog Geistwesen an, mit denen Johanna nichts zu tun haben wollte. Die weiteren Besucher waren sich der Situation nicht bewusst. Deshalb fuhren Gunnar und seine Partnerin zu Frau Brunner, um sich in diesem Falle beraten zu lassen. Sie bestätigte, wie er ihren Kreis gefährde.). Das englische Medium fährt mit seinem Reading fort und nennt der erstaunten Johanna die nächste Großstadt, von der sie eine Stunde entfernt lebt. »Dort wird ein neuer Kreis entstehen. Der gut aussehende Mann sagt auch, sie wird das verstehen, wenn der neue Kreis beginnt. Was sie lernt, soll sie anderen vermitteltn. Dieser Mann, der mir das gerade sagt, ist um die 50 gewesen, als er starb. Er sagt mir: Ich habe wirklich gut ausgesehen!« Johanna muss jetzt lachen: »Weißt du, für meine zwischenmenschlichen Probleme habe ich eine Therapeutin aufgesucht, sie bat mich, ein Bild meines verstorbenen Mannes zu zeigen. Dann hat sie das Bild angeschaut und gesagt: Ihr Mann hat aber sehr gut ausgesehen!« Jetzt muss das Medium herzlich lachen. »Er hat wirklich einen Sinn für Humor. Anscheinend gibt er zurück, was er gehört hat.

Wenn ich in seinen Körper hineinspüre, habe ich schreckliche Rückenschmerzen, meine Gesundheit macht mir Sorgen. ›Ich war ein Narr, ich war so mit mir beschäftigt. Meine Frau hatte alles für mich getan.‹ Er sorgte sich schon um dich, aber konnte das zu wenig zeigen. Am Ende seines Lebens war er sehr einsam, er war es so gewohnt, mit dir zu sprechen und sich auf dich zu verlassen. Er ging ins Krankenhaus, er fühlte, dass er sterben würde. Dort wurden noch jede Menge Untersuchungen gemacht. Aber du hast dein Glück jetzt gefunden, er zeigt mir einen See mit Bäumen, hohe Berge, dort spielen Kinder und es gibt Häuser und Hotels. Seid ihr dort in den Ferien gewesen?«

»Nicht mit meinem verstorbenen Mann, das ist das Feriendomizil in Italien, das mein Mann und ich vor geraumer Zeit gekauft haben.«

»Übrigens, die Großmutter hat noch ein Kind im Arm. Eine Fehlgeburt?« Johanna erinnert sich vage, dass ihre Schwester so etwas angedeutet hat. Ihrem Gefühl nach war es ein Mädchen. »Das ist möglicherweise ein Kind, das zu meiner Schwester gehört.« Das Medium wechselt die Energie: »Dein Mann arbeitet schwer. Er sollte dringend Last abgeben. Ist er selbständig?« »Nein, er hat eine Abteilung zu betreuen.« »Da ist viel schief gegangen in den letzten Monaten. Selbst wenn er zu Hause ist, arbeitet er weiter. Ich möchte dich nicht beunruhigen, aber wenn er die Last nicht abgibt, wird er dazu gezwungen. In seinem Alter wird es Zeit, sich mehr zurückzuhalten. Er muss zu Verstand kommen, er braucht nicht diese ganze Arbeit zu leisten. Ihr sitzt zusammen in Trance, das ist wichtig für andere.

Jetzt sagen sie mir, sie machen sich Sorgen um deinen Vater. Er würde liebend gerne wieder mehr in deiner Nähe leben. Er wird wohl umziehen. Er muss so gelitten haben.« (Johanna wusste bereits von Frau Brunner, wie einsam sich ihr Vater in der Nähe ihrer Schwester fühlte.) »Peter sagt, dass seine Frau ihm geholfen hat klarzukommen (Rollstuhl, Bürgersteig). Ich weiß zwar nicht, was da los ist, aber deine Schwester übt enormen Druck auf ihn aus.« »Meine Schwester ist notariell bevollmächtigt, alle Entscheidungen für ihn zu treffen und seine Finanzen zu verwalten.« »Sie versuchen in der Geistigen Welt, ihm zu helfen. Dein Vater hat Peter einmal so herzlich begrüßt, das hat er nicht vergessen. Dort ist dein Vater so einsam. Deine Schwester muss damit rechnen, dass er älter wird, als sie denkt, sie manipuliert gerne die Leute. Halte ruhig Distanz zu ihr. Habe ich dir geholfen?«

Erklärung zum August 2005:

Schwierigkeiten, das Medium zu verstehen, oder zu wenige Kenntnisse über ältere Familienmitglieder können den Kontakt für das Medium sehr zäh machen. Diese müssen sich dann sehr auf den Besucher konzentrieren und das kann sich selbst beim besten medialen Berater wie lähmend auswirken. Johanna erfuhr deshalb öfters Durchgaben von Gunnars Seite in ihren Beratungen:

»Dein Mann hat anderen viel mehr zu sagen. Dein Mann ist etwas zu rigide, er muss beweglicher werden, um mit anderen klar zu kommen. Hat er einen Sohn?« Das Medium nennt den Namen des Sohnes. »Um den macht er sich große Sorgen. Ich höre eine Orgel und Glocken: Das kann zweierlei sein, Hochzeit und Beerdigung.

Eine Frau spricht von der Tochter deines Partners (Gunnar). Sie wurde in ihrer früheren Beziehung sehr unterdrückt. Sie ist froh, dass sie das Leben wieder genießt. Sie ist sehr clever und hat einen flexiblen Verstand.«

10.23 (Herbst 2005) Neues Wissen

»Es gibt ein weiteres Energiefeld, an das wir alle hinreichen. Eigentlich rede ich nicht darüber, aber jetzt macht das Sinn, darüber zu sprechen. Da ist eine höhere Ebene, die einfließt. Dieses unterschiedliche Energiefeld musst du spüren, wenn du auf dieser Ebene Kontakt hast. Du stehst mit Wissen in Kontakt, das nun an die Oberfläche kommt. Du hast dafür Verständnis. Dieses Wissen, das dir nahe gebracht wird, stammt aus früherer Zeit.

Du hast einen besonderen Draht zu Kindern, die sich beim Lernen schwer tun. Lange hast du dich zurückgehalten. Es gab Widerstände, die dich zum Aufhören zwingen wollten. Deine Kindheit war nicht leicht. So zu leben fiel dir sehr schwer. Du konntest immer gut in dein inneres Wissen eintauchen. Das sind Kenntnisse, die nicht aus diesem Leben stammen. Diese Kreativität, die du ausstrahlst, bringt dich mit deiner inneren Quelle zusammen. Die blaue Farbe deiner Aura weist darauf hin, dass du dir nun endlich selbst vertrauen sollst.

Hier ist eine Frau, haselnussfarbene Haare, sie trug lieber dunkle Kleider. Sie ist etwas größer als du und schlank. Sie hatte am Lebensende Atemprobleme.« (Johannas Mutter hatte Wasser in der Lunge, als sie starb.) »Ihre Augen waren anders als deine (Augen waren für die Mutter wichtig, ihre waren grün und Johanna hatte blaue.). Du hast etwas getan, darauf ist sie sehr stolz.« »Wenn das meine Mutter ist, dann freut mich ihre Zustimmung.« »Fühlte sie sich in ihrem Leben unterdrückt?« »Ja, mein Vater ließ ihr fast keine eigene Freiheit.« »Deine geistige Klarheit hat sich verbessert. Deine Medialität im Traum ist sehr gut, so erhältst du die Antworten auf Fragen, die du der Geistigen Welt stellst. **Nenne mir drei Dinge in deinem Leben, die sehr schwierig für dich waren**.«

Das fiel Johanna nicht schwer: »Da war einmal mein Weg aus dem Elternhaus heraus, um in mein Studium hinein zu finden. Zweitens der Anblick des Absturzes meines geliebten Freundes, den er jedoch überlebte. Drittens der plötzliche Tod meines Mannes. Daher stammen meine Verlustängste.«

»Mir wird gesagt: Die Gründe, warum etwas geschah, wurden dir immer rechtzeitig genannt.«

Johanna weiß in diesem Augenblick, dass hinter dieser Frage nach den drei Dingen ihre Geistige Führung steht. Sie selbst hatte diese Unterstützung bei den Erfahrungen durchlebt:

Im ersten Fall erhielt sie Hilfe zu Beginn des Studiums durch den Psychologen. Er nahm ihren Dank damals nicht an, sondern sagte: ›Danken Sie denen dort oben.‹ Im zweiten Fall hörte sie die Stimme, die sie vor der weiteren Gefahr eines Absturzes von Arnold warnte. Zuletzt wurde sie durch Frau Hagen wachgerüttelt, die spirituellen Kurse zu beginnen. Glücklicherweise führte sie diese Entwicklung zur Begegnung mit dem Heiler und der Tutorin des Colleges.

»Da ist aber immer noch ein Schuldgefühl da. Als hättest du etwas anders machen müssen. Du hast es mit einer neuen Energie zu tun, es geht darum, deine Liebesfähigkeit weiter zu entwickeln und die Negativität zu transformieren. Womit ich beim Einstieg in unser Gespräch bin. Es ist ein Umschalten in eine neue Gangart. Wie du das siehst, in dir wahrnimmst, weiß ich im Moment nicht. Ein Nebel, eine geometrische Figur.«

Das Problem des Schuldgefühles, etwas im Leben anders lösen zu können, wurde von diesem Medium sehr korrekt erfasst. Diese Frage beschäftigte Johanna die kommenden zehn Jahre. Die Frage wurde ein Teil der spirituellen Suche, an deren Ende die Erkenntnis von Sokrates steht:

Wer weiß, was Böse ist, kann es nicht mehr tun. (Platon, Menon)

11 Spiritualistische Begriffe und mediale Fähigkeiten

Auragrafik: Das Medium betrachtet die Aura des Klienten. Sie wird in Farbe und Muster gezeichnet.

Blending: Das Medium erweitert seine Aura, so kann eine Seele ihre Aura mit ihr in Deckung bringen. Dadurch überlagern sich zwei verschiedene Bewusstsein, das Medium kann wahrgenommene Information übertragen. Ein Medium im vertieften Zustand erweitert seine Aura. Es spürt dann eine ihm fremde Energie. Durch Selbstbeobachtung gereift, kann es, so wie wir es aus Träumen kennen, die fremden Bilder, Gerüche, Stimmen, Namen, körperlichen Empfindungen selbstbewusst deuten. Bei dafür entsprechend geschaffenen Lichtverhältnissen kann die Seele sich zeigen.

Direkte Stimme (Direct Voice): Durch das Medium spricht eine Stimme aus der Geistigen Welt, dazu ist das Medium zuvor in Trance gegangen. Meistens besteht eine längere Verbindung zwischen dem praktizierenden Medium und dem geistigen Besucher aus der anderen Welt. Solche Vorführungen sind dann spektakulär, wenn Dinge genannt werden, die das Medium aus Sicht der Ausbildung gar nicht wissen kann. Es kann sein, dass das Medium dann in einer Sprache spricht, die es nicht gelernt hat.

Heilen ist eine eigene Klasse. Hier wird der Heiler zum Energieübermittler für die Geistige Welt zum Wohl eines Klienten. Für den Heiler ist es spürbar, wie eine Seele ihn überstrahlt und er übermittelt diese Energie auf den Körper des Kranken. Es sollte nicht seine eigene Energie sein, die hier zum Fließen kommt, das wäre sonst Magnetismus und der Heiler würde sich sonst selbst auslaugen. Im College gibt es ein kleines Zentrum, wo diese Energie, die fließen soll, unter Aufsicht trainiert wird. Wenn nach einem Flug, in dem die Kabinenluft schlecht war, Halsinfekte auftraten, ließ sich Johanna immer Heilung geben. Sie wollte eine Woche ohne Erkältung genießen können.

Ein **hellsichtiges Medium** nimmt wahr, was im Leben des Klienten vor sich geht, sieht damit verbunden auch manches Zukünftige. So ist die Arbeit des Mediums Frau Hagen einzuordnen. Sie war keine Psychologin, aber hatte ein Gefühl dafür, wie sie etwas vermitteln sollte. Bei dieser Arbeit ist auch wichtig, welche Reife das Medium entwickelt hat. Weder Frau Hagen noch Frau Brunner erlebte Johanna als weltfremd. Das Weltbild bereichert das Niveau der Beratung.

Mentales Medium nimmt Verstorbene wahr, durch seine individuellen Fähigkeiten wie Hellsichtigkeit, Hellfühligkeit, Hellhörigkeit, Helles Riechen oder Helles Denken.

Physical Medium: Heute schwer zu entwickeln. Voraussetzung ist ein guter Trancekreis, da das Medium Ektoplasma produzieren muss, wodurch sich ein Wesen formt. In Salvador Dalís Bild ›Die Beständigkeit der Erinnerung‹, 1931, liegt ein Gebilde am Boden, das wie von einem Physical Medium produziertes Ektoplasma aussieht. Das Bild stammt aus der Zeit, als solche Experimente geheim, aber weit verbreitet waren. Dies wird aber von den Kunstgeschichtlern nicht als solches interpretiert. Im Übrigen experimentierten die Surrealisten bekannterweise mit gängigen spiritualistischen Techniken, denn die religiöse Strömung des Spiritualismus hatte nach dem Ersten Weltkrieg eine Blütezeit. Es bestand Nachfrage, um die Not vieler Menschen zu lindern, die Angehörige im Krieg verloren hatten, oder oft über Jahre nichts von ihrem Verbleib hörten.

Psychometrie: An Gegenständen sind Botschaften lesbar. Dem Schüler wird ein Gegenstand einer unbekannten Person gegeben. Daran muss die Energie des Besitzers erspürt werden. Dies ist eine gute Übung, den vor dem inneren Auge entstehenden Bildern vertrauen zu lernen.

Trance Medium: In Trance spricht der Geist direkt durch die Person mit der Stimme des Mediums, bei uns auch Channelling genannt. Hier ist Erfahrung angesagt, ob es sich um die Psyche des Mediums handelt oder um einen geistigen Besucher.

Transfiguration: Das Medium nimmt die Gesichtszüge des Geistes an, den es vermittelt. Das Wesen setzt sich durch.

Symbolsprache: Diese gilt es zu vertiefen. Durch Traumerinnerung sind uns bestimmte Bilder geläufig. Da spüren wir bereits, was für uns Wald, Häuser, Straßen usw. bedeuten. Man kann durch Kreuz, Quadrat, etc. und individuelle Vereinbarungen die Konzentration der Symbolik erhöhen. Diese Entsprechungen der Bildchiffren, Farben und Zahlen werden mit unseren Sinnen eingeübt. Das führt zur verbesserten Kommunikation mit dem Geistigen Helfer. In der Psychologie führt dieser Weg zu den **Archetypen**. Beziehung besteht auch zu den griechischen Mythen, die in das Denken der Astrologie eingezogen sind.

12 Glossar

Das Glossar soll helfen, das Denken der griechischen Antike zu erschließen. Die reinen Übersetzungen werden dem Verständnis der altgriechischen Begriffe nicht gerecht, dazu sind sie unserem heutigen Weltbild zu fremd. Auf diese Hermeneutik verweist Gadamer.

Antikythera, unter dem Begriff findet man das antike Räderwerk zur Berechnung der Zyklen für die Eklipsen in Astologie und Astronomie.

Agathón ist das Gute. Dieser wesentliche Begriff bezeichnet, wonach gemäß der Natur alles strebt. Das beinhaltet auch die Selbstverwirklichung des Menschen als Mensch (Eudaimonia).

Apollon ist der Gott des Lichtes, der Weissagung, der Kunst und Musik (siehe Mantik). Der Name verweist auf: nicht viel; das Eine – nicht Vieles (Henologie).

Areté ist die wesensgemäße Tüchtigkeit der Seele. Das Tugendhafte der Seele ist ein zentraler Begriff im Selbstverständnis der Antike. Hegel kritisierte die Gnosis deswegen, weil ohne die Fähigkeit der Areté keine Hinwendung zur Transzendenz entsteht.

Astrologie Sternenkunde, die in die zu analysierende Stunde schaut. Daher das Wort Horoskop. Für eine Geburt erstellt man ein Geburtshoroskop, siehe **Radix**. Das Geburtsbild wird auf Grund der Planeten, der Sternengötter, erstellt, die zu unserem Sonnensystem gehören.

Böse, das In Plotins Schriften wird das Böse auf die irdische Welt beschränkt. Es ist der Mangel an Wissen oder eine unvollkommene Entwicklung, die dazu führt. Das angerichtete Unheil bindet die Seele weiter an die Materie oder das Schicksal. Sokrates sagt zusammengefasst: *Wer weiß, was böse ist, kann es nicht mehr tun (Plotin, Geist, Ideen und Seiendes, Bd Ia (40); Enneade V,9; Platon, Menon).*

Daimonion Das Daimonion bei Sokrates wird mit Innerer Stimme gleichgesetzt. Darunter versteht er den Geist, der in das menschliche Leben eingreifen kann. Er ist also ein Schutzgeist. Eine gute Quelle ist der Apollonpriester aus der Antike, Plutarch. In seiner Schrift wird das sokratische Daimonion als eine Innere Stimme erklärt, die man ohne Vermittlung eines körperlichen Organs vernimmt. Das geschieht, indem der Logos eines Daimons sich direkt wie Tonfrequenz auf unseren Geist (Nous) überträgt. Die Welt der Daimonen ist hierarchisch aufgebaut *(Plutarch über Dämonen und Mantik, H.v.Arnim, Johannes Müller, Amsterdam 1921; Klaus Döring;).*

Sokrates stuft sein Daimonion höher ein als den Logos, das vernunftbetonte Handeln. Das brachte ihn in Konflikt mit der herrschenden Meinung. Unter dem Vorwurf der Gotteslästerung wurde ihm der Prozess gemacht, der zu seiner Hinrichtung führte. Später in der Geistesgeschichte bekommt der Begriff ›Dämon‹ etwas Abfälliges. Betrachtet man das Wort Eudaimonia, beinhaltet es das Wort Daimonion. Ungeschützte Menschen können aber auch verirrte Geister anziehen. Das erfährt Johanna beim ersten Collegeaufenthalt. Fall: Enfield, August 1977. Dieser Fall findet eine entsprechende Bestätigung durch Lukas 11, 24. »Wenn der unsaubere Geist von dem Menschen ausfährt, so durchwandelt er dürre Stätten, sucht Ruhe und findet sie nicht; so spricht er: ›Ich will wieder umkehren in mein Haus, darin ich gegangen bin. Und wenn er kommt, findet er es gekehrt und geschmückt. Dann geht er hin und nimmt sieben andere Geister zu sich, die ärger sind als er selbst; wenn sie hineinkommen, wohnen sie da, und es wird hernach mit demselben Menschen ärger als zuvor.‹ *(Württembergischen Bibelanstalt, Stuttgart, 1912).* Die Übersetzungen variieren: ›ein unsauberer Geist‹ bei Lukas 11,20 und bei Matthäus 12,28 wird ›ein Teufel‹ ausgetrieben. Bei Markus 9,14–29 handelt es sich um einen ›sprachlosen und tauben Geist‹ *(Württembergischen Bibelanstalt, Stuttgart, 1906).*

Die Welt der Daimonen wird in Plotins Schriften erklärt *(›Der Daimon der uns erloste‹, Bd Ia; Enneade III,4).*

Demiurg ist die Schöpferkraft, die Verbindung zum Logos hat. Bei Platon besteht durch sie der Zusammenhang zwischen den geistigen Urbildern und den materiellen Abbildungen. Wie ein Künstler gestaltet der Demiurg die Welt. Es ist die wirkende Kraft, die aus dem Chaos zur Ordnung führt, zur Energeia.

Energeia: En ergo einai = lebendige Wirksamkeit, ein Potential, das sich verwirklichen kann. Die Urform Eidos ist die Idee, eine Wirksamkeit vor dem Eintritt in die Materie, also eine Wirkursache. Die daraus entstehenden Formen führen zur Materie. Dort verbindet sich die Idee mit dem Zweck des Wirkens, der Entelechie.

Entelechie: En=in, tel=Ziel, echeia=halten. Der Begriff findet sich bei Aristoteles und bedeutet, jedes Lebewesen trägt sein Ziel und den Zweck der Entwicklung in sich, und entfaltet dieses seiner inneren Zielstrebigkeit gemäß *(Weischedel, Philosophische Hintertreppe)*.

Eudaimonia bedeutet ›Glückseligkeit‹, das Ziel der Entwicklung im Leben. Sie ist das Endziel, ein sich selbst genügendes, das nichts von unserem heutigen Streben nach Glück beinhaltet. ›Glückseligkeit‹ ist eine Fähigkeit, die durch tugendhaftes Leben erworben wird. Aristoteles: ›Die Glückseligkeit ist eine gewisse tugendgemäße Tätigkeit der Seele.‹ Die Eudaimonia kommt zwar von den Göttern, sie muss aber durch tugendhaftes Handeln hier auf der Erde erworben werden (siehe Seelenlehre des Aristoteles).

Ekliptik: Damit bezeichnet wird die Kreisbahn der Erde um die Sonne. Diese Ebene ergibt sich aus dem Schwerpunkt des Systems Erde/Mond (knapp innerhalb der Erdkugel) und einer gedachten Linie zur Sonne. Auf dieser schrägen Ebene laufen mit gewissen Abweichungen auch alle anderen Planeten um die Sonne. Die größten Abweichungen sind bei Pluto zu verzeichnen. Erastothenes hat die Neigung der Erdachse sie bereits berechnet, siehe Kosmos.

Glaukon Hier wird am Ende der Schrift über die älteste Nahtoderfahrung aus der Antike erzählt *(Platon, Sämtliche Werke, Der Staat)*.

I-Ging Chinesisches Orakel

Individuationsprinzip: Das Individuum wird von Porphyrios, einem Universalgelehrten, als ein Bündel von Eigenschaften bestimmt. Sein Beispiel ist Sokrates, in keinem anderen ist exakt diese Kombination von Eigenschaften enthalten. Das Individuum weist seine individuelle Eigenschaftenkombination nicht nur auf, sondern es ist nichts anderes als diese Eigenschaften in dieser Kombination. Fortsetzung findet diese Vorstellung in der Psychologie von C.G.Jung.

Iamblichos, Schüler von Porphyrios. Unter dem Pseudonym Meister Abammon überlieferte er das Buch ›De mysteriis‹, eine Systematik über die Geheimlehren der Ägypter, Assyrer... Er war bestens in ägyptischen Kulten geschult. Während seiner nachfolgenden Leitung der Akademie verfasste er auch ein Buch über Leben und Wirken des Pythagoras. Er vertrat wie seine Vorgänger an der Platonischen Akademie die

Auffassung, dass die platonische Lehre auf der pythagoräischen aufbaut und in der Tradition einer alten theologischen Wurzel steht.

Kyniker, der Weg dieser Lebensphilosophie orientiert sich an der Bedürfnislosigkeit, um damit innere Unabhängigkeit (Autokratie) anzustreben. Der Begründer Antisthenes ist Schüler von Sokrates gewesen. Er setzte die Tradition fort, Tugend im Sinne des antiken Verständnisses zu verwirklichen, um die Glückseligkeit (Eudaimonia) zu erreichen, das zentrale Thema der Kyniker.

Kosmos: Diogenes beschreibt ihn als ein System aus Himmel und Erde und den Wesen, die darin sind. Der Kosmos der Antike beruht auf Theorien.

Für das Verständnis des Buches ist wichtig, die gesamte Weltanschauung dieser Zeit als hoch entwickelt zu betrachten. Es gab Universalgelehrte, deren Wissen sich von der Philosophie über Astronomie, Astrologie, Mathematik, bis hin zur Architektur und weiteren Gebieten erstreckte. Sie gaben ihr Wissen an Schüler und in Schriften weiter. Einiges hat sich erhalten und wurde weiterentwickelt.

- **Pythagoras**, 570–500 vChr, vermutet, dass die Erde eine Kugel ist, vermutlich hat er das an den Masten von Schiffen, die in den Hafen einfuhren, beobachtet.

- **Parmenides**, 520–460 vChr, spricht von Erde und Mond als Kugel.

- **Anaxagoras**, 499–428 vChr, die Sonne ist ein glühender Körper, der den Mond bestrahlt, er beschreibt Sonnen- und Mondfinsternis.

- **Leukippos**, 5.Jh. vChr, interessiert sich für die Bewegung im leeren Raum, er begründet eine Atomlehre, die von seinem Schüler Demokrit weiter entwickelt wird.

- **Demokrit**, ca. 460–380/70 vChr, Milchstraße wird von Sternen gebildet, er geht von einer Atomlehre aus. Durch das Geschehen im Zusammenspiel der Atome bilden sich zahllose Welten.

- **Aristoteles**, 384–322 vChr, geht von einem geozentrischen Weltbild aus, ein Modell, bei dem jeder Sphäre ein Planet (Mond, Merkur, Venus, Mars, Jupiter, Saturn) zugeordnet ist, dahinter die Fixsterne.

- **Aristarch von Samos**, 310–230 vChr, die Sonne wird von den Planeten umkreist, die Sonne steht im Zentrum, die Erde ist ebenfalls ein Sonne umkreisender Planet. Er vertritt ein heliozentrisches Weltbild.

- **Eratothenes**, 276–195 vChr, arbeitete in der Bibliothek Alexandrias. Er schrieb ein dreibändiges Werk über die geographischen Erkenntnisse seiner Zeit. Er beweist, dass die Erde eine Kugel ist und macht eine weitgehend exakte Berechnung des Erdumfangs. Er erkannte die schiefe Ekliptik, die er mit 23 Grad und fünf Minuten angab.

- **Poseidonios**, 135–51 vChr, weitgereister Geograph, macht Schätzungen über den Erdumfang. Die Berechnung orientiert sich an der Sicht auf den Kanobus auf Rhodos, der vom Leuchtturm in Alexandria sichtbar war. Die allerdings fehlerhafte Berechnung wird vom Ptolemaios übernommen, diese gelangte in die Hände von Kolumbus, der nach dieser Annahme nach Westen fuhr und Amerika entdeckte.

- **Geminos**, ca 70 vChr, Schüler von Poseidonios. Er und sein Lehrer, später auch Plotin, stimmen überein, dass die Erde ist ein Punkt im Verhältnis zum Universum ist *(Poseidoios, Karl Reinhardt)*.

- **Strabon**, 63 vChr–ca 25 nChr, übernimmt Lehren des Poseidonios, veröffentlicht Bücher zur Geographie, beobachtet die Gezeiten und vertritt dafür eine vom Mond abhängige Theorie.

- **Kleomedes**, 1. Jh. nChr, Verfasser astronomischer Texte. Er differenziert die obige Aussage, die Erde sei ein Punkt im Verhältnis zu ihrer Entfernung von der Sonne. Seine Beobachtungen der Planeten und der Fixsterne lassen ihn die ›besondere oder entgegengesetzte Bewegung‹ der Planeten erkennen. Das ist für die Astrologie interessant. Die aus Sicht der Erde entstehenden Rückläufigkeiten erhalten eine besondere Deutung.

- **Pantheon**, es wurde 118 nChr fertiggestellt. Der Name könnte auf ›alles Gott‹ hinweisen. Das Bauwerk in Rom ist eine gebaute Entsprechung des römischen Weltbildes. Dazu gehörten in der römischen Zeit auch die Planeten, die Sternengötter, die die Sonne umkreisen. Das Monumentalwerk hat eine kreisrunde Betonkuppel, die am Scheitel eine ebenso kreisrunde Öffnung von 8–9 Metern besitzt. Spiegelt man die Kuppel nach unten, dann umhüllt das ganze Bauwerk eine Kugel. Der Durchmesser beträgt 43,45 m, eine Ähnlichkeit zur Zahl des Erdumfangs ist zu vermuten. Dieser größte Kuppelbau wurde erst in der Barockzeit übertroffen. Siehe auch **Antikythera**.

- **Plotin**, 205 (Oberägypten) – 270 (Kampanien). Er spricht über das Verhältnis von Kosmos und Erde: ›Den größten Teil der Welt bilden die Götter und der ganze Himmel im Kreise, die Erde ist gleichsam der Mittelpunkt und in gewisser Hinsicht eins von den Gestirnen‹ *(Von der Vorsehung I, Bd Va(69); Enneade III, 2,8;).*

Plotin beschreibt die Sinneswelt als die Sichtbare, sie existiert als ein Abbild der Geistigen Welt, der sie ihre Existenz verdankt. Daraus ergibt sich für die Lehre eine hierarchische Rangordnung, in der das Geistige dem Materiellen prinzipiell übergeordnet ist. Er trennt zwischen der materiellen und Geistigen Welt. Die Transzendenz ist eine Parallelwelt.

Liber Causis: Das Buch der Ursachen. In diesem Buch werden 31 Lehrsätze zusammengefasst und kommentiert. Es handelt sich dem Ursprung nach um Gedanken des Neuplatonismus. Kerngedanke ist, dass das Viele aus dem Einen hervorgeht. Das Thema der ersten und zweiten Ursache wird darin behandelt, aber auch Begriffe wie Intelligenz, Zeit, Ewigkeit und Himmelsseele werden darin thematisiert. Die Lehre geht von der Emanation des unbeschreiblichen Einen über Stufen bis in die materielle Welt aus, wie Licht aus einer Quelle hervorgeht. Als mögliche Quelle der Schrift des **LC** wird der Raum Bagdad des 9. Jahrhunderts genannt. Im Arabischen wird die Schrift wenig beachtet, sie gelangt nach Toledo und wird von Gerhard von Cremona ins Lateinische übersetzt. Denker des 13. Jahrhunderts befassen sich damit. Die durch griechische Bildung geschulten Kirchenväter versuchten, den Neuplatonismus mit dem Christentum zu verbinden. Roger Bacon, von 1241 – 1245, und Meister Eckart, ca. 1300, zitieren daraus und Albertus Magnus kommentiert das Buch 1264 – 67. Er hält diese Schrift für eine Ergänzung der aristotelischen Metaphysik, vermutet aber, dass weitere Autoren mitgewirkt haben müssen. Sein Schüler Thomas von Aquin erkannte, dass das Buch von anderem Denken geprägt sein müsse, möglicherweise von Proklos. Diese Schrift ist eine weitere Quelle, die Neuplatonisches ins Christliche einbringt.

Zusammenhänge des Buches zum Neuplatonismus, zu den Enneaden des Plotins, wurden von Cristina D'Ancona Costa, Pisa, und Richard C.Taylor, Toronto, untersucht.

Logos: Sinn, geistiges Vermögen, Weltvernunft, Gesamtsinn der Wirklichkeit. Bei Plotin werden die Einzelaspekte des Logosbegriffs zusammengefasst. Er stützt sich auf die philosophische Tradition der griechischen Denker. Er argumentiert, dass unsere Seele einem geistigen Abbild des Kosmos gleicht, die eine ähnliche Anlage wie die Weltseele hat. Das Gemeinsame und Trennende bestehe darin, dass sich die Allseele auf das Weltall auswirkt. Von der Seele gehen dementsprechend auch Kräfte aus.

Eine erste frühe Wurzel der Logostheologie stammt aus Memphis, Ägypten. Dort wird der Schöpfungsgedanken durch den Logos auf einem Gedenkstein folgendermaßen entwickelt: Ptah erschafft die Welt mittels Herz und Zunge! Ptah wirkt als Gestalter, Schöpfer (siehe Demiurg). In diesem Bild gibt es einmal die Bedeutung der Zunge als Quelle der Sprache und das Herz als Organ der gelungenen Lebensführung. Denn nach Glauben der Ägypter wurde das Herz des Verstorbenen für seine mehr oder weniger gelungene Menschlichkeit im Totengericht gewogen. Es entstand eine Theologie, die von Zunge und Herz oder Verstand und Gefühl geprägt wurde. Der Stein mit dieser Inschrift aus der Zeit 700 v.Chr wird heute im Britischen Museum aufbewahrt. Er ist ein Denkmal der memphitischen Theologie und erinnert sehr an den Beginn des Johannesevangeliums: ›Am Anfang war das Wort (=Logos im griechischen Urtext) und das Wort war bei Gott.‹

Mantik ist die Kunst der Weissagung. Plutarch schreibt darüber in ›Plutarch und das Daimonion des Sokrates‹. Eine weitere Quelle ist das Buch ›Poseidonios‹ von Karl Reinhardt. Der Autor vermutet, einige Forschungsschriften des Poseidonios über die Mantik seien in der Sammlung des Cicero verschollen gegangen. In dem Buch wird die Unterscheidung der künstlichen und der natürlichen Weissagung erklärt. Im ersten Fall muss das Medium, z.B. der Astrologe, etwas vermitteln. Bei der natürlichen Weissagung geht die Innere Stimme in Kontakt mit dem Träumenden oder spricht hörbar in ihm.

Meditation: In der Zen-Meditation wird eine aufrechte ruhige Körperhaltung eingenommen. Sie ist auch auf dem Stuhl sitzend möglich. Der Blick ruht auf einem Punkt in circa einem Meter Abstand vor den leicht geschlossenen Augen, dadurch sollen die Gedanken zur Ruhe kommen können. Manche schließen ihre Lider auch ganz. Die Aufmerksamkeit wird durch die Beobachtung des Atems nach innen gelenkt. Da es nicht möglich ist, nicht zu denken, soll die innere Aufmerksamkeit so ausgerichtet werden, dass man keinem Gedanken aktiv nachgeht. Durch immerwährendes Üben wird die Aufmerksamkeit auf das Beobachten der Gedanken geführt. Ein Bild: Gedanken sind wie Wolken, die man zwar beobachten kann, aber weiterziehen lassen muss.

Platonische Akademie wurde selbst von Platon in Athen gegründet, nach dem Vorbild der Pythagoreer. Es war ein gleichberechtigter Lehrbetrieb, der auch Frauen zuließ. Plotin gründete später in Rom eine Schule, die die Lehren von Sokrates, Platon und Aristoteles neu kommentierte, auch hier waren Frauen gleichberechtigte Studenten. Bedeutende Philosophen, Porphyrios, Iamblichos, Proklos, leiteteten diese Akademie weiter. Später bezeichnete man diese Schule in der westlichen Philosophie als Neuplatonismus. Ab 529 wird der Lehrbetrieb untersagt.

Plotin, 205–270. Er ist der große Philosoph, der die Metapyhisik der Griechen, des Platon und Aristoteles, verständlich macht. Seine Wirkungszeit ist während der Entstehungszeit der christlichen Lehre.

Porphyrios, 233–305, ist ein Universalgelehrter. Er ist heute als Philosoph und Astronom bekannt. Von ihm stammt ein stimmiges Häusersystem für die Astrologie. Nach Plotins Tod kehrt er nach Rom zurück und leitet auf Bitte des Lehrers die Platonische Akademie in Rom weiter. Er gab die Schriften Plotins heraus. Dabei teilte er das Geschriebene in Enneaden auf, sechs Bücher zu je neun Schriften, dem fügte er noch eine Biografie Plotins bei. Modern sind Porphyrios Positionen geworden, bei denen er den Vegetarismus vertritt. Er warnt vor den Affekten, die der Seele schaden, deshalb kann es keinen göttlichen Zorn geben. Seiner Auffassung nach ist die Verbindung zu Gott nur durch rechte Gesinnung möglich. Im Buch: »die Ordnung kommt von Innen.« Vermutlich, um den Auslegungen von ›Vorsehung und Willensfreiheit‹ besser gerecht zu werden, die Plotin bearbeitet hatte, schrieb er an den ägyptischen Priester Anebo. Später entsteht ein Buch seines Nachfolgers Iamblichos, der die Antwort eines Priesters im Auftrag Anebos als Pseudonym überliefert.

Von Porphyrios stammt die Isagoge. Sie ist eine Einführung in die philosophische Logik, sie hat ihre Verwendung über das Mittelalter hinaus in der Neuzeit beibehalten. Im Bibliothekssaal von Kloster Schussenried befindet sich eine Abbildung.

Proklos, 412–485, Leiter der Platonischen Akademie. Teile seiner Positionen fließen in den Liber Causis ein.

Radix bedeutet Geburtshoroskop. Das Geburtsbild wird auf Grund der Planeten erstellt, die zu unserem Sonnensystem gehören. Nach Plotin spiegelt es den Schicksalsauftrag für das gegenwärtige Leben.

Seelenlehre nach Aristoteles, diese Lehre wird auch in der Platonischen Akademie in Rom beibehalten. Sie fußt auf einer Dreiteilung der menschlichen Seelenanlage. Diese entwickelt sich von unten her, beginnend mit dem vegetativen, wir würden heute sagen unbewussten, Seelenanteil. Dann entwickelt sich der Mensch weiter zum empfindenden Seelenbereich, der auch anfällig für Affektgesteuertes ist, darauf baut der vernunftorientierte Bereich auf. Auf dieser Ebene entwickeln wir die Charaktertugenden, hier gehört auch der sinnliche Genuss und der wirtschaftliche Erfolg dazu. Der höchste ist der Dritte, der vernünftige Seelenanteil. Dualitäten von aktiv und passiv sein stehen sich gegenüber, Verwirklichung der Gerechtigkeit und reine Betrachtung. Auf dieser höchsten Ebene wird der Mensch reif für die Tugend, um seinem Wesen gemäß die rechte Mitte zwischen den Extremen in der Welt zu finden. Im Laufe der Heranbildung der Persönlichkeit sollen die Affekte, die in das Handeln einfließen, immer mehr zur Ruhe kommen. Im privaten Haushalt trägt der Austausch in der Lebensgemeinschaft zur Entwicklung bei, Kinder, Frauen und Sklaven sind hier miteinbezogen. Durch das ergänzende Gesellschaftsleben wird das vernünftige Handeln auch auf das Hohe Ideal der Gerechtigkeit in der Politik ausgedehnt. (›Nur in einem gerechten Staat kann ...‹) Das Tugendhafte kann so in die Lebensexistenz hineinwirken, weil der Mensch abzuwägen lernt, um die Extreme in seinen Taten zu vermeiden. Praktisch bedeutet das: Alle Herausforderungen sollen durch die Wahl der Mitte gelöst werden: zwischen Unterwürfigkeit und Stolz die Freundlichkeit, zwischen Verantwortungslosigkeit und Aufopferung die Fürsorge, usw. So formt sich durch wirklich verinnerlichte Erfahrung eine Haltung, in der zunehmend das richtige Maß eingeübt wird. Das Ziel dieser immer erneut zu gewinnenden Haltung ist die Glückseligkeit, die Eudaimonia. In diesem Begriff ist das Wort Daimon enthalten, darunter verstand der Grieche einen Geist, der uns im menschlichen Leben führt und eingreift.

Tugend, dazu muss der Mensch fähig werden. Es gilt die Mitte zwischen zwei Extremen zu finden, z.B. die richtige Mitte zwischen Feigheit und Tollkühnheit wäre Tapferkeit, zwischen Geiz und Verschwendung wäre es die Großzügigkeit. Diese Entwicklung reift an den Herausforderungen im Leben heran, die auf immer erneut gewonnem Niveau im Sinne einer Kreisbewegung gewonnen wird (Höffe). Es handelt sich um einen Prozess, der eine ganze Existenz hindurch anhalten soll. Das erklärte Ziel ist, die Verwirklichung des Menschen als Mensch (siehe Seelenlehre nach Aristoteles).

Timarchmythos, Klaus Döring, Plutarch und das Daimonion des Sokrates, Mnemosyne, 1984

Träume wurden unter anderem in der Antike, in der Religion der Juden, Griechen und Römer, als mögliche Botschaften der transzendenten Welt gesehen. Bekannt dafür sind Schlaftempel, in die sich die Ratsuchenden nach entsprechender Vorbereitung zum Ruhen für eine Nacht begaben. Am folgenden Morgen verhalf der Priester zum Verständnis der nächtlichen Bilder.

Zen-Meditation, Enomiya Lassalle, 11.11.1898–7.7.1990

13   Zitierte Bücher

Aristoteles, Nikomachische Ethik, Bd. I, Hrsg. Günther Bien, Hamburg 1972

Artemidor von Daldis, Traumbuch, Stuttgart/ Basel 1965

Alice A. Bailey, Vom Intellekt zur Intuition, Genf 1995

Klaus Döring, file: PlutarchOCRseA2.pdf

England, Enfield Fall, August 1977

Erasmus von Rotterdam, Vom freien Willen, Göttingen 1956, S. 24

David Fontana, Kursbuch Meditation, Frankfurt 1977

forum-freier-christen.de/informations-texte/in-den-waldorfschulen

I-Ging, Buch der Wandlungen, Eugen Dietrichs Verlag

Iambichos, Pythagoras, Darmstadt 1985

Jamblichus, Über die Geheimlehren, I 3, Theodor Hopfner, Georg Olms Verlag, Hildesheim

Liber Causis, Das Buch der Ursachen

Kim O'Neill, How to Talk With Your Angels

Platon, Sämtliche Werke in drei Bänden, Hrsg. Erich Loewenthal, Lambert Schneider, Darmstadt 2010

Plotin, Enneaden, Edition Holzinger

Plotins Schriften, übersetzt von Richard Harder, Felix Meiner Verlag, Hamburg

Karl Reinhardt, Poseidonios, S. 108, München 1921

Rudolf Steiner, Vorträge vor Mitgliedern der Anthroposophischen Gesellschaft, Das Geheimnis des Lebens nach dem Tod. Dornach 20.-22.1.1917, Archiv

Timarchmythos, Klaus Döring, Plutarch und das Daimonion des Sokrates, Mnemosyne, 1984

Shunryu Suzuki, Zengeist ist Anfängergeist

Silvia Wallimann, Das Wunder der Meditation, ... Tameron Verlag, Lungern, CH

Wilhelm Weischedel, Philosophische Hintertreppe

Paramahansa Yogananda, Autobiografie eines Yogi, Barth Verlag, 1975

14   Namen im Roman

Vater	Johannas Vater
Mutter	Johannas Mutter
Ulrike	Johannas Schwester
Tante Gertrud	Mutter von Silvia, Schwiegermutter von Thea
Tante Elisabeth	Kriegerwitwe, Mutter des früh verstorbenen Cousins
Tante Anna	Frau des früh verstorbenen Onkels, des Bücherliebhabers
Thea	Tante Gertruds Schwiegertochter, Johannas langjährige Freundin
Großmutter	
Onkel	verabschiedet sich im Sterben, siehe erstes Reading Pfingsten 1998
Cousin	Theas Mann, Sohn von Tante Gertrud
Cousin	Katzenliebhaber, Sohn von Tante Elisabeth
Cousine Silvia	Tochter von Tante Gertrud
Herr Ohlsen	Johannas Psychologe in der Jugend
Harry	Johannas erster Mann
Frau Hagen	erstes Medium in der Heimatstadt
Arnold	der ältere Freund und Beschützer
Frau Brunner	Schweizer Medium
Peter	Feund und Mann ab 1992
Marion	neue Arbeitskollegin seit 1989
Katrin	Freundin und Reisebegleiterin auf der USA-Reise
Armin	Freund aus der Weinstube
Marion	Kollegin mit zwei Söhnen
Anna	ausbildendes Medium, in der Zeit um 1996
Michael-Benjamin	ein ungeborenes Kind
Helga	Frau aus der Weinstube, die Johanna hilft und mit ihr Trance übt
Janette	Frau im College
Lewis	Tutor im College
Lorotto	Tutorin im College
Tom	Heiler im College
Waltraud	Kollegin mit spiritueller Erfahrung
Sonja	Cousine von Peter
Nora	erste Bekannte aus dem College
Martina	junge Bekannte aus dem College, kommt aus Süddeutschland
Paul	Grafiker aus London
Helmut	Freund aus der Kartenrunde
Ellen	zweite Frau von Johannas geschiedenem Mann
Ursula	spirituelle Freundin am neuen Wohnort

15 Dank an die Medien

Gill Andrews, Collin Bates, Leah Bond, Sue Brotherton, Eileen Davies, Marcia Day, Less Driver, Mary Duffy, Vrenchy Griffith-Huber, Frau Hansel, Paul Jacobs, Simon James, Maria Kalinski-Holm, Ann Kelly, Simone Key, Vi Kipling, Brenda Lawrence, Maureen Murnan, Janet Parker, Mavis Pittilla, Carol Polge, Judith Seaman, Pauline Silver, Mallory Stendhal, Nora Moray Stringer, Alan Stuttle, Muriel Tennant, Mary Taylor, Su Wood, Leonard D. Young.